SV

Wilhelm Schmid

Mit sich selbst befreundet sein

Von der Lebenskunst im
Umgang mit sich selbst

Suhrkamp

Einbandabbildung: Henri Matisse. Verve IV (Maquette de couverture).
© Succession H. Matisse/VG Bild-Kunst, Bonn 2004

Erste Auflage 2004
© Suhrkamp Verlag Frankfurt am Main 2004
Druck: Clausen & Bosse, Leck
Printed in Germany
ISBN 3-518-41656-1

3 4 5 6 – 09 08 07 06 05 04

Inhaltsverzeichnis

Von der körperlichen Sorge

Von der seelischen Sorge

Von der geistigen Sorge

Vom Kindsein und vom Älterwerden. Über Anfang und
Ende der Lebenskunst

Einleitung

»Wovon handelt denn Ihr Buch?«
»Von der Beziehung des Einzelnen zu sich selbst.«
»Ah, also vom Egoismus.«
»Ist Selbstbeziehung Egoismus?«

Was ist eine »Beziehung zu sich selbst«? Auf jeden Fall ein merkwürdiges Phänomen, so faszinierend wie beunruhigend: *faszinierend*, dass eine solche Beziehung überhaupt möglich ist; *beunruhigend*, dass sie den Beziehungen zu anderen vorgezogen werden kann. In der Sicht vieler Menschen gibt es Grund zur Beunruhigung über dieses Phänomen der Gegenwart: Verlust der Beziehungen zueinander, Fragmentierung, ja Auflösung von Gemeinschaft in allen Bereichen und auf allen Ebenen. Wie lässt sich angesichts dessen die Betonung der *Selbstbeziehung* rechtfertigen? Aber es erscheint schwierig, anders anzusetzen, wenn doch in der Epoche, die man »die Moderne« nennt, Menschen in anderem Maße als jemals auf sich selbst verwiesen sind. Sie sehen sich vor die Aufgabe gestellt, selbst nach Orientierung zu suchen und ihr Leben selbst zu führen, ohne sich dafür gerüstet zu fühlen. Verschiedene theoretische und praktische Ansätze, auch die philosophische Lebenskunst, werden daran gemessen, ob sie in der Lage sind, Antworten auf die moderne Grundsituation zu finden. Sich damit zu befassen, soll nicht heißen, die Moderne für die einzige Kultur, ihre Probleme für die einzigen auf dem Planeten zu halten. Aber überall dort, wo Modernisierung Platz greift, werden wohl ähnliche Probleme zu erwarten sein, deren Lösung nicht anderen Kulturen zuzumuten ist, sondern der Kultur der Moderne selbst, erst recht in der Zeit der »Globalisierung«, die nichts anderes ist als eine globale Modernisierung.

Unter Lebenskunst ist hier nicht das leichte, unbekümmerte Leben zu verstehen, sondern die bewusste, überlegte Lebensführung. Sie ist, wenn sie gewählt wird, mühevoll und doch auch eine Quelle der Erfüllung ohnegleichen. Lange Zeit im Laufe der abendländischen Geschichte war sie in der Philosophie beheimatet, die diesen Begriff schon in antiker Zeit prägte: *téchnē tou bíou, téchnē perì bíon* im Griechischen, *ars vitae, ars vivendi* im Lateinischen. Erst die institutionelle Philosophie des 19. und 20. Jahrhunderts leistete Verzicht darauf, zugunsten einer Moderne, die mithilfe von Wissenschaft, Technik und freier Wirtschaft alle Lebensprobleme zu lösen versprach; auch in der Hoffnung auf »Systeme«, die eine individuelle Lebensführung überflüssig machen würden: Wozu also noch Lebenskunst! Die mit der Moderne gemachten Erfahrungen haben jedoch gezeigt, dass diese Zeit zwar einige Probleme gelöst, neue aber geschaffen hat, und dass wohl kein »System« einem Menschen Antworten auf seine Lebensfragen geben oder ihm gar die Lebensbewältigung abnehmen kann.

Keineswegs kann die Philosophie verbindlich sagen, wie das Leben zu leben sei, und doch kann sie Hilfestellung leisten beim Bemühen um eine bewusste Lebensführung: mit der Klärung und Aufklärung einer Lebenssituation, einer Angst etwa, einer Beunruhigung oder einer Enttäuschung. Als philosophisch gilt seit jeher, in jedem Fall seit Sokrates, die »Was ist«-Frage zu stellen, griechisch *ti éstin, ti pot'éstin*: Was ist das, was ist das eigentlich? Was ist Leben, was ist diese Zeit, was ist Leben in dieser Zeit, was könnte es noch sein, was ist schön, was ist klug, was ist richtig, was ist wichtig, was ist Glück, was ist der Sinn des Lebens? Von der *Frage nach Sinn* sind alle diese Fragen durchdrungen, und es gehört zu den Aufgaben der Philosophie, diese Frage aufzunehmen und ernst zu nehmen; ein zentrales Anliegen dieses Buches. Die Frage nach Sinn ist die Frage nach Zusammenhängen: Was liegt zugrunde, was steckt dahinter, wozu dient etwas, in welchen Beziehungen ist es zu sehen, welche Bedeutung haben die Worte, die gebraucht werden, welche Gründe lassen sich für ein Tun oder Lassen finden? Entscheidend sind Fragestellungen wie diese, nicht etwa definitive Antworten; schon die sokratischen Dialoge enden aus guten Gründen offen und stoßen dennoch wertvolle Klärungsprozesse an. Mit den Fragen sind Spielräume des Denkens und Lebens zu eröffnen und Möglichkeiten der Lebensgestaltung zu gewinnen, nach denen die moderne Philosophie lange, allzu lange nicht fragte, gänzlich den Bedingungen menschlichen Wissens und der normativen Begründung menschlichen Handelns zugewandt, als verstünde sich damit das gelebte Leben schon von selbst.

Als grundlegend erscheint vor allem, dass das Leben an die Bedingungen und Möglichkeiten einer bestimmten Zeit und eines Kulturraumes gebunden ist. Die Lebenskunst, wie sie hier entfaltet wird, versucht (auch wenn sie einige Inspirationen aus der Tradition aufnimmt) auf die Herausforderungen der Zeit der Moderne zu antworten. *Was aber ist Moderne*, woher kommt sie, wohin geht sie? Sie erscheint als eine Denkweise, die die verschiedensten Erscheinungsweisen des Lebens durchzieht, nicht als Produkt eines Zufalls, sondern einer absichtsvollen Konzeption, modernen Menschen oft kaum mehr bewusst. Dynamisch bewegt wird die Moderne, wie sie von den Aufklärern, darunter vielen Philosophen, im 17. und 18. Jahrhundert konzipiert worden ist, um elenden Verhältnissen zu entkommen, vom Begriff der *Freiheit*. Freiheit wird dabei von vornherein und bis ins 21. Jahrhundert hinein im Wesentlichen als »Befreiung« verstanden und als Freiwerden von Gebundenheit erfahren. Nichts daran ist zurückzunehmen, die Tragik der Freiheit als Befreiung besteht jedoch darin, ein Individuum freizusetzen, das in seiner Bindungs- und Beziehungslosigkeit kaum zu leben vermag. Wie ein erratischer Block steht es in der Landschaft der Moderne, versteht sich selbst nicht mehr und weiß mit sich nicht umzugehen.

Die Freiheit als Befreiung macht eine eigene Lebensführung erst zur Notwendigkeit. Denn das ist die Situation des modernen Individuums: Frei zu sein von *religiöser Bindung*, denn es ist auf keine Religion mehr festgelegt, auf kein Jenseits mehr vertröstet – mit der Folge, auf kleine und große Lebens- und Sinnfragen nun selbst Antworten finden zu müssen. Frei zu sein von *politischer Bindung*, denn aufgrund der Befreiung von jedweder Bevormundung vermag es eigene Würde und Rechte gegen Fremdbestimmung geltend zu machen – mit der Konsequenz, dass die individuelle wie gesellschaftliche Selbstgesetzgebung (»Autonomie« im Wortsinne) zur ebenso mühsamen wie unumgänglichen Aufgabe wird. Frei zu sein von *ökologischer Bindung*, denn aufgrund technischer Befreiung von Vorgaben der Natur sind neue Lebensmöglichkeiten entstanden – mit der schmerzlichen Erfahrung, dabei die eigenen Lebensgrundlagen verletzen zu können und aus Eigeninteresse (sofern da noch eines ist, das so weit reicht) eine ökologische Haltung neu begründen zu müssen. Frei zu sein von *ökonomischer Bindung*, die zunächst noch darin bestand, die freigesetzte wirtschaftliche Tätigkeit einiger auf die Hebung des Wohlstands aller zu verpflichten – die Befreiung davon sorgt für soziale und ökologische Kosten, deren Bewältigung größte Mühe macht. Frei zu sein schließlich von *sozialer Bindung*: Das vor allem ist der Befreiungsprozess, der das moderne Individuum erst hervorgetrieben hat, losgelöst aus seinem Eingebundensein in Gemeinschaften, befreit (»emanzipiert«) von erzwungenen Rollenverteilungen, sexuell befreit von überkommenen Moralvorstellungen, befreit überhaupt von Moral und Werten, die als »überholt« angesehen werden. Anstelle von Gemeinschaft entsteht die Gesellschaft als Zusammenkunft freier Individuen. Alle Formen sozialer Gemeinschaft werden fragmentiert: Die Großfamilie schrumpft zur Kleinfamilie, deren Bruchstücke führen zur Patchworkfamilie und zum Singledasein, bis schließlich nicht nur der »Individualismus«, sondern auch die Selbsteliminierung des Individuums möglich ist und wirklich wird: die letzte »Befreiung«.

Moderne ist eine Auflösung von Zusammenhängen und somit von Sinn. Die Befreiung von inneren und äußeren Bindungen und Beziehungen führt zur Erfahrung des »Nihilismus«. Den zahllosen Diskursen, die bekennen, »auf der Suche« zu sein, ist Ratlosigkeit von den Lippen zu lesen. Aber die Bedeutsamkeit von Zusammenhängen ist in ihrer Abwesenheit am besten zu erkennen. Die Moderne im Übergang ist daher eine philosophische Zeit, eine Zeit der neuerlichen Frage nach dem Wesentlichen, das zu anderer Zeit im Selbstverständlichen verborgen lag. Da sich im Nichts nicht leben lässt, beginnt die Arbeit an einer Wiederherstellung von Zusammenhängen, wenn auch anfänglich noch naiv und unbeholfen. Es zeichnet sich eine Zwischenzeit ab, die, der auffälligen Häufung einer unscheinbaren Vorsilbe folgend, die *Re-Zeit* genannt werden kann: Retrospektiven, »Retros«, allerorten. Was zunächst Rezyklierung (*Recycling*) im ökologischen Kontext war, auch Renaturierung, etwa von Flüssen, Reduktion, etwa von Schadstoffen, oder Rekonstruktion, etwa von historischen Gebäuden, Renaissance von diesem und jenem, zuweilen auch nur ein »Remake«, führt schließlich zur Reorganisation und zu grundlegenden Reformen, vorausgesetzt, diese können refinanziert werden, denn ökonomisch droht die Rezession. Wellness sorgt währenddessen für eine Revitalisierung, Regeneration, Rekonvaleszenz des Menschen, um verloren gegangene Ressourcen wiederzugewinnen. Abgesehen von der Resignation, die sich bei manchen breit macht, erscheint die Re-Zeit jedoch auch als eine Zeit der *Reflexion*, des Innehaltens und Nachdenkens, der Besinnung etwa auf verloren gegangene Bindungen und Werte. Das philosophische Nachdenken über Lebenskunst selbst ist ein Versuch zur kritischen Rekonstruktion all dessen, was fürs Leben erforderlich zu sein scheint, eine vorsichtige Wiederherstellung aufgelöster Zusammenhänge, insofern eine Gegenbewegung zur Dekonstruktion, die noch mit dem Abtragen wirklicher und vermeintlicher Zusammenhänge beschäftigt ist. Die *Re-Zeit* ist Wiederherstellung, Wiedererinnerung, Wiederentdeckung; sie löst, für eine Weile, das *Pro-Zeitalter* ab, das nur die Vorwärtsbewegung kannte, nur Progress und Progression, Programme, Prognosen, Projekte, Prospekte, Prozesse, Profite, Produkte, Produzenten, Produktivität und Profanität: Zeit einer, rückblickend gesehen, naiven Moderne. *Pro* und *Re*: Die Moderne wird zur Schaukelbewegung zwischen zwei Vorsilben.

Das Resultat der Re-Zeit kann eine *Modifikation der Moderne* sein, und die Lebenskunst kann sich als Teil der Arbeit daran verstehen. Sie begibt sich auf die Suche nach dem »richtigen Leben im falschen«, und sie ist ein antinihilistisches Projekt – vorausgesetzt, es erscheint erstrebenswert, sich nicht im Nihilismus einzurichten. Einiges an der Ausrichtung des modernen Lebens könnte grundsätzlich »falsch« sein: Falsch könnte es sein, religiöse Fragen für erledigt zu betrachten, politische Rechte ein für alle Mal für gesichert zu halten, ökologische Zusammenhänge in desaströsem Ausmaß zu vernachlässigen, der ökonomischen

Rationalität eine unangemessene Bedeutung zuzumessen, soziale Zusammenhänge so weitgehend aufzulösen, dass jedes gesellschaftliche Zusammenleben unterminiert wird, zugunsten eines »Glücks«, das regelmäßig ins Unglück führt. Eine Veränderung moderner Denk- und Lebensweisen kann jedoch nicht »von oben herab« verordnet werden, sondern nur »von unten herauf« wachsen, realisiert von einzelnen Individuen, die Inseln des Anderen bilden und »gleichsam durch die Form der eigenen Existenz«, wie es in einer Vorlesung zur Moralphilosophie (1957) von Theodor W. Adorno heißt, »mit all den unvermeidbaren Widersprüchen und Konflikten, die das nach sich zieht, versuchen, die Existenzform vorwegzunehmen, die die eigentlich richtige wäre«.

Die Arbeit an einer *anderen Moderne* rückt auf andere Weise das Individuum ins Zentrum, nicht mehr *nur* als sich befreiendes, sondern *auch* als Freiheitsformen schaffendes: zweifellos ein *nietzscheanisches Projekt*. Erhalten bleibt der Zentralbegriff der Freiheit, verstanden jedoch nicht mehr nur als negative Freiheit der Befreiung, des Freiseins *von*, sondern auch als positive Freiheit des Freiseins *zu* Bindungen, Beziehungen, Begrenzungen, die vom Individuum selbst gewählt und festgehalten werden. Alle Arbeit an der Formgebung der Freiheit wurde in der Moderne sehr stark auf das *Recht* konzentriert, das mit dem Umfang der Aufgabe jedoch überfordert ist. In allen genannten Hinsichten: religiös, politisch, ökologisch, ökonomisch, sozial, sind daher *Formen der Freiheit* auszuarbeiten, um den Zustand des bloßen Befreitseins zu überwinden. Nicht zuletzt auch, weil dieser Zustand, wie sich zeigt, antimoderne Kräfte auf sich zieht, die die Spielräume der Freiheit bedrohen, getrieben von tödlicher Angst vor der Moderne und ihren Befreiungen. Eine andere, kritische, reflektierte Moderne wird sich eher darauf verstehen, Brücken zu anderen Kulturen zu bauen, statt diese mit kultureller Arroganz als »überholt« abzuweisen. Sie verzichtet dabei nicht auf zentrale Errungenschaften der Moderne wie Menschenwürde und Menschenrechte. Erhalten bleibt das moderne Engagement für Veränderungen und Verbesserungen, alles andere würde das blinde Sichfügen in beliebige Verhältnisse bedeuten.

Aber »Neues« ist nicht länger eine Norm, möglich ist auch das Festhalten an »Altem«, das sich bewährt. Das Engagement bedarf nicht mehr der Annahme, jede Beschädigung des Lebens sei heilbar oder vermeidbar; nicht mehr der Utopie einer idealen Welt, in der sämtliche Probleme gelöst wären; keines Traumes einer »Erlösung«. Das Bemühen um Lebenskunst ist nicht darauf angewiesen, erst die Realisierung großer Ideen abwarten zu müssen oder gar eine Weltrevolution, um mit dem Leben »beginnen« zu können. Auch müssen nicht erst andere zum Handeln oder Lassen bewogen werden, vielmehr verfügt das Individuum selbst über sich, unmittelbar und ohne Verzug.

Mit aller Vorsicht angesichts der Ungewissheit dessen, was das »eigentlich« Richtige wäre, ermöglicht dies ein *eigenes Bemühen* um das Leben und Andersleben. Lebenskunst hat von Grund auf diese individuelle Dimension: Nicht anonyme Institutionen und Gemeinschaften, nicht Strukturen oder gar »Systeme« sind es, die Ideen haben und diese umsetzen, sondern immer einzelne Individuen, auch wenn sie häufig im Verborgenen bleiben. Und doch kann in moderner Zeit selbst das Individuum nicht mehr einfach als gegeben vorausgesetzt werden. Ein Schlüsselproblem der Moderne scheint darin zu liegen, dass das Individuum, das von ihr freigesetzt worden ist, keine Selbstbeziehung gewinnt oder sie immer aufs Neue verfehlt, und dies nach zwei Seiten hin: als *Selbstverlust*, der keine gewählte, souveräne Selbstlosigkeit ist; als *Selbstsucht*, die keine gewählte, souveräne Selbstbeziehung ist. Daher geht es in der Lebenskunst zuallererst um die Beziehung des Individuums zu sich selbst, deren Verfehlung zur Folge hat, dass auch die Beziehungen zu anderen nicht mehr zustande kommen. Lebenskunst ist die Sorge um ein maßvolles Selbstverhältnis, das in der Lage ist, das Selbst zu festigen und zu anderen hin zu öffnen.

Als grundlegende Aufgabe der Selbstbeziehung erscheint die Begründung eines »Wir« – zunächst jedoch nicht in der Beziehung zu anderen, sondern innerhalb des Individuums selbst. Denn ein »Ungeteiltes«, wie das Wort glauben macht, ist das Individuum längst nicht mehr, daher die *Arbeit am Wir im Selbst*. Insofern das Ich selbst bereits eine Vielheit ist, finden sich in ihm alle Fragen und Probleme einer Gemeinschaft und Gesellschaft, die der Integration in einer Art von Wir bedürfen, um das Leben und Zusammenleben zu ermöglichen. Die kunstvolle Gestaltung des Selbst und seiner Existenz setzt daher mit der Gestaltung der inneren Bindungen und Beziehungen ein, und das ist das eigentliche Thema dieses Buches. Damit gibt das Selbst sich selbst Struktur und Form und macht sich und sein Leben zum Kunstwerk. Mit dem Zustandekommen des inneren wird die *Arbeit an einem äußeren Wir* neu begründet. Erst auf der Grundlage einer Einsicht in seine Bedeutung wächst die Bereitschaft zu seiner Herstellung und Pflege. Zwar lässt sich weiterhin behaupten, der Mensch sei nun mal »von Natur aus« ein soziales Wesen, aber dies kann in moderner Zeit negiert, ignoriert und destruiert werden, alle Beschwörungen ändern daran nichts. Zwar hat die Moderne neben Freiheit auch Gleichheit und Brüderlichkeit, mithin Gemeinsinn und Gemeinschaft proklamiert, aber der Anspruch der Freiheit, die als Befreiung verstanden wird, vermag dies von Grund auf zu unterlaufen. Das Zerbrechen von Gemeinschaft geschieht überall dort, wo Individuen Gründe dafür sehen, sich aktiv von Bindungen und Beziehungen befreien zu sollen oder sie passiv durch mangelnde Pflege schwinden zu lassen.

Nur das Individuum selbst kann die Wahl treffen, ob es sich überhaupt, und in welchem Maße, der Arbeit an einem äußeren Wir widmen will, und das ist nicht zu bedauern, denn Wir-Formen sind fern davon, unschuldige Größen zu sein: Regelmäßig werfen sie Probleme der *Unterdrückung* auf, denn das einzelne Ich kann unter einem gemeinsamen Wir zurückgedrängt und zum Verschwinden gebracht werden; auch Probleme der *Unterstellung*, denn hinter der Rede vom Wir kann sich ein einzelnes Ich verbergen, das für sich das Ganze beansprucht und andere zu diesem Zweck nur vereinnahmt. Das sind nicht zwangsläufig Argumente gegen ein Wir, aber Argumente für eine gewisse Vorsicht im Umgang damit. Dazu dient die Ausbildung einer Individualität, die nicht blind in Gemeinschaft aufgeht, sie aber auch nicht einfach nur abtut, sondern aus freien Stücken neu begründet. Die doppelte Arbeit am Wir ist letztlich eine *Herstellung von Sinn*, nämlich von Zusammenhängen im Inneren des Selbst wie außerhalb. Denn wenn es zutrifft, dass Sinn dort ist, wo Zusammenhänge erfahrbar und nachvollziehbar sind, muss der Verlust des inneren und äußeren Wir ein Grund für die Erfahrung von Sinnlosigkeit sein. Die Arbeit am inneren und äußeren Wir begründet umgekehrt eine starke Erfahrung von Sinn: So wie *innere* Zusammenhänge dafür sorgen, dass im Selbst verschiedene Stimmen sprechen können, so *äußere* dafür, dass es nach außen hin vielfältig vernetzt sein kann.

Mag die Selbstbeziehung gewöhnlich parallel zu den Beziehungen zu anderen entstehen, so ist in Zeiten der Auflösung von Gewöhnlichkeit doch beim Selbst der Anfang zu machen. Nicht über andere, nur über sich kann das Individuum selbst im Zweifelsfall verfügen. Ein »systemisches«, auf das System der Beziehungen aufmerksames Verständnis des Selbst wäre daher um die Beziehung, die ein Selbst zu sich selbst unterhält und in wachsendem Maße erst selbst begründen muss, zu ergänzen. Aus guten Gründen galt in der antiken Philosophie das Erlernen des Umgangs mit sich selbst als Grundlage für den Umgang mit anderen: Denn nur der, der den *Umgang mit sich selbst* zu gestalten weiß, ist fähig zur Gestaltung des *Umgangs mit anderen*. Die Ethik des Umgangs mit sich sollte daher kunstvoll, das heißt durchdacht und gestaltet, nicht kunstlos, also unüberlegt und zufällig sein. Seit Aspasia, Sokrates, Platon steht hierfür der Begriff der Selbstsorge, *epiméleia heautoũ*. Daran lässt sich anknüpfen, um darüber nachzudenken, was unter Bedingungen der Moderne und im Hinblick auf eine andere Moderne daraus werden kann. Denn moderne Ethiken haben weitgehend darauf verzichtet – als würde sich der Umgang mit sich von selbst verstehen; als könnte nur der Umgang mit anderen ein seriöser Gegenstand von Ethik sein. Dass daran schon im Ansatz etwas falsch sein muss, erweist die ungehinderte Evolution des Egoismus, der dieser Ethik Hohn lacht.

Daher nun der Versuch, die endlose moralische und immerzu fruchtlose Aufforderung zur *Überwindung* des Ich gerade durch dessen *Bestärkung* zu überwinden, es in seinem Ego selbst dazu zu befähigen, von sich absehen zu können, und dies nicht aus moralischen Gründen, sondern aus dem Eigeninteresse des Selbst heraus: Aus Egoismus zu dessen Milderung und zur gelegentlichen Abkehr von ihm, um der *Klugheit* willen, die aus eigenem Interesse die Zuwendung zu anderen sucht; um der *Freiheit* willen, die über alle Befreiung hinaus der Freiheit Formen gibt; um der *Schönheit* willen, die die Begegnung mit anderen grundsätzlich als bejahenswert wahrnimmt. Dieser Ansatzpunkt soll hier erprobt werden: *vom Wir zurück zum Ich* und zu seiner Sorge für sich selbst, um auf andere Weise *vom Ich zum Wir* und zur Sorge für andere zu kommen. Durchaus ist in dieser Sicht das Ich zuallererst für sich da. Aber gerade dann, wenn es das Dasein für sich in ausreichendem Maße realisiert, macht es die Erfahrung, dass es allein für sich kaum leben kann, inneren Reichtum nicht so sehr aus sich gewinnt und anderer auch noch aus anderem Grund bedarf: Nur im Umgang mit anderen sind neue Ressourcen für den Umgang mit sich selbst zu erschließen. Daher die Sorge für andere und die Herstellung von Gemeinsamkeit mit ihnen: aufgrund der Sorge für sich selbst. Dass eine sinnvolle Selbstbeziehung entsteht, ist die Grundlage für die Beziehung zu anderen, der *Nukleus* aller denkbaren Weiterungen des »Wir«: Paar, Familie, Freundeskreis, Haus, soziale Gruppierung, Institution, Firma, Gemeinde, Stadt, Gesellschaft, Nation, Generation, Kulturzugehörigkeit, Menschheit, Wesenheit. Im selben Maße, in dem ein Selbst die Beziehung zu sich gestaltet, wird es fähig zur freien Gestaltung der Beziehung zu anderen, und darum geht es bei der Arbeit an sich selbst, soll sie nicht bloßer Selbstzweck bleiben. Man sollte sich davon lösen, dies für unverantwortlichen Egoismus zu halten.

Bei dieser Arbeit kann ein »Handbuch der Lebenskunst« behilflich sein: nicht als definitive, sondern als *provisorische* Handreichung für das moderne und andersmoderne Leben. Seine Absicht ist keine normative, richtiges Leben festlegende, wie einst in der Antike in Epiktets *Handbüchlein* (*Encheirídion*), sondern eine *optative*, Optionen eröffnende: etwas, das zur Hand ist, wenn Lebensfragen sich stellen; hermeneutischer Stoff, mit dessen Hilfe der je eigene Lebensvollzug durchdacht werden kann. Die Philosophie kann Vorschläge zum Verständnis und zur

Gestaltung des Lebens machen, ausgehend von der zweifachen Frage, was als *grundlegend* für das Leben erscheint und welche *Möglichkeiten* des Umgangs damit es gibt. Das Selbst ginge fehl, begriffe es seine Situation als eine ausschließlich individuell bestimmte, während übergreifende Strukturen und Denkweisen seine Verfassung, sein Leben und Denken beeinflussen – das wiederum muss nicht zu der Annahme führen, dass diese auch sein Leben leben. So wird das Handbuch zu einem Kompendium der Bedingungen, mit denen das individuelle Leben wohl zurechtkommen muss, sowie der Möglichkeiten, mit deren Hilfe es dennoch zu gestalten ist. Sein Anliegen ist dabei nicht so sehr, »Neues« zu bieten, sondern explizit zu machen, was implizit ohnehin gewusst wird, und eine *Synopse* zu unternehmen, eine Zusammenschau all dessen, was für die bewusste Lebensführung von Bedeutung sein kann. Ein Panorama lässt sich auf diese Weise entwerfen, eine integrale Sicht des Selbst, ein Blick auf die gesamte Landschaft des Lebens unter der Perspektive der Lebenskunst. Vom Selbst ausgehend und es in konzentrischen Kreisen letztlich doch weit überschreitend, sollen möglichst viele Aspekte von Selbst und Welt im Hinblick darauf erschlossen werden: pragmatische und wissenschaftliche, geschichtliche und zeitgeschichtliche, kulturelle und gesellschaftliche, psychologische und anthropologische, terminologische und epistemologische.

Die Vorgehensweise ist eine *phänomenologische* im Sinne des Wortes: das *Phänomen* (*phainómenon*) des Lebens, wie es erscheint, so genau wie möglich wahrzunehmen und aufmerksam zu erfassen, um ihm auf *logische* Weise Rechnung zu tragen: nämlich seine Strukturen zu erschließen (*lógos* im strukturellen Sinne) und auf schlüssige Begriffe zu bringen (*lógos* im verbalen Sinne). Ausgangspunkt ist jeweils die *empirisch gesättigte Beschreibung*: Die Nähe zum Phänomen, wie es im Lebensvollzug erfahrbar ist, wird zum Maßstab der Begriffsbildung; mit der begrifflichen Formulierung gewinnt das diffuse Phänomen Form, mit der Form wird es gedanklich fassbarer und handwerklich handhabbarer; die Begrifflichkeit gehört daher zum Handwerkszeug der Lebenskunst. Mit dem steten Hin- und Hergehen zwischen der

Nähe zum Phänomen, die sehr persönlich sein kann, und dem Blick darauf von außen, der auf Distanz bedacht ist, entsteht ein Wechselspiel zwischen Theorie und Praxis: Im Bewusstsein lässt sich das Sein durchdenken, um es besser zu verstehen und gegebenenfalls zu verändern. Die phänomenologische Vorgehensweise wird dabei um eine *hermeneutische* ergänzt, Hermeneutik verstanden als *Kunst der Deutung und Interpretation,* um deutlich zu machen, dass nicht »die Wahrheit des Lebens schlechthin« zur Debatte steht. Die Frage nach Sinn, nach Zusammenhängen, nach Bedeutsamkeit, Gewichtigkeit, Unverzichtbarkeit für das Selbst und sein Leben *deutend* anzugehen, lässt andere Möglichkeiten der Deutung von Grund auf offen. In der Begegnung mit den Phänomenen des Lebens und im deutenden Umgang damit, im deutenden Umgang auch mit sich selbst, lassen sich die Mühen bewältigen und die Lüste bestärken, die beide das Glück der Fülle eines *schönen Lebens* ausmachen, abseits allzu simpler Konzepte der Lebensverschönerung, von denen der Begriff ebenfalls in Beschlag genommen wird.

Und doch kann ein *Unbehagen an der Selbstbeziehung* entstehen, wenn sie dermaßen ins Zentrum gerückt wird; und dies aus mehreren Gründen: Jede Konzentration auf den Umgang mit sich birgt die Gefahr einer *Vereinsamung des Selbst* in sich. Auch wenn die Beziehungen zu anderen stets im Blick behalten werden, so ist doch unentwegt vom Selbst die Rede – der bisweilen eisige Eindruck, den dies hervorruft, ist ein deutliches Indiz dafür, wie wenig das Selbst nur für sich selbst da sein kann: Nur in der Beziehung zu anderen wird es sich seiner eigenen Existenz gewiss. Und die Rede vom Umgang mit sich riskiert den Vorwurf einer *Vereinfachung des Selbst* und seines Lebens noch aus anderen Gründen: Ist denn das Selbst etwa theoretisch zu entschlüsseln und das Leben theoretisch zu erlernen? Aber es kann nicht darum gehen, eine Theorie zu entwerfen, deren Ableitung das praktische Leben nur wäre. Zweifellos gilt der Grundsatz, dass das Leben nur durch Leben zu erlernen ist; allerdings auch, dass ein gelegentliches Innehalten und Nachdenken zur Orientierung hierbei sinnvoll erscheint: erst das Leben, dann das Philosophieren, *primum vivere, deinde philosophari.* Zum endlosen Grübeln muss das Nachdenken nicht werden, denn das Leben kann nicht aufgeschoben werden, bis definitive Klärungen erfolgt sind, und alle Versuche zur Klärung der im Lebensvollzug auftauchenden Fragen und Probleme können die Totalität des Lebens letztlich nicht einholen. So unverzichtbar der Prozess der Klärung und Aufklärung ist, so unerreichbar erscheint eine letzte Wahrheit, und dies keineswegs nur, weil das Leben dafür zu kurz ist, sondern auch, weil sie nicht wirklich wünschbar sein kann: Was wäre ein Leben, das gänzlich transparent erschiene? Einige Spannung bezieht es daraus, immer wieder anders auszufallen als vom Denken gedacht.

Bleibt noch die Frage, ob nicht eine *Verkünstlichung des Selbst* droht, wenn auf allzu technische Weise von ihm die Rede ist. Von »Techniken« im Umgang mit sich selbst zu sprechen, lässt sich aber nicht vermeiden, da sie es sind, die auf den Verlust des »natürlich« erscheinenden Selbstbezugs antworten können. Zur *Kunst* wird die Selbstbeziehung erst dann, wenn sie nichts *Künstliches* mehr an sich hat, sondern zur »zweiten Natur« geworden ist und zu einer neuen Fülle führt, die sich entfalten kann, da das Selbst sich mit sich selbst befreundet. Denn wie mit einem wahren Freund kann der Umgang mit sich selbst gestaltet werden: freimütig und offen, reichhaltig und vielfältig, nicht langweilig und zuweilen rätselhaft; zuweilen geht es darum, sich zu schonen und zu pflegen, denn ohne Erholung wird keine Mühe zu bewältigen sein; zuweilen sich zu mühen und sich herauszufordern, denn im Genuss allein wird das Glück nicht zu finden sein. Immer wieder versucht das Selbst, Distanz zu sich zu gewinnen, um wie von außen auf sich zu blicken, nicht nur in sich zu ruhen, sondern auch aus sich herauszugehen, asketisch und ekstatisch, liebevoll und ernst, leidenschaftlich und selbstironisch, ängstlich und mutig, nachsichtig und unnachsichtig, emotional und reflektiert, überlegt und manchmal unüberlegt, ohne Scheu vor einer Dummheit, denn Klugheit entsteht auf diese Weise.

Der Inspiration auf dem Weg dazu dient dieses Buch, das von der Begründung und Gestaltung einer Beziehung zu sich handelt. Den wirklichen Umgang mit sich festzulegen, liegt dann in der Hand jedes Einzelnen. Das Unbehagen an der Selbstbeziehung aber hat seinen Grund nicht zuletzt in einer Konfrontation mit der *Abgründigkeit des Selbst,* die im Umgang mit sich früher oder später fühlbar und als beängstigend erfahrbar wird; ja, mit der Erfahrung der Angst beginnt der Umgang mit sich selbst überhaupt. Den entscheidenden Anstoß zur Klärung der Beziehung zu sich und zur Begründung von Lebenskunst gibt, wenn sonst nichts, dieses Phänomen.

Von Ängsten und von Künsten.
Über den Anfang der Lebenskunst

Am Anfang ist die Angst

Reines Vergnügen hoch oben auf dem Riesenrad, gemeinsam mit anderen in einer Gondel, schwebend über aller Welt, ein wenig schaukelnd im Wind. Das Rad steht still, unten steigen Leute ein und aus. Da packt mich plötzlich, ohne Vorwarnung, ohne jeden Grund, die nackte Angst. Binnen eines Moments schlägt die übermütige Freude um in die entsetzliche Erkenntnis, dass ich mich hinunterstürzen werde, dass ich zerschmettert da unten liegen werde, dass nichts mich davon abhalten wird. »Mich«? Welcher Dämon hat mich gepackt? Was ist es, das mitten in mir Besitz von mir ergreift? Ich weiß es nicht, ich kenne »es« nicht, bin ihm noch nie begegnet, spüre nur mit grausamer Gewissheit, dass es übermächtig ist. Todesangst durchzuckt mich, lässt meinen Puls rasen, treibt kalten Schweiß auf meine Stirn; meine Hände versuchen, sich in die Bank zu krallen, auf der ich sitze, vergebens. Selbst wenn es gelänge: »Es« würde sie lösen, »ich« würde mich hinunterstürzen, und den Zurückbleibenden würde es für immer ein Rätsel bleiben, warum *er*, warum *dort*, und *warum* überhaupt…

Warum kein Wort zu irgend jemandem, kein Hilfeschrei? Weil das Leben sich nur noch von Sekundenbruchteil zu Sekundenbruchteil weiter quälen kann; weil ein Quäntchen Kraft übrig sein müsste, um sich auch nur zu rühren – genau dies aber würde der Augenblick der Unaufmerksamkeit sein, auf den der Dämon lauert, ein tödlicher Moment, in dem das Diabolische in mir obsiegt hätte. Alle Lebenskunst reduziert sich jetzt darauf, den nächsten Moment noch zu überleben. Auf nichts sonst konzentriere ich mich, nur für diese Winzigkeit reicht noch die Kraft. Die erschrocken prüfenden Augen der anderen helfen mir nicht beim Kampf mit diesem Anderen in mir, das gleichfalls das Selbst für sich beansprucht. Ich selbst muss, wenn ich dazu noch fähig bin, diesen Moment überstehen, und vielleicht den darauf folgenden… Warum nur dauert es so qualvoll lange, bis das Riesenrad auch nur ruckt, dieses Rad des Entsetzens? So muss im Mittelalter gefoltert worden sein, langsam, grausam, jede Faser des Selbst einzeln zerstörend. Dann, plötzlich, ist es vorbei, ich betrete den Boden wieder, den ich vor Freude küssen möchte. Die Knie zittern, und ich muss zusehen, wie damit nun zu leben ist. Ich entscheide, die Erfahrung zunächst auf sich beruhen zu lassen, sie in mir zu bewahren als mein Eigentum, nicht ihr nachzugehen, sie nicht zu analysieren, mit niemandem darüber zu reden. Stattdessen die *Einrichtung des Lebens* für wichtiger zu halten als die *Frage nach dem Grund*, der Lebenskunst den Vorzug zu geben, ein Gegengewicht zu schaffen, Gewohnheiten zu pflegen, Schönes zu suchen, um die Angst auszubalancieren. Dann wird gelegentlich die Zeit und Sicherheit da sein zu klären, was geschehen ist – wenn überhaupt.

So verliert die große, entsetzliche Angst ihre Kraft, aber klein und alltäglich kehrt sie immer wieder. Mitten auf dem Gehsteig überfällt sie mich, irgendwelche Angst, Lebensangst, Weltangst; ich weiß nicht recht, wie mir geschieht. Sie ist diffus wie ein Nebel. Ein Loch tut sich in mir auf, die Welt um mich herum versinkt zum tristen Nichts. Wenn ich jemandem davon erzähle, reicht es zu einem verständnisvollen Nicken, andere nehmen gleich Reißaus, denn die Angst ist »negativ«, sie »zieht herunter«. Angst macht einsam. Und doch unternehme ich nichts gegen sie, lasse sie gewähren, gebe mich ihr hin, wenigstens für einige Zeit, genügen ihr ein paar Tage? Ich will sie nicht überspielen, nicht betäuben, sondern in mich aufnehmen und durchstehen. Die Angst erscheint mir schließlich sogar wertvoll, ich kann ihr und mir Fragen stellen: Was ist es, das Angst macht; welche Zusammenhänge in mir selbst und in der Welt, in der ich lebe, treiben sie hervor? Gibt es ein Leben ganz ohne Angst? Was ist Angst, was ist Leben? Die Angst ist ein Anlass, nachdenklich zu werden, ein philosophischer Moment per se, ein Blick in Gründe und Abgründe.

Gewöhnlich wird das Leben an der *Oberfläche der Alltäglichkeit* gelebt, aber unterhalb der Oberfläche tun Abgründe sich auf: Abgründe an Verzweiflung und Sinnlosigkeit, an Unglück und Tragik, an Bösem und »Unmenschlichem«, Abgründe an Banalität. Die *Erfahrung des Abgründigen* durchbricht das Gewöhnliche und die Gewohnheiten, in denen das alltägliche Leben wohnt. Im gewöhnlichen Alltagstrott, seiner Unreflektiertheit, seiner Eintönigkeit und Langeweile, kann es vorkommen, dass dieses Durchbrechen herbeigesehnt wird. Dies kehrt sich jedoch ins Gegenteil um, sobald das Abgründige wirklich aufbricht: In der Erfahrung des Abgründigen wird die Oberfläche des Gewöhnlichen erneut herbeigesehnt, Indiz für eine wechselseitige Bedingtheit. Die abgründige Erfahrung aber, die jede und jeder kennt, ist die Angst. Angst ist kein Privileg. Zur Angst sind alle Menschen fähig, sie kommt zu jedem auch ganz ungefragt, und sie scheint erstaunlich gerecht verteilt zu sein, erfasst Mächtige wie Ohnmächtige, Arme wie Reiche, und gerade diejenigen besonders nachhaltig, die sich abgesichert gegen alles glauben. Von Ängsten weiß jede und jeder zu berichten, von Kind auf prägen sie das menschliche Leben, und die zugehörige Erfahrung wird schon im Lateinischen mit *angustía* bezeichnet: Enge, Engpass, Bedrängnis, Beschränktheit, missliche Lage; weiter zurückgehend auf das griechische Verb *áncho*: Ich werde eingeschnürt, gewürgt, gequält. Die Weite der Möglichkeiten reduziert sich auf eine einzige, in ihrer Enge bedrohlichen Wirklichkeit, von der sich nicht immer mit Gewissheit sagen lässt, ob es sich »wirklich« so verhält, aber für das Verständnis der Angst ist dies wohl auch nicht von Belang: Das Selbst fühlt sich in jedem Fall beengt, und dies in lebensbedrohlichem Maße, da ihm die Luft zu atmen wirklich abgeschnürt wird.

Angst ist erfahrbar als ein Gefühl, das von einer Bedrohung, von etwas, das unheimlich erscheint, ausgelöst wird; ein Gefühl, bei dem das Selbst sich als außerordentlich schwach und ausgeliefert erfährt, wozu es sich nicht gerne bekennt. Im *inneren Machtspiel* des Selbst ist Angst im Zweifelsfall stärker als das denkende Ich; entwicklungsgeschichtlich macht sie das ältere Recht geltend, die Auslösung des lebensrettenden Fluchtimpulses, und ihr Machtinstrument besteht darin, das denkende Ich keinen klaren Gedanken mehr fassen zu lassen und »Panik zu machen«. Um das Unfassbare fassbarer zu machen, werden diffuse Ängste auf einen konkreten Anlass reduziert, der vielleicht nichtig ist; sie werden in ein Problem projiziert, das inexistent sein kann. Im sozialen Gefüge müssen seit jeher ausgegrenzte »Andere« für diese Funktion der Simplifikation und Projektion herhalten: Einzelne Subjekte und ganze Kulturen versuchen ihren Stolz zu wahren, indem sie ihr Gefühl der Angst anderen zuschreiben, die als »schwächlich« gebrandmarkt werden. Im *äußeren Machtspiel* zwischen Menschen wird die Angst der einen zum Ansatzpunkt der Ausübung von Macht durch andere. Daher tut das denkende Ich bisweilen gut daran, das Aufsteigen der Angst in sich abzublocken, ihr im Einzelfall Rechtfertigung abzuverlangen, die nüchterne Analyse der beängstigenden Situation durchzusetzen, die wütende Angst wie einen Hofhund an die Kette zu legen, um ihre Fähigkeit zur Witterung bedrohlicher Situationen zu nutzen, ihre Impulse jedoch nicht so weit gehen zu lassen, das gesamte Selbst zu verbellen.

Auch wenn Angst jeden Menschen früher oder später einholt, so doch die der Angst entwöhnten Menschen der Moderne in besonderer Weise. Das ist misslich, denn gerade die Moderne sollte die bedrängenden Ängste endlich besiegen, um auf weltliche Weise zu realisieren, was ursprünglich ein christliches Anliegen gewesen war: In der erlösten Welt sollten die Menschen von Bedrängnis befreit sein. Vielleicht fällt der Aufstand der Angst in moderner Zeit umso empörter aus, je mehr in ihr versucht wird, Emotionen wie diese auszuschalten. Da die gewohnte Geborgenheit in Zusammenhängen der Tradition, Konvention, Religion und Natur verloren gegangen ist, werden abseits alter Ängste auch noch neue wach. Im Unterschied zu den vormodernen, voraufklärerischen vor Geistern, Gespenstern, Teufeln, einem strafenden Gott, Fegefeuer und Hölle richten sie sich nun auf die soziale Vereinsamung, die technische Entwicklung, die politischen und ökonomischen »Systeme«, die ökologische Zerstörung, die metaphysische Sinnlosigkeit. Der moderne Traum der rationalen Kontrolle und Beherrschung von allem generiert die neue Angst vor ihrem Verlust.

Beängstigend ist vor allem die moderne Freiheit selbst, denn sie ermöglicht auf neue Weise, das Leben zu verfehlen, sich in den von Befreiung eröffneten Möglichkeiten zu verlieren und die Verantwortung dafür sich selbst zumessen zu müssen. Ausgerechnet in der Moderne, die vormoderne *materielle* Existenzängste zurückgedrängt hat, macht sich *ideelle* Lebensangst breit, die Angst, ein Leben ohne Sinn zu leben. Herkömmliche Zusammenhänge und der Sinn, den sie vermitteln, sind fragwürdig geworden; Bindungen und Beziehungen, die diese Zusammenhänge konstituierten, haben sich aufgelöst, und Zusammenhänge selbst wieder herzustellen, wird noch nicht als Aufgabe begriffen. Selbst die »positive« Erfahrung von Wohlgefühl und Wohlstand kann sich noch ins »Negative« kehren und Phänomene der Ängstlichkeit und Sinnleere hervortreiben, da das Selbst »das Leben nicht mehr spürt«, nämlich dessen Spannung in aller Polarität. Wer das Leben zu einseitig auf »das Positive« festlegt, ängstigt sich im Übermaß, es zu verlieren oder gar nicht erst zu gewinnen; er ängstigt sich erst recht vor der Angst. Mitte des 20. Jahrhunderts konnte daher davon die Rede sein, die »Aufdringlichkeit des Angstphänomens« habe einen bisher nicht gekannten Grad erreicht.

Moderner Sicht liegt es nahe, Angst als Krankheit oder Störung, als *pathologisch* oder *dysfunktional* zu verstehen. Aber sie könnte wohlbegründet sein und »Sinn machen«: als Ahnung der Grundlosigkeit, der Fragwürdigkeit und Brüchigkeit von allem. Wenn eine grundlegende Polarität des Lebens diejenige zwischen Oberfläche und Abgründigkeit ist, dann gehört die Angst, in welcher Form und zu welcher Zeit auch immer, von Grund auf dem Leben zu; aussichtslos, jemals mit ihr fertig werden zu wollen: Diese *tragische* Auffassung der Angst widerspricht der *funktionalen*, aus deren Sicht nur eine »Dysfunktion« zu beheben wäre (vgl. Fritz Riemann, *Grundformen der Angst*, 1961). Wo das pathologische Verständnis der Angst an seine Grenzen stößt, gewinnt die tragische Auffassung an Plausibilität: Angst ist für sie der profunde Einblick in den Aufbau und die Zusammensetzung von Wirklichkeit und Welt, in das untergründige Sein, das gegenüber allem vordergründigen Schein faszinierend und erschütternd in seiner Nacktheit ist. Alles wird zu *nichts* in der Angst: das Selbst, seine Beziehungen zu anderen, die Welt als Ganzes – aber gerade dadurch tritt hervor, was unter *Sinn* ver-

27

standen werden kann. Die Angst lehrt, was Leben ist und was wesentlich ist – dadurch, dass es bitter entbehrt wird. Es ist merkwürdig, dass ausgerechnet die Erfahrung von Tiefen und Untiefen das Selbst zu befähigen scheint, zu anderer Zeit die Höhen des Lebens zu erklimmen. Aber nur wer »tief unten« ist, sammelt die Kräfte für den Weg »nach oben«. Am Anfang von so vielem ist die Angst.

Während sie in der antiken Philosophie noch als Charakteristikum eines »abhängigen Gemüts« (Seneca im fünften seiner *Briefe an Lucilius über Ethik*) verworfen worden war, zeigten sich Philosophen in moderner Zeit bereit, ihr Sinn zuzugestehen und sie *anthropologisch*, als Grundbedingung des Menschseins zu verstehen. Sören Kierkegaard (*Der Begriff Angst*, 1844) beobachtete, dass eine neue Form von Angst in der Moderne entsteht, da alle sozialen Bindungen und metaphysischen Bezüge sich auflösen. Die Erfahrung der Angst sei der »Schwindel der Freiheit« im entstehenden Nichts. Und doch gewinne der Mensch gerade in dieser Erfahrung ein nachhaltiges Verhältnis zu seiner Freiheit, sich selbst bestimmen zu können; daher sei die Angst die bestmögliche Lehrerin des Lebens. Martin Heidegger (*Sein und Zeit*, 1927) hielt sie aus ähnlichen Gründen für unverzichtbar, denn dadurch, dass der Einzelne sich auf sich selbst zurückgeworfen erfahre, »solus ipse«, erschließe sich ihm erst, was Existenz sei. Das mögliche Entgleiten des Seins mache das Sein als solches erst bewusst, sodass die Angst eine »ausgezeichnete Erschlossenheit des Daseins« sei. Und schließlich affirmierte auch Karl Jaspers (*Philosophie, Band II: Existenzerhellung*, 1932) die Angst als Grunderfahrung, die den Menschen in seinem Kern anspricht: Die Erfahrung der großen Verletzlichkeit der Existenz führe dazu, dass eine vordergründige Geborgenheit zusammenbricht und die Möglichkeit des eigentlichen Selbstseinkönnens zu entdecken ist. Auch Jaspers geht vom spezifisch Modernen der Angst aus, das aus der Auflösung des Halts des Einzelnen in sozialen und traditionellen Bindungen resultiert: »Eine so noch nie gewesene Lebensangst ist der unheimliche Begleiter des modernen Menschen« (*Die geistige Situation der Zeit*, 1931). Das Gefühl des Verlorenseins, »wie ein verlorener Punkt im leeren Raum zu versinken«, kann ihm zufolge sogar eine Flucht in Krankheit bewirken, um wenigstens noch negativen Halt zu erfahren. Dermaßen kann das Ausmaß der Angst anwachsen, dass ihre Lebbarkeit fraglich wird. Was kann da noch Lebenskunst sein?

Mit der Angst beginnt die Lebenskunst

Die Erfahrung der Angst ist unverfügbar, verfügbar ist lediglich die Haltung, die zu ihr eingenommen wird. Statt die Angst abzuweisen, kann die Haltung darin bestehen, sie aufzunehmen, um sich auf das Leben zu besinnen und es neu zu orientieren. Wird diese Haltung zugrunde gelegt, beginnt Lebenskunst nicht erst auf der *intellektuellen Ebene* des Bewusstseins, sondern auf der *existenziellen Ebene* der Angst, wie sie jederzeit von jedem Menschen erfahren werden kann. Eine zwingende Notwendigkeit, den Stachel der Angst aufzunehmen, gibt es nicht; grundsätzlich auch keine Möglichkeit für andere, ein Selbst darauf zu verpflichten. Jedes einzelne Selbst hat selbst seine Wahl zu treffen und kann lediglich in der Vorbereitung hierauf die *Hermeneutik der Angst* zuhilfe nehmen, um über ihre Zusammenhänge und mögliche Bedeutsamkeit, ihren »Sinn« nachzudenken: womöglich Element der Polarität des Lebens und Moment seiner Orientierung zu sein, und dies gerade dadurch, dass sie das Leben in Frage stellt; im Selbst die Sensibilität entstehen zu lassen, die die Voraussetzung für das Entstehen von Klugheit ist; es herauszufordern, von der Gleichgültigkeit gegenüber seinem Leben abzulassen und die Sorge für sich wahrzunehmen.

Auf der Basis der Hermeneutik kann das Selbst seine *Haltung zur Angst* festlegen: Soll ihr Rechnung getragen werden? Soll sie *eliminiert* (besiegt) oder einfach nur *akzeptiert* (hingenommen) werden? Soll sie *utilisiert* (genutzt) werden, etwa für die Motivation, ein bestimmtes Ziel zu erreichen? Oder soll sie *transformiert* (umgewandelt) werden, etwa in eine »objektbezogene« Furcht, um ihr das Unheimliche zu nehmen und sie greifbarer zu machen? Die verbreitete *Norm*, sie überwinden zu müssen, ist in Wahrheit nur eine *Option*, allerdings eine, die in Bezug auf eine Einzelangst »Sinn macht«, nicht in Bezug auf die Angst überhaupt: Wer die Angst schlechthin besiegen will, bestärkt sie nur; schon das kleinste, alltäglichste Ängstigen gerät fortan zur großen Störung. Gelänge der »Endsieg«, erwüchse daraus ein Problem, da ein entscheidendes Korrektiv fürs Leben damit verloren ginge: Das Selbst, das keine Angst zu empfinden vermag, ist auf Schritt und Tritt bedroht, da es nicht in der Lage ist, Gefahren wahrzunehmen. Die Schwäche der Ängstlichkeit begründet auch ihre Stärke.

Mit seiner Haltung zur Angst entscheidet das Selbst zugleich über seine *Haltung zum Leben*. Denn die Angst wirft die Frage nach dem Leben als Ganzes auf; alle Angst ist im Grunde Lebensangst: Angst *um das Leben*, das eigene wie das anderer, an denen dem Selbst sehr viel liegt; und Angst *vor dem Leben*, seinen Ungewissheiten und Herausforderungen, Verletzungen und Enttäuschungen. Angst ist die »negative«, schmerzliche, missliche, schlimme Erfahrung schlechthin, die Fragen an das Leben aufwirft: Was ist eigentlich Leben? Was ist *mein* Leben? Gibt es etwas darin, das Angst macht? Ist es die Einrichtung des Lebens, die Angst hervortreibt? Lässt sich daran etwas ändern? Das Leben selbst sorgt für die Fragen, und so beginnt die Suche nach Antworten; es sei denn, das Selbst versucht, um jeden Preis weiter so dahinzuleben – dann droht über den Zweifel hinaus die Verzweiflung, der Verlust jeglichen Vertrauens auf das Leben, und die Gründe dafür lassen sich nicht einfach abtun.

Die ängstliche Sorge aber, die ernst genommen wird, aktiviert das *Eigeninteresse des Selbst* und sorgt für eine erste Selbstaneignung, die darin besteht, sich nicht mehr nur der Bestimmung durch andere und äußere Verhältnisse zu überlassen. Aus der ängstlichen Sorge *um sich selbst* wird die kluge Sorge *für sich selbst*, mit Rücksicht, Umsicht, Vorsicht und Voraussicht. Der Übergang zur klugen Sorge ist dadurch charakterisiert, dass das Selbst Distanz zu sich und zur eigenen Situation zu gewinnen vermag; dass es somit zur Reflexion seiner selbst und der Verhältnisse, in denen es lebt, in der Lage ist. Das Selbst begibt sich auf den Weg zur Bewusstwerdung, zur bewussten Lebensführung, zur Lebenskunst, vorausgesetzt, dass es die Momente der Bewusstheit, die sich ergeben, auch festhält, und sie nicht so rasch wie möglich wieder zu zerstreuen sucht. Das Leid wird zum Gedanken, der Gedanke aber führt zur Kunst des Lebens, zuallererst zu einer Kunst des Umgangs mit Angst.

Grundelement dieser Kunst ist die *Kultivierung der Angst*, um ein lebbares *Maß* zwischen ihrem Zuviel und Zuwenig zu gewinnen. Das kleinere Problem ist das Zuwenig, aber sehr wohl gibt es dieses *Zuwenig* der Angst – es zeigt sich daran, dass die Anlässe zur Angst umso mehr gesucht werden, je mehr diese gemieden und »besiegt« werden soll. Sobald ein bestimmtes Quantum an Angst unterschritten wird, scheint das Leben unerträglich flach und spannungslos zu werden. So könnte es sein, dass die menschliche Existenz in jedem Fall der Angst bedarf, egal wovor. Dem lässt sich durch die Sicherstellung eines *existenziellen Angstquantums* begegnen, etwa dadurch, sich vorsätzlich in Situationen der Angst zu begeben – die sehr verbreitete Liebe zu Krimis und Gruselfilmen, zu Abenteuersport und Extremsituationen lässt sich auf diese Weise erklären. »Das Leben« selbst spürt den Mangel und bemüht sich gegenzusteuern. Hatte ich selbst einen zu großen Mangel an Angst?

Aber der, der Angst hat, hat sie oft im Übermaß, so sehr sogar, dass das Leben fraglich wird. Die weitaus größere Schwierigkeit der Kultivierung ist daher die Bewältigung des *Zuviel*. Die Kunst des Umgangs mit Angst kann hier zunächst eine *pharmakologische* sein, wenn auch mit größter Vorsicht und Zurückhaltung: Die Rolle von Psychopharmaka zumindest für die akute Verminderung extremer Ängste ist kaum zu negieren, und doch kann sie aufgrund der »Nebenwirkungen« keine dauerhafte Antwort sein. Zur weitaus wichtigeren Kunst wird somit die *dialogische*, die Kunst des Gesprächs, mit sich selbst, mit anderen, mit Freunden und »Experten«, mit denen ein solches Gespräch geführt werden kann. Das Gespräch gibt der Angst den Raum, in dem sie ernst genommen wird, ausgesprochen werden kann und sich selbst ausspricht. Die Äußerung sorgt für eine Distanzierung, somit für eine »Objektivierung«. Mit jeder Formulierung gewinnt die Angst im Gespräch Form und somit Fassbarkeit, und die Anwesenheit des anderen gibt dem ängstlichen Selbst Halt. Im Gespräch lässt sich den persönlichen Gründen für eine Angst nachspüren, ebenso ihrer möglichen Bedeutung für das eigene Leben, für menschliches Leben überhaupt. Gesprächsweise lässt sich das Phänomen in den Horizont der Zeit einbetten, um den unmittelbar Betroffenen davon zu entlasten: Gerade der moderne Ausschluss der Angst führt vielleicht dazu, dass sie im einzelnen Selbst, das sie stellvertretend für andere zu ertragen hat, exzessiv und scheinbar grundlos wiederkehrt.

Was die Angst zeitweilig heilen kann, ist der Genuss der Lüste der fünf Sinne, der Sinnlichkeit des Sehens, Hörens, Riechens, Schmeckens, insbesondere aber des Tastens. Der kunstvolle Umgang mit Angst bedarf daher einer *Kunst der Berührung*, die viele Worte erspart; vor allem der zärtlichen Berührung, die eine Angst vergessen macht. »Kann ich näher bei Dir liegen, dann habe ich nicht mehr so viel Angst«, hören Eltern von ihren Kindern, und das Bedürfnis nach solcher Nähe verliert sich offenkundig auch bei Erwachsenen nicht. Berührung besänftigt Angst, und dies gilt für die körperliche ebenso wie für die seelische, geistige und metaphysische Berührung; der Grund dafür dürfte auf allen Ebenen derselbe sein: Jede Berührung vermittelt eine Erfahrung von »Transzendenz«, einer Überschreitung der engen Grenzen des Ich. Das Selbst fühlt sich nicht mehr metaphysisch einsam, und dieses Gefühl entspricht offenbar einer Wirklichkeit, denn mit der Berührung eines anderen wächst das Selbst über sich hinaus. Daher gilt es, die Bindungen und Beziehungen zu suchen und zu pflegen, die Berührung möglich machen: Bindungen der Liebe und der Freundschaft, der geistigen Beziehung und vielleicht des Bezugs zu einer Dimension der Transzendenz im weiteren Sinne, in der die Angst Platz findet und nicht ein für alle Mal »besiegt« werden muss.

Zur Mäßigung der Angst trägt ferner die *Gewöhnung* bei: Gewöhnung an die Angst, an den Anlass oder den Ort der Angst; Gewöhnung auch im Sinne einer Wiederherstellung der Oberfläche des gewohnten und gewöhnlichen Lebens, dieser relativen Festigkeit und Zuverlässigkeit, auf deren Grund und Boden sich das Leben in einem begrenzten Raum für überschaubare Zeit wieder einrichten lässt. Kinder sind natürliche Meister hierin, von ihnen lässt sich dies lernen, um es bewusst zur Anwendung zu bringen. Das Gewöhnliche und Normale wird hergestellt durch die *Pflege der Gewohnheiten*, deren Bedeutung umso größer wird, je geringer sie geschätzt werden. Gewohnheit ist konstruierte Stabilität, die selbst eine Instabilität zu leben erlaubt. Zwar wächst mit jeder Stabilität die Gefahr der Leblosigkeit, aber mit jeder Instabilität auch die der Unlebbarkeit. Gewohnheiten sind es letztlich, die einer grassierenden Sinnlosigkeit Einhalt gebieten können, denn in aller Subjektivität sorgen sie für die Wiederherstellung von Zusammenhängen des Lebens und gründen so selbst Sinn, jedenfalls den alltäglichen Sinn, in dessen Rahmen sich das Leben wohnlich einrichten lässt, und sei es im Garten am Rande des Abgrunds, um aus dem kultivierten Raum heraus besser über die Brüchigkeit allen Sinns nachdenken zu können.

Keine Angst davor, unwichtigen Dingen vorsätzlich Wichtigkeit beizumessen, um sich daran festzuhalten, *vive la bagatelle*! Wichtig ist das vielleicht oberflächliche, triviale und banale Schöne eines Films, eines Musikstücks, eines Cafébesuchs, eines Plauderns. Es liegt viel Weisheit darin, an einer Oberfläche festzuhalten, vorsätzlich oberflächlich zu sein und sogar eine *Kunst der Oberflächlichkeit* zu pflegen, wenngleich im Sinne der bewussten Lebensführung nur unter der Voraussetzung, die Oberfläche als solche auch wahrzunehmen. Eine Kultivierung der Oberfläche propagierte bereits Nietzsche in der Vorrede zur zweiten Ausgabe der *Fröhlichen Wissenschaft* von 1887, aus eigener abgründiger Erfahrung und in antiker Tradition: »Oh diese Griechen! Sie verstanden sich darauf, zu *leben*: dazu tut not, tapfer bei der Oberfläche, der Falte, der Haut stehen zu bleiben, den Schein anzubeten, an Formen, an Töne, an Worte, an den ganzen Olymp des Scheins zu glauben. Diese Griechen waren oberflächlich – *aus Tiefe*!«

Schwach sein können, versagen dürfen

Der Erfahrung der Angst liegt jedoch womöglich eine andere Erfahrung zugrunde: die der Schwäche; ohne Schwäche keine Ängstlichkeit. Selbst der »Anfang der Philosophie«, *archē philosophías*, geht vielleicht auf die Wahrnehmung der eigenen

Schwäche und des Unvermögens zurück, wie Epiktet im 1./2. Jahrhundert n. Chr. in seinen *Unterredungen* meinte (*Diatriben* II, 11). Neben, nach oder noch vor dem *ontologischen Staunen* über das, was ist und wie es ist und dass überhaupt etwas ist und nicht vielmehr nichts, markiert die Erfahrung der *anthropologischen Schwäche* und des Versagens angesichts dessen, was eigentlich Not tut, somit den anderen Anfang der Philosophie, des Innehaltens und Nachdenkens. Aus diesem abgründigen Grund heraus entfaltet sich die philosophische Aufmerksamkeit und Wachsamkeit mit all ihren Fragen und Argumenten, Methoden und Disziplinen; sie folgt der Schwäche und den Ängsten und kümmert sich um sie. Kommt darin ein Verlangen nach Überwindung jeglicher Schwäche zum Vorschein, das stoische Programm einer Besserung des Selbst bis hin zu seiner Perfektionierung? Aber die stoische, ebenso die christliche Auffassung vom Menschen, die beide eine Überwindung seiner Schwäche fest im Blick haben, setzen diese immerhin noch als grundlegendes anthropologisches Phänomen der *asthéneia* voraus. In der Moderne hingegen wird ein Krankheitsbild daraus: die *Asthenie*, wohl mit guten Gründen, jedoch mit der fatalen Folge, jede Schwäche bereits für Krankheit zu halten und mit unterschiedlichen medizinischen Mitteln darauf zu reagieren. In der Moderne klafft ein Abgrund zwischen dem obligatorischen Streben nach Perfektion, das ihrer Dynamik innewohnt, und der notorischen menschlichen Erfahrung, in keiner Weise perfekt, vielmehr schwach zu sein und versagen zu können. Alle Perfektionierung von Wissenschaft und Technik, von der die Moderne umgetrieben wird, lässt all das am menschlichen Leben, was dahinter zurückbleibt, als heillos defizient erscheinen.

Als Entbehren von »Saft und Kraft« wird die Schwäche alltäglich erfahren. Schwäche lässt sich jedoch genauer beschreiben als ein *Verlust von Mächtigkeit*, Mächtigkeit verstanden als ein Verfügen über Möglichkeiten, als *Können* in diesem Sinne, und dies erklärt auch die spezifische Schwäche des Versagens: etwas nicht zu können, jedenfalls nicht jetzt und vielleicht auch künftig nicht, es möglicherweise noch nie gekonnt zu haben. Schwäche ist die Erfahrung von *Ohnmacht*, und es ist erstaunlich, wie profund diese das Innere des Selbst zu durchdringen vermag, denn sie äußert sich nicht nur im Physischen und Psychischen, sie greift selbst aufs Geistige über, auf das hermeneutische Sinngefüge des Selbst, und entfaltet hier auf ruinöse Weise ihre Wirkung: Was immer als sinnvoll galt, erscheint nun als nichtig. Alles wird fragwürdig, auch das Selbst für sich selbst. Kann selbst der »Sinn«, insofern er einer Anstrengung bedarf, Zusammenhänge zu sehen und zu knüpfen, eine Frage von Kraft sein? Liegt der Grund dafür, dass die Kultur der Moderne so allergisch gegen Schwäche ist, darin, dass sie sich ohnehin nur mit Mühe der Sinnlosigkeit erwehrt? Ist sie entgegen dem äußeren Eindruck im Innersten ihrer selbst schwach und ohnmächtig?

Einzelne Menschen tragen diese Problematik in sich und glauben an ein persönliches Problem, das ihnen zu schaffen macht. Das spitzt sich in der Lebenshaltung junger Menschen zu, die bemüht sind, sich nur ja keine Blöße zu geben, keine Schwächen erkennen zu lassen, die geforderte Leistung penibel zu erbringen, alle Aufgaben perfekt zu lösen, »ganz normal zu sein«, Karriere zu machen, Erfolg zu haben, *winner* zu sein und niemals *loser*, vor allem aber: immer *cool*, auf ganz unphilosophische Weise stoisch, scheinbar unbeeindruckt von allem, unberührt, auch unberührbar in jeder Hinsicht. Zugleich leiden sie unter der Erfahrung von Schwäche, da sie sich eines Könnens nicht für mächtig halten. Der Kraftaufwand, die *Fassade der Kraft* andauernd aufrechtzuerhalten, ist immens, zweifellos ein Wettbewerbsnachteil auf dem Weg zum angestrebten Ziel, stark zu werden, jedenfalls auf längere Sicht. Andersmodern wäre es, trotz allem die Schwäche zu leben, sie gewähren zu lassen wenigstens für einen Moment, sie sich und anderen einzugestehen, im vertrauten Kreis oder im Kreis von Betroffenen, auch in einem therapeutischen Kontext, um das Unvermögen oder gar Versagen als Möglichkeit seiner selbst in den Blick zu nehmen. Nicht defensiv, sondern offensiv, nicht um einen Vorwurf an »die Gesellschaft« zu adressieren, sondern um das gesellschaftliche Verhältnis gegenüber Schwäche und Versagen individuell und im Verbund mit anderen durch einen veränderten eigenen Lebensvollzug zu korrigieren. Die andere Moderne wird eine schwache und in ihrer Schwäche stärkere Moderne sein.

Wenn der Kern der Schwäche die Erfahrung von Ohnmacht ist, dann läuft die Strategie, ihr zu begegnen, auf den Gewinn von Macht hinaus, Macht im Sinne von Können. Auch wenn es nicht darum gehen kann, jegliche Ohnmacht, jeglichen Mangel an Können für immer hinter sich zu lassen, so doch darum, die Ohnmacht *partiell* zu überwinden und auf diese Weise lebbar zu machen. Kein allumfassendes Können steht in Frage, mit dessen Anspruch und Unerreichbarkeit gerade junge Menschen sich konfrontiert sehen, sehr wohl jedoch ein *exemplarisches Können*, eine einzige Sache, auf die das jeweilige Selbst sich wirklich versteht, zugespitzt: Fußball zu spielen oder Rechenkünste zu üben oder Liebe zu machen, das jedoch *gekonnt*. Und stets erarbeitet sich das Selbst dabei ein Können im Umgang mit der Schwäche selbst, ein Schwachsein*können* und Versagen*dürfen*, das leichter fällt, wenn es ein Residuum der Stärke gibt. Da es ausgeschlossen ist, ein Können im Moment der Schwäche selbst zu erwerben, muss es vorweg erarbeitet werden. Es kann konserviert werden in der Haltung, die der Schwäche gegenüber grundsätzlich eingenommen wird; sie muss aber frühzeitig justiert werden, um im fraglichen Moment verfügbar zu sein.

Die Haltung zielt vor allem darauf, sich frei zu machen von der ständigen Anstrengung, stark sein zu müssen, frei von dem Aufwand, die Empfindung der Schwäche zu überspielen. Vielmehr vorweg sich sagen zu können: »Ich muss nicht brillieren, wozu auch? Um mir selbst und anderen etwas vorzumachen? Wozu soll das gut sein?« Gut ist eher der Verlust der Kraft, denn er ist von Bedeutung für ihren Wiedergewinn. Nicht so sehr in der Behauptung einer Kraft, die sich erschöpft hat, liegt die Möglichkeit ihres Wiedergewinns, sondern im Eingeständnis ihres Verlustes: Nur so kann sie sich erholen. Eine *Dialektik von Stärke und Schwäche* wird darin erkennbar: Je mehr das Selbst seiner Schwäche nachgibt, anstatt sie zu bekämpfen, umso eher gewinnt es die Stärke wieder, mit ihr zurechtzukommen, wenn auch nicht sie zu überwinden. Alle »Überwindung« kann nur ein temporäres, kein dauerhaftes Ziel sein, denn sporadisch kehrt die Schwäche wieder, ständig ist sie präsent, auf Dauer bleibt sie als Möglichkeit erhalten, ja sogar als Notwendigkeit, denn nicht die vermeintliche Stärke, sondern die Schwäche ist kreativ und produktiv: Sie treibt Sensibilität hervor, sie schärft das Bewusstsein, sie arbeitet an dem Werk, von dem das Selbst sich einen Zugewinn an Stärke verspricht. Die Notwendigkeit der Schwäche, mangels Stärke ungeschützt zu agieren, bricht verkrustete Strukturen auf und öffnet den Raum des Anderen, der Transformation: Neue Möglichkeiten der Gestaltung fliegen dem zu, der schwach sein kann. Neue Möglichkeiten der Begegnung kommen in den Blick, denn der, der schwach ist, öffnet sich für andere, wenn auch aus purer Not. Wer stark ist, bedarf anderer hingegen nicht – bis eine Schwäche ihn überkommt; dann aber ist er allein. Menschen scheitern an ihren Stärken eher als an ihren Schwächen; wahre Stärke ist daher, schwach sein zu können. Vielleicht gilt dies auch für die Philosophie, wenn einige Hoffnungen auf Lebenshilfe in sie gesetzt werden.

Lebenshilfe? Was es heißt, »eine Philosophie zu haben«

Es sind diese Hoffnungen, die Intellektuelle in Furcht und Schrecken versetzen: Die Suche nach »Lebenshilfe« einer wachsenden Zahl von Menschen trifft auf das Entsetzen der Gebildeten, die nichts damit zu tun haben wollen. Woher die Heftigkeit der Nachfrage, warum die Entschiedenheit der Verweigerung? Die Nachfrage rührt her von all denen, die sich in ihrer Lebensbewältigung auf sich selbst gestellt sehen, eine Folge der verlorenen Tradition, Konvention, Religion, die bis ins Detail des Alltags hinein definieren konnten, wie zu leben ist. Praktisches Lebenwissen wird in der Moderne nicht mehr von Person zu Person, von Generation zu Generation weitergereicht; die fortschreitende Befreiung hat diese Kette unterbrochen. So findet sich das Individuum allein in seinem begrenzten Lebenshorizont wieder, die Ressourcen eines überlieferten, gemeinsamen Lebenwissens bleiben ihm verschlossen und es beginnt danach zu fragen, wo Lebenshilfe zu bekommen sei. Die Situation wird verschärft von Ängsten und der Empfindung von Schwäche angesichts der Komplexität moderner Gesellschaften und der stets neuen Herausforderungen durch Wissenschaft und Technik, auf die nicht von vornherein schon Antworten bereitstehen.

Eine ganze Skala von Lebensfragen bricht auf, Einzelfragen und grundlegende Fragen, bürokratische, gestalterische, therapeutische und existenzielle Fragen. Für die *bürokratische* Seite der Lebensbewältigung stehen spezifische Kompetenzen zur Verfügung, mit deren Hilfe zuweilen banale, aber im situativen Lebensvollzug einer modernen Gesellschaft drängende Probleme wie Finanz-, Steuer-, Rechtsfragen zu bewältigen sind. Auch für die *gestalterische* Seite der Lebensbewältigung lässt sich je besonderer Sachverstand konsultieren, wenn es um berufliche Möglichkeiten, Gesundheitsvorsorge, Ernährungsfragen, Fragen des Verbraucherschutzes, Reiseplanung etc. geht. Einzelkompetenzen sind verfügbar zur *therapeutischen* Seite, um eine Krankheit im Organischen oder Psychischen zu behandeln, eine »Störung« in einer Kommunikation oder Beziehung zu behezben und nach dem richtigen Umgang mit Gefühlen und Leidenschaften, mit Lüsten und Ängsten zu fragen. Was aber ist mit der *existenziellen* Seite, bei der es, in Überschneidung mit therapeutischen Fragen, die gestalterischen tangierend, die bürokratischen Fragen weit übergreifend, um die eigentlichen Lebensfragen geht: Ist dieses Leben, das individuelle, das gesellschaftliche, auf dem richtigen Weg? Was ist Leben für mich? Was halte ich für wichtig: Freundschaft, Liebschaft, ein Leben in Zurückgezogenheit oder in der Öffentlichkeit? Wie kann ich mein Leben führen? Welchen *Sinn* haben Lüste, Ängste, Schmerzen, Krankheit und Leid? Welches Verhältnis habe ich zum Tod? Woran kann dieses Leben orientiert werden? Was ist schön und bejahenswert für mich, was sind die Werte, denen ich in meinem Leben Bedeutung geben will? Was ist in meinen Augen Glück, was der Sinn des Lebens? Was ist das überhaupt, »Glück«, »Sinn«?

Um Antworten zu finden, suchen Menschen in wachsendem Maße nach einem Raum, in dem die Erörterung dieser Fragen möglich ist. Einen solchen Raum des Innehaltens und Nachdenkens bieten die Theologie, auch die Therapie im weiteren Sinne – und die Philosophie. Darin besteht bereits ein Teil ihrer Lebenshilfe: den »logischen«, *geistigen Raum* zur Verfügung zu stellen, in dem die eigenständige Urteilskraft zu gewinnen ist, mit deren Hilfe das Leben neu orientiert werden kann. Dass dieser Raum der umfassenden Besinnung und Selbstbesinnung offen steht, dass in ihm abseits aller Aktivität die Passivität der Nachdenklichkeit gelebt werden kann, ist zweifellos ein Grund für die wachsende Bedeutung der Philosophie in orientierungsloser Zeit, immer wieder in der Geschichte seit der Antike. Die Lebenshilfe der Philosophie ist keine Form von Therapie. Wer Lebensfragen hat, ist nicht therapiebedürftig, jedenfalls nicht im engeren, modernen Sinne des Wortes, das einen pathologischen oder dysfunktionalen Hintergrund voraussetzt, allenfalls im weiteren, antiken Sinne der griechischen *therapeía*, die eine Pflege und Sorge meint, wie dies auch in mancher Psychotherapie wieder entdeckt wird. Erst recht ist die Sorge um eine »Heilung der Seele« (*psychēs iatreía*) nicht zwangsläufig ein Fall für die Psychiatrie.

Die Philosophie »behandelt« nicht, sie trägt vielmehr zu einer Klärung von Lebensfragen bei. Die Klärung geschieht *mithilfe* der Philosophie, nicht etwa *durch* sie. Der Klärungsprozess zielt nicht darauf, definitive Klarheit zu erreichen, sondern diejenige operative Klarheit, die das Leben wieder ermöglicht. Das philosophische Angebot zur Klärung, seit Sokrates ein Angebot zum Gespräch, besteht in einer Art von Geburtshilfe, *maieutikē*, um das je eigene Denken hervorzubringen. Es ermöglicht den Gesprächspartnern, jeweils für sich selbst die Orientierung zu gewinnen, die im Dickicht des alltäglich gelebten Lebens verloren gegangen oder noch nie gefunden worden ist. Der Philosoph kann der Gesprächspartner in diesem *Lebensgespräch* sein, unabhängig davon, ob das Gespräch *real* (gesprochen) oder *imaginär* (gedacht) geschieht. Die Stärke der Philosophie liegt dabei in der Tat eher in ihrer Schwäche: keine letztgültige Klärung erdenschwerer Fragen, keine absolute Klarheit über Leben und Welt erlangen zu können – Tausende von Anläufen dazu in Tausenden von Jahren haben dies jedenfalls nicht erbracht. Gerade diese Schwäche lässt den Raum der Philosophie so attraktiv erscheinen: Sie offeriert den Raum zur Erörterung all der Fragen, die andernorts keinen Platz finden; sie vermittelt die Erfahrung, dass es Fragen gibt, die kaum jemals definitiv zu beantworten sind; sie regt die Einsicht an, dass die Lebenskunst wohl zu einem guten Teil darin besteht, sich mit diesem Stand der Dinge zu bescheiden. Das Gespräch aber zu verweigern, treibt Menschen erst in die Arme derer, die fragwürdige Formen von »Lebenshilfe« anbieten und Verklärung an die Stelle von Klärung setzen.

Auch wenn es dabei nicht um einen definitiven Rat geht, so doch um einen *Prozess der Beratung*, was zu tun sei: eine Erörterung der Aspekte, die im Spiel sind, der Optionen, die zur Verfügung stehen, der Argumente, die für und wider die in Frage kommenden Optionen sprechen. Entscheidend ist das *optative* Vorgehen, das die Verantwortung bei demjenigen belässt, der sein Leben selbst lebt, und ihn dennoch mit seinen Fragen nicht allein lässt. Die Autonomie des Einzelnen zu achten ist ein hohes Gut, aus gutem Grund: Schließlich muss er auch selbst, nicht irgendein »Ratgeber«, der vielleicht nur eine zufällige und belanglose Meinung vertritt, die Verantwortung für sich und sein Leben tragen – eine existenzielle Wahrheit. Selbst eine »Empfehlung« wäre noch zu normativ, daher bleibt es im Prozess der Beratung beim Verfahren der *Anregung*, die hilfreicher sein kann als ein konkreter Rat, und zudem wechselseitig ist: Sie kann beiden Gesprächspartnern den Anstoß dazu geben, herkömmliche Bahnen des Denkens zu verlassen, eine Situation mit anderen Augen zu sehen und neue Möglichkeiten in den Blick zu bekommen. Der historisch und systematisch umfassende Horizont der Philosophie bietet einiges an »Stoff« für all die Anregungen, die in der Sicht derer, die sich davon inspirieren lassen, als »geistige Nahrung« verstanden werden, die sie nicht entbehren möchten. Und eine Rolle kommt im Prozess der Beratung dem eigenen *Beispiel* zu, wenn auch explizit nur exemplarisch, denn es kann nicht darum gehen, vorbildhaften Charakter für sich selbst zu beanspruchen, eher darum, einen Anlass zur Auseinandersetzung zu bieten, in deren Verlauf ein Gegenüber sein Eigenes zu finden vermag. Das eigene Beispiel stärkt zudem die Glaubwürdigkeit als Gesprächspartner, der nicht nur theoretisch beschlagen ist, sondern selbst auch einen praktischen Lebensvollzug vorzuweisen hat.

Resultat der Klärung und Beratung kann sein, *eine Philosophie zu haben*. Im individuellen wie im gesellschaftlichen Leben, in der Wirtschaft, in der Politik ist zuweilen unbedacht davon die Rede, dass man »eine Philosophie habe«. Gemeint sind damit meist Einsichten und, darauf aufruhend, Grundsätze, die für wesentlich erachtet werden und denen in der alltäglichen Praxis zu folgen versucht wird. In der philosophischen Lebenskunst wird eine durchdachte Angelegenheit, eine »Lebensphilosophie« daraus, eine bewusste, überlegte eigene *Auffassung vom Leben*, von seinen Eigentümlichkeiten, seinen Möglichkeiten; eine Auffassung davon, worauf es im Leben ankommt, was wichtig ist und was als »schön« erscheint. Der reflektierte Prozess der Klärung erlaubt, *Grundüberzeugungen* zu gewinnen, die nicht einfach nur behauptet werden, sondern aus der philosophischen Grundfrage hervorgehen, was denn »eigentlich« wesentlich ist. Die Philosophie liegt in der *Grundhaltung*, die fürs Leben gewählt wird; und sollte sie auch zunächst durch Erziehung und Kultur vorgegeben sein, so ist sie doch zu überdenken, um zu entscheiden, ob sie beibehalten oder verändert werden soll. Eine Philosophie zu haben heißt nicht etwa, »die Wahrheit«, sehr wohl aber eine *Lebenswahrheit* für sich gefunden und formuliert zu haben, die gut genug begründet erscheint, um das ganze Leben darauf zu bauen: Lässt sich ohne eine solche Lebenswahrheit überhaupt leben?

Hilfreich auf dem Weg zur eigenen Lebensphilosophie ist eine freie, institutionell nicht gebundene Philosophie, die sich wie zu sokratischen Zeiten in ständiger Tuchfühlung zum individuellen und gesellschaftlichen Leben bewegt. Sie vermittelt Anstöße und Anregungen, wie sie die Geschichte der Philosophie reichlich bereithält, philosophische Lebensentwürfe, die im Laufe der Zeit aus der Besorgnis und dem Nachdenken über das Leben entstanden sind. Man hat es nicht mit »toten Texten« zu tun hat, wenn man diese alten Denker neu liest, die mit allzu moderner Geste als »überholt« abgetan werden. Schon ihre zeitliche Ferne ermöglicht den distanzierten Blick auf die Aktualität und das eigene Selbst und erleichtert die Besinnung auf den »Sinn«, die Zusammenhänge der Lebensphänomene, und ihre Bedeutung,

ihre Gewichtigkeit. Aus guten Gründen hat die *philosophía* als
»Liebe zur Weisheit«, als Verlangen nach Kenntnis des Wesentlichen fürs Leben die Zeiten überdauert. Einzelne Grundzüge
antiker Philosophien lassen sich wieder aufgreifen, um der eigenen Lebenskunst Konturen zu verleihen: eine ausgeprägte Liebe
zum Schönen aus der Philosophie *Platons*. Eine nie erlahmende
Bereitschaft zur Reflexion aus der Schule des *Aristoteles*. Eine
bemerkenswerte Freimütigkeit aus dem Kynismus des *Diogenes*.
Eine wählerische Genussfähigkeit aus dem Garten *Epikurs*. Eine
nachhaltige Skepsis aus der Tradition *Pyrrhons*. Eine unzerstör-
bare Unerschütterlichkeit aus dem Stoizismus etwa *Senecas*. Ergänzt vielleicht durch die immer neue Bereitschaft zum Wagnis,
zum Versuch aus der Essayistik eines *Montaigne*, der im 16. Jahrhundert die antike Philosophie in ihrem ganzen Reichtum an
Lebensweisheit wieder entdeckt hat. Dies alles durchzogen von
der Philosophie der Selbstsorge, des gekonnten Umgangs mit
sich selbst, der zur Grundlage des Umgangs mit anderen und
einer Sorge um sie wird; denn es ist augenfällig, dass das Bemühen um diese doppelte Sorge die meisten philosophischen Schulen in der Antike charakterisiert. Das könnte für das intellektuelle und philosophische Selbstverständnis in einer anderen
Moderne wieder von Bedeutung sein.

Hilfestellung des Intellekts: Kynische, nicht zynische Lebenskunst

Da ist beispielsweise Johnny, der, den Mantel des Kynikers über-
geworfen, nächtens durch die dreckigen Gassen Londons vaga-
bundiert, ungepflegt, höchst intelligent, ein Meister des ge-
schliffenen Worts, sarkastisch. Er schläft im hell erleuchteten,
marmornen Eingangsbereich irgendeines Geschäftsgebäudes,
das er eine »postmoderne Gaskammer« nennt, und führt tief-
schürfende Gespräche mit dem Wachmann. Er erhebt Anklage
gegen die Langeweile der Luxuswelt, ganz wie der antike Diogenes, und erwartet den Tod des Menschen, denn »die Party ist vorbei«. Da ist nichts, was vor seinen Augen Bestand haben könnte
und worauf er nicht spucken würde; sein Anspruch ist gnadenlos
bis zur Bösartigkeit, unerträglich. »Was ist, wenn Gott uns nur zu

seiner Unterhaltung geschaffen hat – damit er etwas hat, worüber er lachen kann?« Einer, der noch übler drauf ist als er, und ohne jede Intelligenz, eine Kreatur, jagt ihn davon: »Verpiss dich, du Arsch!« Und er, der Kyniker, rühmt ihn zynisch für sein unüberhörbares Interesse am »sokratischen Dialog«.

Wie ein streunender Hund wird er getreten und geschlagen von den Gestalten der Nacht, die er bezichtigt, »ein öffentliches Nichts« zu veranstalten. Er treibt es mit »Sophie«, die ein Gruftie ist, und verachtet sie doch wie jede andere Frau. Das ist das Einzige, was er, der *Kyniker*, mit dem *Zyniker* der Postmoderne gemeinsam hat, dem Yuppie Jeremy, der schnelle Autos fährt und kundtut, dass Aids eine echte Chance angesichts der Überbevölkerung der Erde sei: Dieser Erfolgsmensch, ein Karrierist, ist von einer unverschämten Direktheit wie der Kyniker, und doch erscheint seine Attitüde hohl und leer; ein arroganter Narziss, der winselt, wenn eine Frau ernsthafte Anstalten macht, ihm sein Glied abzuschneiden, mit dem er seine Gespielinnen, etwa die besagte Sophie, vorzugsweise zu sodomisieren beliebt. Unverschämt und schamlos bis zum Brechreiz sind sie beide, der Kyniker wie der Zyniker, aber der Kyniker klagt die soziale Unerträglichkeit noch an, während der Zyniker sie lebt und sogar auskostet. Man kann nicht behaupten, dass der Kyniker zu sehr um sich bekümmert wäre und nur sein eigenes Wohl im Auge hätte; dem Zyniker dagegen geht es um nichts anderes. Während der Zyniker das Nichts bis zur bitteren Neige leert, durchlebt der Kyniker die völlige Verzweiflung darüber – in ihm ist zumindest der Mensch noch erkennbar, auch wenn er nicht den Hauch einer Hoffnung mehr hat. Dabei sind sie beide noch so jung: Kyniker und Zyniker in der so genannten »Postmoderne«, im Film *Naked* von Mike Leigh von 1993.

Eine treffliche Gegenüberstellung zweier Lebenshaltungen, die in der modernen und postmodernen Welt aufeinander treffen. Intellekt besitzen beide, Kyniker wie Zyniker, im Übermaß, aber sie setzen ihn auf unterschiedliche Weise ein. Der Intellekt erlaubt, Verhältnisse zu durchschauen bis auf den Grund, Strukturen zu sehen, wo für andere nur Oberfläche ist, und Möglichkeiten ausfindig zu machen, damit umzugehen; insofern ist der

Intellekt stets eine Macht. Der Intellekt, der den Intellektuellen charakterisiert, mag teils Anlage, teils Ausbildung sein, in jedem Fall ist er ein Privileg, kein Verdienst eines Einzelnen. Den Intellekt nur mit sich selbst und irgendwelchen filigranen Denkübungen befasst sein zu lassen, während andere seiner bedürften, um aus einer unverschuldeten Unmündigkeit herauszufinden, ist *Zynismus*. Eine Lebenskunst, die neben aller notwendigen Selbstbeziehung eines Selbst nicht zumindest *auch* auf die Verbesserung der Verhältnisse derer abzielt, die dies aus eigener Kraft nicht vermögen, ist *zynisch*. Sie ist möglich, sie ist eine Option, aber der eigentlichen Fülle des Daseins bleibt sie, unbekümmert um andere und nicht eingebunden in Bindungen und Beziehungen, die »Sinn machen«, zwangsläufig fern.

Wenn der Umgang mit sich selbst nach der Postmoderne, im Hinblick auf eine andere Moderne, ins Zentrum der Aufmerksamkeit gerückt wird, soll vorweg klar sein, dass dies unter *kynischen*, nicht zynischen Vorzeichen geschieht. *Kynisch* ist die Haltung, dem eigenen Wohlergehen keine übertriebene Aufmerksamkeit zu widmen, die eigene Befindlichkeit nicht für die bedeutsamste der Welt zu halten, vielmehr über das Selbst hinaus sich um diejenigen zu sorgen, die in anderem Maße Anlass haben, sich um sich und ihr Leben zu ängstigen. Sie, die wider Willen in der Angst unterzugehen drohen, bedürfen des zeitweiligen Beistands desjenigen, der die Angst selbst kennt und der die Hilfestellung für andere als Bestandteil seiner Lebenskunst versteht – ganz so, wie er selbst die Hilfe anderer zu anderer Zeit gerne in Anspruch nähme. Die Hilfestellung des Intellekts ist über die unmittelbare Situation hinaus eine strategische: Sie zielt auf die Aufklärung und mögliche Bewusstwerdung, die »Bildung«, mit der eine nachhaltige Befreiung aus der drückenden Enge der Ängste und Verhältnisse erst möglich wird. »Vielleicht finden Sie meinen Humanismus altmodisch«, meinte 2002 die iranische Regisseurin Samira Makhmalbaf in einem Gespräch, »aber Bildung ist die einzige Utopie, an die ich glauben und für die ich in meinen Filmen eintreten kann.« Im Unterschied zur zynischen Haltlosigkeit, die keinen Sinn und Wert im Dasein mehr ausmachen kann, zeichnet es die Haltung des *Kynismus* aus,

eine grundlegende Sinn- und Wertlosigkeit mit eigener Sinngebung und Wertung zu beantworten. Gegen den Zynismus führt
ein Kyniker nicht etwa ethische, sondern in erster Linie *existenzielle* Gründe mangelnder Lebbarkeit und Lebensklugheit ins
Feld: nicht lebbar, da eine innere Aushöhlung das zynische Subjekt, auch ein zynisches System früher oder später zu Fall bringt;
nicht klug, da der Zufall der Existenz es mit sich gebracht hat, auf
dieser Seite der Existenz sich vorzufinden und nicht auf jener –
diese Verhältnisse könnten sich im Verlaufe der Existenz noch
umkehren, sodass das Selbst seinerseits auf den Beistand anderer
existenziell angewiesen wäre.

Nicht jeder Lebenskünstler muss ein Kyniker sein. Auch muss
nicht jede kynische Existenz die eines Johnny sein, dessen Sache,
wie so häufig bei Kynikern, die Achtsamkeit auf irgendwelches
Maß nicht ist: *Maßlos* ist er in der Beziehung zu sich selbst, nicht
etwa in Form einer Selbstfixiertheit, vielmehr, ganz gegenteilig,
in seinem Sichgehenlassen. *Maßlos* ist er in der Beziehung zu anderen, insbesondere, ein antikes kynisches Erbgut, in seiner Haltung und seinem Verhalten gegenüber Frauen. *Maßlos* ist er in
seiner Beziehung zu »den Verhältnissen«, die sich verändern sollen, um sozial gerechter zu werden – aber er selbst ist nicht in
der Lage, seine Beziehungen zu sich und anderen gerechter zu
gestalten. Erst müssten »die Verhältnisse« andere werden? Aber
genau das ist zweifelhaft, denn selbst unter veränderten Verhältnissen wäre Johnny wohl immer noch derselbe – und so wären es
auch die Verhältnisse, wenn vielleicht auch unter dem Namen
eines »anderen Systems«.

Eine *maßvolle* kynische Haltung bestünde darin, die erforderlich erscheinenden Veränderungen und Verbesserungen nicht
nur zu einer gesellschaftlichen Forderung zu machen, sondern
auch mit dem Vollzug der eigenen Existenz sich daran zu versuchen. Nicht unentwegt einen Diskurs nur mit verbalen Argumenten zu bestreiten, die letztlich nichts als Worte bleiben, sondern auch *existenzielle Argumente* in den Diskurs einzuführen, die
Art und Weise des Vollzugs der Existenz selbst zum Argument zu
machen, in einer Sprache, die universell verständlich ist, der
Sprache des wirklich gelebten Lebens nämlich. Denn dadurch

wird deutlich, wofür und wogegen jemand steht, und dies nicht in wohlfeilen Worten, sondern mit existenzieller Beglaubigung. Vielleicht erscheint ein Einzelner ohnmächtig, aber es käme darauf an, wie Adorno in einem Aphorismus seiner *Minima Moralia* (1951) sagt, von der eigenen Ohnmacht sich nicht dumm machen zu lassen. Ebenso gilt umgekehrt, über Adorno hinaus: von der eigenen Dummheit, von den »Verblendungszusammenhängen«, in denen das Selbst lebt, sich nicht ohnmächtig machen zu lassen. Mag sein, dass der Versuch des Anderslebens scheitert, aber es ist nicht schlimm zu scheitern – schlimm ist nur, nichts versucht zu haben und alle Last der Arbeit an Veränderung anderen aufzubürden, als seien sie die natürlichen Vollzugsorgane der besseren Einsichten des Selbst. Die Wahrheit ist freilich, dass Kyniker wie Johnny den Wunsch nach Veränderung und Verbesserung nicht wirklich hegen, da sie sich im eigenen Unglücklichsein und in der Anklage der bestehenden falschen Verhältnisse gewohnheitsmäßig eingerichtet haben, ja ihre Identität daraus beziehen, die im Laufe der Zeit starr geworden ist. Die träge Gewohnheit ist übermächtig – wogegen nicht wirklich etwas zu sagen ist, denn Gewohnheiten sind ein unverzichtbares Instrument zur Einrichtung des Lebens. Ärgerlich ist nur, dieses Arrangement mit der Kritik am Bestehenden und gar mit »Zivilisationskritik« zu verbrämen, um sich und andere über die mangelnde Bereitschaft zur individuellen Arbeit, beginnend bei sich selbst, hinwegzutäuschen.

Zweifellos ist eine kritische Haltung sich selbst wie anderen und »den Verhältnissen« gegenüber unabdingbar, soll die Möglichkeit von Veränderung und Verbesserung nicht aus den Augen verloren werden. Aber selbst die Kritik, die erforderlich ist, bedürfte noch einer *Ethik und Asketik des Maßes*: nicht umstandslos und überall, nicht pausenlos und angesichts von allem, nicht in gleicher Lautstärke ohne Ansehen der Größenordnung des Problems. Alle Kritik ist ein »Scheiden« (griechisch *krínein*), das vom Kritisierten schmerzlich empfunden wird. Maßvoll wäre, dies nach Anlass, Situation, Person, Aussicht auf Verbesserung genau zu bemessen und es nicht, in der Hoffnung, irgendetwas zu treffen, im Übermaß einzusetzen, mit der Folge, nur noch zu verletzen – oder auf völlige Ignoranz zu stoßen. Ein zuverlässiger Maßstab ist der eigene Umgang mit Kritik von Seiten anderer; unschwer lässt sich dabei erfahren, dass die Kritik, die nur Kritikwürdiges sieht, sich selbst unterminiert: Der Kritisierte, in diesem Fall das Selbst, sieht in der wilden Flut der Kritik keinen Ansatzpunkt mehr, da alles ganz aussichtslos ist; jede Differenzierung erscheint sinnlos, da alles in gleicher Weise lautstark verurteilt wird. Die Kritik, die nicht relativiert, ruiniert sich selbst. Umgekehrt gewinnt die Kritik, die sich nicht in der Zerstörung des Bestehenden erschöpft, sondern die mögliche Arbeit am Anderen *existenziell* manifestiert, an Attraktivität, somit an Effizienz. So könnte, ohne damit andere Optionen auszuschließen, eine gemäßigte kynische Ausrichtung der Lebenskunst gestaltet sein. Was aber ist mit »Kunst« gemeint, wenn von Lebenskunst die Rede ist, zu der das Selbst finden will, das von Ängsten und Schwächen heimgesucht wird?

Die Kunst in der Lebenskunst

Künste sind Brücken über Abgründe. Aus abgründigen Erfahrungen gehen sie hervor und auf sie versuchen sie Antworten zu finden. Das gilt wohl für jede Kunst, auch für die Lebenskunst. Abgründe tun sich auf im Verhältnis zwischen Menschen und im einzelnen Menschen selbst, zwischen ganzen Kulturen und innerhalb einer spezifischen Kultur wie etwa der »Moderne« selbst; Abgründe schließlich auch in der menschlichen Existenz überhaupt, die sich als Konstanten durch die Zeiten hindurch erweisen und sich dem Versuch zu verstehen widersetzen. Um dennoch zu leben und »auf schöne Weise« zu leben, haben Menschen seit jeher eine kunstvolle Arbeit an sich und ihrem Leben geleistet, individuell, gesellschaftlich und kulturell.

Einen definitiven, allgemein verbindlichen Begriff von Kunst gibt es nicht. Soll dennoch von Kunst die Rede sein, so ist der Begriff wenigstens provisorisch zu definieren. Unter Kunst soll hier zunächst vage »etwas Anspruchsvolles und Gekonntes« verstanden werden. Für die Lebenskunst als bewusster Lebensführung liegt der *Anspruch* in der Bewusstheit, das *Gekonnte* in der

Gestaltung der Lebensführung auf dieser Grundlage. Lebenskunst, wie alle Kunst, ist nicht etwa leicht, sie ist schwer, sonst ist sie keine Kunst. Darüber zu klagen ist wenig sinnvoll, denn die Lebenskunst ist, wie jede Kunst, keine Norm, sondern eine *Option*. Was daran leicht erscheint, ist das Resultat von Arbeit, Mühe, Übung und Anstrengung; Talent ist eher hinderlich, denn es verkennt die Arbeit, die zu leisten ist. Die höchste Kunst besteht freilich darin, im Nachhinein leicht zu erscheinen. Grundlegend für die Lebenskunst ist, wie für alle Kunst, die *Wahl*, sich auf den Weg dazu zu machen. Dann jedoch verfährt das Selbst wie der Maler, der das Bild zuerst vor seinem inneren Auge sieht und schließlich daran arbeitet, immer wieder einem Detail sich widmet, immer wieder einen Schritt zurücktritt, um aus der Distanz den Gesamtzusammenhang zu sehen. Ebenso ist das künftige Leben eine Vision, ein Traum, eine erträumte *Möglichkeit*, vielleicht nur die Ahnung von einem Gesicht, einer Begegnung, einem Weg, einem anderen Leben. Der Übergang von der unbestimmten Ahnung zur bestimmten Form, vom Irgendwie zum »So und nicht anders«, vom Irgendwas zum »Dies und nicht jenes« ist der Weg von der Möglichkeit zur *Wirklichkeit*. Er besteht aus einer Abfolge konkreter Handlungen, einzelner Schritte wie Pinselstriche, die nicht alle vorweg im Detail zu konzipieren sind und doch der Vorbereitung bedürfen; der Raum ist zu schaffen, innerhalb dessen die Arbeit sich entfalten kann; die Zeit ist einzuteilen, die über eine Vielzahl von Stationen zum Ziel führt. Im Fortgang der Arbeit erst wird die *Gekonntheit* der Gestaltung möglich, mit wachsender Erfahrung im Umgang mit der Sache, mit zunehmender Gewöhnung an die sich stellenden Herausforderungen, und mit der Einübung in die stets wiederkehrenden Handgriffe. Gekonntheit ist kein Muss, sondern ein Surplus, und doch die eigentliche Erfüllung, Kunst im Sinne von Exzellenz. Jedes Streben nach Exzellenz ist Kunst.

Auf allen drei Ebenen der Möglichkeit, Wirklichkeit und Gekonntheit sind *Sensibilität und Gespür* Voraussetzungen der Kunst, in solchem Maße sogar, dass diese selbst schon als Inbegriff von »Kunst« erscheinen können. Es handelt sich dabei zunächst um eine *virtuelle Sensibilität*, die in einem *Sinn für Möglichkeiten* zum

Ausdruck kommt, verbunden mit einem Gespür für die innere Unruhe, einem Erspüren der Bedürfnisse und Sehnsüchte im Selbst, einem Aufspüren der Möglichkeiten, die den Bedürfnissen und Sehnsüchten gerecht würden, einem Aufspüren sowohl von Chancen wie auch drohenden Gefahren, individuell wie auch gesellschaftlich, deren Spuren in momentanen Konstellationen sich bereits abzeichnen. Sensibilität und Gespür machen das Selbst aufmerksam auf das, was ihm fehlt, oder umgekehrt, was ihm gut tun würde. Sie halten es davon ab, sich in eine Situation zu begeben, in der das Leben »eng wird«, und halten es dazu an, immer aufs Neue danach zu fragen: Welche Möglichkeiten des Lebens gibt es, wo kann ich sie finden und, falls sie nicht zu finden sind, welche lassen sich erfinden? Das gilt für alle Bereiche und auf allen Ebenen des Lebens, für unscheinbare Akte des Alltags (Besorgungen zu machen, Essen zu gehen, sich mit Freunden zu treffen) wie für grundlegende Lebensentscheidungen etwa zu Beruf, Familie und Lebensort: Möglichkeiten, Kräfte, Potenziale sind ausfindig zu machen oder erst zu schaffen. Einen Anfang dazu macht die *Achtsamkeit* auf bestehende Möglichkeiten, die offen zutage oder aber im Verborgenen liegen. Dazu dient eine umsichtige Information, aber auch eine Nutzung des *Zufalls*, der dem Selbst Möglichkeiten zuspielt. Um sie nutzen zu können, kommt es jedoch darauf an, sie zu erkennen und bereit zu sein, ihnen Raum zu geben, sich offen zu halten dafür und sie gewähren zu lassen. Mit erfinderischer *Kreativität* vermag das Selbst auf unvorhersehbare Weise Neues, noch nicht Bekanntes, auch »Irreales« zu entdecken; es handelt sich um eine Fähigkeit zu überraschenden Verknüpfungen, die nicht zu entschlüsseln, jedoch im produktiven wie rezeptiven Umgang mit Kunst einzuüben ist. Und das Selbst bedarf einer Bereitschaft zu *träumen*, denn in Tag- und Nachtträumen werden Möglichkeiten und Unmöglichkeiten entdeckt und durchgespielt; Träume knüpfen Zusammenhänge und lösen sie auf, formen Konstellationen und verwirren sie, bringen das Selbst auf eine Idee oder warnen es vor drohenden Gefahren. Schließlich aber ist es die asketische *Arbeit*, die Bildung und Weiterbildung, die über eine Zeit der Anstrengung hinweg Möglichkeiten verschafft.

Über die virtuelle hinaus kann die *reale Sensibilität* die Verwirklichung einer Möglichkeit vorbereiten und begleiten. Sie ist der *Sinn für Wirklichkeit*, verbunden mit einem Gespür, das zum Erspüren derjenigen Möglichkeit führt, die unter gegebenen Bedingungen Wirklichkeit werden kann und soll. Die Frage ist: Welche der Möglichkeiten möchte ich realisieren und wie lässt sich dies bewerkstelligen? Nicht nur gedacht und gefühlt, sondern wirklich geht es nun ums Besorgen, Essen gehen, Freundestreffen, den wirklichen Vollzug von Entscheidungen zu Beruf, Familie, Lebensort, nicht mehr nur um Möglichkeiten dazu. Zur verlässlichen Einschätzung der jeweiligen Situation des Selbst und anderer sowie der gesamten Lebenswelt bedarf das Selbst sowohl sinnlicher wie auch struktureller Sensibilität: Alle Informationen der Sinne sind heranzuziehen, mit theoretischer Anstrengung jedoch die Strukturen auch zu erfassen, die den Sinnen entgehen und doch die eigentlichen Grundzüge der Wirklichkeit ausmachen, bezogen auf die äußere Wirklichkeit der Welt wie die innere des Selbst. Eine detaillierte und strukturelle Kenntnis der gegebenen Wirklichkeit ist erforderlich, um zur sinnvollen Auswahl einer Möglichkeit in der Lage zu sein und an ihrer Umsetzung in Wirklichkeit zu arbeiten. Die große Achtsamkeit und Aufmerksamkeit auf das bestehende Reale läuft nicht etwa darauf hinaus, sich ihm zu fügen, sondern es so gut wie möglich zu kennen, um die beabsichtigte Verwirklichung umsichtig zu platzieren.

Eine Steigerung der realen ist sodann die *exzellente Sensibilität*, die ihren Ausdruck in einem Sinn für kunstvolle Wirklichkeit, dem so genannten *Kunstsinn* findet. Diese Sensibilität bereitet die besonders gekonnte Verwirklichung vor und begleitet sie mit besonders gutem Blick für das Umfeld und die jeweilige Situation, mit ausgeprägtem Gespür für die Feinheiten der Realisierung, mit »Fingerspitzengefühl« für die Details. Hier ist die Frage: Wie werde ich höheren Anforderungen gerecht? Wie kann ich etwas auf intelligente Weise realisieren? Exzellenz ist die Vortrefflichkeit, *aretē* einst im Griechischen, die grundsätzlich in sämtlichen Tätigkeiten und Verhaltensweisen erreichbar ist, und seien sie noch so unscheinbar: im Alltäglichen, auch wenn das

Alltägliche in seiner Trägheit der Exzellenz entgegensteht (und doch lässt sich auf exzellente Weise Essen zubereiten, lassen sich exzellente Gespräche führen), und bezogen auf das Ganze des Lebens (das Bemühen um exzellente Elternschaft, exzellente Ausübung des gewählten Berufs). Das Gespür dafür entsteht auf der Basis reichhaltiger Erfahrung und ihrer Reflexion, verbunden mit der Bereitschaft, Fehler zu machen und daraus zu lernen. So lässt sich das Gespür immer weiter ausbilden, bis es zur differenzierten Wahrnehmung im jeweils fraglichen Bereich fähig ist und der Komplexität einer Problematik gerecht zu werden vermag, wenn auch nicht in allen Bereichen des Lebens und der Kunst in gleichem Maße, und nicht vom einzelnen Selbst jederzeit und überall, denn es bedarf der Konzentration auf bevorzugte Bereiche. Der Feinfühligkeit hier entspricht eine Grobschlächtigkeit dort – eine exzellente Sensibilität in allen Bereichen des Lebens und der Kunst zugleich zu erreichen, erscheint unmöglich.

Auf der Grundlage von Sensibilität und Gespür erst ist die *Kunst im Sinne von Können*, Lebenskunst im Sinne von *Lebenkönnen* zu entfalten, erneut dreistufig und in derselben Reihenfolge: Der virtuellen Sensibilität entspricht auf der ersten Stufe ein *virtuelles Können*: Das Selbst erträumt sich nicht mehr nur Möglichkeiten, sondern erarbeitet sie, um wirklich über sie verfügen, auch wenn sie noch nicht aktualisiert werden. »Ich kann das«, heißt hier: im Besitz von Möglichkeiten zu sein, ohne diese auch real werden zu lassen. Auf der zweiten Stufe erst geht es um ein *reales Können*, den wirklichen Vollzug. Nun kommt es darauf an, unter den zur Verfügung stehenden Möglichkeiten eine oder wenige auszuwählen und ihre Umsetzung zu projizieren. »Ich kann das«, heißt nun: an der Realisierung zu arbeiten und ein Resultat vorweisen zu können. Es gibt keine Zwangsläufigkeit bei der Umsetzung: Was letzten Endes wirklich wird, kann nur bedingt beeinflusst werden; das Selbst muss damit zurechtkommen, dass andere und zufällige Umstände darauf einwirken; möglich ist auch, »nichts zustande zu bringen«. Nicht alle Möglichkeiten lassen sich realisieren, und vor allem nicht alle zugleich; wird dies dennoch versucht, resultiert daraus ein Phänomen namens »Stress«. Kunst ist verbunden mit Verzicht und erfordert, Möglichkeiten brachliegen zu lassen. Schließlich aber geht es um ein *Anfangenkönnen*: den richtigen Zeitpunkt (*kairós*) dafür zu erspüren, ihn festzulegen und herbeizuführen, Kairologie im mehrfachen Sinne. Allem Anfang wohnt ein Zauber inne, der Zauber einer Geburt, eines neuen Lebens. Das, was werden kann, ist in der Konstellation des Anfangs bereits angelegt, die dieses ermöglicht und wahrscheinlich macht, jenes nicht. Am anderen Ende der Zeit steht spiegelgleich ein *Aufhörenkönnen* bevor: wiederum den Zeitpunkt dafür zu erspüren, ihn festzulegen und möglicherweise herbeizuführen. Ist das Anfangen immer eine Geburt, so das Aufhören immer ein Tod: Ein Ende zu finden ist schmerzlich; wird es nicht gefunden, ist es dennoch irgendwann zu gewärtigen, und dies mit fortschreitender Zeit unter Bedingungen, über die immer weniger verfügt werden kann.

Auf der dritten Stufe steht ein *exzellentes Können* in Frage. Die entscheidende Frage ist dabei nicht mehr das grundlegende *Ob* einer Möglichkeit und das *Was* ihrer Umsetzung, sondern das kunstvolle *Wie* der Wirklichkeit, das Bemühen um Exzellenz. »Ich kann das«, heißt hier: es ganz besonders gut zu können. Exzellent ist die Realisierung auf herausragende Weise, herausragend aus dem Meer des Gewöhnlichen, enorm in Relation zur Normalität, ausgefeilt, gekonnt, intelligent, in Kenntnis der Kunstgriffe, die virtuos gehandhabt werden, mit aller Raffinesse und zum genau richtigen Zeitpunkt. Die Fähigkeit zur Exzellenz ist, auch wenn Talent eine günstige Voraussetzung dafür sein mag, vor allem eine Frage der geduldigen Asketik, der nachhaltigen Einübung, der unablässigen Gewöhnung, bis jeder Handgriff mit traumwandlerischer Sicherheit wie von selbst geschieht. Dass aber aus Vortrefflichkeit fehlerfreie Vollendung, aus Exzellenz Perfektion werden muss, steht nirgendwo geschrieben.

Aufgrund der *subjektiven*, individuellen Gebundenheit von Sensibilität, Gespür und dem darauf beruhenden Können wird Kunst zu Recht mit *Subjektivität* und Individualität in Verbindung gebracht. In Gestalt der Lebenskunst wird sie zum Prozess der bewussten, *subjektiven Gestaltung* des individuellen Lebens.

Die Gestaltung hat nicht notwendigerweise ein abgeschlossenes »Werk« zur Folge, sondern kann ein *work in progress* bleiben; immer folgt sie jedoch dem Modell der Dreistufigkeit: Möglichkeiten zu erschließen, eine Möglichkeit zu verwirklichen und dies möglichst gekonnt zu tun. Mit der Arbeit der Gestaltung ist keineswegs eine beliebige Verfügung über das Material des Lebens, die Erfahrungen, Begegnungen, Gedanken, Gefühle, Hoffnungen, Ängste, Zufälle und vieles mehr gemeint. Nicht alles am Selbst und seinem Leben ist *aktiv* zu gestalten, vieles ist vielmehr in irgendeiner Weise *passiv* hinzunehmen, wobei sich jedoch die Frage stellt, mit welcher Haltung dies geschehen soll, denn die ist wiederum eine Frage der Wahl, somit der Gestaltung. Alle Aspekte der Gestaltung lassen sich durch theoretische Reflexion vorbereiten und durch praktische Einübung erlernen; um beide Ebenen geht es in Bildung, Weiterbildung, Erwachsenenbildung, künstlerischer Bildung, in der Arbeit der Philosophie und der therapeutischen Arbeit im weiteren Sinne, idealerweise in wechselseitiger Ergänzung.

Letzten Endes zielt die Kunst in der Lebenskunst jedoch nicht nur auf die Seite der *Produktion* (das Leben als Kunst und Kunstwerk), sondern auch auf die Seite der *Rezeption* (die Bedeutung von Kunst und Kunstwerken fürs Leben). Die Kunst ist frei, ihre Rezeption ist es auch: Ob, was, wann, wie, warum und wozu rezipiert wird, ist eine Frage der Wahl des Selbst. Kunst und Kunstwerke können aufgenommen werden, um sich *anregen zu lassen* zur Hermeneutik der Existenz und Gestaltung des Lebens: Ein Bild, eine Installation, ein Text lassen sich deuten und interpretieren; was dabei aber in Wahrheit gedeutet und interpretiert wird, ist immer auch das Selbst und das eigene Leben. Oder um sich *anrühren zu lassen* von etwas »über sich hinaus«, das die eigene Welt überschreitet, von einer Transzendenz in diesem Sinne, von einem »Funken, der überspringt« und eine andere als die bekannte Wirklichkeit, andere als die geläufigen Aspekte und somit andere Möglichkeiten des Lebens, Denkens und Fühlens aufscheinen lässt. Auch um *ästhetisch leben zu lernen*, mit einer Genauigkeit der Wahrnehmung, die neue Einsichten vermittelt; mit einer Idee des Schönen, die auf sinnlichem Weg und nicht nur im Denken erfahrbar wird; um aufmerksam zu werden auch auf die Verletzlichkeit des Menschen und seiner Welt, auf die Abgründigkeit, die unterhalb der Oberfläche verborgen ist und im Alltag außer Blick gerät. Um schließlich *anderes kennen zu lernen*, das sich widerständig zum Selbstverständlichen verhält, konträr zum Herrschenden, widersprüchlich zum Einheitlichen, experimentell und überraschend, ein Anlass, selbst von neuem zu träumen, auch exemplarisch wählen zu lernen, denn darin liegt die Kunst: wählen zu können, aktiv wie passiv, durch ein Tun wie durch ein Lassen. Das Interesse an Kunst speist sich wesentlich aus der Frage, was sich mit ihr als einer Praxis der Freiheit im Leben anstellen lässt, auch dort, wo sie selbst mit »dem Leben« gar nichts zu tun haben will und gerade dadurch wichtige Einsichten fürs Leben vermittelt. Kunst ist wohl immer ein Bemühen um Lebenskunst, produktiv mit dem Vollzug der künstlerischen Existenz, rezeptiv mit der Aufnahme von Kunst ins Leben. Bleibt jedoch die Frage, was denn nun »das Leben« ist, auf das sich Sensibilität, Gespür, Können, Gestaltung und der Umgang mit Kunst in der Lebenskunst richten.

Ist das Leben ein Spiel?

»So ist das Leben!« Das ist ein Satz, der in den unterschiedlichsten Lebenssituationen leicht über die Lippen kommt. Aber was ist damit gemeint? Wie ist das Leben? Offenkundig kurios, merkwürdig, widersprüchlich, rätselhaft, unerklärlich, paradox, unvorhersehbar, verrückt, ungerecht, lustvoll, und von allem auch noch das Gegenteil – kurz, das Leben zeigt sich unbekümmert um menschliche Wertung und Klassifizierung. Ist es nur eine unregelmäßige Bewegung ohne Sinn und Ziel, das Ich nur ein verwirrter und verlorener Punkt in dieser Bewegung? Was das Leben definitiv ist, lässt sich wohl nicht sagen, und daran ist nichts zu bedauern: Es ist die grundsätzliche Offenheit, die die Spannung des Lebens aufrechterhält. Welche Bedeutung dies hat, lässt sich am besten durch die Vorstellung erschließen, es stünde eine Zeit bevor, in der »das Leben« vollkommen erforscht, durchschaut und bekannt wäre, das Leben im Allgemeinen, das menschliche Leben im Besonderen, das eigene Leben zumal, biologisch, soziologisch, psychologisch, neurobiologisch... Durchaus vorstellbar, dass eine Zeit der Langeweile anbrechen würde, wie sie der Planet noch nie gesehen hätte. Das spricht nicht gegen Erforschungen des Lebens, nur gegen Erwartungen, die damit verbunden sind. Es empfiehlt sich, neben dem *analytischen* einen *hermeneutischen* Zugang zum Leben offen zu halten, einen Weg der Deutung und Interpretation, der immer wieder andere Horizonte zu eröffnen vermag, und dies nicht nur für das Leben selbst, sondern auch für Ausrichtungen der Forschung, die sich nicht so objektiv von selbst ergeben, wie gemeinhin geglaubt wird.

Für die Lebenskunst ist der hermeneutische Zugang zum Leben grundlegend, und eine *mögliche Deutung* ist, das Leben als Spiel zu verstehen. Die Idee des Lebens als Spiel erscheint vielen Menschen faszinierend, und der Lebenskunst wird die Realisierung dieser Idee zugetraut. Vom Leben als Spiel wird erwartet, dass es ganz so wie ein Spiel Freude macht; es wird zuweilen vernachlässigt, dass zum Spiel immer auch die Möglichkeit großer Enttäuschung gehört. Gute Gründe sprechen allerdings dafür, sich auf die *Interpretation des Lebens als Spiel* einzulassen, und zugleich nicht alle Vorsicht außer Acht zu lassen: In moderner Zeit gewinnt das Leben als Spiel an Bedeutung, da es für die Individuen aufgrund des Freiseins von Bindung und äußerer Zwecksetzung *notwendig* wird zu experimentieren, auszuprobieren und in diesem Sinne zu spielen, jedoch auch Regeln des Spiels selbst festzulegen und Formen der Freiheit für sich zu finden. Das Leben als Spiel zu verstehen, setzt zudem eine ungewöhnlich umfangreiche *hermeneutische* Tätigkeit frei, ein wertvolles Nachdenken über das Leben, seine Bedingungen und Möglichkeiten, mögen dabei auch mehr Fragen aufgeworfen als beantwortet werden. Und schließlich erscheint die Begeisterung, die große *Faszination*, die das Leben als Spiel auf sich zieht, hilfreich bei der Gestaltung der Existenz, denn sie begründet eine starke Bindung ans Leben, und sie ist eine Quelle von großer Ergiebigkeit, aus der das gesamte Leben hindurch geschöpft werden kann, durch alle Widrigkeiten, Irritationen, Anfeindungen, Krankheiten hindurch. Sich davon binden und gar, dem Wortsinn der Faszination folgend, sich »fesseln« zu lassen, beruht auf einer passiven Wahl, die das Individuum trifft, einem Geschehenlassen, wenn auch im Sinne der bewussten Lebensführung nur nach kritischer Befragung, um nicht zum blinden Sklaven eines bloßen Gefesseltseins zu werden. Um die Faszination jedoch nicht zu rasch zu verschwenden und sie nicht bei der ersten Enttäuschung schon in ihr Gegenteil, die völlige Demotivation und Depression, umkippen zu lassen, wäre die Rede vom Spiel klugerweise im Maß zu halten.

Was aber ist ein »Spiel«? Vielleicht kann das *Fußballspiel* als Beispiel herangezogen werden, um all die Aspekte ausfindig zu machen, die ein Spiel ausmachen und die womöglich auch für das Leben, das zum Spiel wird, von Bedeutung sind. Ohnehin scheinen es Lebensfragen zu sein, die auf der großen Bühne, die das Spielfeld ist, verhandelt werden. Es geht dort nicht wirklich um Fußball, es geht um das Leben, und die Wahrheit des Spiels ist, wie man weiß, »auf'm Platz«. Und dies sind ihre 20 Bedingungen: Ein *räumlicher* Rahmen, der Fußballplatz. Eine *zeitliche* Begrenzung, die Spielzeit. Ein *Objekt*, mit dem gespielt wird, der Ball. *Mehr als einer*, der spielt, sodass einem auch »mitgespielt« werden kann. *Regeln*, die zu beachten, insgeheim jedoch auch mal zu umgehen sind. *Taktik und Strategie*, die durch Einzelaktionen hindurch strukturierend wirken. *Kreativität*, um in der jeweiligen Situation Möglichkeiten zu sehen, sie möglicherweise überhaupt erst zu schaffen, etwas Neues zu versuchen und auszuprobieren. Offenheit für *Zufälligkeit*, um mit dem zu spielen, was sich von selbst ergibt. Technisches *Können*, zusammengesetzt aus Einzelbewegungen, Handlungsabläufen, ganzen Spielzügen, Varianten, die unentwegt und unverdrossen vorweg zu üben und zu trainieren sind. Die Beherrschung von *Tricks*, nicht immer gänzlich regelkonform. Ein feines *Gespür* und ein »geübter Blick«, ausgebildet durch mannigfache Erfahrung und deren Reflexion. Miteinander verbunden zur *Klugheit*: die Emotion als Triebkraft, die Kognition als theoretische Kenntnis der Strukturen. Eine Klärung und Organisation des *inneren Machtspiels* im Selbst, denn ein unbeherrschter Spieler darf irgendwann »nicht mehr mitspielen«. Ein *äußeres Machtspiel* mit »dem Gegner«, der zwar das Problem des Spiels darstellt, in Wahrheit aber dessen Garant ist, denn er sorgt für Polarität und somit für Spannung. Eine Organisation des *Zusammenspiels* mit Mitspielern, da sich auf diese Weise weitaus mehr Möglichkeiten als bei einem Alleingang realisieren lassen. Ein institutionalisierter *Blick von außen* (Trainer, Schiedsrichter), mit dessen Hilfe das Spiel aus der Metaperspektive zu korrigieren und zu modifizieren ist. *Zuschauer* als Resonanzboden: Ohne sie wirkt das Geschehen gespenstisch, auch wenn Spieler wechselseitig selbst Zuschauer sind. Die *Bewältigung* einer demütigenden Niederlage, eines unbefriedigenden Unentschiedens, vor allem aber eines triumphalen Sieges, der anfällig für jede Art von Leichtsinn und Nachlässigkeit macht. Ein *Zweck*, etwa das Toreschießen, der dem Spiel immanent ist; kommen äußere Zwecke hinzu, leidet das Spiel. Vor allem aber die *Freiheit* und Freiwilligkeit, auf die es gründet, nicht Notwendigkeit: Ein Müssen ist kein Spiel, es sei denn, der Spieler ist imstande zu lieben, was er muss – dann schwindet der Druck des Müssens wieder, und er fühlt sich aufs Neue frei.

Alle diese Aspekte finden sich, wie sich zeigt, im *Spiel des Lebens* wieder: Ein räumlicher Rahmen, ein »Spielfeld«, nämlich eine Festlegung der Orte, an denen und zwischen denen das Subjekt der Lebenskunst sich vorzugsweise bewegt. Eine zeitliche Begrenzung, die dem Leben ohnehin gegeben ist, einzelnen Abschnitten und dem Ganzen jedoch auch selbst gegeben werden kann. Objekt ist das vielfältige Material des Lebens, das wie ein Ball ständig seine Richtung ändern kann und mit dem auf unterschiedlichste Weise umzugehen ist. Dabei spielt immer mehr als einer: Subjekt der Lebenskunst ist nie nur das Selbst, sondern sind immer auch andere und »das Leben« selbst, das für Situationen sorgt, die zur Herausforderung werden. Regeln und Regelmäßigkeiten sind zu beachten, formelle oder informelle, vom Selbst, von anderen, vom Leben selbst in Kraft gesetzt und nicht ohne Folgen zu verletzen; und doch müssen sie in manchen Situationen »biegsam« sein, damit das Leben weitergehen kann. In Taktik und Strategie kulminiert die Lebenskunst des Selbst, um durch alle Einzelaktionen und Situationen hindurch das Leben umsichtig und weitsichtig zu strukturieren. Die Kreativität sorgt dafür, dass der Vollzug des Lebens dennoch überraschend bleibt, nicht auszurechnen durch andere, geheimnisvoll, nicht determinierbar, oft auch experimentell, denn zum Spiel wird das Leben dort, wo es um ein Ausprobieren und Versuchen geht, unabhängig von einem Gelingen oder Misslingen. Von Grund auf wird die Zufälligkeit hier ins Lebensverständnis einbezogen, um sich nicht lange mit der Auffassung aufzuhalten, das Leben sei vollständig beeinflussbar. Und doch kommt es darauf an, ein Können zu erlernen und asketisch einzuüben, es zu »trainieren«, um Exzellenz, im Idealfall Eleganz in verschiedensten Lebenssituationen zu erreichen; als Übung fürs Lebenkönnen sind Spiele aller Art geeignet. Die Kenntnis von Kunstgriffen, »Kniffen«, ist hilfreich, um beispielsweise den Knoten zu lösen, in dem eine Situation sich verfangen hat. Die immer weitergehende Ausbildung und Verfeinerung des Gespürs durch Erfahrung und Reflexion ist unverzichtbar, um nicht über jeden Schritt lange nachdenken zu müssen. Grundlegend ist das Zusammenspannen von Leidenschaft und kühlem Verstand zu einer Lebensklugheit. Das innere Machtspiel im Selbst ist zu klären, um eine Selbstbefreundung zu erreichen, auch durch das Einbeziehen von Widersprüchen, die sich nicht aufheben lassen. Im äußeren Machtspiel ist der notwendige Gegenpol und Widerspruch, den andere im Spiel des Lebens repräsentieren, als gegeben zu akzeptieren oder gar als bereichernd zu affirmieren. Das Zusammenspiel, die Kooperation mit anderen lässt sich suchen, um das Netz zu bilden, das weit mehr Lebensmöglichkeiten auftut als das Leben nur für sich allein. Den wichtigen Blick von außen repräsentiert im Lebensvollzug der vertraute Andere, der Freund, und das Selbst bemüht sich darum, diesen Blick selbst zu verinnerlichen. Jeder Lebensvollzug kennt zudem die Rolle von Zuschauern, denn immer handelt es sich um ein Leben vor den Augen der anderen, von ihnen kommentiert und beurteilt, und nie bleibt dies ohne Rückwirkungen auf das Selbstverständnis des Selbst. Eine Herausforderung für die Lebensbewältigung sind Niederlagen und Misserfolge ebenso wie Siege und Erfolge. Und seinen Zweck, etwa das erfüllte Leben, findet das Leben in sich selbst und nicht erst außerhalb. Entscheidend für das Spiel des Lebens ist jedoch, dass eine Beteiligung daran auf Freiheit und Freiwilligkeit, nicht auf Notwendigkeit beruht, es also nicht einfach nur gespielt werden muss, vielmehr eine Wahl wie auch Abwahl grundsätzlich möglich ist.

Einige *Differenzen* zwischen dem Spiel und dem Leben als Spiel fallen darüber hinaus jedoch ins Auge: Das Spiel ist gewöhnlich *vorgeformt* und der einzelne Spieler gliedert sich in diese vorgegebene Form ein. Im Leben, das als Spiel verstanden wird, sind einige Vorgaben nicht genau bekannt, und in vielen Fällen hat das Individuum selbst die *Formgebung* vorzunehmen, sich etwa die Lebensregeln, die es befolgen will, selbst zu geben. Auch verlangt die freie Gründung des Lebens als Spiel ein Verhältnis zur zeitlichen Begrenzung des gesamten Lebens oder einzelner Abschnitte, um entweder zu akzeptieren, »wie es kommt«, oder aber eine eigene Festlegung vorzunehmen. Das Spiel bietet die Möglichkeit des *Herausspringens*, die im Leben jedoch immer gleich das Ganze betrifft, sei es *hermeneutisch*: das gesamte Leben nicht mehr als Spiel zu verstehen, oder *existenziell*: es als Ganzes zu beenden. Und schließlich ist die *Revidierbarkeit* begrenzt, quantitativ wie qualitativ: Anders als bei jedem Spiel kann im Leben nicht sehr häufig wieder von vorne angefangen werden, um es anders und besser zu machen. Was geschehen ist, ist geschehen und prägt alle weitere Existenz. Daher kann ein Misslingen im Leben noch bitterer erscheinen als im Spiel. Zwar kann auf ein »neues Spiel, neues Glück« gesetzt werden, das heißt auf eine veränderte Konstellation, auch eine andere Interpretation, die sich günstiger auswirkt als zuvor. Unhintergehbar für das Spiel des Lebens ist jedoch die Regel, es zwar *in Teilen*, nicht aber *im Ganzen* revidieren zu können, jedenfalls soweit die menschliche Erkenntnis reicht. Eine Revidierbarkeit im Ganzen müsste auf die Möglichkeit der Wiederholung, einer Wiedergeburt vielleicht, eines *da capo* wenigstens in Form anderer möglicher Existenzen setzen.

Als signifikant für jedes Leben erscheinen aber vor allem diese Phänomene: Zufälligkeit, Widerständigkeit, Polarität. Wenn das Leben als Spiel verstanden werden soll, muss die Lebenskunst damit zurechtkommen können. Das *Phänomen des Zufälligen* bringt es mit sich, dass vieles im Leben nicht gewählt und nicht geplant wurde, sondern eben so geworden ist, wie es ist: Aus einer Abfolge von Zufällen entsteht die Form des ganzen Lebens. Und doch ist auch hier eine Wahl im Spiel, denn entscheidend ist, ob das Selbst die Zufälle gewähren lässt, ob es sie sich sogar zunutze macht oder sie nur abzuweisen sucht. Zufälle liefern das Material für Versuche und Experimente, an die auch nur zu denken dem Selbst die Kreativität gefehlt hätte. Daher käme es darauf an, ihnen einigen Raum zur Verfügung zu stellen, um Möglichkeiten fürs Leben zu erschließen, die keine Lebensplanung, die den Zufall auszuschließen versucht, je bereitstellen kann. Glücklicherweise wächst in Situationen krisenhafter Zuspitzung die Bereitschaft, Zufälle aufzunehmen, ganz von selbst. Das Einfallstor für sie, sonst eine Frage der bewussten Disposition, steht dann weit offen, denn das Selbst ist auf sie angewiesen, will es der Sackgasse des Lebens entkommen. Die Steigerung der *offensiven* Haltung zum Zufall bestünde darin, das Leben im Ganzen und in allen Details zum Würfelspiel zu machen. Die gegenteilige *defensive* Haltung würde versuchen, jeden Zufall auszuschließen und das Leben vollständig zum Gegenstand eines Plans zu machen.

Aber lässt sich das Leben wirklich *planen*? »Ja, mach nur einen Plan«, heißt es in Bertolt Brechts *Dreigroschenoper*: »Sei nur ein großes Licht!/Und mach dann noch 'nen zweiten Plan/Gehn tun sie beide nicht.« Dieses »Lied von der Unzulänglichkeit menschlichen Strebens« ist ein einziger Abgesang auf die Planbarkeit, denn was »dazwischen kommt«, ist eben das Leben in seiner Unvorhersehbarkeit, sind Lug und Trug, eigene Dummheit, die Schlechtigkeit des Lebens, Selbstbetrug. Es zeigt sich ein chaotisches, unentwirrbares Ineinanderwirken von Aktion und Reaktion, Tun und Lassen, Auf und Ab, Vor und Zurück, Um- und Abwegen: All das ist Leben, eher ein komplettes Durcheinander als ein Plan, und ein Plan allenfalls um den Preis, sämtlicher Spannung und Abwechslung des Unerwarteten und Unmöglichen verlustig zu gehen. Folgt daraus, dass es sinnvoller ist, von jeder Planung abzusehen? Planung ist eine Option, der

Verzicht auf sie eine andere. Der Verzicht kann allerdings zur Folge haben, zum Spielball anderer zu werden, die selbst sehr wohl Pläne verfolgen. Daher macht es durchaus Sinn zu planen – nur nicht mit der Erwartung, das Leben werde sich dem fügen, eher um eine eigene Vorstellung zu formulieren und somit ein Korrektiv fürs Leben zu gewinnen: Hieran lässt sich ermessen, wie »anders als gedacht« es kommt, um dann darüber nachdenken, was davon hinzunehmen ist und was nicht.

Sinnvoller erscheint freilich, vom *Gestalten* zu sprechen, dessen Bestandteil ein Planen sein kann und das doch konkreter und zugleich poröser ist: zum einen als *Aktivität*, als vorsätzliche Arbeit an der Verwirklichung eines Vorhabens; zum anderen als *Passivität*, etwas geschehen zu lassen, sich vom Leben führen und zuweilen verführen zu lassen. Nicht nur ein aktives Tun also, sondern auch ein passives Lassen, um auf diese doppelte Weise das eigene Leben und sich selbst zu gestalten. Anstelle eines rationalen Lebensplans handelt es sich dabei eher um ein *poetisches Lebenskonzept*, eine Konzeptkunst als Bestandteil der Lebenskunst, um auf diese Weise, wie die Romantiker sich dies erträumten, zum Dichter des eigenen Lebens zu werden und das Leben zum Roman zu machen. Wie sonst sollte das Selbst sich in der unübersichtlichen Lebenslandschaft bewegen, die ausgebreitet daliegt und doch keine bloße *res extensa* ist, sondern ein Ökosystem, in dem vieles im Fluss ist?

So lässt sich dem Phänomen des Zufälligen der Raum zugestehen, den es sich im Zweifelsfall ohnehin selbst nimmt. Ist es nicht so, dass Zufälle oft einen verblüffenden Sinn offenbaren? Jedenfalls ist nicht zu leugnen, dass sie scheinbar *planvoll* Zusammenhänge fügen, die »Sinn machen«. Jedenfalls dann, wenn sie »passen«; wenn aber nicht, dann handelt es sich eher um »Schicksalsschläge« ohne erkennbaren Sinn. Zufälle zeichnen zuweilen Linien ins Leben, die von verblüffender Logik sind, entsprechen dabei auch mal dem, was das Selbst sich selbst vorgestellt hat, und stehen dem ein andermal wiederum mit einiger Konsequenz entgegen. Liegt das ordnende Prinzip dafür im Selbst oder außerhalb? Dass ein »verborgener Sinn«, ein Zusammenhang in der Form des Zufalls zutage tritt, lässt sich weder definitiv ausschließen noch zweifelsfrei bestätigen, es lässt sich nur deuten. Den Zufall magisch zu deuten, haben beispielsweise die Surrealisten unternommen; wichtig daran erscheint jedoch nicht die Magie, sondern die Arbeit der *Deutung*, Zufälle überhaupt auf ihren möglichen Sinn hin zu befragen: So schöpft das Selbst aus der Fülle möglicher Bedeutungen und arbeitet an der Aneignung dessen, was zufällig geschieht, statt nur gleichgültig darüber hinwegzugehen.

Signifikant für das Leben ist ferner, in Überschneidung mit der Zufälligkeit und über sie hinaus, das *Phänomen des Widerständigen*, auch Widerwärtigen, das dem Selbst und seinen Vorhaben entgegensteht. Denn andere verfolgen andere Vorhaben, die mit den eigenen kollidieren. Oder unabhängig davon geschieht etwas, das dem Selbst abseits allen Wollens ein Müssen auferlegt: Verletzung, Krankheit, Tod, unabhängig von eigener Beteiligung daran oder Verantwortung dafür. Die Lebenssituation wird davon beeinflusst oder im Ganzen verändert, und zwar irreversibel, ohne dies je wieder ungeschehen machen zu können. Häufig wird dieses Widerständige, wenngleich nicht ganz zutreffend, mit »der Realität« identifiziert und man wagt zu prophezeien, das Selbst werde sich »noch den Kopf wund stoßen« daran. Und es kommt vor, dass das Selbst tatsächlich »die Rechnung ohne den Wirt gemacht hat«. Der Wirt, das ist in diesem Fall »das Leben«, das durch unvorhersehbare Geschehnisse, überraschende Unmöglichkeiten, verhängnisvolle Entwicklungen, nie erwartete Zufälligkeiten die Pläne durchkreuzt, als wäre es selbst ein absichtsvolles Subjekt. Einst war hierfür vom »Schicksal« die Rede, aber dieser Begriff wird in der Moderne nicht gerne gebraucht, um die Illusion völligen Freiwerdens von jedweder missliebigen Einschränkung des Lebens, den Traum von seiner beliebigen Gestaltbarkeit nicht zu verlieren.

Wenn das Leben als Spiel verstanden werden soll, muss die Lebenskunst allerdings ein Spiel mit dem Widerständigen sein können. Die Frage, wie dies vorstellbar sei, da ein Einfluss darauf doch nicht möglich ist, zumindest nicht im Nachhinein, lässt sich ohne weiteres beantworten: Denn *Gestaltung* heißt ja nicht nur, selbst Einfluss zu nehmen, sondern auch äußeren Einfluss hinzunehmen, wenn diese Option gewählt wird oder ohnehin keine andere Wahl bleibt. Die Hinnahme ist in jedem Fall wieder eine Situation der Wahl, denn festzulegen ist, mit welcher *Haltung* hingenommen werden soll. Dieser Wahl, in die eigene Neigungen und Überlegungen einfließen, stehen grundsätzlich diese Optionen zur Verfügung: das Widerständige zu *ignorieren* (auch wenn es fruchtlos ist, so verschafft es doch eine Atempause), dagegen zu *revoltieren* (das Abreagieren eines Affekts, auch wenn am Geschehenen nichts mehr zu ändern ist), zu *resignieren* (»die Waffen zu strecken« als bewusste Wahl, nicht nur als Verlegenheit), zu *akzeptieren* (die einfache, Kräfte schonende Hinnahme des Geschehenen: »nicht fragen, nicht klagen, nur tragen«), zu *affirmieren* (das Geschehene sogar zu bejahen, aus welchen Gründen auch immer), zu *utilisieren* (aus dem Geschehenen noch Nutzen zu ziehen, es »umzunutzen«), zu *ironisieren* (Distanz zum Geschehenen einzunehmen, sich »darüber« zu stellen, um das Betroffensein abzumildern oder gänzlich fern zu halten).

Das Leben wird daher zum Spiel auch dort, wo es aus einem selbst gewählten oder aber fremdbestimmten Müssen besteht, das kein Spiel mehr zu erlauben scheint: So lässt sich auch der berühmt gewordene Satz verstehen, der Mensch sei »*nur da ganz Mensch, wo er spielt*«, dort also, wo er nicht bloßer Notwendigkeit folgt, sehr im Unterschied zu anderer Natur, wie Friedrich Schiller im 15. Brief *Über die ästhetische Erziehung des Menschengeschlechts* von 1795 meint. Denn Schiller versteht das Müssen, das als Pflicht von innen und als Schicksal von außen her bestimmt ist, nicht als Widerspruch zur Freiheit des Spiels: Der Satz vom Menschen, der spielt, gewinne vielmehr erst dann seine »große und tiefe Bedeutung«, wenn er auf den ganzen Ernst von Pflicht und Schicksal angewandt werde, um auf spielerische, gestaltende Weise mit dem existenziellen Ernst umzugehen und Schönheit zu realisieren. Existenziell ist dasjenige, was nicht abgewiesen und nicht revidiert werden kann. Schön ist das, was aus freien Stücken bejaht werden kann und jene »*lebende Gestalt*« beseelt, die »Gegenstand des Spieltriebes« ist. So nur ist auf der Grundlage des Satzes vom Menschen, der spielt, das ganze Gebäude der Kunst und, wie Schiller betont, der »noch schwierigeren

Lebenskunst« aufzurichten, um aus dem Leben ein Spiel zu machen.

Das Phänomen des Widerständigen ist wiederum Teil des umfassenderen *Phänomens der Polarität*: Immerzu und überall sind Gegensätze und Widersprüche im Spiel, die sich polar gegenüberstehen und in einem endlosen Hin und Her, poetischer: einem Schaukeln aufeinander wirken; ein *Schaukelprinzip des Lebens* ergibt sich daraus. Das Leben ist ein Wechselspiel: Das ist nicht etwa die Behauptung einer objektiven Wahrheit, sondern die Beobachtung einer Regelmäßigkeit, die immer wieder die Aufmerksamkeit auf sich zieht. Just am Beginn der Epoche der Moderne, für die die Aufhebung von Gegensätzen und Widersprüchen zur Utopie werden sollte, kamen Romantiker wie Novalis zu dem Schluss, dass Selbst und Welt, das Leben und die Geschichte einer Polarität bedürfen, zwischen deren Polen sozusagen der Strom des Lebens fließt. Konsequenterweise werden in der Romantik die Schattenseiten der Existenz in ihrer Bedeutung als »negative« Pole gegenüber den »positiven« anerkannt: Traurigsein gebenüber Freude, Schmerzen gegenüber Lüsten, Krankheit gegenüber Gesundheit, Wahnsinn gegenüber Normalität, Abgründigkeit gegenüber Oberflächlichkeit. Dies zugrunde gelegt, kann mit der viel beschworenen romantischen Harmonie keine Aufhebung der Polarität gemeint sein, eher der Versuch zu ihrer Aufrechterhaltung und Ausbalancierung, zu einer *spannungsvollen Harmonie* ähnlich der *palíntropos harmoníē*, der »gegenstrebigen Zusammenfügung« des antiken Denkers Heraklit. Ja, mehr noch: Dort, wo die Polarität nicht in zureichendem Maße anzutreffen ist, bedarf das Spiel des Lebens einer *Kunst der Polarisierung*. Das kann bedeuten, den Gegenpol zu provozieren, ihn in jedem Fall dort, wo er sich von selbst zeigt, in seiner Bedeutung zu erkennen und anzuerkennen; etwa den Gegenpol der Angst in mir, der nun als konstitutiver Bestandteil des Lebens erscheint. Es mag sich um eine Erfahrung des »Negativen« handeln, aber das schöne und erfüllte Leben, um das es in der Lebenskunst geht, kann dem Grundsatz der Polarität entsprechend nicht aus dem »Positiven« allein bestehen. Würde eine wachsende Zahl von Individuen den Schattenseiten des Lebens, dem »Negativen« mehr Bedeutsamkeit zuerkennen, wäre wohl nicht nur das individuelle Leben, sondern auch die übergreifende Kultur der Moderne an einem wichtigen Punkt zu modifizieren: Ausbalancieren eines rein optimistischen Weltbildes durch einen pessimistischen Gegenpol, Bestandteil einer anderen Moderne.

Das als Spiel verstandene Leben wird zu einer *Kunst der Balance* zwischen Gegensätzen und Widersprüchen, zumindest in der individuellen Haltung, die »das Andere« nicht ausschließt. Das Selbst integriert die zufälligen Gegebenheiten, die zur Notwendigkeit geworden sind; es akzeptiert die unumstößliche Widerständigkeit, die das Wirkliche prägt. Vielleicht gelingt dies nur für einen Moment, aber dieser Moment trägt die Existenz, mögen die Gegebenheiten auch noch so bedrückend sein. Einen Eindruck davon gibt die volkstümliche Samba-Kultur, wie sie im Film *Moro no Brasil – ich lebe in Brasilien* des finnischen Regisseurs Mika Kaurismäki von 2002 dokumentiert wird: Über alle Gegebenheiten mit ihrer bedrückenden Unüberwindlichkeit, über alle moderne Wirklichkeit mit ihrer Zweckgebundenheit setzt das Selbst sich mit Hilfe dieser Kultur hinweg. Über seine Haltung zur Gegebenheit und Wirklichkeit befindet es selbst und erschließt auf diese Weise andere, immer wieder andere Möglichkeiten des Lebens, die ganz und gar ihm selbst zu Eigen sind. Es setzt sich seinen Zweck selbst, eben das zweckfreie Spiel, und es geht im Spiel innige Bindungen mit dem Leben, mit sich selbst und anderen ein. So wird das Leben zur Kunst, das Spiel zum Grundelement menschlicher Würde und zum eigentlichen Sinn des Lebens: Botschaft einiger Filme von Kaurismäki, die von einfachen Menschen handeln, die auf kuriose Weise ihren Winkel der Existenz finden und gegen alle »herrschenden Verhältnisse« eigensinnig ihre Eigenheit behaupten.

Entscheidend dafür ist jedoch, selbst die Sorge für sich zu übernehmen und nicht gleichgültig gegen sich zu bleiben. Das Leben aufgrund dieser Sorge bewusst zu gestalten, erfordert persönliche Antworten auf Fragen der Art: Was ist das Schöne, für das es sich zu leben lohnt, über die bloße Nützlichkeit und unmittelbare Vorteilhaftigkeit hinaus? Was ist der Sinn, der eine unablässig sprudelnde Quelle für dieses Leben darstellt? Wie lässt sich Freude im Leben finden, die das Traurigsein nicht ausschließt? Wo ist das profunde Glück zu erfahren, das nicht von zufälligen Lüsten abhängig ist? Wie können Beziehungen zu anderen gestaltet werden, in deren Netz es sich leben lässt? Vorweg aber kommt es darauf an, sich um die Beziehung zu sich selbst zu sorgen, die die Grundlage für so vieles ist.

Von der Sorge für sich selbst

Beziehung zu sich selbst?
Die Fremdheit des Ich im Umgang mit sich

Die Sorge, die sich vordrängt, ist ängstlicher Natur. Sie wirft die Frage nach der Beziehung des Ich zu sich selbst auf. Wenn plötzlich, woher auch immer, im vertraut erscheinenden *ego* ein gänzlich fremd erscheinendes *alter ego* auftaucht, dann begegnet das Ich sich selbst mit Ratlosigkeit und profundem Misstrauen: »Ich bin mir fremd.« Keinesfalls lässt sich behaupten, dieses andere und selbst fremde Ich habe mit dem vertrauten nichts zu tun, denn es wohnt offenkundig »unter demselben Dach«. Aber es stellt im Ich eine Macht *gegen* das Ich dar, von einer Gewalt, die ohne weiteres und ohne Vorwarnung in der Lage ist, das gesamte Ich zu unterlaufen, auszuhebeln und auszulöschen; kaum denkbar, in eine Beziehung dazu zu treten, ein ruinöser innerer Zwiespalt. Handelt es sich nur um eine Chimäre des Denkens, eine obsessive Vorstellung, die zum *vorgestellten Ich* gehört, dem willentlichen Zugriff im Grunde zugänglich? Oder ist es ein Gefühl, ein Affekt, ein wirklicher Bestandteil des *gegebenen Ich*, in dem unwillkürlich etwas geschieht, wovon das Denken nichts weiß, sodass es im vorgestellten Ich nicht vorkommt? Resultieren meine Ängste aus der abgründigen Kluft zwischen zwei verschiedenen Erfahrungen von »Ich«?

In ihrer Heftigkeit ist diese Erfahrung nicht alltäglich. Alltäglicher erscheint die Erfahrung des Ich im Umgang mit sich, die jeder Spiegel vermittelt. Von ihrer initialen Spiegelerfahrung berichtet Bettine von Arnim auf eindrucksvolle Weise in ihrem Buch *Goethes Briefwechsel mit einem Kinde* (1835): »Es war mir eine große Überraschung, wie ich im dreizehnten Jahre zum ersten Mal mit zwei Schwestern, umarmt von der Großmutter, die ganze Gruppe im Spiegel erblickte. Ich erkannte alle, aber die eine nicht, mit feurigen Augen, glühenden Wangen, mit schwarzem, fein gekräuseltem Haar (...) und ich kann's nicht länger bezweifeln, dass ich mein Bild im Spiegel erblicke.« Nicht jede Ich-Begegnung im Spiegel verläuft so freudig – eine weniger freudige Erfahrung vermittelt der allmorgendliche Blick in den Spiegel, als habe das Ich noch nie sich selbst gesehen, als sei es fremd für sich, gänzlich fremd. Das *blickende* Ich ist dabei das vertraute, vorgestellte, das aus dem Spiegel *entgegenblickende* das befremdliche und doch gegebene; in aller Regel ist das, was als gegeben gespiegelt wird, nicht identisch mit dem, was das Ich sich vorstellt: »Ich sehe mich, aber ich erkenne mich nicht.« Das Ich erkennt sich nicht, da etwa Falten im Gesicht oder Ringe unter den Augen auf Gründe und Abgründe des gegebenen Ich verweisen, von denen das vorgestellte Ich nichts wissen will, ohne sie doch im Moment der Besinnung völlig leugnen zu können. In jedem Fall aber wirkt die Reflexion im Spiegel wie ein Blick von außen auf sich und befördert die Reflexivität des Ich.

Eine weitere befremdliche Erfahrung stößt die Reflexion an, nämlich dann, wenn das Ich zu sprechen beginnt: Aus seinem Inneren dringt die Stimme *nach außen* und hallt ihm *von außen* als fremde Stimme entgegen, als wäre es die Stimme eines anderen. Wie eine Maske trägt das Ich seine Stimme vor sich her und erfährt sich als ein anderes in ihr, das mit dem Ich keineswegs identisch ist und doch deutlich hörbar von diesem herrührt. Das vorgestellte Ich, das spricht, ist mit dem gegebenen Ich der Stimme, die zu hören ist, konfrontiert. »Ich ist ein anderer«: Das ist keine seltene literarische, sondern eine häufige alltägliche Erfahrung, die beunruhigend wirkt, sobald sie bewusst wird, denn es ist, als würde das Ich sich nur träumen. Und erneut erfährt das Ich sich, wie beim Spiegel, wie von außen: eine Objektivierung seiner selbst, die auf die Subjektivierung zurückwirkt und das Ich in seiner Beunruhigung nicht als dasselbe belässt. Die Stimme ist die »Äußerung«, die die Grenzen des Selbst nach außen hin transzendiert, während im Inneren vielleicht ganz andere Stimmen sprechen. Fast gewaltsam zerreißt die Äußerung die Stille und den Stillstand der inneren Identität. Wäre es nicht besser, die Stille zu bewahren, sie eins sein zu lassen mit sich, mich aber eins mit mir? Aber die Stimme stellt die Distanz des Ich zu sich erst her, die zur Selbstreflexion wie zur Kommunikation mit anderen unentbehrlich ist.

Die Ängste, der Spiegel, die Stimme: All dies sorgt, angestoßen von der Erfahrung, für eine Besinnung auf sich selbst. Ich beginne über mich nachzudenken und spreche in Gedanken mit mir, über meine Situation, meine Geschichte. Die Gedanken beißen sich fest an quälenden Fragen der Seele, zurückbezogen auf die Ängste, die das Selbst an den Rand des Abgrunds treiben: Was ist das, warum ist es so, lässt es sich jemals wieder ändern? Immer aber, wenn ich darüber nachdenke, wende ich mich auf mich: Eigenartiges Phänomen der *Selbstreflexion*, das so selbstverständlich erscheint und doch kaum zu verstehen ist, eine menschliche Merkwürdigkeit. *Ich wende mich...*, also versetzt ein *Ich sich* in den Modus der Reflexion, ein »Ich-sich«. Zugleich wendet es sich auf sich als Objekt: *Ich wende mich auf mich*, und bei diesem *Sich* handelt es sich erneut um das *Ich*, also ein »Sich-ich«. Aus dem Gegebenen geht das Ich hervor und erreicht in seiner Vorstellung einen Punkt außerhalb seiner selbst, an dem es gleichsam die Richtung wechselt und von außen auf sich blickt: Dieser äußere Punkt, der die Reflexion vermittelt, kann ein *realer* sein, ein Spiegel, ein Bildschirm, eine Kinoleinwand, eine Theaterbühne, ein Buch, das Gesicht eines anderen, die eigene Stimme, oder aber ein *imaginärer*, »vorgestellter« Punkt. Beim Blick von außen ist das vorgestellte Ich zuweilen befremdet vom gegebenen, das nun erst sichtbar wird. Aber es ist nicht immer zweifelsfrei klar, was genau gegebenes, was vorgestelltes Ich ist.

Mehrfach kommt es so zur Erfahrung, dass das Ich nicht identisch mit sich ist: in der inneren Erfahrung, vor dem Spiegel, beim äußeren Sprechen, beim Nachdenken über sich selbst. Gesteigert wird dies noch durch die plötzliche *innere Zerrissenheit* in divergierende Ichs, nicht nur zwischen vorgestelltem und gegebenem Ich, sondern auch innerhalb ihrer selbst: Ein Gedanke, ein Gefühl befiehlt dies, ein anderer Gedanke, ein anderes Gefühl jenes. Bin ich zu Hause, will ich fort, dort aber nach Hause. Mal ist das Ich gedanklich hier, mal dort, und allzu häufig ist es hier und dort zugleich, nirgends aber wirklich. Ist dies meine Meinung oder doch eher nicht? Soll ich dieses oder jenes Ding kaufen, diesen oder jenen Lebensweg einschlagen? Liebe ich x oder y? Das Alleinsein oder die Gemeinsamkeit? Jedem Antrieb widerspricht ein anderer Antrieb, jedem Argument ein anderes Argument. Dilemmatische Situationen sind historisch nicht neu, in moderner Zeit jedoch multiplizieren sie sich. Die Zerrissenheit des Einzelnen resultiert aus der Befreiung, die nicht nur äußerlich, sondern auch innerlich geschieht: so oder anders fühlen, denken und entscheiden zu können, ohne dass diese Freiheit selbst wieder eingrenzbar wäre. In äußerster Zuspitzung ist Konfusion, die völlige Unentschiedenheit und Unentscheidbarkeit die Folge. Da ist nichts mehr, woran das Ich sich halten, worin es mit sich noch identisch sein kann; alles an sich selbst erscheint ihm gleichermaßen fremd. So entsteht über eine *partielle* hinaus die *totale Selbstfremdheit*, zumindest zeitweilig. Und noch die Selbstfremdheit selbst erscheint paradox, denn eigentlich ist da kein vertrauter Punkt mehr, von dem aus etwas am Selbst überhaupt als fremd zu beurteilen wäre; aber wie sonst ließe sich das Phänomen benennen?

Es liegt nahe, die Erfahrung differenter und divergenter Ichs im Ich selbst für misslich zu halten, und doch sind sie die *Bedingung* dafür, dass es eine Selbstbeziehung überhaupt geben kann. Jede Art von Beziehung, am augenfälligsten bei der Beziehung zwischen zweien, setzt deutlich voneinander zu unterscheidende Entitäten voraus, worin auch immer sie sich unterscheiden mögen. So auch bei der Beziehung zu sich selbst, bei der lediglich weniger gut sichtbar ist, *wer hier mit wem* eine Beziehung unterhält: das Ich mit dem Ich, das Ich mit sich in allen erfahrbaren Variationen, das vorgestellte mit dem gegebenen Ich, das anderen zugewandte mit dem auf sich selbst bedachten Ich, das Ich des Denkens mit dem Ich des Fühlens, die in sich selbst divergenten Gedanken, die in sich widersprüchlichen Gefühle untereinander. Keinesfalls wäre eine Selbstbeziehung möglich, wenn es nur *ein* Ich gäbe. »Zwei Seelen wohnen, ach! in meiner Brust«, lässt Goethe seinen *Faust* gegen Ende der Szene »Vor dem Tor« seufzen – und dabei hatte er noch Glück, dass es nur zwei waren.

Ist eine Selbstbeziehung zwingend erforderlich? Grundsätzlich ist sie eine *Option*, keine Norm. Dass ein Ich eine Beziehung zu sich unterhält oder auch nur unterhalten will, kann nicht ohne weiteres vorausgesetzt werden. Eine »Pflicht gegen sich selbst« (Kant, *Metaphysik der Sitten*, 1797) existiert nicht etwa von selbst.

Der Verzicht, bewusst oder nicht, auf eine reflektierte Beziehung zu sich ist möglich – falls diese *negierende Selbstbeziehung* in einer ihrer möglichen Varianten sich überhaupt leben lässt: am ehesten wohl als Nicht-Beziehung der völligen Fraglosigkeit und *Selbstverständlichkeit* des Verhältnisses zu sich, aber auch als zeitweiliges Aussetzen des Selbstverhältnisses zum Zweck einer *Selbsterholung*. Weniger aber als Ausschluss-Beziehung der Selbstflucht und *Selbstablehnung*, durch die das Leben mit sich, gewollt oder nicht, unmöglich gemacht wird – im offenen oder heimlichen, sich selbst oder anderen verheimlichten Selbstruin kommt dies zum Ausdruck. Oder als Null-Beziehung der *Gleichgültigkeit*, einer lediglich funktionalen Beziehung zu sich, bei der die diversen Teile des Selbst nur ihre Funktion erfüllen, unbekümmert um ihr Zusammenwirken.

Alternativen hierzu sind die Varianten der *affirmativen Selbstbeziehung*: Um ein gesuchtes Zusammenwirken geht es den verschiedenen Teilen des Selbst bei der Selbstbeziehung der *Kooperation*, wenngleich ohne allzu große innere Beteiligung. Eine vertraute und zugleich sehr freie Selbstbeziehung ist die *Freundschaft* mit sich selbst, die noch genauer zu betrachten sein wird. Eine sich damit überschneidende Beziehung ist das intime Selbstverhältnis der *Liebe* zu sich selbst, wenn auch mit den Gefahren, die jede Intimität in sich birgt: Abhängigkeit, Selbstfixierung, Selbstverliebtheit. Alle diese Formen können auch von einem agonalen Aspekt durchzogen sein, der zudem selbst zu einer eigenen Art von Beziehung, einer *Streit-Beziehung* werden kann: nicht nur gelegentlich »mit sich zu kämpfen«, sondern beständig im Streit mit sich zu liegen, immerhin aber nicht gleichgültig gegen sich zu sein. Muss man zudem von einer neuen, *virtuellen* Selbstbeziehung sprechen, bei der das Selbst sich wesentlich über den Aufenthalt im virtuellen Raum der Möglichkeiten und der elektronischen Medien definiert? Es scheint jedoch so zu sein, dass alle Virtualität doch wieder zur Realität, mithin zu einer der genannten Formen von Selbstbeziehung tendiert.

Mögliche Kriterien für die Realisierung einer bestimmten Selbstbeziehung können Lebbarkeit und Schönheit sein, aber selbst diese Kriterien sind eine Frage der Wahl, also der Option. Vielleicht hängt das Leben davon ab, eine Beziehung zu sich selbst eingehen zu können, die es ermöglicht, sich zu erfahren und zu spüren in allen Nuancen, an sich selbst zu zweifeln und zu verzweifeln, letztlich aber sich nicht im Stich zu lassen und nicht sich zu verlieren, sondern sich um sich zu sorgen. Der Anstoß dazu geschieht durch beängstigende und befremdliche Erfahrungen, entscheidend aber ist, ob dieser Anstoß aufgenommen wird, ob das Ich bereit ist, sich auf sich zu wenden. Dann nur kann es über die ängstliche Sorge um sich hinaus die *kluge Sorge* für sich entfalten, und dies auf doppelte Weise: *kognitiv* mit der Entwicklung des Selbstbewusstseins (sich bewusst zu fühlen und von sich zu wissen), *asketisch* mit der Arbeit der Selbstgestaltung (aus sich herauszugehen und auf sich einzuwirken). Für die bewusste Lebensführung sind beide Seiten unverzichtbar. Um die Beziehung zu sich selbst sehr bewusst wählen und gestalten zu können, bedarf es jedoch einiger Anstrengung auf der Seite des Selbstbewusstseins, vorweg einer sensiblen Aufmerksamkeit auf sich selbst.

Selbstaufmerksamkeit, Selbstbesinnung, Selbstgespräch

Einst war dies, inspiriert und legitimiert von der antiken Philosophie, eine beglückende Entdeckung für mich selbst: mir selbst Aufmerksamkeit widmen, mich auf mich selbst besinnen und bewusst die Sorge für mich wahrnehmen zu können. Vor allem vom *Eis heautón*, den *Selbstbetrachtungen* des Stoikers Marc Aurel aus dem 2. Jahrhundert n. Chr., war ich tief beeindruckt: »Was geht jetzt in dem Teilchen meines Wesens vor, das man ja das gebietende nennt, und was für eine Seele habe ich also jetzt?« – »Nach der Beschaffenheit der Gegenstände, die du dir am häufigsten vorstellst, wird sich auch deine Gesinnung richten; denn von den Gedanken nimmt die Seele ihre Farbe an.« – »Wenn du des Morgens nicht gern aufstehen magst, so denke: Ich erwache, um als Mensch zu wirken. Warum sollte ich mit Unwillen das tun, wozu ich geschaffen und in die Welt geschickt bin?« – »Ich schreite vorwärts in meinem naturgemäßen Lauf, bis ich hinsinke und ausruhe und meinen Geist in dasselbe Element aushauche, aus dem ich ihn täglich einatme« – und so vieles mehr, das dazu geeignet sein kann zu lernen, »sich selbst zu lieben« (*phileĩn heautón*), wovon vor allem im fünften Abschnitt der *Selbstbetrachtungen* die Rede ist. Fortan, so beschloss ich, sollte die Übung der Selbstaufmerksamkeit allmorgendlich, da es um ein neues Zurweltkommen geht, einen festen Platz in meinem Leben finden: die Meditation vor dem Aufstehen, die Zeit danach vor dem Spiegel, die sorgsame Pflege des Körpers, die Gymnastik, das Frühstück in aller Seelenruhe, der Spaziergang in frischer Luft, um nicht morgens schon von dem Gefühl gepackt zu werden, zwischen vier Wänden das Leben zu verraten. Hatte nicht Nietzsche darauf bestanden, keinem Gedanken Glauben zu schenken, »der nicht im Freien geboren ist« (*Ecce Homo*, »Warum ich so klug bin«)? Vielleicht das Privileg eines philosophischen Lebens, vor allem aber eine Frage der Zeiteinteilung.

Später erst entdeckte ich die Formel *vindica te tibi* bei Seneca: »Eigne dich dir an«, womit sein Hauptwerk, die *Briefe an Lucilius über Ethik* aus dem 1. Jahrhundert n. Chr., einsetzt; eine Formel, die im ausgehenden 20. Jahrhundert das Interesse des französischen Philosophen Michel Foucault auf sich gezogen hat. Das Rekurrieren auf sich selbst erscheint hier als Gegenpol zum Diskurrieren, um aufmerksam zu werden und achtsam zu sein auf sich selbst. Dies wieder aufzunehmen, muss jedoch, anders als bei den Stoikern, nicht dazu führen, das Selbst als innere Burg zu verstehen, die gegen eine feindliche Außenwelt zu errichten wäre. Die Gefahr ist zu groß, mit dem völligen Rückzug auf sich selbst auch alleinige Gültigkeit für das eigene Weltbild zu beanspruchen, da kein Korrektiv mehr in der beständigen Auseinandersetzung mit den Sichtweisen anderer zu finden ist; eher würde der rigide Ausschluss anderer betrieben, als das eigene Weltbild zu korrigieren. Dabei führt dies keineswegs zur erhofften Sicherheit, eher zu einer größeren Verletzlichkeit des Selbst und zur Aggressivität gegen all diejenigen, die das Eigene in seiner Konsistenz bedrohen. Die sensible Aufmerksamkeit auf sich umfasst daher die Aufmerksamkeit auf die Gefahr, nur noch mit sich selbst beschäftigt zu sein.

Während die Fixiertheit auf sich und Ausschließlichkeit der Selbstbeziehung als bloßer *Selbstkult* erscheint, kann die sensible Selbstaufmerksamkeit und Pflege seiner selbst zum Bestandteil einer *Selbstkultur* werden. Die Selbstaufmerksamkeit gilt allen Aspekten des Selbst, der Verfassung des Körpers in allen seinen Teilen, der Seele und ihren Gefühlen, Bedürfnissen und Begierden, dem Geist und seinen Gedanken, der Einbettung des Selbst in die Beziehungen zu anderen und zur Welt. Anregung und Anstoß zur Selbstaufmerksamkeit bezieht das Ich aus einem eigenen Impuls oder aus der Aufmerksamkeit anderer etwa im Gespräch. *Aufmerksamkeit* erscheint als eine der wichtigsten, zugleich eine der knappsten, mithin umstrittensten Ressourcen unter Menschen, so auch im Umgang des einzelnen Menschen mit sich selbst. Die Knappheit grassiert insbesondere in der Zeit der Moderne, in der die Aufmerksamkeit stets nach allen Seiten hin abgezogen und in immer winzigere Quanten zersplittert wird. So wie das Ich, das die Aufmerksamkeit anderer entbehrt, sich von ihnen missachtet fühlt, so fühlt es sich missachtet von sich selbst bei einem Mangel an Aufmerksamkeit auf sich. Im selben Maß aber, wie es an Aufmerksamkeit auf sich fehlt, wächst das Bedürfnis nach Aufmerksamkeit anderer. Und wenn diese partout nicht zu erlangen ist? Dann läge es am Ich, mit der Aufmerksamkeit auf sich den Anfang zu machen. Unmöglich ist allerdings, ohne Unterlass aufmerksam zu sein; Aufmerksamkeit braucht Erholung, und in der Unaufmerksamkeit ist sie zu finden: Äußere Unaufmerksamkeit ermöglicht die Zuwendung zu sich, innere Unaufmerksamkeit die Zuwendung zu anderen.

Unter Aufmerksamkeit ist die gezielte Ausrichtung der körperlichen, seelischen, geistigen Energien auf etwas oder jemanden zu verstehen, kenntlich an der Richtung des äußeren Blicks oder der inneren Konzentration. Immer weitere Einzelheiten und Feinheiten sind wahrzunehmen schon bei einer *rezeptiven* Ausrichtung der Aufmerksamkeit; umso mehr bei ihrer *produktiven* Ausrichtung: Diese vorsätzliche Pflege der Aufmerksamkeit geschieht auf unterschiedliche Weisen und auf verschiedenen Ebenen, je nach Art der Beziehung und der Situation: im *Körperlichen* durch Berührung und Bewegung, Blicke und Gesten; im

Seelischen durch Aussprache, Zuhören, Zuwendung; im *Geistigen* durch Konzentration und Meditation. Sie wird gepflegt im Kontext des gewöhnlich gelebten Lebens oder, wo dies nicht zureicht, im therapeutischen Kontext; unmittelbar bezogen auf eine konkrete Situation (*momentane* Aufmerksamkeit) oder mittelbar auf den gesamten, im Moment abstrakt erscheinenden Weg, den etwas oder das Leben überhaupt nimmt (*strategische* Aufmerksamkeit). Macht der Aufmerksamkeit: Die durch sie vermittelten Energien sind von solcher Intensität, dass ein Mensch darin aufzuleben und aufzublühen vermag, bei ihrem Ausbleiben jedoch in sich zusammensinkt und verkümmert. Sie zu entbehren, kann kränken und krank machen; sie zu erfahren, versöhnen und heilen. In der Ressource, die sie darstellt, ist daher eine *Quelle des Lebens* ohnegleichen zu sehen, nur so lässt sich das nachhaltige und zuweilen heftige Bemühen, ja der erbitterte Kampf um sie erklären. Ohne Aufmerksamkeit droht ein Leben im Nichts.

Ist es aber statthaft, Aufmerksamkeit auf sich selbst statt auf andere zu wenden? Unterliegt das Selbst nicht sozialen Erwartungen, denen es gerecht zu werden hat? Den wichtigsten Maßstab hierzu formulierte Balthasar Gracián im 17. Jahrhundert im Aphorismus 33 seines *Handorakels*: »So sehr darf man nicht allen angehören, dass man nicht mehr sich selber angehörte«. Aus guten Gründen: Ein Selbst, das sich selbst zu sehr verliert, ist zu keinerlei Aufmerksamkeit mehr fähig, weder für sich noch für andere. Ansprüche und Erwartungen anderer unterliegen daher sinnvollerweise der Wahl des Selbst, sie anzuerkennen oder nicht, ihnen Folge zu leisten oder sie zu ignorieren. Das Selbst verfügt sogar über die Möglichkeit, den Ansprüchen anderer gänzlich zu entkommen, allerdings könnten die Kosten dafür hoch sein: Andere kommen dann ihrerseits den Ansprüchen des Selbst nicht mehr nach; klugerweise findet dies frühzeitig Eingang in das Kalkül des Selbst. Klüger erscheint es, Ansprüche anderer zumindest wahrzunehmen, um ein reflektiertes Verhältnis dazu zu gewinnen und gegebenenfalls einen Gegenstand der Sorge des Selbst daraus zu machen: Aus der Selbstsorge erwächst die Sorge für andere, jedoch auf der Grundlage selbst gewählter und nicht fremdbestimmter Aufmerksamkeit.

Keine Frage, dass der Spielraum, sich um sich zu kümmern, oft nicht sehr groß ist. Umso süßer sind die Stunden des Alleinseins mit sich, der Aufmerksamkeit auf sich, des Daseins nur für sich. In dieser Zeit entfaltet sich die *Selbstbesinnung* von selbst, die ansonsten des Anstoßes bedarf, der Anregung oder auch des Erschreckens, der Enttäuschung, des Misslingens, des Verlustes. Die Selbstbesinnung ist die Antwort darauf, dass das Selbst immer wieder irritiert ist, vom Leben, vom Zusammenstoß mit anderen, verirrt wie Odysseus, in Tränen aufgelöst, in Verzweiflung verloren. In der Selbstbesinnung wendet das Selbst sich im doppelten Sinne auf sich, um sich im *sinnlichen Fühlen* ebenso wie im *gedanklichen Prozess* wahrzunehmen und sich klarer zu werden, was mit ihm »ist« und »möglich ist«, welche Kräfte in ihm wirksam sind und welche Wünsche in ihm schlummern, welche Möglichkeiten, die noch zu wecken sind. Die Selbstbesinnung ist eine Vergegenwärtigung der Eigenheiten und Fremdheiten, Stärken und Schwächen, des Könnens und Nichtkönnens, Vermögens und Unvermögens, der Gewissheiten und Ungewissheiten, der Widersprüche und Befürchtungen, Vorlieben und Abneigungen, Geschichten und Gewohnheiten, Misslichkeiten und Missverständlichkeiten, der Grenzen des Selbst und ihrer möglichen oder unmöglichen Überschreitung. Mit der Selbstbesinnung gewinnt das Selbst Distanz zu sich, um sich wie von außen zu sehen; die Distanz ermöglicht ein Fühlen und Überdenken dessen, was für wichtig und unwichtig, für schön und bejahenswert oder für hässlich und verneinenswert gehalten wird; ein Auseinanderlegen seiner selbst, um sich neu zusammenzufügen. Selbstbesinnung heißt schließlich, wieder an den Zusammenhängen zu stricken, die »Sinn machen« und in deren Netz das Selbst zu leben vermag.

Die Intensivierung der Selbstbesinnung geschieht im bewussten *Selbstgespräch*. Es ist, wie jedes Gespräch, selbst eine Form von Aufmerksamkeit und steuert deren Richtung; nicht alles kommt dabei in gleicher Weise in den Blick. Das Selbstgespräch ergibt sich meist von selbst, entscheidend ist jedoch, ob ihm bewusst Raum gegeben wird und ob sich die problematische Form eines bloßen Kreisens in sich selbst verhindern lässt. Es handelt sich um einen *inneren Diskurs*, der in aller Regel nicht geordnet und nicht »zielführend«, vielmehr chaotisch und ziellos ist. Gegenstand ist das *Innere*: Was ist los mit mir? Welche Stimmen melden sich in mir zu Wort? Was bedeuten sie? Und das *Äußere*, wiederum jedoch in Bezug auf das Innere: Was geschieht? Was bedeutet das für mich? Wie kann ich darauf antworten? Auf diese Weise verständigt sich das Selbst mit sich selbst. Das Protokoll eines lebenslangen Selbstgesprächs findet sich beispielsweise in den Notizheften Nietzsches, deren kritische Edition daher von besonderem Wert ist, um den Prozess genau zu studieren. Das Ich »hört in sich hinein«, wird aufmerksam auf die Stimmen, in denen Gedanken, Ideen, Ängste, Enttäuschungen, Visionen, Faszinationen, Träume sprechen, nicht immer in deutlich vernehmbarer Sprache, häufig in der Form eines »guten« oder »unguten« Gefühls, einer Stimmung oder vagen Idee. Das vorgestellte Ich stellt Fragen an das gegebene und umgekehrt, und innerhalb des einen wie des anderen tragen Gedanken und Gefühle ihre Kämpfe aus, sodass das Selbst »mit sich beschäftigt ist«. Das vorgestellte Ich versucht all das in sich zu repräsentieren, was im gegebenen wirklich vorkommt, und kann doch nicht darauf hoffen, damit jemals an ein Ende zu kommen; so bleibt das Leben mit sich selbst spannend.

Die Kommunikation mit sich dient letztlich der Klärung dessen, was Selbst ist und sein soll. Diese *intrasubjektive* Selbstverständigung ist unabdingbar und beansprucht im Zweifelsfall den Primat vor jeder *intersubjektiven* Kommunikation, um die verschiedenen Teile des Selbst in Bezug zueinander zu setzen und ihre Verhältnisse zu klären. Wie sollte eine aufmerksame Kommunikation mit anderen auch möglich sein, wenn das Ich mit sich selbst nicht zu kommunizieren weiß? Wo die innere Klärung nicht geschieht, dringt dies durch Brüche der Sprache oder Explosionen der Gefühle nach außen. Ein Unwohlsein macht sich breit, wenn die inneren Stimmen im Lärm der äußeren nicht mehr zu hören sind; das Ich fürchtet, »sich zu verlieren« und zieht sich zurück. Das bewusste wie das unbewusste Selbstgespräch bindet Kräfte, die nicht mehr zur Verfügung stehen, wenn das Selbst sich zu sehr nach außen wendet, sich äußert und in anstrengender Verbalisierung verschwendet. Oft kommunziert es allerdings mit sich, *indem* es mit anderen kommuniziert. Gespräche mit anderen sind in Wahrheit oft Selbstgespräche, ein wechselseitiger Prozess, für den Bettine von Arnim in ihrem Briefroman *Die Günderode* (1840) ein beeindruckendes Beispiel gibt. Äußere Stimmen werden dabei verinnerlicht, innere wiederum nach außen projiziert. Auch die Verlagerung eines inneren Konflikts nach außen ist möglich, der Konflikt wird dadurch fassbarer. Das Selbst sollte sich lediglich im Klaren darüber sein, dass andere nun die inneren Stimmen repräsentieren, mit denen es in sich selbst nicht fertig wird – um sie beizeiten davon wieder zu entlasten, statt ihnen ihre Rolle nachzutragen, für die sie nichts können.

Die vorsätzliche Veranstaltung des Selbstgesprächs wird in der Kommunikationspsychologie »inneres Parlament« genannt. So werden die verschiedenen Stimmen, ihre Standpunkte und ihre Konflikte nach innen hin bewusst gemacht, ins Verhältnis zueinander gesetzt und nach außen hin dargestellt. Ihre Konstellationen und Dispositionen, Koalitionen und Oppositionen lassen sich durchspielen, um die »innere Gruppendynamik« zu beflügeln, die zur Bildung eines *Inneren Teams* führen kann (Friedemann Schulz von Thun, 1998). Eine zugehörige Übung besteht darin, sich geradezu bildlich vor Augen zu führen, welche Stimmen im Spiel sind und wie ihre wechselseitigen Beziehungen zu beschreiben sind, sie auch namentlich zu benennen: der Misstrauische, die Vertrauensselige, der Egoistische, die Solidarische, der Vorsichtige, die Wagemutige, der Vorlaute, die Verborgene etc. – vielleicht literarisch inspiriert, denn die Literatur und Dichtung aller Zeiten handelt von diesen Stimmen und ihren Verhältnissen; einige weniger literarische kommen im Alltag noch hinzu. So führt das Selbstgespräch zur Klärung der wirklichen und möglichen Verhältnisse im Selbst, soweit diese sich erkennen lassen. Offen ist jedoch die Frage, ob es sich dabei um die altehrwürdige »Selbsterkenntnis« handelt; offen auch, was unter dem Begriff des »Selbst« zu verstehen ist, der bislang Verwendung fand, als verstünde er sich von selbst; und um welche »Erkenntnis« es geht, wenn von der Erkenntnis dieses Selbst die Rede ist.

Erkenne dich selbst! Aber was heißt das?

Im Grunde sind Erfahrung und Begriff des Selbst eine Angelegenheit jedes Einzelnen im Umgang mit sich. Und doch wirken kulturelle Leitbilder und allgemeine Denkweisen auf dieses Selbst ein, von denen es kaum je weiß. In der Kultur- und Geistesgeschichte wird daher seit langer Zeit versucht, weit über das einzelne Selbst hinaus im Begriff des Selbst eine Wirklichkeit zu bündeln, auf die sich die Erkenntnis richten kann, die so genannte »Selbsterkenntnis«. Steht beim Erkenntnisvorgang dem erkennenden *Subjekt* gewöhnlich ein äußeres *Objekt* gegenüber, so wird das Subjekt hier für sich selbst zum Objekt, um ein Wissen von der Wahrheit des *allgemeinen* Selbst zu gewinnen, als dessen Ableitung das je *besondere* Selbst nur existieren kann. Historisch trat der Begriff der Selbsterkenntnis spektakulär und nachhaltig in der Forderung hervor, die über dem Eingang zum Tempel von Delphi den Besucher empfing: »Erkenne dich selbst« (*gnōthi sautón*). Das einzelne Selbst konnte sich angesprochen fühlen, eine reflexionslose Haltung aufzugeben und sich gleichsam wie von außen zu sehen, um sich zu erkennen. Keine persönliche Erkenntnis des Selbst war damit gemeint, sondern eine *anthropologische Selbsterkenntnis*: Erkenne, dass du ein Mensch bist. Das heißt: kein Gott. Sterblich, nicht unsterblich. Gebrechlich, nicht unverletzlich. Fehlerhaft, nicht vollkommen. Ohnmächtig, nicht allmächtig. Unwissend, nicht allwissend. Anders formuliert: Erkenne die Bedingungen, die Möglichkeiten und die Grenzen, mit denen du zu leben hast. Nicht nur du, sondern auch jeder andere. Diese Selbsterkenntnis zielte nicht auf eine positive Bestimmung dessen, was Selbst *ist*, eher auf die negative Bestimmung dessen, was es *nicht ist*: nicht göttlich. Der Anspruch auf Selbsterkenntnis selbst wurde begrenzt, und so führte der delphische Spruch zu einem demütigen statt auftrumpfenden Selbstverhältnis, zur Einsicht in die Schwäche, Kleinheit und manchmal auch Erbärmlichkeit des Selbst.

Von Sokrates und Platon wird die delphische Selbsterkenntnis im 5. und 4. Jahrhundert v. Chr. aufgegriffen, um dazu anzuleiten, ein kritisches Verhältnis zu sich zu gewinnen, sich zu prüfen und gegebenenfalls zu korrigieren, nun jedoch verbunden mit dem Anspruch, das Wesentliche des Menschen positiv erkennen zu können. Die so verstandene *philosophische Selbsterkenntnis* erkennt das eigentliche Selbst in seiner unvergänglichen Seele, innerhalb der Seele wiederum in der herausragenden Eigenschaft der Besonnenheit (*sōphrosýnē*), nebst Weisheit, Gerechtigkeit und Tapferkeit (Dialog *Alkibiades I*). Diese Selbsterkenntnis wird zur Grundlage der Selbstsorge und führt dazu, mit »Sorge und Kunst« die Seele zu pflegen und ihre besten Eigenschaften auf exzellente Weise im individuellen und gesellschaftlichen (politischen) Leben zu verwirklichen. Innerhalb der Seele lässt sich jedoch, späterer stoischer Auffassung zufolge, ein Leitendes und Führendes (*hēgemonikón*) als eigentliches Selbst lokalisieren: der *lógos*, die *ratio*, das vernünftige Denken, die nüchterne Überlegung eines Menschen, dasjenige also, was den unberechenbaren Affekten, Begierden und Leidenschaften nicht folgt. Diese Rationalisierung der Selbsterkenntnis führt allerdings zu der radikalen Forderung, einer Perfektionierung des Selbst wegen all das zu eliminieren, was die Herrschaft des Hegemonikon in Frage stellen könnte. Die Anfänge einer hypochondrischen Selbstbeobachtung, misstrauischen Selbstüberwachung und manischen Selbstverdächtigung, die auf stoischer Grundlage im Verlauf der abendländischen Kulturgeschichte zuweilen rücksichtslos und nachgerade wütend betrieben worden ist, finden sich hier.

In christlicher Zeit führt dies zur weiter gehenden Forderung, »die irdischen Glieder abzutöten«, das alte, weltliche und selbstische Selbst überhaupt zurückzulassen zugunsten eines neuen, Gott geweihten und somit eigentlichen Selbst. Es gibt nichts Eigenes mehr an diesem Selbst: Von allem Eigenen ist es zu reinigen, um es für Gott bereit zu machen und es ihm schließlich anzuvertrauen. Was an ihm noch eigen ist, ist in seiner Hinfälligkeit und Nichtigkeit zu erkennen: *theologische Selbsterkenntnis*. Die Verwirklichung der Verleugnung des Selbst (*árnēsis heautoũ*, Matthäus 16, 24, Markus 8, 34, Lukas 9, 23), die als Bedingung der Nachfolge Christi gilt, wird im 4. Jahrhundert n. Chr. in den *Längeren Regeln* des Kirchenvaters Basilius ausdrücklich dem

Mönchtum mit auf den Weg gegeben. Für lange Zeit gerät das selbstbewusste Selbst damit in den Generalverdacht des Sündhaften, das heißt von Gott und den Mitmenschen Abgewandten. Da keinem Selbst zu trauen ist, muss ein »Seelsorger« instituiert werden, der ihm die Sorge um sich abnimmt, seine Selbstbezogenheit auflöst und seine Seele zuverlässig zu Gott führt. Und zugleich wird das Mönchtum und mit ihm das Christentum gerade aufgrund der Selbstverdächtigung zu einer unvergleichlichen Schule des Selbst, der kognitiven Selbstaufmerksamkeit, der Selbstreflexion, des Selbstgesprächs, der asketischen Selbstgestaltung und Selbstmächtigkeit.

Eine Folge dieser Entwicklung, mit der zugleich die stoische Rationalität fortgeführt wird, ist die asketisch herbeigeführte, kognitiv ausgerichtete *cartesianische Selbsterkenntnis*, wie sie im 17. Jahrhundert von René Descartes begründet wird. Das wahre Ich ist demzufolge methodisch im reinen Denken zu finden, in der *res cogitans*, gereinigt von Konventionen, Gewohnheiten, Träumen, Trieben, Körperlichkeit und jedweder Sinnlichkeit. Das Ich ist eine Substanz, »deren ganzes Wesen oder deren Natur nur darin besteht, zu denken und die zum Sein keines Ortes bedarf, noch von irgendeinem materiellen Dinge abhängt« (*Discours de la méthode*, 1637). Das *ego cogito* in seiner bewusst betonten Körper- und Weltlosigkeit allein verbürgt eine Gewissheit, die nicht mehr zu bezweifeln ist, und erfüllt somit in den Augen Descartes' die wichtigste Bedingung dafür, ein »klares und gesichertes Wissen« fürs Leben zu erlangen: »Ich war der festen Überzeugung, dass es mir dadurch gelingen würde, mein Leben weit besser zu führen, als wenn ich nur auf alten Fundamenten baute«. Was sich daraus entwickelt, ist allerdings die Begründung einer Wissenschaftlichkeit im Umgang mit sich selbst, wie sie für die gesamte Neuzeit und Moderne prägend geworden ist und zur Geringschätzung abweichender Selbstkonzepte abseits dieses Kulturkreises geführt hat.

In moderner Zeit, insbesondere im 20. Jahrhundert und weit ins 21. Jahrhundert hinein reichend, wird aus der Selbsterkenntnis eine eigene wissenschaftliche Bewegung, geistes- wie naturwissenschaftlich, eingegliedert in den modernen Prozess der

Befreiung. Von Anfang an wird dabei die theoretische Deskription des Selbst um eine therapeutische Intervention ergänzt, die das jeweilige Selbst gemäß den allgemeinen Erkenntnissen analysiert und korrigiert. In dessen Seele, wie sie anfänglich noch genannt wird, beziehungsweise »Psyche« entziffert die *psychologische Selbsterkenntnis* etwa in ihrer tiefenpsychologischen Form Zeichen des Unbewussten und »Verdrängten«. Es handelt sich um den ehrgeizigen Versuch einer »Archäologie« der Antriebskräfte des Selbst, einer Aufdeckung seiner »dunklen Seiten« und der in seiner inneren Geschichte verborgenen Traumata, einer Befreiung des Selbst von unbewussten Mustern. In dieser »Erweiterung« der Selbsterkenntnis sieht Sigmund Freud erklärtermaßen einen Weg, »das geschwächte Ich zu stärken«, zumindest sei dies »der erste Schritt« (*Abriss der Psychoanalyse*, 1939). Ein zweiter Schritt müsste für die erlangte Freiheit Formen finden, denn diese stehen keineswegs spontan von selbst zur Verfügung. Möglicherweise aus diesem Grund bemüht Freud den Begriff der Lebenskunst: Die Wahl einer »Technik der Lebenskunst« und die »gewählte Lebenstechnik« erlauben es, mit der Realität zurechtzukommen und sich dem »Glück« zu nähern. An möglichen Techniken nennt Freud vor allem diese: Arbeit und Aktivität, Liebe und Erotik, Ästhetik und die Suche nach Schönem, Selbstliebe und Selbstgenügsamkeit, sogar eine »Flucht in die neurotische Krankheit« (*Das Unbehagen in der Kultur*, 1930). Eine Therapie im weiteren Sinne der Sorge und Pflege, so darf man annehmen, würde die individuelle Ausarbeitung einer Lebenskunst unterstützen und die Analyse ergänzen, um nicht ein im Zuge seiner Befreiung aufgelöstes Selbst zu riskieren. Das eigentliche Anliegen der Therapie besteht jedenfalls darin, das Leben als Kunstwerk zu begreifen, das von einem Selbst gestaltet werden kann, dem jedoch die Befähigung dazu erst zu vermitteln ist. Vielleicht wäre mit Kunst und Lebenskunst sogar der Rahmen zu schaffen, innerhalb dessen eine Analyse mit all ihren Belastungen gewagt werden könnte – oder aber überflüssig würde.

In wachsendem Maße, teils parallel zu einer naturwissenschaftlich orientierten Psychologie, wird das Selbst im Laufe der Moderne jedoch als biologisches Wesen begriffen. Seit dem ausgehenden 20. Jahrhundert ist es für die *biologische Selbsterkenntnis* ein Produkt molekularer und insbesondere neurobiologischer Prozesse: ultimative Befreiung des Selbst von sich selbst. Psychische Zusammenhänge werden zu physiologisch messbaren Funktionen des Gehirns, Gedanken und Gefühle erscheinen als Resultat feuernder Neuronen (Nervenzellen) und kopulierender Synapsen (Verbindungen zwischen Nervenzellen), mentale Vorgänge sind neuronal bestimmt. Ein eigenständiges, sich selbst gestaltendes Selbst existiert nicht, dessen freier Wille ist eine Illusion. Im Gehirn ist eine neuronale Aktivität messbar, das so genannte Bereitschaftspotenzial, dann erst wird ein »Selbst« sich seiner »Wahl« bewusst, die es glaubt getroffen zu haben, und es fühlt den Anstoß zu einer Aktivität. Spiegel-Neuronen erlauben die Nachahmung des Verhaltens anderer, ermöglichen Einfühlung in sie und Mitgefühl für sie. Wie die psychologische schreibt die neurobiologische Selbsterkenntnis wesentliche Prozesse einem Unbewussten zu: Unbewusst arbeiten die Kontrollzentren, und nur ein geringer Teil dessen, was im Gehirn vor sich geht, wird jemals bewusst. Niemand ist im Grunde verantwortlich für sein Tun, denn »Ich« ist nur die ausführende Instanz dessen, was im Unbewussten sich entwickelt hat. Eine Therapie lässt sich chirurgisch und medikamentös durchführen, mit Eingriffen an spezifischen Zentren und mit dosierten Gaben bestimmter Stoffe. Auf dem Wege der biochemischen Erregungsübertragung kann sodann »Glück« den Menschen durchströmen, der sich dies törichterweise selbst zuschreibt, aufgrund eines Mangels an Selbsterkenntnis, genauer: mangelhafter Kenntnis der Wirksamkeit von Neurotransmittern (Hormonen) wie Adrenalin und Dopamin, Melatonin und Serotonin.

Beinahe lässt sich von einer *objektiven*, wissenschaftlich gesicherten Erkenntnis des Selbst sprechen, der sich die *subjektive* Selbsterkenntnis zu fügen hat. Viele psychologische und neurobiologische Erkenntnisse unterminieren die autonome Gestalt des Selbst. *Erkenne dich selbst*: Ich selbst bin also nichts weiter als ein zufällig oder schicksalhaft zustande gekommenes Konglomerat von Genen und Proteinen, Neuronen und Spiegel-Neuronen, Synapsen und Hormonen, von Unbewusstem, mehr oder weniger geglückten Beziehungen, Kindheitserinnerungen, traumatischen Erfahrungen, Gefühlen, Trieben, Begierden, kaum aber von Überlegungen und bewussten Entscheidungen. Müsste dann nicht die philosophische Lebenskunst von einer wissenschaftlichen Weltanschauung abgelöst werden, die ein Selbst und sein Leben zweifelsfrei erklären und das »autonome« Gehabe von Subjekten in neuronale Netze auflösen würde? Kein Zweifel, dass die Aufklärung über unbewusste, neuronale, hormonelle Bedingungen hilfreich sein kann, um sich des Bewusstseins und seiner Grenzen bewusster zu werden. So lässt sich etwa das Phänomen erklären, dass das Denken häufig als ein »Träumen« erscheint: Es erfährt sich als unwirkliche Insel des Bewussten in einem unablässig wogenden Meer des Unbewussten, in dem »es« spielt und webt und assoziiert. Nützlich erscheint das Wissen, dass Nervenbahnen verkümmern, wenn sie nicht durch Denken und Empfinden geübt werden (»Neurobic«); dass eine Depression auch neuronale Gründe haben kann; dass die Angst eine Schwankung im Hormonhaushalt sein kann, verursacht von einer Dysfunktion der Schilddrüse. Und doch kann alles Wissen lediglich *Aspekte des Selbst* aufzeigen, nicht die letztgültige *Wahrheit des Selbst*. Und selbst dann, wenn die vollständige Erkenntnis des Selbst erreichbar wäre: Wäre sie auch wünschbar? Wäre das vollkommen erforschte Selbst die definitive menschliche Gestalt? Nietzsche wusste wohl, warum in der Forderung nach Selbsterkenntnis »beinahe eine Bosheit« steckt (*Fröhliche Wissenschaft*, 335): Welche Langeweile, das Selbst vollständig zu kennen! Eine doppelte Vorsicht erscheint daher angebracht: Zunächst eine *epistemologische Vorsicht*, bezogen auf die theoretischen Ansprüche des Wissens vom Selbst, und dies aus mindestens vier Gründen.

1. *Wissen ist, anders als sein Begriff glauben macht, grundsätzlich ungewiss.* Das ist kein Argument gegen die Arbeit des Wissens, aber die daraus resultierenden Erkenntnisse gelten lediglich »bis auf weiteres«, ihre hinreichende Konsolidierung gelingt nur in langen Zeiträumen, und das gilt auch für psychologische und neurologische Erkenntnisse. Es wäre unwissenschaftlich, die Gel-

tung gegenwärtigen Wissens »für immer«, statt bis zum Zeitpunkt weiterer Erkenntnisse, die die gegenwärtigen revidieren können, behaupten zu wollen. Dies soll der Begeisterung fürs Wissen keinen Abbruch tun, sondern eine im Umfeld des Wissens unangemessene Gläubigkeit mildern, die im jeweils erreichten Stand des Wissens schon dessen letzte Gestalt zu sehen bereit ist. Wissen hat eine Geschichte, die über die Zeiten hinweg von Entwicklungen, peinlichen Irrtümern, grundstürzenden Neuerungen berichtet. Kaum anzunehmen, dass diese Geschichte ausgerechnet in der Aktualität zu Ende geht. Werden Menschen nach momentanem Wissen von ihren Hormonen »gesteuert«, so sehen neuere Erkenntnisse sie vielleicht teils von Hormonen, teils von Gedanken beeinflusst, die Gedanken erscheinen teils neuronal erklärbar, teils nicht, und schon sind alte Konzepte der Selbstbestimmung wieder zu erneuern. Gewiss ist nur, dass Wissen immer wieder sich selbst überholt, sodass es unklug wäre, das Leben zu sehr an seine gegenwärtige Gestalt zu binden. Mit der daraus resultierenden Ungewissheit zu leben und nicht über trügerische Gewissheiten sich zu definieren, ist ein Anliegen des Lebenwissens und der Lebenskunst, ganz im Sinne des Neurologen Antonio R. Damasio, der es für eine Leistung des Bewusstseins des Selbst hält, »die Kunst des Lebens zu verfeinern«, und dabei einen evolutionären Prozess am Werk sieht, »weil die Kunst des Lebens einen Erfolg der Naturgeschichte darstellt« (*Ich fühle, also bin ich. Die Entschlüsselung des Bewusstseins*, 1999).

2. *Wissen kann nicht in solchem Maße objektiv sein, wie es beansprucht.* Daraus folgt nicht etwa seine Subjektivität, aber alle Erkenntnis, auch die des Selbst, ist abhängig vom menschlichen Zugriff, von menschengemachten Instrumenten und Methoden, von der Perspektive und Blickrichtung der jeweiligen Forschung, geleitet von Interessen. Ein außermenschlicher Maßstab der Objektivität steht nicht zur Verfügung. In Bezug auf das »Subjekt« findet sich das Bewusstsein, das sich selbst und sein Unbewusstes zu erkennen hat, immer schon vor, es gibt kein absolutes Außen dazu. In Bezug auf das »Objekt« verschwindet beim Vorgang des Analysierens das womöglich Wesentliche, der *Sinn*, der Zusam-

menhang, in den es eingebettet ist. Vorbehalte erscheinen daher angebracht gegen neurobiologisch begründete Aussagen der Art: »Es gibt kein Ich.« Denn wer spricht hier? Wenn ein Ich, so ist die Aussage über das Ich widerlegt; wenn kein Ich, so ist sie irrelevant, denn niemand hat etwas gesagt. »Es gibt keinen freien Willen.« Spricht der, der hier spricht, freiwillig oder nicht? Wenn freiwillig, so ist die Aussage über den nicht gegebenen freien Willen hinfällig; wenn unfreiwillig, so tendiert der Wahrheitswert der Aussage gegen null, denn wer den freien Willen nicht kennen kann, kann darüber auch nichts aussagen. Abgesehen davon würde ein Beweis der Nichtexistenz des Ich voraussetzen, dass dessen Existenz überhaupt behauptet worden ist. »Ich« ist jedoch nichts als ein Konzept, aus Gründen der Vereinfachung erdacht und im Grunde verzichtbar; nicht auszuschließen, dass dieses Konzept eine neurobiologische Grundlage hat, aber sollte es damit allein schon zu erklären sein?

3. *Wissen ist abhängig von Begriffen, die dazu neigen, sich zu verselbstständigen.* Erkenntnisse werden in Begriffe gefasst, in ihnen aufbewahrt, ausgedrückt, mitgeteilt und zur Anwendung gebracht. Begriffe aber entfalten ein Eigenleben, es bedarf daher im Rahmen der epistemologischen Vorsicht auch einer terminologischen Wachsamkeit. Für Begriffe wie »Selbst«, »Unbewusstes«, »Neuron« etc. ist der Bezug zu einem zugehörigen Phänomen nicht gänzlich zweifelsfrei zu bestimmen, denn auch hierfür wäre eine neutrale, Menschen unzugängliche Position außerhalb von Begriff und Phänomen erforderlich. Nur so ließe sich deren Relation (Identität, Ähnlichkeit, Konvergenz, Korrespondenz) zuverlässig feststellen. Nicht auszuschließen, dass ein *Begriff* wie etwa »Ödipus-Komplex« in die *Phänomene* einer Kindheitserfahrung erst hineinlegt, was anschließend aus ihnen herausgelesen wird. Auch die Daten einer freien Assoziation ermöglichen keine zuverlässige Erkenntnis des Selbst, denn die verwendeten Begriffe legen einige Erklärungsmuster fest, sodass als »Selbst« gefunden wird, was als solches bestimmt wird: In der Hermeneutik wird dies als »hermeneutischer Zirkel« bezeichnet, der unauflösbar erscheint; kein Wissen scheint frei davon zu sein.

4. *Wissenschaft nimmt nicht die Stelle Gottes ein.* Sie ist nicht allwissend und auch nicht auf dem Weg dazu. Nur Gott, falls es ihn gibt, überblickt eine denkbare Gesamtheit des Wissens, die nicht nur aus dem schon erreichten, sondern auch aus allem möglichen Wissen besteht. Menschliche Wissenschaft ist allenfalls in der Lage, zu gegebener Zeit das erreichte, zu keinem Zeitpunkt jedoch das noch nicht erreichte Wissen, folglich auch nicht das Verhältnis zwischen wirklichem und noch möglichem Wissen zu bestimmen. Eine mögliche Annahme ist, dass alles Sein und Menschsein grundsätzlich umfassender ist als all das, was jeweils aktuell davon gewusst werden kann. Weder von der Totalität des Seins noch von der des menschlichen Seins kann Wissenschaft demzufolge je ein vollständiges Wissen gewinnen. – Aufruhend auf der epistemologischen Vorsicht spricht angesichts der Ansprüche, die sich aus dem Wissen für das Selbst ableiten lassen, einiges für Grundsätze einer *ethischen Vorsicht*:

A. *Eine Perfektionierung des Selbst nicht zu erstreben.* Wissen erzeugt den Wunsch nach Veränderung. Das Selbst, das Wissen über sich und sein Leben gewinnt, stellt zwangsläufig die Frage, ob ein gegebener Zustand bestehen bleiben soll. Wenn nicht, wie müsste ein anderer Zustand beschaffen sein? Wie ließe er sich erreichen, mit welchem Einsatz, welchen Folgen? Bei einer Veränderung mit dem Ziel der Verbesserung bleibt es aber letztlich nicht. Träume von einem perfektionierten Selbst und vollendeten Leben werden vielmehr geträumt, wenngleich vergeblich: Jede Verbesserung kann auch eine Verschlechterung sein, und schon aus diesem Grund ist bei aller punktuell und strukturell möglichen Verbesserung von Selbst und Leben die ideale Gestalt und das vollkommene Glück wohl kaum zu erreichen; zumindest wurde die Vollkommenheit in Tausenden von Jahren noch nicht erreicht. Die lineare Fortschreibung der Verbesserung hin zu einem optimierten Endzustand ist eine Idee; wäre sie aber realisierbar, käme es zum Stillstand des Lebens in seiner Vollendung. Was bliebe dann noch zu tun?

B. *Einer Manipulation des Selbst sich zu widersetzen.* Wissen ermöglicht Manipulation. Das Selbst wird erklärbar und infolgedessen »ausrechenbar«. Werbestrategien etwa zielen auf das limbische System im Gehirn, um Emotionen direkt anzusprechen. Aber das Selbst ist in der Lage, sich diesen Zusammenhang klar zu machen und sich »limbisch abzublocken«. Psychologisches Wissen wiederum birgt die Versuchung in sich, das jeweilige Selbst den Erkenntnissen gemäß zurechtzumachen. So entsteht ein therapeutisches Selbst, das gleichsam in vorauseilendem Gehorsam all die Begriffe und Formeln gebraucht, die ihm nahe gelegt werden: Es will »sich einbringen«, will »nichts verdrängen«, ist bemüht »loszulassen« und »Trauerarbeit zu leisten«. Keine Frage, dass dies für den Lebensvollzug sinnvoll sein kann – jedoch jeweils als Option, nicht als Norm. Das Selbst kann auf die therapeutischen Vorgaben antworten, indem es sich das zugrunde liegende Wissen zu Eigen macht, um wählerisch damit umzugehen oder ihm auf erfinderische Weise auch wieder zu entkommen.

C. *Die Übernahme von Verantwortung nicht zu negieren.* Wissen kann, wenn es Wahlfreiheit verneint, Verantwortung aushebeln. Wahl und Verantwortung mögen menschliche Erfindungen sein, jedoch durchaus brauchbare Erfindungen. Sie in selbsttätige neuronale Netze aufzulösen, könnte das Selbst bei einer anstehenden Wahl vergeblich darauf warten lassen, dass »es zuckt«. Selbst wenn ein Handeln neuronal und unbewusst gesteuert ist, sind die Konsequenzen dennoch mit der gesamten eigenen Existenz zu verantworten, von anderen Existenzen ganz abgesehen. Im sozialen Raum leistet die Verneinung einer Wahlmöglichkeit und Verantwortlichkeit lediglich einer Freiheit der Beliebigkeit Vorschub: Alle Taten und Untaten lassen sich nun mit einem Kindheitstrauma oder Serotoninmangel erklären, statt den Zustand der Unbewusstheit durch die Anstrengung einer Bewusstmachung zu ändern. Bereits vorweg können Täter die Erklärung ihres Tuns sehr bewusst auf psychologische und neurobiologische Muster abstellen. Die Opfer aber werden nur Zynismus darin sehen.

D. *Die Selbsterkenntnis im Maß zu halten.* Wissen kennt keine
Grenzen; das gilt erst recht für das Wissen vom Selbst, das zu keinem Zeitpunkt an ein Ende kommt. Grenzen findet die Selbsterkenntnis nur in ihrer Lebbarkeit, denn es gibt nicht nur ein
Zuwenig, sondern auch ein Zuviel an Wissen oder vermeintli-
chem Wissen über das Selbst. Zweifellos gehört es zur Selbstsorge, unbewusste Zusammenhänge aufzudecken, um ihnen
nicht gänzlich ausgeliefert zu sein, vielmehr sie der Reflexion
verfügbar zu machen und Optionen des Umgangs damit auszuarbeiten. Die Gefahr besteht jedoch darin, mit dem übermäßigen Bewusstsein davon den Vollzug der Existenz zu verstellen:
Was ist noch Unbewusstes, wenn es »zergrübelt«, was Begehren,
wenn es »zerredet« worden ist? Bei der *Analyse* und Übersetzung
in Diskurs ein Maß zu beachten erscheint sinnvoll, um das Selbst
nicht zu einer »austherapierten« Gestalt werden zu lassen, die zur
Synthese, zu irgendwelcher Kohärenz nicht mehr finden kann.
Ein Maß bestünde darin, Wissen nur dann, wenn es plausibel
erscheint, wählerisch zu gebrauchen; Wissen vom Unbewussten
nur so weit, wie es den Charakter des Anderen, Fremden, Unerhörten, Überraschenden und Faszinierenden nicht gänzlich
unterläuft; schließlich aber Aufgedecktes dem Unbewussten
auch wieder zurückzugeben. Und sich selbst ein Geheimnis zu
bleiben, schon um das Interesse an sich selbst aufrechtzuerhalten,
und über aller Selbsterkenntnis die Arbeit der Selbstgestaltung
nicht sträflich zu vernachlässigen.

Selbstkenntnis und Hermeneutik des Selbst

Was das Selbst »eigentlich« ist: Diese Frage muss offen bleiben.
Von Interesse ist das Bekenntnis des Neurobiologen James H.
Austin, der nach dreißigjähriger Forschungstätigkeit am Ende
seines Buches *Zen and the Brain* (1998) Bilanz zieht: »Was haben
wir gefunden? Komplexe Verhältnisse.« Die historische Abfolge
von Erkenntnissen in Bezug auf das Selbst belegt vor allem dies:
dass es sich um ein wenig fassbares Etwas handelt. Das legt die
Vermutung nahe, es jeweils mit Konzepten zu tun zu haben, von
denen keines die eine und reine Wahrheit des Selbst für sich allein

beanspruchen kann. Wenn aber der Anspruch einer objektiven Erkenntnis des Selbst nicht aufrechtzuerhalten ist, wird die Verfertigung eines eigenen Konzeptes, das den Lebensvollzug anleitet, zur Aufgabe der Lebenskunst jedes einzelnen Selbst. Diese Verfahrensweise folgt selbst einem weiteren Konzept, nämlich dem einer *hermeneutischen Selbsterkenntnis*, das jedoch ausdrücklich als Option, nicht als Norm zu verstehen ist. Die historisch ausgearbeiteten Konzepte der anthropologischen, philosophischen, theologischen, cartesianischen, psychologischen, biologischen Selbsterkenntnis können als mögliche *Aspekte* in die hermeneutische Selbsterkenntnis integriert werden, ohne die Wahrheit des Selbst damit zu identifizieren. Auf das allgemeine wie das je eigene Selbst richtet sich die hermeneutische Selbsterkenntnis auf eine Weise, über die letztlich das jeweilige Selbst entscheidet: autonome statt heteronome Selbsterkenntnis. Nicht um eine Wissenschaft, sondern um eine *Hermeneutik des Selbst* geht es dabei – Michel Foucault hat damit in seinen Vorlesungen von 1982 die Verfahrensweise eines Selbst bezeichnet, das sich wesentlich von der Sorge um sich leiten lässt, um sich selbst zu konstituieren und zu gestalten.

Die Hermeneutik als Kunst der Deutung und Interpretation beansprucht nicht etwa ihrerseits Wahrheit für sich; Skepsis gegenüber sich selbst und ihren Resultaten gehört vielmehr zu ihrem Programm. Sie geht davon aus, dass ein Phänomen nicht mit einer einzigen Erklärung zu verstehen ist, schon gar nicht das Phänomen des Selbst. Daher versucht sie, sich ihm von verschiedensten Seiten mit Deutung und Interpretation zu nähern: *innere Hermeneutik des Selbst*. Nicht wirklich geht es bei der hermeneutischen Selbsterkenntnis um Erkenntnis im vollen Sinne des Wortes, denn der Lebensvollzug kann nicht aufgeschoben werden, bis die Erkenntnis des Selbst abgeschlossen ist. Dem trägt die provisorische, operable *Selbstkenntnis* Rechnung, die den Kriterien von Plausibilität und Evidenz genügt, als Resultat einer reichhaltigen Erfahrung und kritischen Betrachtung seiner selbst, um sich über sich klarer zu werden. Michel de Montaigne hat diesen Prozess exemplarisch in seinen *Essais* vorgeführt; die Tradition der Moralistik, in der die Lebenskunst neuzeitlich beheimatet ist, geht darauf zurück. Alle Selbstaufmerksamkeit und Selbstbesinnung, alle Aufrichtigkeit gegenüber sich selbst zielt auf ein Kennenlernen dessen, was als gegebenes »Selbst« vorgefunden wird. Das Selbst prüft sich im Denken, im Fühlen und im Vollzug der Existenz, um auf der Basis seiner Erfahrung mit relativer Gewissheit von sich sagen zu können: »Ich kenne mich.« Es achtet auf die Grenzen der möglichen Klärung und Aufklärung des Selbst und respektiert sie, statt immer weiter »in sich zu dringen«, mit dem Risiko der Selbstverletzung und Selbstzerstörung. So ist die Selbstkenntnis die moderate und pragmatische Form der Selbsterkenntnis, ihr lebbares Maß, getreu der anderen Forderung des delphischen Tempels: »Nichts im Übermaß.«

Der Strittigkeit des *Begriffs* des Selbst geht das Bemühen um Selbstkenntnis aus dem Weg, indem es auf das zugehörige *Phänomen* rekurriert, nämlich die phänomenale Erfahrung, dass *so etwas wie* ein Selbst sich ängstigt, Bedürfnisse nach Essen, Trinken, Liebe kennt, »Stoffwechsel« vollzieht, Lust und Schmerz empfindet. *So etwas wie* ein Selbst bedarf eines Bewusstseins, mit dessen Hilfe sich das Leben führen lässt. Dieses *So etwas wie* lässt sich der Einfachheit halber »Selbst« nennen, um anzuzeigen, dass es in irgendeiner Weise sich zu sich verhalten und mit sich umgehen muss. Selbst ist das, was unweigerlich nicht Sache eines anderen ist; das, was einzig und allein dieses Leben lebt und zu Ende bringt. Auch wenn jeder Ist-Satz in Bezug auf das Selbst problematisch erscheint, so ist dieser Befund doch schwerlich zu bestreiten. Das Selbst bringt Gegebenheiten mit sich, hat Vorstellungen von sich, entwickelt eine Auffassung vom Leben und eine Sicht auf die Welt, die sich nirgendwo sonst finden. Es macht Erfahrungen, die anderen mitgeteilt und für einen Moment mit ihnen geteilt werden können, ihre Gebundenheit an das Selbst aber nie verlieren. Niemand kann ihm irgendwelche Arbeit an sich selbst abnehmen, niemand sonst lebt dieses Leben als nur dieses Selbst, dem es in seinem Leben um sich selbst geht, selbst wenn es ganz von sich absieht, auch dann, wenn es jeden Umgang mit sich negiert, selbst dann, wenn es »das Selbst« als Illusion erkennt, sogar dann, wenn es selbst dieses Selbst wieder aufhebt oder gar auslöscht. Mag das Selbst eine Illusion sein, so ist es doch eine, die entstanden ist, um leben zu können, und die zu pflegen ist, solange dies sinnvoll erscheint. Durchaus kann Lebenskunst heißen, jeglichem Selbst zu entsagen, aber auch die Selbstentsagung obliegt einer Wahl, und zumindest um diese Wahl treffen zu können, wird es nötig sein, das Selbst zu konstituieren, das fähig ist, sich von sich wieder zu lösen. Dieses *operable* Selbst zu gewinnen, kann nicht aufgeschoben werden, bis definitiv geklärt ist, ob es *ontologisch* ein Selbst überhaupt gibt.

Auf der Basis der phänomenalen Erfahrung erst wird das Selbst zum *Begriff*, der konzipiert wird; ein hermeneutischer Akt der Deutung und Interpretation, keine Feststellung einer Wahrheit. Unter dem Begriff soll hier zweierlei verstanden werden: Zunächst das impulsive, *initiale Selbst* als derjenige Impuls eines gegebenen Ich, der sich spontan, etwa aufgrund einer Beängstigung, um das Ganze des Ich sorgt. Daraus geht sodann, mit dem Übergang von der ängstlichen zur klugen Sorge, das bewusste, *integrale Selbst* hervor: eine Angelegenheit des vorgestellten Ich, ein Begriff für das Ganze des Ich, eine »ganzheitliche« Instanz, die auch Unbewusstes mit einbezieht; eine urteilende Instanz, die auf umsichtige Weise die Erhaltung und Steigerung des gesamten Ich im Blick hat; ein *innerer Moderator*, der die diversen Stimmen zu Wort kommen lässt, die allesamt »Ich« sagen, sie in Bezug zueinander setzt, ihr Gespräch vermittelt, ihren Streit schlichtet, im Zweifelsfall jedoch auch entscheidet. Im Vergleich zum spontanen Ich ist *Selbst* der umfassendere und reflexivere Begriff. Er umfasst die Vorstellung eines *Sich* als Medium der Bewusstwerdung und Gestaltung des Selbst: eines *Nachdenkens* über sich sowie einer *Arbeit* an sich. Das Sich bezeichnet die Möglichkeit des Selbst, sich wie von außen zu sehen, und ist die Bedingung der Möglichkeit der Reflexivität. In der Nicht-Identität zwischen Selbst und Sich vermag die Selbstreflexion sich einzunisten, mit deren Hilfe das Selbst sich immer wieder neu zu orientieren und zu korrigieren vermag.

Die Hermeneutik des Selbst hält das Bewusstsein wach für das Perspektivische allen Wissens vom Selbst und für den hermeneutischen Zirkel gerade in Bezug auf das Selbst. Gegen dessen völlige Durchschaubarkeit und Ausrechenbarkeit bringt sie das

Prinzip der *hermeneutischen Fülle* in Anschlag, wonach die Wirklichkeit, auch die des Selbst, stets umfassender ist, als die aktuelle Erkenntnis von ihr wissen kann. Es gibt Zeiten, in denen dies der einzig tröstliche Gedanke ist: dass es noch Anderes gibt, dass die Wirklichkeit eine andere sein kann als die, die sich dem momentanen Wissen als einzige darbietet. Hermeneutik heißt, immer aufs Neue nach dem Anderen zu suchen, Zusammenhänge ins Licht zu rücken, die bisher nicht in den Blick gekommen waren, unerwartete Aspekte zu erschließen durch den Prozess der Deutung und Interpretation. So lässt sich Sinn für die Vieldeutigkeit von Selbst und Welt gewinnen, die auf keine Eindeutigkeit zu reduzieren ist. Aus demselben Grund gibt die Hermeneutik dem Selbst auch seine *Seele* wieder, ein möglicher Akt der Deutung und Interpretation, nicht weil die Rede von einer »Seele« sehr genau, sondern hinreichend ungenau bestimmt ist. Sie ist somit hermeneutisch ergiebiger und evoziert ein Mehr an kreativen Vorstellungen als das nüchterne Konzept der *Psyche* in den Psychowissenschaften. Der Verzicht auf die Rede von der Seele hat sich nicht bewährt – spätestens im Verzicht ist zu bemerken, wie sehr sie fehlt, auch wenn niemand genau zu sagen weiß, was sie denn sei. Womöglich bleibt alle Rede vom Selbst und seiner Seele provisorisch und »unterdeterminiert«, aber gerade der Begriff der Seele hat noch nie beansprucht, zu einer definitiven Erkenntnis zu führen: Eine innere Unendlichkeit eröffnet sich vielmehr aufgrund ihrer hermeneutischen Unerschöpflichkeit etwa bei Heraklit (»Der Seele Grenzen kannst du nicht ausfindig machen«, Fragment 45) und bei Novalis (»Nach innen geht der geheimnisvolle Weg«, *Blütenstaub*, Fragment 16).

Selbstkenntnis ist dabei keineswegs nur durch *Introversion* zu gewinnen, sondern mindestens ebenso sehr durch *Extroversion*, die Wendung nach außen, die Erfahrung in unterschiedlichen Lebenssituationen und Begegnungen, auf die das Selbst zu reagieren hat und sich dabei selbst erst kennen lernt. Da die Hermeneutik stets Umfeld und Kontext eines Phänomens im Auge behält, meint eine Hermeneutik des Selbst nicht nur die von ihm auf sich, sondern auch auf andere und »die Welt« gerichtete Deutung und Interpretation, um *Menschenkenntnis* und *Weltkenntnis* zu erlangen, eine Kenntnis der Regelmäßigkeiten, mit denen zu rechnen ist: *äußere Hermeneutik des Selbst*. Innere und äußere Hermeneutik sind miteinander vermittelt: Selbstkenntnis ist eine Voraussetzung dafür, andere und die Welt kennen zu lernen; die Erfahrung des Eigenen verleiht Sensibilität für andere und Anderes und ermutigt zur Offenheit. Umgekehrt befördert die Menschen- und Weltkenntnis wiederum die Selbstkenntnis, denn in der Begegnung mit anderen und Anderem lernt das Selbst sich als ähnlich oder unterschiedlich kennen. Aspekte des Selbst werden freigesetzt, von denen es noch nichts wusste; sie fanden sich nicht in der Vorstellung, die es von sich hatte, und gehören doch zum Gegebenen, faszinierend oder enttäuschend, vielleicht sogar so enttäuschend, dass andere für die Enttäuschung verantwortlich gemacht werden. In jedem Fall lernt das Selbst in der Erfahrung, im Austausch und in der Auseinandersetzung mit anderen sehr viel über sich, ein nie abgeschlossener Prozess, in dessen Verlauf es nicht nur zum Studienobjekt für sich selbst wird, sondern zum Teil auch erst entsteht, um dann kennen gelernt zu werden.

Die Kenntnis des gegebenen Selbst ist die Voraussetzung für einen klugen und sensiblen Umgang mit sich selbst. Alle Aspekte der Selbstkenntnis und Selbsterfahrung, des Selbstbewusstseins und Selbstgefühls münden in ein *Selbstgespür*, in dem körperliches Befinden, seelisches Empfinden, kognitives Wissen und Erfahrung im Umgang mit sich selbst wie mit anderen und »der Welt« integriert werden. Ein Gespür für sich zu haben heißt, das Gegebene an sich selbst sehr gut zu kennen, aber auch Möglichkeiten für sich aufzuspüren, seien es erfreuliche oder bedrohliche; ferner das Richtige in einer Situation zu erspüren und an dessen gekonnter Realisierung zu arbeiten. Dieses Gespür für sich ist, wie jedes andere, nicht einfach schon gegeben, sondern zu erwerben und immer weiter zu verfeinern durch Erfahrung sowie deren Reflexion, die im Selbstgespräch und im Gespräch mit anderen geschieht. Die Bereitschaft, Fehler zu machen und daraus zu lernen, führt zur Erweiterung und Vertiefung des Gespürs. Je besser es bestückt ist, desto selbstgewisser arbeitet es, wie jedes Gespür, und zwar selbsttätig – eine mögliche Erklärung für die Herkunft der »Bereitschaftspotenziale« im Gehirn. Wenn die moderierende Instanz des integralen Selbst der Klugheit und »höheren Weisheit« bedarf, dann kann sie sich dafür des Gespürs bedienen.

In Bezug auf das gegebene wie auch das mögliche Selbst wird in der Hermeneutik des Selbst schließlich ein umfassendes *Selbstverständnis* formuliert, um sagen zu können:»Ich verstehe dies und jenes als mein Selbst.« Die Zusammenhänge, die den *Sinn* des Selbst ausmachen, werden zum Teil auf diese Weise hergestellt. Oft geschieht dies auf metaphorischem Weg, unter Zuhilfenahme von Bildern, die hermeneutisch ergiebiger sind als Begriffe. Das jeweilige Selbstverständnis kommt in den verwendeten Metaphern zum Ausdruck, folgt jedoch deren innerer Logik: *Agonale* Metaphern von Kampf, Auseinandersetzung, Sieg und Niederlage des Selbst. *Poristische* Metaphern vom Weg, der gegangen wird und der vielleicht das Ziel ist, vom Vorgehen Schritt für Schritt, von Um- und Abwegen oder vom nicht gefundenen Weg und der damit verbundenen Ratlosigkeit. *Arithmetische* Metaphern vom Kalkül, der Berechnung und Bilanz. *Architektonische* Metaphern von Fundamenten, Mauern und Fenstern des Selbst. *Floristische* Metaphern vom Wachsen und Gedeihen, Blühen und Verblühen. *Sportive* Metaphern vom Training, vom Wettlauf und von der Konkurrenz. *Nautische* Metaphern vom schützenden Hafen, vom einsamen Schiff auf hoher See und vom Schiffbruch, der vielleicht erlitten wird. *Energetische* Metaphern von der »Power« und all dem, was elektrisiert. *Technische* Metaphern vom Motor, der »rund läuft« oder stottert, vom Programm, Umprogrammieren, Einloggen und Durchchecken. *Kosmische* Metaphern von der Strahlkraft eines Sterns, von Umlaufbahnen und Schwarzen Löchern: um nur einige Bilder zu nennen, zwischen denen das Selbst wählen kann und dies bewusst tun sollte, denn die Implikationen der Metaphernfelder wirken auf das Selbstverständnis zurück.

Ein Selbstverständnis zu finden ist unabdingbar für die Gestaltung und Veränderung seiner selbst; es kann zum Korrektiv für das gegebene Ich und zum Leitbild seiner Selbstgestaltung werden. Aber zunächst ist es vorgeprägt von Kultur, Tradition, Religion, Gesellschaft, Milieu, auch von Werbefeldzügen. In vor-

und nichtmodernen Kulturen ist es bedingt von Traditionen, auf die ein Einzelner keinen Zugriff hat; in dessen Bezogenheit auf eine Gemeinschaft, in seiner Gottergebenheit und Schicksalsgläubigkeit kommt es zum Tragen, während in der modernen Kultur das Selbstverständnis darin besteht, Individuum zu sein, Freiheit als Befreiung zu realisieren und Glück als Maximierung von Lust zu erstreben. Wie ein Selbst sich selbst versteht, ist von diesen Mustern abhängig, die es nicht selbst erfunden hat, denen es womöglich jedoch ausgeliefert ist. Für die bewusste Lebensführung kommt es darauf an, so weit wie möglich diese Muster zu durchschauen und darüber zu entscheiden, ob sie so oder anders auszufüllen oder durch eigene Vorstellungen zu ersetzen sind. Mit seiner Sorge bemüht das Selbst sich auf diese Weise um ein Verständnis seiner selbst, das ihm die Gestaltung seiner selbst ermöglicht. Über die kognitive Selbsterkenntnis und hermeneutische Selbstkenntnis hinaus wird damit das Feld der asketischen Selbstgestaltung eröffnet.

Arbeit an innerer Festigkeit: Selbstgestaltung, Selbstmächtigkeit

Jedes Selbst ist ein Mensch, nicht jeder Mensch jedoch ein Selbst, wenn Selbstsein bedeutet, das eigene Leben bewusst führen zu können. Sobald ein Selbst entsteht, ist es eine prekäre Erscheinung des menschlichen Seins: Einmal entstanden, erweist es sich als äußerst zerbrechlich. Es zerbricht in Erfahrungen, die es nicht bewältigen kann. Ausgerechnet in der Moderne, die zu seiner Befreiung so viel beigetragen hat, bleibt es im Modus der Zerstreuung, Zersplitterung und Verzweiflung zurück. Was »Denken« genannt wird, ist zuweilen ein Schlachtfeld der Gedanken; was »Seele« genannt wird, ein Schlachtfeld der Gefühle; selbst die Muskeln zerstreiten sich und produzieren Verkrampfung. Die »multiple Persönlichkeit« erscheint nicht mehr als pathologische Ausnahme, eher als Regelfall modernen Selbstseins. Die moderne Auflösung von Zusammenhängen, die das Selbst an sich selbst erlebt, erfährt es als Sinnlosigkeit seiner selbst und der Welt, sodass die Arbeit an inneren und äußeren Zusammenhängen zur Gründung von »Sinn« wird, sofern sich das Selbst als solches behaupten möchte. Die *negative Freiheit* der Befreiung, die zu seiner Unbestimmtheit und Auflösung führt, ist um die *positive Freiheit* der Formgebung und die damit verbundene Bestimmtheit und Festigkeit zu ergänzen, Bestandteil der Arbeit an einer anderen Moderne. Keineswegs bewahrt diese Arbeit das Selbst sicher vor einem Verlust seiner selbst, sie macht diesen nur weniger wahrscheinlich, soll er nicht umgekehrt riskiert oder gar gesucht werden.

Wie aber ist eine Formgebung in Bezug auf sich selbst vorstellbar? Was kann ein einzelnes Selbst schon tun, das morgens mühsam aufsteht und sich durch den Tag schleppt, bevor der sich, kaum begonnen, schon wieder seinem Ende zuneigt? Selbstgestaltung erfordert zuallererst Selbstverfügung, den Gewinn von *Macht über sich selbst*, um den sich das Selbst bemüht. Macht lässt sich verstehen als Potenz und Akt der Einflussnahme auf etwas oder jemanden, auf ein Verhalten oder Verhältnisse, hier die des Selbst. Sie ist ein Können und Vermögen, und es zeigt sich nun, dass Macht sehr viel mit Kunst zu tun hat, denn wie diese entfaltet sie sich auf den bereits beschriebenen drei Ebenen des Könnens: Auf der Ebene der Möglichkeit geht es darum, ein Potenzial, eine Kompetenz etwa in Form von Wissen und Kenntnis, ein *virtuelles Können* in diesem Sinne zu erschließen. Auf der zweiten Ebene wird die Potenz zum Akt und führt zur Realisierung des Potenzials, um den schwierigen Übergang von der Möglichkeit zur Wirklichkeit oder vom Wissen zum Handeln zu bewerkstelligen, ein *reales Können* in diesem engeren Sinne. Auf der dritten Ebene der Macht kommt es darauf an, die Wirklichkeit gekonnt zu realisieren, sie mit viel Übung, Feingefühl und genauer Kenntnis der Einzelheiten kunstvoll ins Werk zu setzen, ein *exzellentes Können* im eigentlichen Sinne. Empfindet das Selbst Ohnmacht in Bezug auf sich selbst, so wäre zu fragen, auf welcher der drei Ebenen sie angesiedelt ist, um sich um das entsprechende Können zu bemühen.

Alle drei Ebenen des Könnens und somit der Macht sind mithilfe von *Asketik* zu realisieren, mit Einübung und Gewöhnung, griechisch *áskēsis*, womit ein umfangreiches Feld mehr oder weniger detaillierter Übungen und ausdifferenzierter Einzelkünste gemeint ist. Alle Übung ist ein Prozess des Lernens, beginnend mit einem vorsätzlichen, ausdrücklichen Lernen, übergehend zu einem selbstverständlichen Lernen, das durch immergleiche Wiederholung geschieht, beispielsweise beim Schreibenlernen: Ein *virtuelles* Können ist durch die Einübung der Buchstaben zu gewinnen, ein *reales* Können entsteht mit der Übung beim Schreiben ganzer Texte, das *exzellente Können* ist abhängig von sehr viel Übung beim eigenständigen Verfassen von Texten. Alles lässt sich üben, an alles kann ein Selbst sich gewöhnen, wenn auch mit einer kaum zu bemerkenden Winzigkeit Tag für Tag, die ihre Wirkung erst im Laufe der Zeit entfaltet. Asketik teilt den Weg zu einem Ziel in überschaubare Proportionen und Etappen ein, lässt mit zahllosen Einzelschritten eine Strecke gehen, baut eine Treppe mit der erforderlichen Anzahl von Stufen. Ein Kyniker wie Diogenes gewöhnte sich durch die Übung vor einer Steinstatue, die er um ein Almosen bat, daran, abgewiesen zu werden. Astronauten, Kosmonauten, Taikonauten gewöhnen sich lange vor ihrem Flug an das Leben in einer extrem fremdartigen Umgebung und werden vertraut mit ihr: Übung schafft Gewöhnung, diese wiederum Vertrautheit. Der Vollzug von Übungen ermöglicht, theoretische Überlegungen praktisch auszuprobieren und wichtige Erfahrungen zu sammeln, denn in der Praxis verhalten Dinge und Menschen sich unvorhersehbar anders als in der Theorie gedacht, und zwar aufgrund des komplexen Ineinanderwirkens zahlloser Zusammenhänge: Deren Wechselwirkung ist nicht vorweg berechenbar, kennt aber Regelmäßigkeiten, die im Verlauf der Übung in Erfahrung zu bringen sind. Vieles im Leben, auch Unangenehmes und Missliches, lässt sich als Übung begreifen, mit der das Selbst an sich arbeiten, sich gestalten und für ein künftiges Leben präparieren kann. Die Übung kann mühsam sein bis zur Entsetzlichkeit, aber es lockt ein enormer Gewinn: ein Können.

Eine Asketik als Kunst der Übung ist unverzichtbar, um Möglichkeiten einer Verfügung über sich und ein Können im Umgang mit sich zu gewinnen. Immer geht es dabei um *Selbstüberwindung*, nämlich eines Teils des Selbst gegenüber einem anderen, vermittelt vom integralen Selbst und umgesetzt mithilfe der Übung. Es handelt sich um einen Eingriff in das innere Machtspiel, das mithilfe einfacher, alltäglicher, ja banaler Übungen am besten gelingt, exemplarisch beim Umgang mit den Lüsten, die von Natur aus mit Macht zum Übermaß tendieren: Welcher Teil des Selbst hat Macht über welchen anderen, ein heißes Bedürfnis oder eine kühle Überlegung? Mit Asketik lässt sich das je eigene Maß finden: nicht weil das Übermaß ein moralisches Übel wäre, sondern weil es, wie an alltäglichen Lüsten zu erfahren ist, den Lüsten selbst Feind ist. Im Widerstreit zwischen kognitiver Besinnung und affektiver Leidenschaft ist der Besinnung Raum zu geben durch die Übung, alle Grade zwischen einem Zuviel und Zuwenig der Lüste auszuschöpfen. Mit der Selbstüberwindung entsteht *Selbstmächtigkeit*, die Möglichkeit, Ansprüche in sich im Maß zu halten, nicht abhängig zu sein von anderen, die die Befriedigung von Bedürfnissen versprechen und somit Macht über das Selbst ausüben. Selbstmächtigkeit jedoch nicht im Sinne von Selbstbeherrschung oder *Selbstherrschaft*: Herrschaft meint eine einseitige, nicht umkehrbare Machtbeziehung, etwa des Denkens gegenüber den Gefühlen – oder der Gefühle gegenüber dem Denken. Selbstherrschaft ist wohl immer auch Selbstfeindschaft, denn wo Herrschaft ist, dort entsteht Feindschaft. Dem Hochgefühl von Macht auf der einen entspricht die Erfahrung von Ohnmacht auf der anderen Seite, die »zu kurz kommt« und früher oder später dafür sich rächt.

Dies zu verhindern, ist die Aufgabe der Selbstmächtigkeit, die das wechselseitige Spiel der Macht aufrechterhält. Das aber heißt, die verschiedenen Teile des Selbst in ihrer Bedeutung anzuerkennen, sie in Bezug zueinander zu setzen, in das Machtspiel einzubeziehen und darauf zu achten, dass die Auseinandersetzung von keiner Seite aus ruinös geführt wird. Man kann geradezu von einer *Innenpolitik des Selbst* sprechen, einer Organisation der inneren *pólis* des Selbst. Dazu dient das Selbstgespräch mit dem Ziel der Selbstverständigung, die mithilfe bekannter Methoden der Teilung der Macht zustande kommt: Kompromiss, Ausbalancierung, Gewaltenteilung, Prioritätenbildung. Das Werk, auf das die Sorge sich letztlich richtet, ist das Wir im Selbst, eine Selbstbeziehung zumindest in der Form der Kooperation der verschiedenen Bestandteile des Selbst. Die Klärung der inneren Machtverhältnisse ist eine Organisation der vielen Stimmen, die »Ich« sagen, zur *Gesellschaft*, um auf die Situation zu antworten, dass nicht nur die äußeren, sondern auch die inneren Ichs in keinem Bezug mehr zueinander stehen. Nur dort aber, wo aufgrund der Klärung des Machtspiels eine innere Festigkeit, eine Selbstmächtigkeit und Macht über sich zustande kommt, nur dort lässt sich erwarten, dass auch das äußere Machtspiel im Maß gehalten werden kann.

Denn dies ist das *Problem der Macht*: dass sie eine Versuchung zur Unmäßigkeit in sich birgt. Sie hat etwas Berauschendes an sich, das sich unweigerlich einstellt und dem noch schwerer zu widerstehen ist als dem Berauschenden aus anderen Quellen. Umfassenden *Sinn* vermittelt die Macht, denn der, der Macht hat, sitzt wie die Spinne im Netz von Zusammenhängen, die von ihm ausgehen und auf ihn zulaufen; daher auch das »Kleben« an der Macht, da abseits der Macht ein Abgrund an Sinnlosigkeit droht. Ihre berauschende Wirkung resultiert vor allem aus der Erfahrung einer Erweiterung des Selbst, je nach Reichweite der Macht, einzelne oder viele andere erfassend, auf deren Leben Einfluss genommen werden kann. Macht vermittelt eine Erfahrung der *Transzendenz* im Sinne des Wortes: Sie hat »überschreitenden« Charakter, sie überschreitet die Enge und Begrenztheit des Selbst zugunsten einer Weite und Unbegrenztheit, die ihm den Eindruck vermittelt, unendlich und unsterblich zu sein. Es gibt also Gründe dafür, warum Menschen, die die Macht kennen gelernt haben, nicht mehr von ihr lassen können: Ihre Existenz im weiten Raum steht auf dem Spiel. Die Rückkehr in das enge Verlies des Lebens ohne die Weite der Macht erscheint ihnen gleichbedeutend mit dem Tod. Entscheidend wäre, eine Erweiterung des Selbst beizeiten noch auf andere Weise erfahren zu können: als Erweiterung der Lebensmöglichkeiten, als seelische und geistige Erweiterung in den Beziehungen zu anderen und Anderem, Erweiterung auch durch den Bezug zu einer Dimension der Transzendenz im weiter reichenden Sinne des Wortes.

Die Selbstmächtigkeit ist nun einzusetzen zur Selbstgestaltung, die das Selbst zum *Gefüge* macht, zusammengefügt aus

Erfahrungen und Begegnungen, Umständen und Zufällen, unter Einbeziehung einer bewussten Konzeption des Selbst von sich. So wird es in einer Mischung aus aktiver Gestaltung und passivem Gestaltetwerden zu einer mithilfe von Erfahrung und Selbstreflexion organisierten *Gestalt*, Gestalt als gelebte Philosophie, als strukturiertes und konfiguriertes Ganzes, festgefügt und doch veränderlich. In traditionellen Kulturen gewinnt das Selbst seine Gestalt weiterhin durch die Einpassung in vorgefundene Formen; dort aber, wo das Herkömmliche fragwürdig wird, wird die *Gestaltbildung* zur Aufgabe, die kaum je abzuschließen ist. Sie lässt sich entweder als Aufgabe des einzelnen Selbst nur für sich verstehen (*narzisstische Selbstgestaltung*), oder aber, umfänglicher und umsichtiger, als Arbeit an sich in der Auseinandersetzung mit anderen, in der Zuwendung zu ihnen oder gar im Dasein für sie (*altruistische Selbstgestaltung*). In keinem Fall kann es gleichgültig sein, wie das Selbst strukturiert ist, denn die aus der Gestaltbildung hervorgehende Struktur scheint in der Folge bestimmte Ereignisse, Begegnungen, Erfahrungen möglich oder gar wahrscheinlich zu machen, andere unmöglich oder unwahrscheinlich, zwar nicht mit Gesetzmäßigkeit, aber mit verblüffender Regelmäßigkeit, ganz so, als würde die Gestalt magnetisierend wirken, manches anziehend, anderes abstoßend. Entscheidend ist, in diesen Prozess bewusst eingreifen zu können, etwa wenn die Gestalt zu porös erscheint, jedwedem äußeren Zugriff ausgeliefert, problematische Geschehnisse geradezu magisch auf sich ziehend.

Die Selbstgestaltung besteht im Zusammenfügen des Selbst zu einer *Kohärenz*, in der auch befremdliche Erfahrungen und noch das zeitweilige Zerrissensein Platz finden können, statt aufgehoben oder ausgeschlossen zu werden. Kohärenz, das ist der Zusammenhang des Selbst, seine innere Festigkeit, nicht so sehr seine »Einheit«, eher seine *Integrität*, eine Zusammenfassung des Auseinanderstrebenden, eine Leistung des integralen Selbst, desjenigen Selbst im Selbst, das sich mit umfänglichem Blick um die Gesamtheit des Selbst sorgt. Anderes, auch Fremdes kann dabei in das Selbst integriert werden, statt es als Bedrohung einer imaginären *Identität*, eines Sich-selbst-gleich-Bleibens zu begreifen.

Das Konzept der Integrität ist eine Option, das der Identität eine andere Option, in der jedoch wohl die Lebenslüge des modernen Menschen zu sehen ist: Verbissen strebt er danach, sich selbst gleich zu bleiben, und verfehlt das Ziel doch zwangsläufig, da die Moderne ihm stets aufs Neue Veränderung abverlangt; so begründet die Identität ein Leiden an der Nicht-Identität. Identität hat Sinn als juridische Angelegenheit: als *äußere Definition* des Selbst durch Vorname, Zuname, Geburtsdatum, Geburtsort, Wohnort, Staatsangehörigkeit. Seine Integrität hingegen ist eine hermeneutische Frage der Interpretation und *inneren Definition*: sich mit sich zu verständigen und festzulegen, wer oder was das Selbst ist oder sein soll. Was für die Identität ein »Sich finden« ist, wird für die Integrität zu einem »Sich definieren«, und diese *Selbstdefinition* entstammt zum Teil der eigenen Wahl, zum Teil »ergibt sie sich« im Laufe des Lebens und das Selbst lässt sie geschehen. Die anfängliche Mühe der Selbstbestimmung wird abgelöst von der späteren Mühelosigkeit der Selbstbestimmtheit. Wem aber die Arbeit der Selbstdefinition zu mühsam erscheint, dem bleibt der Ausweg der *Selbstidentifikation*: sich zu identifizieren mit einem Beispiel, einem Bild, einem auf dem entsprechenden Markt angebotenen Muster, das die Mühen der Arbeit an sich zu ersparen verspricht.

Mit der Selbstdefinition wird es möglich, über den inneren Kern seiner selbst erstmalig oder neu zu verfügen, denn die Gestaltung des Selbst geschieht wesentlich über die Bestimmung des *Kern-Selbst*, aus dem heraus die Gestalt in Erscheinung treten kann. Die *Eckpunkte* dieses Kerns und ihre Beziehungen zueinander sind verbindlich festzulegen, mit der Absicht, sich daran zu binden, nicht auf unabänderliche, aber doch auf nachhaltige Weise, denn sonst könnte von einem festen »Kern« nicht mehr die Rede sein: Ein gewisses »Maß an struktureller Invarianz« (Damasio) ist auch aus neurologischer Sicht unabdingbar für das Selbst. Es sind, aus Gründen der Überschaubarkeit, kaum mehr als sieben Eckpunkte, die diesen Kern bestimmen, immer wieder überdacht in einer Selbstbesinnung: 1. Die wichtigsten Beziehungen der Liebe und der Freundschaft. 2. Die wenigen Erfahrungen, die fester Bestandteil des Selbst bleiben sollen. 3. Die

Idee, der Traum, der Glaube, der besondere Weg und vielleicht das bestimmte Ziel des Lebens; die Sehnsucht, aus der das Selbst fast allein bestehen kann. 4. Die bestimmten Werte, die besonders geschätzt werden sollen. 5. Die bestimmten Charakterzüge und Gewohnheiten, die sorgsam zu pflegen sind. 6. Auch die spezifische Angst, die Verletzung, das Trauma, wodurch das Selbst sich im Kern definiert. 7. Vor allem aber »das Schöne«, an dem das Selbst sich orientieren kann: Wie immer es individuell und inhaltlich definiert wird, allgemein und formal kann es als Bejahenswertes gelten, als das, wozu das Selbst »Ja« sagen kann, auch bezogen auf sich und die eigene Gestalt. Schön ist etwas, das Sinn macht, eine Arbeit, eine Lust, ein Schmerz, ein Gedanke – all das, was besonders bejaht wird und somit zur Quelle des Lebens wird, die mühelos auch größte Schwierigkeiten zu bewältigen ermöglicht. Eine *Übung* auf dem Weg zum Kern-Selbst würde darin bestehen, sich selbst oder anderen die eigenen Eckpunkte diskursiv, schriftlich, bildlich zu vergegenwärtigen, um sie sich bewusst zu machen, bewusst ihre Definition vorzunehmen und sie gegebenenfalls zu modifizieren.

Ecken und Kanten werden auf diese Weise gebildet, Erkennbarkeit, Unverwechselbarkeit. Ambivalenzen und Polyvalenzen, Fragmente und Widersprüche haben im Kern-Selbst ihren Platz. Die Kohärenz kann auch eine Divergenz umfassen, die als solche ausgewiesen und anerkannt wird, sodass das gesamte Selbst ein geklärtes und definiertes Verhältnis dazu unterhält. So entsteht ein *kerniges Selbst*. Es muss nicht alles »zusammenpassen« an ihm, es besteht lediglich eine Notwendigkeit, ins Verhältnis auch zu dem zu kommen, was »nicht passt«, um nicht unvermutet davon in Frage gestellt zu werden und sich grundlos zerrissen zu fühlen. Auf Dauer unlebbar ist nur der innere Bürgerkrieg. Selbst eine »Verdrängung« kann Bestandteil der Kohärenz sein, wenn mögliche Probleme, die sich daraus ergeben, in Kauf genommen werden; sie müsste freilich als Verdrängung bewusst sein: etwas in sich zu vergraben, aber zu wissen, wo und wozu. Zu den Eckpunkten im Kern-Selbst zählen Einflüsse, von denen es sich bestimmen oder gerade nicht bestimmen lassen will, von Seiten eines anderen Menschen, einer Gruppierung, einer Religion oder Wissenschaft. Eine Idee kann das »Lebensthema« sein, ein Traum der Lebenstraum, dem das Selbst sich verpflichtet fühlt, ein Wert der Grundsatz oder die Lebensregel, woran es sich hält. Die wichtigsten Ressourcen werden im Kern verankert, all die Kräfte der Faszination, Affirmation, auch Negation, aus denen heraus es zu leben vermag und auf die es immer zurückgreifen kann.

Neben der Definition des Kerns bedarf das Selbst einer Festlegung seiner *inneren und äußeren Peripherie*. Peripher sind flüchtige Begegnungen und Aufgeregtheiten des Alltags: Sie tangieren das Selbst, ohne den Kern zu berühren. »Kandidaten« für den Kern lassen sich an der Peripherie erst erproben, bevor sie nach innen wandern. Mit wachsender Entfernung vom Kern haben wechselnde Beziehungen und Meinungen, »Neuigkeiten«, schöne Dinge, Moden und Haarfarben ihren Platz: Das Selbst definiert sich nicht über sie, sondern probiert einiges davon aus und hält sich für vieles offen. Im Kern kann es beständig und widerständig, in der Peripherie variabel und flexibel, offen für Neues sein. So kommt es zum inneren Gesellschaftsbau der Gedanken, Gefühle, Beziehungen, Haltungen und Verhaltensweisen, bis sich ein austariertes Selbst herausbildet, ein Selbst, das im Körperlichen, Seelischen und Geistigen ein definiertes Verhältnis zu sich selbst unterhält und gerade aus diesem Grund auch zu definierten Verhältnissen zu anderen in der Lage ist. Ist dies das »authentische« Selbst? Ein Selbst, das »kongruent« ist? Kommt es so zur »Selbstverwirklichung«? Aber Selbstgestaltung heißt nicht, ein verborgenes wahres Selbst ans Licht zu heben, folglich auch nicht, ihm zu entsprechen, erst recht nicht, es bedingungslos »auszuleben«, um letztlich vor den Trümmern seiner selbst und der Beziehungen zu anderen zu stehen.

Die *innere* Integrität begünstigt das Entstehen einer *äußeren*, anderen zugewandten. Das Selbst, das zum bewussten *Umgang mit sich* in der Lage ist, weiß auch den Umgang mit anderen zu gestalten und zeichnet sich durch *Umgänglichkeit* aus: bereit zur Verständigung und Kompromissbildung, zur Hinnahme von Widersprüchen, die sich als hartnäckig erweisen, zur Nachsicht, wo immer dies möglich ist, schließlich zum Verzicht darauf, Differenzen klären zu wollen bis auf den Grund; es räumt, wie schon in sich selbst, dem Fortgang des gemeinsamen Lebens Priorität ein. Im Umgang mit anderen lernt das in sich gefestigte Selbst gleichsam zu atmen zwischen den beiden Polen von *Offenheit und Verschlossenheit*, und mit wachsender Erfahrung kann es ein Gespür dafür entwickeln, in welcher Situation, zu welcher Zeit, gegenüber welchem Menschen welches Maß dazwischen angemessen ist. Es kann seine Integrität enger oder weiter fassen durch die Abweisung oder Aufnahme von anderen und Anderem, nicht beliebig, aber in dem Maße, in dem es Platz dafür in sich schaffen kann. Optionen sind das »Sich öffnen« ebenso wie das »Sich verschließen«, je nachdem, was dem inneren Zustand und der äußeren Situation am besten zu entsprechen scheint. Problematisch unter dem Aspekt der Lebbarkeit erscheinen lediglich die beiden Extreme der völligen Offenheit, die die Gefahr eines Verströmens in sich birgt, und der völligen Verschlossenheit, die das Selbst in existenzielle Atemnot zu stürzen droht. »Sich zu öffnen« wird zuweilen als psychologisches Allheilmittel gepriesen, führt aber als anhaltender Zustand zweifellos zu einem Zerfließen des Selbst, in dem auch andere unterzugehen drohen – und sich retten, indem sie sich abwenden. »Sich zu verschließen« ist daher eine Alternative, um sich wieder auf sich zu besinnen und sich zu definieren.

Selbststärke und Selbstachtung ergeben sich aus dem Können im Umgang mit sich und der Bestimmtheit der Kohärenz und des Kerns, *Selbstzweifel und Verzweiflung* am Selbst aber aus dem Gegenteil. Angst ist vielleicht ein Indikator dafür, dass in der Kohärenz des Selbst »etwas nicht stimmt«, dass sie nicht fest gegründet oder an irgendeiner Stelle brüchig ist, ja dass der Kern selbst bedroht ist und das Innerste, die zentralen Beziehungen, Erfahrungen, Ideen, Werte, Gewohnheiten in Frage stehen. Sich sagen zu müssen: »Ich bin mir selbst untreu geworden«, kann nichts anderes bedeuten als: einen oder mehrere Eckpunkte des Kern-Selbst aus den Augen verloren zu haben. Sich eines Tages eingestehen zu müssen: »Ich bin mir selbst abhanden gekommen«, meint möglicherweise, den eigenen Kern überhaupt nicht mehr zu kennen – entweder ein Moment der Befreiung oder aber äußerster Verzweiflung. Die Verzweiflung kann dazu führen, ungehalten, verbittert, böse zu sein gegen sich selbst, gegen andere, gegen das Schicksal, die Verhältnisse, »das System«, das Leben überhaupt. Es wäre aber Sorge dafür zu tragen, niemals das *Ressentiment*, das Rachegefühl, den Lebensneid in sich herrschen zu lassen, denn damit vergällt das Selbst vor allem sich selbst das Leben. Es handelt sich um eine *negative* Bestimmung seiner selbst, denn eine *positive* Selbstdefinition wird nicht mehr zustande gebracht. Selbst wenn es gute Gründe dafür gibt, sollte gut überlegt werden, ob dies die Antwort etwa auf eine Verletzung darstellen kann, denn der Leidtragende ist primär der, von dem das Ressentiment ausgeht, allenfalls sekundär der, auf den es zielt. Dass das Leben des Selbst in Verbitterung dahingeht, berührt den, dem das Ressentiment gilt, eher wenig; wenn es sich um einen »Feind« handelt, freut er sich noch. Das Selbst aber wird immer einsamer, da ein verbitterter Mensch keine Anziehungskraft mehr auszustrahlen vermag. Soll das Leben überhaupt noch gelebt werden, wäre es besser, nach Schönem, Bejahenswertem für sich selbst zu suchen und an seinem Zustandekommen zu arbeiten: Auch wenn die Gründe für ein Ressentiment nicht aufzuheben sind, so sind sie doch zu übertrumpfen und zu überstrahlen, zu relativieren, wenn nicht sogar vergessen zu machen.

Die Selbstgestaltung und Bildung des Kern-Selbst ist nie nur die Angelegenheit eines Moments, sondern immer einer Entwicklung in der Zeit: sich von Zeit zu Zeit Rechenschaft abzulegen über den Weg, der gegangen worden ist, und sich eine Vorstellung zu machen von der Richtung, die eingeschlagen werden soll. Es ist stets aufs Neue ein *Entwerfen*, ein Formulieren von Möglichkeiten, und ebenso ein *Verwerfen*, ein Verzicht auf Möglichkeiten, sei dies vom Leben ernötigt oder aus freien Stücken erbracht, da nur die Reduktion von Möglichkeiten zur Wirklichkeit führt. Es gibt Stile des Entwerfens und Verwerfens, wie es Lebensstile gibt: forsch, zögerlich, mutig, vorsichtig, wankelmütig, traumwandlerisch, phantasievoll, pragmatisch. Immer ist die gelegentliche Inkohärenz Bestandteil der Kohärenz: »Denn zu Zeiten besteht die Kunst darin, dass man gegen die Regeln der Kunst verfährt« (Gracián, *Handorakel*, Aphorismus 66). Nie ist die umstandslose Umsetzung eines Entwurfs möglich, immer kommt es auf Versuche an, um zu erfahren, nach welcher Seite hin der Weg offen steht und wo etwas zu korrigieren ist, welche Umwege zu machen, welche Verirrungen zu riskieren sind. Vielleicht kann in jüngeren Jahren dem Versuch mehr Raum gegeben werden als in späteren. Dass Entwurf und Existenz jedoch nie zur Deckung kommen, ist eine Bedingung der Gestaltung, soll sie ein fortwährender Prozess bleiben.

Das wesentliche Medium der Selbstgestaltung ist die *Geschichte*, die das Selbst sich und anderen von sich erzählt, eine Gestaltung narrativer Zusammenhänge, in denen der *Sinn* des Selbst zu finden ist: »Das bin ich, das ist meine Geschichte.« Dass ein Selbst gerne seine Geschichte erzählt, hat seinen Grund in der Notwendigkeit immer neuer Selbstvergewisserung und ist zugleich eine Verfertigung seiner selbst, die auch das zusammenwachsen lässt, was nicht zusammengehört. Die Erzählung der eigenen Geschichte ist keineswegs nur *Erinnerung*, sondern auch *Erfindung*, um das Selbst und sein Leben auf »versponnene« Weise zusammenzufügen. Nicht nur die wirklichen Erfahrungen werden zu dem Netz verknüpft, in dem das Selbst lebt, sondern auch Lücken zwischen den Erfahrungen sind erzählerisch zu schließen und neue Sichtweisen zu eröffnen, ein ständiges Stricken und Weben an der Kohärenz des Selbst, zurechtrückend, sortierend, stilisierend, vergessend. Dass ein anderer zuhört, regt zur Erzählung an, ermuntert und ermutigt dazu. Leiden wird leichter in der Erzählung, denn nun trägt nicht mehr nur einer die Last; Freuden werden erfreulicher, denn sie werden potenziert, wenn mehr als nur einer sich freut. In einer Ausweglosigkeit weist die Erzählung den Weg, insofern sie immer noch »weiter geht«. Zeit vergeht, wenn erzählt wird, und diese Zeit heilt. Zeitlicher Abstand erzeugt die Vorstellung räumlicher Ferne, die das Geschehene wie einen Gegenstand am Horizont der Existenz erscheinen lässt; aus der Distanz sind Zusammenhänge deutlicher zu sehen und leichter zu knüpfen. Alle Aufmerksamkeit sollte diesen »kleinen«, individuellen Erzählungen gelten, die in der Lage sind, »große« Erzählungen einer Ideologie oder Weltanschauung zu unterlaufen. Sie sind außerordentlich kreativ,

gelegentlich auch inspiriert von literarischen Erzählungen wie
etwa *Der Steppenwolf* von Hermann Hesse (1927) oder *Stiller* von
Max Frisch (1954), die sich zur Bestärkung oder Auseinandersetzung auf dem Weg zum eigenen Selbst heranziehen lassen.
Das Ziel ist eine Erzählung, die »Sinn macht« und das Selbst wie
auch andere überzeugen kann. Selbstvertrauen, Selbstfreundschaft und Selbstliebe können darauf gegründet werden.

Selbstvertrauen, Selbstfreundschaft, Selbstliebe

Selbstvertrauen ist dort, wo Selbstgewissheit ist, Selbstgewissheit
wiederum dort, wo ein klar definiertes Selbst ist, das sich durch
alle Modifikationen in der Zeit hindurch kohärent erhält. Selbstvertrauen wächst auf der Grundlage der Selbstmächtigkeit, beruht also auf dem asketisch gewonnenen Können, mit sich
umzugehen und Einfluss auf sich zu nehmen. Eigenschaften wie
Zuverlässigkeit, Nachhaltigkeit, Beharrlichkeit werden davon
ermöglicht, zunächst in der Beziehung zu sich selbst und auf dieser Basis auch in der Beziehung zu anderen. Vertrauen entsteht
dort, wo sich Worte und Taten, Behauptungen und Tatsachen
nicht zu weit voneinander entfernen; es wächst in der Zeit,
braucht Geduld und Längerfristigkeit. Und doch kann es nicht
darum gehen, das Misstrauen gänzlich zu verlieren, auch nicht
sich selbst gegenüber, will das Selbst sich nicht ins Gefängnis
eines blinden Vertrauens einschließen, das keine Abweichung,
keine neuen Aspekte, keine überraschende Entwicklung mehr
erlaubt. Ohne einen Rest an Misstrauen gerät das Verhältnis zu
sich wie zu anderen zu harmlos und zu spannungslos. Da umgekehrt bei einem Übermaß an Misstrauen jedes Verhältnis sich
auflöst, gilt es das Maß des Misstrauens sorgfältig abzuwägen.

So wie Vertrauen die Basis von Freundschaft ist, so Selbstvertrauen von Selbstfreundschaft. Die Arbeit an der Kohärenz des
Selbst hat letztlich zum Ziel, ein schönes, bejahenswertes Selbst
zu gestalten, das mit sich befreundet sein kann. Von *Selbstfreundschaft* ist die Rede in Anlehnung an Aristoteles, der in der *Nikomachischen Ethik* (Buch 8 und 9) im 4. Jahrhundert v. Chr. vor
Augen geführt hat, dass Freundschaft zu den vortrefflichsten see-

lischen Gütern zu zählen ist; nicht so sehr die Nutzen- oder Lustfreundschaft, sondern die wahre Freundschaft, die auf der wechselseitigen Zuwendung der Beteiligten um ihrer selbst willen beruht: Sie erscheint als wertvollste und tragfähigste Beziehung zwischen Menschen. Die Grundlage dafür aber ist die Freundschaft mit sich selbst. Sie ist, analog zur Freundschaft, vorstellbar als ein Verhältnis zwischen gleichen Interessen und Wünschen oder auch zwischen Gegensätzen und Widersprüchen im Inneren des Selbst. In ihr kommt über die bloße Kooperation hinaus ein Verhältnis der Vertrautheit zwischen den inneren Ichs zustande. Voraussetzung dafür ist die Selbstaufmerksamkeit, Selbstbesinnung und das Selbstgespräch, um sich der Differenzen und Divergenzen in sich selbst klarer zu werden, Argumente zwischen ihnen auszutauschen und gegeneinander abzuwägen, Kompromisse zu suchen und Verabredungen zu treffen. Zur Selbstbefreundung kommt es, wie in der Freundschaft, wenn die Beteiligten dauerhaft miteinander leben wollen und sich gemeinsam auf ein integrales Ganzes ausrichten.

Gegensätzliche Seiten können sich trotz allem miteinander befreunden und eine kreative Spannung aus dem Verhältnis zueinander beziehen: etwa das Denken und das Fühlen, sich widerstreitende Gedanken und Gefühle wie Furcht und Neugierde, Hoffnung und Enttäuschung, Liebe und Hass, Zärtlichkeit und Zorn, Souveränität und Ängstlichkeit, der Freiheitsdrang und das Bedürfnis nach Bindung, die männliche und die weibliche Seite in ein und demselben Selbst. Selbstfreundschaft heißt auch, mit den eigenen Launen sich zu befreunden, die nicht übergangen werden können: In ihnen kommen momentane Gedanken, Gefühle, Wünsche und Ängste zum Ausdruck, die, jeweils ein Ich für sich, das gesamte Selbst für sich allein in Anspruch nehmen wollen, ganz wie die Kinder, die die ungeteilte Aufmerksamkeit ihrer Eltern zu erzwingen versuchen. Sinnlos, nach den Gründen dafür zu fahnden, denn es geht nur um eine Stunde, einen Tag. Das innere Machtspiel mit einem Machtwort zu beenden, ist wirkungslos, eine konstante innere Verfassung über alle Tage hinweg wird es nicht geben. Wirksamer erscheint, den Launen den Raum zu geben, den sie brauchen, und mit ihrem täglichen Wechsel zu leben. Ein Hin- und Herfluten des Selbst kann daraus hervorgehen, das sich mal von diesem Gedanken, mal von jenem Gefühl bestimmen lässt, wenn dies ein verabredetes Element der Gemeinsamkeit ist. Zugleich erscheint es klug, nicht allzu viel davon nach außen dringen zu lassen, um die Launen nicht in der Spiegelung durch andere, die mit ihrem raschen Wechsel nicht leben wollen, noch zu verstärken.

Sich mit sich selbst zu befreunden erfordert, die widerstreitenden Teile in ein gedeihliches Verhältnis zueinander zu setzen, sie im Idealfall zur spannungsvollen Harmonie zusammenzuspannen. Immer geht es dabei, wie in der Freundschaft, um *Wechselseitigkeit* statt Einseitigkeit, wechselseitiges *Wohlwollen* statt Übelwollen und *Offensichtlichkeit* des Wohlwollens anstelle seiner Verborgenheit in einem inneren Schweigen. Selbstfreundschaft gibt es nicht bei denen, die »mit sich uneins sind«, sich selbst fliehen, des Lebens überdrüssig sind und bei anderen nur Vergessen suchen: »Nichts Liebenswertes« haben sie an sich, meint Aristoteles, also können sie auch »kein freundliches Gefühl« für sich selbst empfinden; sie teilen nicht Freud und Leid in der Gemeinschaft mit sich, vielmehr freut, wenn ein Teil ihrer Seele leidet, ein anderer Teil sich darüber, und die verschiedenen Teile reißen das Selbst schier in Stücke, nur um gleich wieder Reue darüber zu empfinden. Ganz anders verhält sich dies bei denen, die ihr Selbstverhältnis klären, Einigkeit in sich selbst herstellen und, so Aristoteles, »das verwirklichen, worin sie für sich das Beste erblicken«. Eine Selbstberührung seelischer Art ist darin zu sehen; nicht etwa, um die Selbstfremdheit gänzlich zu überwinden, sondern um ein lebbares Verhältnis auch noch zum Fremden in sich zu gewinnen, sich zu befreunden, wenn schon nicht mit dem Anderen und Fremden in sich, so doch mit dem Gedanken, dass es dieses Andere eben gibt und dass es trotz allem Teil des Selbst ist. Die Selbstfreundschaft zielt darauf, eine ruinöse Feindschaft in sich zu vermeiden, die zur Selbstauslöschung führen würde – vorausgesetzt, das Selbst hält es für vorziehenswert und bejahenswert, nicht vorzeitig zugrunde zu gehen, schon gar nicht an sich selbst.

Überlegungen zur Selbstfreundschaft haben die Geschichte

der philosophischen Lebenskunst nachhaltig geprägt. Sie sind im 1. Jahrhundert n. Chr. Seneca geläufig, wenn es in seinen Augen darauf ankommt, »Freund zu sein für mich selbst« (*amicus esse mihi*), wie es im sechsten seiner *Briefe an Lucilius über Ethik* heißt. Alle wesentlichen Bestimmungen für das freundschaftliche Verhältnis zu anderen treffen seiner Ansicht nach auch auf das Verhältnis zu sich selbst zu: Selbstbefreundet zu sein bedeutet, nicht gleichgültig gegen sich zu sein, sondern sich um sich zu kümmern, für sich da zu sein, sich der Sorge für sich zu befleißigen und auf diese Weise nie allein zu sein, da das Selbst mit sich zusammenleben kann. Zum Wesen dieser Freundschaft gehört, sich mit sich zu beraten und sich selbst gegenüber dermaßen aufrichtig zu sein, dass Seneca den Rat geben kann, in der Beziehung zum Freund so freimütig mit ihm zu sprechen wie mit sich selbst; das Verhältnis sollte so vertraut sein wie dasjenige mit sich selbst. Zweifellos sind die Beziehungsformen von Freundschaft und Selbstfreundschaft ineinander verwoben, aber wenn danach gesucht wird, wo im Zweifelsfall der Anfang zu machen ist: immer bei sich selbst.

Aus demselben Grund stattet viele Jahrhunderte später ein viel Verkannter sein auf Anhieb berühmt gewordenes, 1788 erstmals erschienenes Buch *Über den Umgang mit Menschen* mit einem kleinen Kapitel »Über den Umgang mit sich selber« aus. Es geht Adolph Freiherr Knigge dabei um die Organisation und Reorganisation der inneren Gesellschaft, die jeder Einzelne selbst ist. Es lässt sich geradezu von einer *Kultivierung des eigenen Ich* sprechen – wehe dem, der »sein eignes Ich nicht kultiviert«, stattdessen sich zu viel um fremde Dinge bekümmert und »fremd in seinem eignen Hause« wird: Er hat nichts mehr, wohin er sich zurückziehen kann, er verletzt die Freundschaft mit sich selbst (»Deinen treuesten Freund«), und das könnte sich bitter rächen, denn es gibt »Augenblicke, in welchen der Umgang mit Deinem Ich der einzige tröstliche ist«. Das Ziel ist Selbstfreundschaft, um »ebenso vorsichtig, redlich, fein und gerecht mit Dir selber um(zu)gehn, wie mit andern«, und wie einem guten Freund gegenüber auch in unangenehmen Dingen aufrichtig gegen sich selbst zu sein, »fern von Schmeichelei«. Da die Beziehung zu sich selbst die

Grundlage für die Beziehung zu anderen ist, darf es zu keiner Selbstvernachlässigung kommen; daher kennt Knigge »Pflichten gegen uns selbst«, die sogar die »wichtigsten und ersten« sind. Sie finden ihren Ausdruck in der leiblichen und seelischen Sorge für sich. Die Sorge besteht vor allem darin, sich selbst ein »angenehmer Gesellschafter« zu sein: »Mache Dir keine Langeweile!«

Die Selbstfreundschaft ist gleichwohl noch steigerungsfähig und kann zur *Selbstliebe* werden, die als die intimere, wenngleich aus diesem Grund wohl auch weniger freie Selbstbeziehung verstanden werden kann. Der zugrunde liegende griechische Begriff *philautía* steht außer für Selbstfreundschaft auch für die Selbstliebe. Die aber ist umstritten von Anfang an: Sie sei das größte Übel, meint Platon im fünften Buch seiner *Gesetze*; sie halte die Menschen davon ab, gut und gerecht zu sein. Sich selbst nicht zu lieben, könnte allerdings ein noch größeres Übel sein, denn es verhindert, sich anderen zuwenden zu können. Das wendet jedenfalls Aristoteles gegen Platon ein: Selbstliebe und Selbstfreundschaft seien die Grundlage für die Zuwendung zu anderen; das Verhalten gegenüber anderen stamme »aus dem Verhältnis des Menschen zu sich selbst«. Wer zu sich selbst kein Verhältnis hat, kann auch zu anderen keines gewinnen. Aristoteles ist davon überzeugt, dass dies die wichtigste Voraussetzung für jede Beziehung zu anderen, insbesondere für die Beziehung der Freundschaft und der Liebe ist, denn wer mit sich selbst nicht befreundet ist, soll heißen: wer sich selbst nicht mag, der kann auch andere nicht mögen, geschweige denn ihr Freund sein. Das leuchtet durchaus ein, denn wer »mit sich selbst nicht im Reinen« ist, das heißt, wer die inneren Verhältnisse seiner selbst nicht geklärt hat, der ist viel zu sehr mit sich beschäftigt, als dass er sich anderen zuwenden könnte. In der Beziehung zu sich wird das Selbst zur Beziehung zu anderen erst fähig.

Gibt es nicht sogar im Christentum, der Religion der Liebe, diesen Satz, den alle kennen und doch wenige ernst nehmen: »Liebe deinen Nächsten wie dich selbst« (*agapēseis ton plēsíon sou hōs seautón*, Matthäus 19, 19 und 22, 39; Lukas 10, 27; zurückgehend auf 3. Mose 19, 18)? »Wie dich selbst«: Die Selbstliebe gilt offenkundig als Grundlage für die Nächstenliebe, auch wenn das theologisch nicht immer so erklärt wird. Wann ist das *hōs seautón* von diesem Satz abgetrennt worden? Eine historische Zäsur lässt sich spätestens um 370 n. Chr. konstatieren, als Basilius der Große die *Längeren Regeln* für das Mönchtum formuliert: Kaum ist das vollständige Liebesgebot, Gott zu lieben sowie den Nächsten wie sich selbst, korrekt zitiert, fällt die vorausgesetzte Selbstliebe in der darauf folgenden Interpretation schon weg, bevor sogar ausdrücklich vor ihr gewarnt wird. Dieses Grundmuster sollte über viele Jahrhunderte christlicher Geschichte hinweg erhalten bleiben. Warum aber wurde trotz inständiger Verkündung der Nächstenliebe ohne Selbstliebe in all dieser Zeit der Egoismus nicht besiegt? Wohl weil es vergeblich ist, sich dem Nächsten zuzuwenden, wenn die Selbstliebe nicht die Kräfte dafür zur Verfügung stellt, die verausgabt und verschenkt werden können. Es mangelt an der Ethik im Umgang mit anderen im selben Maße, wie es an der Ethik im Umgang mit sich fehlt. Wo also, wenn nicht in der Freundschaft mit sich selbst und »Selbstliebe«, wäre die Ethik besser zu erlernen und einzuüben?

Noch im 17./18. Jahrhundert scheiterte der Versuch einiger Moralisten und Aufklärer, die Selbstliebe zu rehabilitieren (*amour de soi* im Unterschied zu *amour-propre* bei Malebranche, Vauvenargues, Jean-Jacques Rousseau). Auszulöschen aber ist sie nicht, wie sich zeigt, als Bettine von Arnim sich selbst zum ersten Mal im Spiegel sieht und dabei erlebt, wie ihr Herz unwillkürlich dieser Gestalt entgegenschlägt: Selbstliebe auf den ersten Blick, denn »ein solches Gesicht hab' ich schon im Traum geliebt, in diesem Blick liegt etwas, was mich zu Tränen bewegt, diesem Wesen muss ich nachgehen, ich muss ihr Treue und Glauben zusagen; wenn sie weint, will ich still trauern, wenn sie freudig ist, will ich ihr still dienen« (*Goethes Briefwechsel mit einem Kinde*, 1835). Es ist Selbstliebe, sich sagen zu können: Ich werde dir treu sein und immer bei dir sein, alle Schwierigkeiten stehe ich mit dir durch, du kannst dich auf mich verlassen. So kommt es zur Gründung einer starken Beziehung zu sich, die »Sinn macht«, während Beziehungslosigkeit Sinnlosigkeit heißt. Die Liebe zu sich lässt sich bis zur Intimität steigern, die lange währt: »Sich selbst zu lieben«, so Oscar Wilde in *An Ideal Husband* (1895), »ist der Anfang einer lebenslangen Romanze.« In der prosaischen Realität des romanhaften Lebens mit sich sind freilich, wie bei jeder Liebe, Schwankungen zu gewärtigen: Die Selbstliebe lässt an Intensität nach, bleibt zuweilen aus, verkehrt sich auch mal in ihr Gegenteil, den Selbsthass. Das sind die Zeiten, die nur zu überstehen sind, wenn die Romantik um eine Pragmatik ergänzt wird: sich einer Sache zu widmen, einem Ziel, der Erfüllung selbst auferlegter oder übernommener Pflichten, dem Anliegen eines anderen Menschen, der Pflege von Gewohnheiten und Ritualen, von denen das Selbst im Zweifelsfall verlässlicher und kontinuierlicher getragen wird als von der wankelmütigen Liebe.

Bleibt nur die Frage, wie die Selbstfreundschaft oder gar Selbstliebe von *Selbstsucht*, Egozentrik und Narzissmus zu unterscheiden ist. Ist der Übergang nicht fließend? In Anlehnung an Aristoteles lässt sich jedoch ein klares Unterscheidungsmerkmal benennen: die Zwecksetzung. Ist die Selbstliebe nur Selbstzweck, so handelt es sich um Egozentrik, eine *narzisstische Selbstliebe*. Sie kann problematisch sein, nicht so sehr aus moralischen Gründen, sondern aus Gründen des Selbstverhältnisses, denn sie befördert den Einschluss des Selbst in sich und führt zur Selbstbeziehung im Modus der Selbstbezogenheit. Ermöglicht die Selbstliebe aber die Beziehung zu anderen, erst recht die Beziehung der Freundschaft und der Liebe, so handelt es sich um eine *altruistische Selbstliebe*. Sie vermittelt die Ressourcen, auf andere zuzugehen und für sie da zu sein, eine Selbstbeziehung im Modus der Zuwendung zu anderen. Wer sich auf diese Weise liebt, ist zu freien Beziehungen zu anderen in der Lage und bedarf ihrer nicht nur als Mittel zur Selbstfindung und Bedürfnisbefriedigung. Im selben Maße gewinnen die Beziehungen zu anderen an Reichtum, wenn sie von unmittelbaren Eigeninteressen des Selbst frei sind. Mittelbar kommt dies dem Selbst wieder zugute, denn innerlich reich wird es im Leben letztlich nicht durch sich selbst, sondern durch andere. Die Zuwendung zu anderen darf daher als ein Akt der Selbsterfüllung erscheinen und muss nicht als Selbstverzicht verbrämt werden. Der Kern der Sorge für andere ist die Sorge für sich selbst, die Selbstfreundschaft und Selbstliebe. Sofern die Freiheit dazu besteht.

Das Selbst, das noch in starre Bindungen und Identitäten eingebunden ist, kann über sich nicht verfügen und muss es auch nicht:
Umgeben von Selbstverständlichkeit bedarf es keiner Selbstsorge. Fraglos erfüllt es die Bestimmungen einer Tradition, Konvention, Religion. Selbstbestimmung wird nur dort zur Möglichkeit oder gar Notwendigkeit, wo diese Bestimmungen das Selbst
nicht mehr definieren können oder sollen. Den entscheidenden
Schritt unternimmt das einzelne Selbst, wenn es die Wahl trifft,
seine Selbstbestimmung zu beanspruchen und wahrzunehmen
oder nicht; denn Selbstbestimmung ist keine Norm, sondern
eine Option. Eine mögliche Selbstbestimmung könnte auch
in der *Affirmation* vorgegebener Bestimmungen bestehen. Zu
deren *Negation* bedarf das Selbst jedoch einer Freiheit im Sinne
von Befreiung, um den Spielraum für ein selbstbestimmtes
Leben über das Vorgegebene hinaus zu gewinnen, verbunden
mit einiger Anstrengung: »Ach, es ist viel Langeweile zu überwinden, viel Schweiß nötig, bis man seine Farben, seinen Pinsel,
seine Leinwand gefunden hat!«, klagt Nietzsche in *Menschliches,
Allzumenschliches* (»Der Wanderer und sein Schatten«, 266):
»Und dann ist man noch lange nicht Meister seiner Lebenskunst,
– aber wenigstens Herr in der eigenen Werkstatt.«

»Herr in der eigenen Werkstatt« ist das Selbst insofern, als das
Arsenal der Werkzeuge und Techniken nun bereitsteht, aber
kann es damit auch arbeiten? Beim bloßen Zustand des *Befreitseins* kann es nicht bleiben, denn das Leben bedarf einer neuen
Bestimmung, einer Form, in der es gelebt werden kann. Die
Anstrengung der Befreiung wird übertroffen von der Mühe der
Freiheit im Sinne von *Formgebung*. Selbstbestimmt, »autonom«,
ist nicht schon das Selbst, das sich befreit, sondern erst dasjenige,
das zur Formgebung aus Freiheit, zur »Selbstgesetzgebung« in
der Lage ist, denn das ist der Wortsinn der *Autonomie*: sich selbst
(*autós*) das Gesetz (*nómos*) zu geben. Schwieriger noch als die
Befreiung ist die Formgebung, die sich nicht mehr vom Vorgegebenen abheben, nicht mehr nur Widerstand und Widrigkeit
zum Gegenhalt nehmen kann, sondern selbst zu einer Setzung

und Umsetzung kommen muss. Die Autonomie besteht darin, die Gestaltung von Selbst und Leben selbst in die Hand zu nehmen, anhand von Regeln, die, wie in der modernen Kunst, nicht mehr einer Tradition oder Konvention entlehnt werden können oder sollen, und wenn doch, dann nur aufgrund freier Wahl. »Der gefährliche und unheimliche Punkt ist erreicht«, erkennt Nietzsche in *Jenseits von Gut und Böse* (IX, 262), »wo das größere, vielfachere, umfänglichere Leben über die alte Moral *hinweg lebt*, das ›Individuum‹ steht da, genötigt zu einer eigenen Gesetzgebung«.

Ist eine Selbstbestimmung aber wirklich möglich? Verfüge ich über die Freiheit dazu? Nimmt dieser Ansatz nicht eine Freiheit des wählenden Subjekts in Anspruch, die so gar nicht existiert? Ist nicht »alles determiniert«? Sind nicht überall Verschwörungen gegen das Selbst im Gange, von anderen, von ganzen Systemen? Habe ich nicht zu tun und zu lassen, was andere und insbesondere »die Umstände« von mir fordern? Zuweilen erscheint es so, als sei in manchem Weltbild die Rolle Gottes von der »Fremdbestimmung« übernommen worden: Unantastbar, allüberall, alles überblickend, alles steuernd. Vermutlich trifft dies zum Teil zu, zum Teil nicht. Wie es sich in Wahrheit verhält, wird kaum je zweifelsfrei zu klären sein, schon gar nicht von den Verschwörern selbst, die sich ja ihrerseits wiederum nur gegen üble Verschwörungen verschwören. Zweifellos gibt es irgendwelche Fremdbestimmung, *Heteronomie*, und dies nicht in geringem Maße: ökologisch, biologisch, psychologisch, sozial, kulturell, ökonomisch, politisch. In vielfacher Weise wird Einfluss auf das Selbst genommen, auf Schritt und Tritt erfährt es Bestimmung durch andere, durch anonyme Strukturen und Institutionen. Vorhersagbar ist das Resultat dennoch nicht, die betroffenen Selbste erweisen sich vielmehr als eigensinnig; die Unverfügbarkeit, wie das Spiel im Einzelfall ausgeht, kann als Indiz für eine mögliche Selbstbestimmung gewertet werden.

Ob Selbstbestimmung wirklich möglich ist, lässt sich nicht beweisen, nur annehmen. Die Behauptung, dass es eine selbstbestimmte Freiheit der Wahl »gibt«, ist ebenso schwer zu begründen wie die gegensätzliche, dass es sie »nicht gibt«. Letztlich erscheint die Frage unentscheidbar, entscheidbar wohl nur aus einer Gottesposition, die Menschen nicht zur Verfügung steht. Aus der Sicht der Lebenskunst liegt es jedoch nahe, für die *Annahme* zu optieren, dass es *so etwas wie* Freiheit gibt und dass das Selbst, wenngleich verhängnisvoll verstrickt, in vielen Fällen eine wirkliche Wahl zu treffen hat. Es ist möglich, ein solches Selbstverständnis zu formulieren und dies zum Bestandteil der eigenen Kohärenz zu machen: nicht um Fremdbestimmtheit und Bedingtheit gegenstandslos zu machen, sondern um dem Selbst etwas zuzutrauen und sogar zuzumuten. Entscheidend ist letztlich die *Haltung*, mit der es durchs Leben gehen möchte: Sich von Verschwörungen umstellt zu sehen und sich von dieser Sichtweise das Leben rauben zu lassen – oder diesen Gedanken zurückzudrängen, um sich wenigstens zeitweilig frei wähnen zu können und Autonomie schon mal zu erproben, nur für den Fall, dass sie sich doch noch als möglich erweisen sollte. Nur unter der Annahme von Selbstbestimmung kann es auch *Selbstverantwortung* geben. Diese wahrzunehmen statt abzuweisen heißt, nicht mehr unentwegt andere für sich verantwortlich zu machen, wie Menschen in Gesellschaften des Wohlstands sich dies in wachsendem Maße angelegen sein lassen – ein Mangel an Selbstverantwortung fast wie in fatalistischen Kulturen, in denen »das Schicksal«, in welcher Gestalt auch immer, alle Last auf seinen Schultern trägt. Wer aber jede Möglichkeit von Selbstbestimmung und Selbstverantwortung bezweifelt, hat zweifellos ebenfalls eine selbstbestimmte Wahl getroffen – und sie selbst mit seiner Existenz zu verantworten, denn trotz allem lebt niemand sonst dieses Leben als nur das Selbst selbst.

Ist es aber nicht schrecklich, ständig selbst wählen und bestimmen zu müssen? Hilfreich ist, sich die Alternative vor Augen zu führen: Ein Leben ganz ohne Wahl und Selbstbestimmung könnte schrecklicher sein. Gleichwohl liegt eine Fremdbestimmung nicht nur in den »guten« oder »bösen« Absichten anderer begründet, sondern auch in der begrenzten Kapazität einer Selbstverfügung des Selbst: Es wäre aufwändig, immer und überall nur selbst und über sich selbst bestimmen zu müssen. Um die Kräfte konzentrieren zu können, erscheint es wichtig, eine antike Unterscheidung wieder aufzugreifen und sich generell und im Einzelfall zu fragen: Was steht in meiner Macht und was nicht; was liegt »an uns« (*eph'hēmin*) und was liegt »nicht an uns« (*ouk eph'hēmin*)? Die Unterscheidung, die in der epikureischen und stoischen Philosophie, etwa in Epiktets *Handbüchlein* ausgearbeitet wurde, sollte das Selbst entlasten von allem, was nicht eigenes Werk, vielmehr abhängig von anderen und vom Schicksal ist, etwa Körper, Besitz, Ansehen; um sich zu konzentrieren auf das Eigene, insbesondere das eigene Meinen und Vorstellen, den eigenen Blick auf die Dinge und Verhältnisse, deren Deutung und Interpretation, die »von Natur aus« frei ist und über die das Selbst allein verfügt. »Nicht an uns« waren in dieser Sichtweise die *prágmata*, die Dinge in ihrer Wirklichkeit; »an uns« jedoch die *dógmata*, die Vorstellungen, die das Selbst sich davon macht. Die Dinge sind demzufolge, wie sie sind, nur in der Vorstellung werden sie als »gut« oder »schlecht« beurteilt, abhängig vom Selbst, dessen Macht das Regieren und Dirigieren seiner Vorstellungen ist. Das Selbst tut freilich gut daran, sich mit seinen Interpretationen nicht zu weit von Evidenz und Plausibilität der Dinge zu entfernen; eine zu große Entfernung würde die Lebbarkeit des Lebens in Frage stellen.

Für das moderne und andersmoderne Selbst wäre der Umfang dessen, was in seiner Macht steht und was nicht, neu zu vermessen. In höherem Maße als in antiker Zeit könnten Körper und Besitz in seiner Macht stehen, vom sozialen Ansehen könnte es in geringerem Maße abhängig sein. Aber jede Sorge um den Bereich dessen, was in seiner Macht steht, geht davon aus, dass es sich in einem Prozess der *Bewusstwerdung* um seine mögliche Freiheit bemüht. Und im selben Maße, in dem es sich über all das, was *nicht* in seiner Macht steht, klarer wird, ist es zum freien Umgang auch damit in der Lage: diesen Stand der Dinge zu akzeptieren oder nicht. Will es eine Erweiterung seiner Macht erreichen, bedarf es über die Bewusstwerdung hinaus sodann einer asketischen *Anstrengung*, ausgehend von der Frage, was es selbst bereit ist, für seine erweiterte Freiheit zu tun. Das gilt schon in Bezug auf sich selbst: »Meine Gefühle sind stärker als ich« – aber eine Gegenmacht, wenn sie wünschbar erschiene, wäre in einem asketischen Prozess einzuüben. Oder in Bezug auf die Ansprüche anderer: »Ich muss Leistung bringen« – aber nur insoweit gehobene eigene Ansprüche ans Leben gestellt werden, die zu reduzieren einiger Entbehrung bedürfte. Oder in Bezug auf anonyme Verhältnisse: »Man kann sowieso nichts ändern« – möglicherweise, aber es käme auf den Versuch dazu an, abhängig vom Grad der Bereitschaft des Selbst, sich dafür einzusetzen.

Selbstbestimmung kann nicht im Ernst bedeuten, über das Selbst und sein Leben vollständig verfügen zu wollen, es sei denn bei einer Abwahl des Lebens. Der Anspruch auf *absolute Verfügung* wäre der überhebliche und ohnehin vergebliche Versuch, andere, die mitspielen, und das Andere, das zuwiderläuft, aus dem Leben ausschließen zu wollen. Ein *souveränes Selbst* ist keineswegs dasjenige, das überall und jederzeit vollkommen frei über sich selbst bestimmen kann, sondern dasjenige, das relative Klarheit darüber gewinnt, wo Selbstbestimmung möglich ist und wo nicht. Souverän ist es darin, das eine vom anderen unterscheiden zu können und sich auch *bestimmen zu lassen* statt immer nur selbst *bestimmen zu wollen*. Denn Selbstbestimmung ist ein aktiver ebenso wie ein passiver Prozess, ein Tun ebenso wie ein Hinnehmen und Lassen, ein eigenes Gestalten wie auch ein Sich-Gestaltenlassen von anderen, von Umständen und Situationen. Das Tun wird auf das konzentriert, worüber überhaupt verfügt werden kann, das Lassen aber obliegt dem Bekenntnis zur eigenen Ohnmacht, der Gelassenheit und Hinnahmefähigkeit, um sich nicht um Dinge zu bemühen, über die das Selbst nicht verfügen kann oder will. Nicht absolut, nur *relativ*, nicht durchgängig, nur *punktuell* wird die Selbstbestimmung auf dieser Grundlage geltend gemacht, um sich ganz auf den Bereich ihrer Möglichkeit zu konzentrieren und die Vergeblichkeit im anderen Bereich sich zu ersparen. Immer dort, wo es möglich ist, und nur dann, wenn es sinnvoll erscheint, besinnt das Selbst sich auf sich selbst und folgt der eigenen Überlegung, auch dem eigenen Gespür anstatt den vorgefundenen Vorgaben. Vor allem das Gespür, das sich aus Erfahrung und ihrer Reflexion ergibt, legt dem Selbst nahe, zu welcher Zeit, in welcher Situation, unter welchen Bedingungen, mit welchen Mitteln und wem gegenüber die Selbstbestimmung geltend zu machen wäre.

Durchkreuzt wird die Macht der Selbstbestimmung von blanker Ohnmacht aber im Falle einer *Verletzung* des Selbst. Ob sie geschieht oder nicht, liegt nur bedingt an ihm; alle kluge Vorsorge verbürgt keine Immunität dagegen. Zwar träumt es von einem nie gefährdeten Leben, absolut abgesichert gegen alles – aber ob dies ein lebenswertes Leben wäre, ist ungewiss. Abgesehen von Schürfwunden, die nur an der Oberfläche kratzen, gräbt jede Verletzung sich tief ins Innere des Selbst hinein. Schon kleinere körperliche, erst recht seelische Verletzungen stellen es insgesamt in Frage. Mit einem Schnitt ins Fleisch, mit einer ins Schloss geworfenen Tür, in der eine Fingerkuppe zurückbleibt, mit einem bösen Wort zerreißt im selben Augenblick das Gewebe des Alltags, der Gewohnheiten, der Gewissheiten; die festgefügte Integrität des Selbst bricht auf. Der Riss legt das nackte Leben bloß: traumatische Erfahrung, sich selbst als dermaßen verletzbar zu erfahren, mit einem Mal zu wissen, dass das Leben auf Schritt und Tritt bedroht ist, dass dies das ganze Leben hindurch so bleiben wird, dass ein kleines Versehen, eine Unbedachtheit, ein zufälliges Zusammentreffen, eine einzige gute oder ungute, absichtslose oder absichtsvolle Handlung so enorme Konsequenzen nach sich ziehen kann; dass unterhalb der Oberfläche des alltäglich gelebten Lebens Abgründe, auch Abgründe menschlichen Unvermögens sich auftun.

Am Selbst jedoch liegt es zu bestimmen, wie damit umzugehen sei: sich aufzulehnen, wenn auch vergebens, oder sich zu fügen und somit Kräfte zur Bewältigung zu gewinnen. Der verlorenen, wohlgefügten Welt wird zunächst noch nachgetrauert, Vorwürfe an sich selbst und andere besetzen das Denken und Fühlen; die neue Wirklichkeit will kaum wirklich erscheinen und ist es doch. Alles soll wieder so sein, wie es war, und kann es doch nicht. Die unmittelbare Bewältigung ist so anstrengend, dass eine bleierne Müdigkeit das Selbst überkommt, um es von den Mühen des Bewusstseins zu erlösen. So vergeht die Zeit, die heilt, da mit der Entfernung vom fraglichen Zeitpunkt der distanzierte Blick von außen wieder möglich wird. Mit dessen Hilfe vermag das Selbst sich ins Verhältnis zum Geschehenen zu setzen, das nicht mehr ungeschehen gemacht werden kann; als Ereignis ist es im Gedächtnis zu behalten und als Narbe am Körper oder in der Seele der *Kohärenz des Selbst* einzugliedern, ja diese Kohärenz ist erst wieder herzustellen. Das Selbst beginnt am zerrissenen Gewebe seiner selbst wieder zu stricken, das alltägliche Leben neu einzurichten, in diesem Rahmen das, was ihm widerfahren ist, zu durchdenken, zu erzählen, zu deuten und zu interpretieren, um ihm schließlich »Sinn«, also Zusammenhang und eine feste Stelle in seinem Leben zu geben. Das geschieht teils unbewusst und im Schlaf, teils, wenn es als Aufgabe begriffen wird, sehr bewusst. Ein starkes Selbstgefühl resultiert daraus, die Abgründigkeit des Lebens erfahren zu haben und zugleich die enormen Kräfte, körperlich, seelisch und geistig, die im Selbst wohnen und die zur Bewältigung der abgründigen Erfahrung in der Lage sind, kennen zu lernen; auch zu erfahren, welche Bestärkung andere vermitteln können. Sinn aber gewinnt die Erfahrung vor allem dadurch, dass sie die Frage nach dem »wahren Sein« aufwirft.

Sorge um Wahrheit: Was ist das »wahre Sein«?

Als ich sie zum ersten Mal auf dem Bildschirm sah, dachte ich: Immerhin kann sie singen. Die Freude daran brach ihr aus den Augen. Ansonsten schien alles aus Plastik, ihr Lächeln, ihre Gestalt, ihre Bewegungen, ihre Texte – alles stromlinienförmig, nichts Eigenes. Kein Selbst von innen her, nur ein Passepartout. Vielleicht zog jemand im Hintergrund die Fäden und missbrauchte ihre Freude, aber wenn sie das mit sich machen ließ… Dann die Nachricht, unter »Vermischtes aus aller Welt«, von versuchter Selbsttötung. *Mariah Carey*? Es schien um eine Frage des Eigentums zu gehen, eines Eigentums jedoch, das nicht nach hundert und mehr Millionen Dollar zu beziffern war, die eine Plattenfirma ihr für ein paar Alben zahlen wollte, und die sie nun aufs Spiel setzte. Die Frage des *materiellen Eigentums* erscheint als eine äußerliche, im Verhältnis zum Kern des Selbst periphere. Entscheidender ist wohl die Frage des *ideellen Eigentums*, das den inneren Kern des Selbst berührt. Die Frage danach geht aus der Selbstsorge hervor, mit der ein Selbst sich um sich bemüht und *Selbstaneignung* betreibt. Die ideelle Aneignung ist ein Akt der Selbstmächtigkeit und begründet *Selbsteigentum*: eigene Meinung, eigene Haltung, eigene Ethik, eigene Zweifel, eigene Gefühle, eigene Ideen, eigene Interessen, Eigeninteresse überhaupt, eigene Initiative, eigene Wahl. Das Selbsteigentum zu verlieren, kann den Verlust der Selbstachtung nach sich ziehen und das Leben jeglichen Sinns berauben. Durch Geld ist es nicht zu kompensieren; Geld mag beruhigend sein, lebensnotwendig aber ist, sich selbst zu Eigen zu sein.

Liegt im ideellen Eigentum das wirkliche Leben? Ist Selbstaneignung das *wahre Sein*? Aber was ist gemeint mit »wahr«, was mit »Sein«? Sein und Wahrheit gehören traditionell zu den großen Begriffen der Philosophie, viele haben sich an ihnen versucht, niemand hat das Nachdenken darüber zu Ende gebracht; daher sind sie mit Vorsicht zu gebrauchen: Allzu leicht verselbstständigt sich das Reden darüber zu einem in sich selbst kreisenden Diskurs. Entscheidend ist letztlich die Frage, was Sein und Wahrheit fürs wirklich gelebte Leben bedeuten können, das zu einer »Trivialisierung« hehrer Begriffe neigt. Aber wo wäre das Sein zu finden, wenn nicht im jeweiligen So-Sein? Wie wäre dieses So-Sein zu korrigieren, wenn nicht mithilfe der Frage nach einem »wahren Sein«? Die Frage erscheint sinnvoll, wenn sie auf die Klärung der Zusammenhänge zielt, die dem Leben zugrunde liegen, untergründig und hintergründig; sie verkörpern den »Sinn«, der das Leben zu verstehen und nach den Möglichkeiten eines anderen Lebens zu suchen erlaubt. *Dass* es wesentliche, »eigentliche« Grundstrukturen des Lebens und der Existenz gibt, ist eine hermeneutische Grundannahme. Eine Frage der Deutung im Einzelnen ist sodann, um *welche* es sich handelt, und *was* aus ihrer Kenntnis fürs Leben folgt. Die Differenz zwischen einem Sein (einem So-Sein, wie es ist) und einem Sollen (einem wahren Sein, wie es eigentlich sein soll) lässt sich überbrücken durch eine *Wahl*, die getroffen wird und mit der das Selbst entscheidet, sich am »wahren Sein« zu orientieren und sein Leben diesem Maßstab gemäß einzurichten. Den Versuch dazu zu unterlassen, würde eine »Seinsvergessenheit« zur Folge haben.

Es versteht sich aber von selbst, dass bereits die Anerkennung einer Differenz von Sein und Sollen eine *Frage der Wahl* ist, denn alles an der Existenz kann ebenso gut dem bloßen Dahintreiben überantwortet werden. Schon ein Verzicht auf die Wahrnehmung eines *Sollens* kann die Differenz zwischen Sein und Sollen zum Verschwinden bringen – kein Plädoyer für eine »Lösung« dieser Art, aber für die Wahrnehmung des eigenen Anteils an der Konstruktion des Problems. Und was immer eine »existenziale Analyse« hinsichtlich des wahren *Seins* ans Licht bringt – immer wird eine *existenzielle Wahl* darüber getroffen, ob das Selbst sich damit überhaupt befasst; eine Abwahl ist real möglich. Grundsätzlich ist »Sein« ein Begriff und eine Frage des Bewusstseins. Bewusstsein heißt: Verfügenkönnen über das Sein. Erst mit dem Bewusstsein wird das Sein selbst zur Wahl; Grundlage jeder bewussten Lebensführung. Entscheidend ist, welche Auffassung vom Sein so plausibel erscheint, dass sich das Leben darauf gründen lässt, und mit welcher Auffassung sich sinnvoll leben lässt.

Wenn es unter dieser Voraussetzung dennoch um das »wahre Sein« geht: Heißt dies dann, »im Wahren zu sein« und wahrhaft zu leben? Die Philosophie selbst weiß kaum Rat, denn ihre eigene Geschichte ist eine einzige Abfolge diskursiv gefundener und wieder entschwundener Wahrheit. Im Hinblick auf den Lebensvollzug kommt es aber nicht so sehr auf *diskursive Wahrheit* an, die im Wettstreit der Argumente erschlossen wird, sondern auf *existenzielle Wahrheit*, die sich im Vollzug der eigenen Existenz manifestiert und fortan nicht mehr ohne weiteres bestritten werden kann. »Wahres Sein« ist diejenige Wahrheit, die gelebt werden kann, mit allem Risiko, das letztlich nur von demjenigen zu tragen ist, der dieses Leben lebt; mit Eigensinn und Widerständigkeit, wo immer es nötig erscheint; mit Umgänglichkeit und Verbindlichkeit, wo immer es sich als möglich erweist. *In Wahrheit zu leben* kann nur heißen, dasjenige Leben zu realisieren, das nach bestem Wissen und Gewissen, nach langer Überlegung und immer neuem Abwägen für das richtige gehalten und mit dem gesamten Lebensvollzug verantwortet werden kann.

Keine *objektive*, sondern eine *subjektive Wahrheit* steht dabei in Frage, »stimmig« für das Selbst, verbunden mit einer Wahl, die zu treffen ist, und einer Bereitschaft, dieser Wahl zu folgen und nicht darauf zu warten, dass andere zu denselben Einsichten kommen wie das Selbst: nicht nur, weil darauf lange gewartet werden kann, sondern auch, weil die eigenen Einsichten fehlerhaft sein könnten. In diesem Sinne wahrhaftig zu sein gegenüber sich selbst: Darin ist der *Sinn* zu finden, der mehr als alles andere leben lässt und Ressourcen und Kräfte zur Verfügung stellt, mit deren Hilfe auch große Schwierigkeiten und Belastungen zu durchstehen sind.

Die Frage nach dem »wahren Sein« hat vor allem *heuristischen* Wert. Sie dient dazu, stets aufs Neue auf die Suche zu gehen, um ein anderes als nur funktionales Lebensverständnis zu finden, denn eine so verstandene Technik des Lebens könnte wohl kaum als »Lebenskunst« gelten. Mit der Frage nach dem wahren Sein wird das Leben selbst zur Kunst, und diese Kunst ist »die wichtigste und zugleich schwierigste und vielfältigste, die der Mensch je auszuüben vermag«, wie Erich Fromm meinte. Die künstlerische Arbeit im Umgang des Selbst mit sich selbst und seinem Leben verglich er, wie schon die antiken Philosophen, mit der Arbeit eines Bildhauers oder Arztes: »*In der Kunst des Lebens ist der Mensch beides; er ist der Künstler und ist gleichzeitig der Gegenstand seiner Kunst.* Er ist der Bildhauer *und* der Marmor, der Arzt *und* der Patient« (*Psychoanalyse und Ethik*, 1947). Ein signifikanter Unterschied der philosophisch verstandenen Lebenskunst zur »Kunst des Lebens« bei Erich Fromm betrifft jedoch die Auffassung vom Sein, das er dem Haben gegenübergestellt wissen will. Muss es in einer Lebenskunst um das reine Sein im Unterschied zu einem bloßen Haben gehen? Ist sie in diesem Sinne eine »Kunst des Seins«?

Aber die Gegenüberstellung von *Sein und Haben* erscheint problematisch, denn das Sein, das ohne Haben nur für sich existiert, ist nichts als eine Idee. Um Wirklichkeit zu werden, muss das Sein »aus sich herausgehen«, und sobald es in diesem Sinne *ist*, ist es ein *Haben*, nämlich dieser und jener Eigenschaften. Das Sein artikuliert sich im Haben. Selbstsein heißt, Empfindungen,

Gedanken, Interessen, Meinungen zu haben, die diesem Selbst zu Eigen sind. So gesehen macht es keinen Sinn, vom Sein als einer Existenzweise zu sprechen, »in der man nichts *hat* und nichts *zu haben* begehrt« (Erich Fromm, *Haben oder Sein*, 1976), auch wenn diese Sichtweise eine gewisse Tradition hat: Reflexionen über das Sein des Menschen, auf das ein Haben keinen Einfluss haben soll, finden sich schon in Schopenhauers *Aphorismen zur Lebensweisheit* (1851). Sinnvoller als vom Haben zum Sein zu kommen erscheint, den Schwerpunkt des Habens vom *materiellen* zum *ideellen Haben* zu verschieben, eine Aufgabe der Lebenskunst des jeweiligen Selbst. Ferner in das materielle Haben selbst eine ideelle Komponente einzuführen: Übergang vom bloßen *Verbrauch* (»Konsum«) zum *Gebrauch* dessen, was man hat. Und schließlich dem materiellen Haben ein *Maß* zu geben, ihm Grenzen zu setzen, und das kann heißen: sich im kalkulierten Verzicht zu üben.

Eine bemerkenswerte Diskussion über den Sinn des Habens fand bereits in der Mitte des 19. Jahrhunderts statt, ausgelöst von Max Stirners Buch *Der Einzige und sein Eigentum* (1845). Stirner aktualisierte im Grunde nur die stoische Selbstaneignung, griechisch *oikeíōsis*, wenn er sagte, es komme darauf an, über sich selbst zu verfügen, »*sich* auszuarbeiten und zu gestalten«, um ein eigenes Leben führen zu können. Für seine Überlegungen wurde er jedoch geächtet von den Denkern des Sozialismus, deren alleinige Aufmerksamkeit dem materiellen Eigentum galt, von dessen Abschaffung sie sich die Revolutionierung aller Verhältnisse versprachen: Das Hohngelächter von Marx und Engels (*Die deutsche Ideologie*, 1845/46) erstarb erst 1989 auf den Lippen derer, die ihr Leben als ihr Eigentum reklamierten. Es ist freilich eine offene Frage, ob die Gesellschaftsform, die übrig blieb, nicht noch perfidere Methoden kennt, ein Leben zu enteignen. Darüber wüsste Mariah Carey vielleicht einiges zu berichten, so viel sogar, dass verständlich würde, warum sie den ultimativen Schnitt vollziehen wollte, der zuletzt noch bleibt, um sich selbst zu Eigen zu sein – wenn auch um den Preis, das eigene Leben zugleich zu beenden. Diesen Schritt tun zu können und ihn doch zu lassen, ist im Grunde eine erste Selbstaneignung des Selbst, aus der ein selbst gewähltes Leben folgt. Die Selbstsorge wird damit geltend gemacht, neben der irgendwelche Millionen, mit denen das Selbst angeblich »ausgesorgt« hat, völlig verblassen. Ideelle Selbstaneignung zu erreichen, scheint freilich schwer zu sein, leichter erscheint vielen die Steigerung des materiellen Eigentums.

Ob Mariah Carey die Möglichkeit wahrgenommen hat, sich ihr Leben in höherem Maße selbst anzueignen, für sich da zu sein und ein »Privatleben« neu zu begründen, muss offen bleiben. Man macht sich vermutlich einen falschen Begriff von der Autonomie eines solchen Menschen, der von Beratern, Managern und »Freunden« umstellt ist, ohne Chance, sich selbst zu definieren, statt immer nur definiert zu werden. Warum war ihr Plattenvertrag so gut dotiert? Weil der Kauf der Eigentumsrechte an ihrer Person damit verbunden war. Im gewöhnlichen Leben werden Kompromisse gemacht, »Arbeitsverträge« genannt: Man übereignet einem »Arbeitgeber« einen Teil seiner selbst und erhält dafür als »Arbeitnehmer« ein Entgelt. Wenn aber die Enteignung des Selbst total wird? Gänzliche Selbstenteignung durch Forderungen und Erwartungen anderer: Das ist nicht nur ein Problem des Star-Seins. Der Verlust ihres Vertrages, der sie zum Aufziehpüppchen machte, schien ein Gewinn an Selbstaneignung für Mariah Carey zu sein. Der Weg zur großen Sängerin wäre endlich frei gewesen. Vorausgesetzt, es wäre ihr darum gegangen, diejenige Schönheit ausfindig zu machen, die sich nicht darin erschöpft, nur ein oberflächlicher ästhetischer Reiz zu sein, sondern das Bejahenswerte darstellt, um dessentwillen es sich zu leben lohnt.

Sorge um Schönheit: Plädoyer für eine ästhetische Ethik

Denn die Frage nach »Schönem« dürfte wohl die zentrale Frage für jedes Selbst sein: Was ist schön? Was ist ein schönes Leben? Ist das Leben für mich schön? Gibt es überhaupt Schönes für mich? Was genau ist in meinen Augen schön? Zu den existenziellen Erfordernissen menschlichen Lebens gehört, über Schönes zu verfügen, an dem das Leben orientiert werden kann. Dass die Seele desjenigen, der nichts Schönes kennt, zugrunde geht, davon ist jedenfalls so manche Kultur überzeugt. Zwar lässt sich daraus nicht zwingend auf eine Notwendigkeit des Schönen schließen, im Zweifelsfall wäre für die eigene Existenz sogar experimentell zu erproben, ob ein Leben ohne Schönes nicht doch möglich ist: Eine schönheitsabstinente Zeit gibt darüber mehr Aufschluss als ein gedankenlos übernommener Grundsatz. Dann aber, wenn das Selbst des Schönen bedarf, wäre zu klären, wo es denn zu finden ist.

Schönes begegnet dem Selbst zunächst als *kulturelles Muster*: Aufgrund von Prägungen, die sich in der jeweiligen Kultur im Laufe der Zeit entwickelt haben oder von momentanen Modebewegungen beeinflusst und medial vermittelt werden, wird etwas als schön empfunden und wahrgenommen. »Schönheit« ist, was als solche vorgestellt und dargestellt wird. Sie kann im Stil des Lebens, des Wohnens, der Kleidung, in einem »Lifestyle« oder einer Idee von einem »Dreambody« zum Vorschein kommen. Aber das Selbst kann sich bei seiner Suche nach Schönem der Marktförmigkeit auch gänzlich entziehen. Seine Lebenskunst kann darin bestehen, gerade dem nicht zu folgen, was konventionell oder traditionell mit dem Anschein des Selbstverständlichen als »schön« ausgezeichnet wird. Schönes oder Schönheit ist im Grunde ein *Begriff*, mehr oder weniger bewusst definiert und immer wieder neu zu definieren. Darunter kann das verstanden werden, wozu das Selbst »Ja« sagt, denn dies ist wohl die durchgängige Bedeutung des Schönen im Sinnlichen, Seelischen und Geistigen, ästhetisch und ethisch, in Bezug auf Kunstschönes und Naturschönes, im Hinblick auf das eigene Leben wie auf das Zusammenleben mit anderen. Nicht mehr unbedingt auf platonischem Weg, also durch den Aufstieg zu einer präexistenten, überhimmlischen Idee der Schönheit kommt »Schönes« in die Welt, sondern durch dessen Bestimmung als Bejahung, abhängig von der Wahl des Selbst. Wenn Schönes aber als *Bejahenswertes* zu verstehen ist, Bejahenswertes wiederum als das *Lebensförderliche*, dann lässt sich der existenzielle Imperativ individuell in Kraft setzen: Gestalte dein Leben so, dass es bejahenswert ist.

Was über die *formale* Bestimmung als Bejahung hinaus *material* unter Schönem im Leben zu verstehen ist, wird ebenso individuell vom Selbst festgelegt. Es kann jedoch Anregungen dazu aufnehmen, um im Laufe einer Selbstbesinnung zur Klärung für sich selbst zu kommen: Was ist *für mich* schön? Was erscheint *mir* bejahenswert? *Kunstschönes* zum Beispiel, bejahenswert aus der Sicht dessen, der diese Dichtung liebt, dieses Gemälde bewundert, diese Skulptur betrachtet, dieses Musikstück hört, diese Performance erlebt und »schön« findet – nicht um Kunst auf Schönheit zu verpflichten, sondern um sich selbst die Freiheit zu dieser Bestimmung zu nehmen, aus welchen Gründen auch immer: aufgrund einer Inspiration, Irritation, Anregung, Formvollendung, die für schön gehalten wird. Ebenso *Naturschönes*: Schön kann eine Landschaft sein, eine einzige Stelle in der Landschaft, ein einzeln stehender Baum, das Rauschen in den Baumwipfeln, der Tautropfen auf einem Blatt, der Duft eines spiegelglatten Sees am Morgen, der Wind in den Haaren, die Sonne im Gesicht, das Gleißen der Sterne am Nachthimmel, der Blick, wenn auch nur technisch vermittelt, von außen auf den wolkenumwehten blauen Planeten. Ferner *menschlich Schönes*: sei es das Äußerliche eines Menschen, das mehr ist als nur »Beauty«, nämlich seine besondere Gestalt, seine Gestik, sein ebenmäßiges oder von Erfahrungen zerfurchtes Gesicht, seine Art zu sprechen; oder das Innerliche, das aus den Augen leuchtet und in Haltung und Verhalten zum Ausdruck kommt, das Gefühl und Gespür und all das, was an anderen und am Selbst liebenswert sein kann. Insbesondere *Charakterschönes*: Eigenschaften wie Geduld und Duldsamkeit, Aufgeschlossenheit und Offenheit, die Fähigkeit zur Selbstbehauptung können bejahenswert erscheinen, oder andere Charakterzüge, die an sich oder anderen besonders geschätzt werden, etwa Achtsamkeit, Hilfsbereitschaft, die Bereitschaft, für andere da zu sein.

Unverzichtbar erscheint *Beziehungsschönes*: Schön kann die Beziehung der Liebe sein, die das Leben bejahenswert macht wie kaum etwas sonst; ebenso die Beziehung der Freundschaft, die ein Hort des Schönen im Leben ist und zudem einen Begriff von Ethik vermittelt, denn neben dem Umgang mit sich ist in der Freundschaft der Umgang mit anderen exemplarisch zu erler-

nen. Von Bedeutung ist ferner *Verhältnisschönes*, »die Verhältnisse« im Sinne der Lebensumstände betreffend, zu Hause, am
Wohnort, am Arbeitsplatz: Sind sie bejahenswert? Und wenn
nicht: Wie lässt sich damit leben oder wie lassen sie sich verändern? Oder *Erlebnisschönes*: Schön kann ein vertrödelter Morgen
oder ein gemeinsamer Abend sein; schön kann es sein, im Kino
für zwei Stunden in eine andere Welt einzutauchen und einer
anderen Geschichte anzugehören (»Cinetherapy«). Andere als
die gewöhnlichen Erfahrungen, staunenswert, lustvoll oder
schmerzlich, können als schön empfunden werden. Auch *sinnlich
Schönes*: Der Reiz eines Gesichts, einer Gestalt für den Sinn des
Sehens, einer bestimmten Melodie für den Sinn des Hörens,
eines Kaffeedufts für den Sinn des Riechens, dieses Essens und
Weins für den Sinn des Schmeckens, dieser Berührung für den
Sinn des Tastens. Ferner *Dingschönes*: Ein Kleidungsstück, das
besonders gerne getragen wird oder das das Selbst an anderen
gerne sieht. Eine Tasse, die besonders geliebt wird. Ein altes
Möbelstück, an dem das Herz hängt. Die Schönheit technischer
Dinge. Die Schönheit einer Architektur. All die Zuneigung zu
Dingen, mit denen das Selbst leben will und in denen ein Teil seiner selbst lebt. Und nicht nur Wirklichschönes, sondern auch
Phantasieschönes: ein Traumbild, eine geliebte Vorstellung, eine
Projektion in die Zukunft oder eine Erinnerung an vergangene
Erfahrungen. Auch *Abstraktschönes*, das nicht zu fassen ist und
dennoch mit Emphase bejaht werden kann: eine kühne Idee, ein
luzider Gedanke, eine treffliche Formel, eine »schöne« mathe-
matische Gleichung, eine metaphysische Realität. Und *Negativschönes*, denn auch »Negatives«, Unangenehmes, Schmerzliches,
Disharmonisches, Fehlendes kann bejahenswert sein – um das
Menschsein voll und ganz zu erfahren und die Polarität des Lebens auszumessen. »Unschöne« Situationen zu bewältigen kann
eine bejahenswerte Erfahrung sein. Selbst die Verneinung kann
bejahenswert sein, moderne Menschen wählen gelegentlich diesen Weg.

Offenkundig gibt es jedoch ein *Maß des Schönen*: Wird es
unterschritten, droht die Erfahrung von Sinnlosigkeit, denn
Schönes ist eine Quelle von Sinn ohnegleichen. Wird es über-

schritten, kommt es zur Erfahrung von Überdruss im Übermaß des Schönen: Das Widerstreben gegen eine Omnipräsenz und Exaltation des Schönen, auch die Überzeugung von Künstlern, nur mit einer »Brechung« könne Schönes erträglich sein, ist so erklärbar. Nur im Kontrast gegen *Nichtschönes* tritt Schönes hervor, nicht alles kann stets in gleicher Weise schön sein. Es scheint sogar Gründe dafür zu geben, das Schöne vorsichtig zu dosieren: um es nicht abzunutzen. Und es ist das *Einzelschöne* im unscheinbaren Kleinen, nicht so sehr das weithin leuchtende Schöne, das in schwierigen Situationen immens an Bedeutung gewinnt und die Brücke zum Leben schlägt. Über Einzelschönes hinaus stellt sich jedoch die grundlegende Frage: Ist das *Leben als Ganzes* für mich schön? Zwar lässt sich die Gegenfrage stellen, ob es denn nicht genüge, einfach nur der natürlichen »Liebe zum Leben« zu folgen. Es jedoch für »natürlich« zu halten, das Leben zu lieben, kann auch nur eine subtile Form von Nötigung sein und steht in Gefahr, diejenigen, die dem nicht Folge leisten, zu Feinden des Lebens zu stempeln. Die Rede von der Liebe zum Leben ist wohlklingend, kann jedoch nichts daran ändern, dass es allein am Selbst liegt, das Leben zu bejahen. Diese Sichtweise markiert den Unterschied zwischen einer versteckt normativen »Biophilie« und einer optativ vorgehenden philosophischen Lebenskunst. In der Liebe zum Leben kommt allenfalls eine existenzielle Wahl zum Ausdruck, eine Fundamentalwahl, die häufig unbewusst, im Rahmen der Lebenskunst jedoch sehr bewusst getroffen wird: Warum leben und im Leben immer wieder einen Neuanfang wagen? Weil es schön erscheint zu leben. Wie beim Spiel, das gerne und immer wieder von neuem gespielt wird: Weil es schön erscheint zu spielen.

Wo immer die Frage des Schönen eine Rolle spielt, dort ist der Bereich des *Ästhetischen*, der somit über den Raum der Kunst hinaus auch existenzielle und alltägliche Lebensfragen umfassen kann. Ungleich enger begrenzt erscheint dem gegenüber der Bereich des *Ethischen*, markiert von der Frage der Werte, an denen Haltung und Verhalten orientiert werden können. Im Verlauf der Moderne sind die Bereiche des Ethischen und Ästhetischen strikt getrennt worden, aber der Gewinn dieser Trennung kann strittig sein, denn das Resultat war nur Spezialisierung: Spezialisierung der Ästhetik, eingegrenzt auf die Begründung von Kunst, und der Ethik, eingegrenzt auf die Begründung moralischen Handelns; irgendwelchen Bezug zum Lebensvollzug erreichten beide nur selten. *Unästhetisch* aber ist eine Ästhetik, die die Frage des Schönen generell und in Bezug auf das Leben außer Acht lässt. *Unethisch* ist eine Ethik, die nur noch für Ethik-Experten nachvollziehbar ist und somit ihren individuellen und gesellschaftlichen Sinn verfehlt: So unverzichtbar Fragen der theoretischen Begründung sind, so gewiss liegt der Sinn von Ethik nicht in stimmiger theoretischer Argumentation, sondern in einem überlegten praktischen Handeln und einer bewussten Lebensführung. Unethisch ist die alleinige Aufmerksamkeit auf Ausnahmefälle moralischer Konflikte, während Menschen mit ihren »trivialen« Lebensfragen allein gelassen werden, ausgeschlossen aus dem ethischen Diskurs ohne Diskussion und Argument. Unethisch ist eine Ethik, deren Begrifflichkeit nur noch in einem Ethikseminar erlernt werden kann, und lächerlich macht sich eine Ethik, die sich in eine logische Formelsprache kleidet, die den Besuch eines Logikseminars voraussetzt.

Mit der Rehabilitierung des Schönen wird es möglich, einen ästhetischen Zugang zur Ethik zu eröffnen und eine *ästhetische Ethik* neu zu begründen. Ästhetische Ethik ist die stufenlose Hinführung zur Ethik vom sinnlich und alltäglich Erfahrbaren aus, um die Ethik nicht »abgehoben« anzusetzen. Die Fragestellung der Ethik wird auf diese Weise auch denjenigen zugänglich, denen eher ästhetische, nicht so sehr abstrakt erscheinende ethische Kategorien »etwas sagen«. Denn Schönes und das »schöne Leben« interessiert Individuen offenbar ganz unmittelbar, wohingegen die anspruchsvollen Inhalte eines »guten Lebens« auch mit einigem theoretischen Aufwand nicht so ohne weiteres zu vermitteln sind. Das ethisch verstandene gute Leben als »wertorientiertes Leben« kommt gegen das populäre Verständnis des guten Lebens als »Wohlleben« nicht an. Wer von sich sagt, er liebe das gute Leben, meint meist kein ethisch reflektiertes, sondern ein leichtes, angenehmes, sorgenfreies Leben, ganz dem »Positiven« zugewandt. Das kann zwar auch für den Begriff des schönen Lebens gelten, aber hier lässt sich aus dem populären Alltagsbegriff heraus ein Reflexionsbegriff des Schönen entwickeln.

Durchaus setzt die Rede vom Schönen zunächst beim anfänglichen, unreflektierten, gefühlsbestimmten *Alltagsbegriff* des Schönen an. Das Schöne auf diese Weise zu finden und zu empfinden ist unabdingbar, macht jedoch die Reflexion nicht überflüssig. Mit der subjektiv bestimmten, affektiv-ästhetischen Herangehensweise gelangt das Selbst auf seinem Weg zum Schönen nicht etwa schon am Anfang an ein Ende. Vielmehr erscheint es sinnvoll, das als »schön« Empfundene zu überdenken und im Denken zu befragen – nicht um es wieder zu verlieren, sondern über den unmittelbaren Eindruck hinaus mehr Gewissheit darüber zu gewinnen, was mit plausiblen Gründen und im Hinblick auf mögliche Konsequenzen für »schön« gelten kann, was nicht. Die kritische Selbstbefragung darüber geschieht im Selbstgespräch, jedoch auch im Gespräch mit anderen, vorausgesetzt, das Selbst stimmt der Befragung seiner selbst durch andere zu. Denn unhintergehbar ist seine Akzeptanz und seine Wahl: Auf einen Diskurs ist es nicht zu verpflichten, auch nicht darauf, Gründe für sein Schönes zu nennen. Um jedoch einen *Reflexionsbegriff* des Schönen zu gewinnen, kommt es auf ein kritisches Bewusstsein an, das im Prozess der Begründung erst entsteht und verhindern kann, der Verführungskraft des Schönen beliebig zu unterliegen.

Der kritische Begriff von Schönheit wird zum Kriterium für eine *Wahl*, die zu treffen ist; sei es eine alltägliche Wahl, die keine weiter reichende Bedeutung hat, oder eine existenzielle Wahl zwischen Alternativen fürs Leben; auch eine im engeren Sinne ethische, wertbestimmte Wahl, die über Gerechtigkeit und Ungerechtigkeit, Achtung und Missachtung der Würde anderer entscheidet. Denn diese Frage stellt sich in der Situation der Wahl: Was erscheint in *erster Näherung*, sodann aber *mit Gründen* als schön? Dem wäre zu folgen, was vollkommen bejahenswert, und das zu fliehen, was eindeutig verneinenswert erscheint. Im dilemmatischen Fall wäre entscheidend, was sich im Vergleich zwischen Alternativen noch als relativ bejahenswert erweist. Im tragischen Dilemma zwischen gleich schlechten Alternativen wäre ausfindig zu machen, was als weniger verneinenswert empfunden und beurteilt wird. Dem Kriterium des *Schönen* wird in jedem Fall der Vorrang vor Erwägungen oder gar Berechnungen des *Nützlichen* eingeräumt. Die Folgefrage erst wäre: Ist dies auch nützlich? Und selbst wenn der Frage des Nützlichen der Vorrang zukäme, dann beträfe jedenfalls die Anschlussfrage das Schöne: »Ist das, was nützlich ist, in meinen Augen auch schön?« So wird der Begriff des Schönen zum Inbegriff der Selbstmächtigkeit gegen den Übergriff der Nützlichkeit. Die Sorge um Schönheit ist in der Lage, die Denkweise und Ethik der bloßen Nützlichkeit zu konterkarieren. Vor allem über die Engführung der ökonomischen Nützlichkeit hinaus bringt sie eine alternative, wirkungsmächtige Kategorie ins Spiel, statt nur die Vernutzung menschlicher Verhältnisse zu beklagen und entsetzt zuzusehen, wie das Ökonomische sich aller Lebensbereiche bemächtigt. Die entscheidende Wahl trifft das Individuum selbst; ein mögliches Kriterium dafür aber ist die Annahme, dass wohl nicht im Nützlichen und ökonomisch Berechenbaren, sondern im Schönen der Sinn des Lebens zu finden ist.

Entscheidend ist die Perspektive des Selbst bereits für die Wahrnehmung von Alternativen und für das Schöne als Kriterium. Alltägliche wie existenzielle Lebensfragen, auch ethische Fragen im engeren Sinne wären daher zuallererst in Bezug auf sich selbst zu formulieren: Welche Möglichkeiten habe ich? Welche bevorzuge ich? Was sagt mir mein Gefühl, meine Überlegung, mein Gespür? Was will ich tun? Was soll für mich gelten? Was erscheint *mir* als schön und bejahenswert? Was ist das *Individuellschöne*? Das wäre im Umgang mit sich selbst erst zu klären. Ästhetische Ethik heißt nicht einfach nur Normen zu folgen, sondern auf individuelle Weise *Optionen* zu realisieren: Eine Ethik, die die Autonomie des Einzelnen ernst nimmt, kann nicht normativ, sondern nur *optativ* begründet sein. Ist aber, wenn so vieles von der individuellen Wahl abhängt, nicht das Schlimmste zu befürchten: die Aufhebung von Werten, von Demokratie und Menschenrechten? Wie soll der Übergang von der *individuellen* Ästhetik des Schönen, des Bejahenswerten, zur *allgemeinen* Ethik des Guten, der Werte möglich sein? Vorausgesetzt, dies erscheint erforderlich. Dafür allerdings gibt es gute Gründe, denn dies ist die heikle Frage der ästhetischen Ethik: Kann es für ein Selbst auch »schön« sein, andere unmäßig zu verletzen? Subjektiv kann dies in äußerster Zuspitzung so wahrgenommen werden, keine Norm, kein Gesetz, keine Sanktion kann daran etwas ändern. Und doch liegt es im Interesse des Selbst, sich gemeinsam mit anderen um eine Festlegung dessen zu bemühen, was über das Subjektive hinaus allgemein als »schön« gelten soll: Was ist das *Allgemeinschöne*? Die unmäßige Verletzung anderer kann nicht dazu gehören: Das folgt aus dem Eigeninteresse jedes Einzelnen, nicht seinerseits von anderen verletzt zu werden; dasselbe Interesse darf bei jedem anderen vorausgesetzt werden. So kommt es auf optativer Grundlage schließlich zu *normativen* und sanktionsbewehrten Festlegungen für ein *Wir*, die das »Unschöne«, wenn es dennoch geschieht, nicht noch legitimieren. Dort aber, wo der Prozess zur Festlegung von Normen längst stattgefunden hat, stellt sich für das Selbst im Nachhinein die Frage, ob die getroffenen Festlegungen akzeptabel und bejahenswert sein können. Wenn nicht, so ist vielleicht ein erneuter Diskurs darüber anzustoßen. Erscheint dies als zu anstrengend oder bleibt es ergebnislos, wird wohl der Stand der Dinge bis auf weiteres zu akzeptieren sein.

Sollte »Unschönes« denn nicht generell unmöglich gemacht werden? Die Versuchung ist groß, neben einer Lebens- und Haftpflichtversicherung auch noch eine Versicherung gegen ethische Unfälle abschließen zu wollen. Die wird es aber nicht geben, auch eine normative Ethik kann sie nicht bieten. Über demokratische Prozesse der Meinungsbildung und der allgemeinen Wahl ist lediglich eine gesellschaftliche *Prägung* der Auffassung von Schönem möglich. Ein Konsens wird kaum zu erreichen sein, da die Auffassungen von Schönem trotz allem individuell bestimmt bleiben. Würde ein Konsens erreicht, hätte er, wie schon in anderen Zusammenhängen, nivellierenden Charakter und würde Auseinandersetzungen mit dem Argument einer Wahrung des Konsenses unterbinden. Um »Unschönes« wirksam zurückzudrängen, kommt es vor allem auf die Aufmerksamkeit und

Wachsamkeit von Individuen an, die sich um eine ästhetische Ethik bemühen und damit zuallererst bei sich selbst ansetzen. *Individuelle* und *gesellschaftliche* Ebene sind dabei stets gegeneinander abzuwägen, denn es zeigt sich, dass eine angestrebte allgemeine Geltung regelmäßig strenger und weniger nachsichtig konzipiert ist als die individuelle Geltung nur für sich selbst. Und doch ist die Erarbeitung und Akzeptanz dessen, was für alle gelten soll, noch ein Bestandteil der Lebensgestaltung des Einzelnen. Normativität ist die Bindung der Verbindlichkeit, die nur vom jeweiligen Selbst eingegangen und festgehalten werden kann.

Schönes hat begründenden Charakter auch für das Gute im Sinne des Wertbestimmten. Das Schöne, das als Bejahens*wertes* verstanden wird, enthält in sich bereits die *Werte*, die durch Bejahung geschaffen werden, die Bestimmung dessen, was als schön und daher wertvoll erscheint. In der Bejahung durch Individuen haben Werte wie Freiheit, Gerechtigkeit, Menschenwürde, Menschenrechte ihren eigentlich tragenden Grund. Im Kontrast zu wohlfeilen Proklamationen handelt es sich dabei nicht um nur diskursiv behauptete, sondern um *existenziell begründete* Werte, vom Vollzug der Existenz beglaubigt, nicht immer offen zutage liegend, aber in Lebens- und Verhaltensweisen verborgen. Die Frage nach Werten lässt sich daher mit einer Wertsetzung beantworten, die individuell geschieht und zugleich zu einer gesellschaftlichen Wertsetzung beiträgt, um mit dem »Schönen« schließlich auch »Gutes« zu realisieren. Letztlich ist die *ästhetische Ethik* schon begrifflich ein Versuch zur neuerlichen Amalgamierung von Schönem und Gutem zum *Schönundguten*, ganz nach dem Vorbild der *kalokagathía* in der antiken Philosophie. So wird das schöne Leben auch zum wertorientierten Leben. Als solches kann es erneut ein Begriff für menschenwürdiges Leben sein, wie dies schon die Geschichte des »schönen Lebens« in der antiken Philosophie und seine Bedeutung in der abendländischen Tradition des Humanismus bezeugen. Eine Grundbedingung des schönen Lebens, ein wesentlicher Wert der ästhetischen Ethik aber ist Gerechtigkeit: Denn was wäre bejahenswert an einem Leben, in dem keine Gerechtigkeit erfahrbar wäre?

Sorge um Gerechtigkeit:
Von der Gerechtigkeit des Selbst gegen sich

Gerechtigkeit ist ein Grundproblem des Zusammenlebens von Menschen. *Dikaiosýnē* zu realisieren gilt in der *Nikomachischen Ethik* des Aristoteles als »vollendete Exzellenz« (*teleía aretē*), da sie den Zusammenhalt einer Gesellschaft bewerkstelligt. Seit jeher bemüht sich die Ethik um Lösungsvorschläge dazu, in der Politik werden Versuche zu ihrer Umsetzung gemacht. Gerechtigkeit ist jedoch zuallererst ein Problem des Selbst im Umgang mit sich selbst, insofern es in sich bereits eine ganze Gesellschaft birgt. Die herkömmliche Ethik ist in diesem Punkt ergänzungsbedürftig, die Umsetzung wäre eine Angelegenheit der Innenpolitik des Selbst. In keiner Weise ist die *Gerechtigkeit gegen sich selbst* zu verwechseln mit »Selbstgerechtigkeit«, die das alleinige Recht und Richtigsein des Selbst im Verhältnis zu anderen behauptet. Sie ist auch nicht etwa nur eine Dreingabe zur *gesellschaftlichen Gerechtigkeit*, sondern trägt wesentlich zu ihrer Realisierung bei. Denn wie könnte die Gesellschaft sich um eine Gerechtigkeit bemühen, deren Wert nicht im Umgang des Einzelnen mit sich selbst verankert wäre? In Platons *Staat* (443 c-e) erscheint die äußere Gerechtigkeit sogar als ein Abbild der inneren: Ein gerechter Mensch sei »sich selbst Freund geworden« und verhalte sich daher auch anderen gegenüber gerecht. Er hat die Teile seiner selbst in ein wohlwollendes Verhältnis zueinander gesetzt; seine Gerechtigkeit gegenüber sich selbst beruht auf einem Austarieren der verschiedensten Elemente in ihm, auf ihrem Zusammenfügen zu einem inneren Zusammenhalt, zur Wohlgeordnetheit der Kohärenz, und so ist er dazu auch in der äußeren Gesellschaft in der Lage.

Im Laufe der Zeit ist die *intrasubjektive* gegenüber der *intersubjektiven Gerechtigkeit* gänzlich vernachlässigt worden. Die Forderung, dem Selbst gerecht zu werden, wird längst nicht mehr an sich selbst, sondern an andere, an »die Gesellschaft«, »die Verhältnisse«, »das System« adressiert. Es könnte aber sein, dass das Unvermögen, für Gerechtigkeit im Umgang mit sich selbst zu sorgen, dazu führt, sie umso vehementer von anderen einzufordern.

Nach Gerechtigkeit in sich selbst zu fragen, würde dem gegenüber dazu beitragen, Sensibilität und Gespür für Gerechtigkeit, einen *Gerechtigkeitssinn* zu entwickeln und auf den Umgang mit sich ebenso wie auf den Umgang mit anderen und die Verhältnisse in der Gesellschaft zu beziehen. Die Ausbildung des Gerechtigkeitssinns bedarf der Aufmerksamkeit auf Zusammenhänge, die die Frage der Gerechtigkeit aufwerfen können; sie bedarf der Bereitschaft, aus den unterschiedlichsten Perspektiven blicken zu lernen, um die jeweiligen Sichtweisen kennen zu lernen; ferner einer Kenntnis von Gründen und Hintergründen, um erspüren zu können, in welcher Weise Ungleichheiten auszutarieren wären; sodann der Erfahrung im praktischen Einsatz, um mögliche Realisierungen von Gerechtigkeit zu erproben und ihre Stärken und Schwächen ausfindig zu machen; schließlich einer Reflexion der Erfahrung, um Schlüsse aus dem jeweiligen Gelingen oder Scheitern zu ziehen und das Gespür für Gerechtigkeit weiter zu verfeinern.

Im Bemühen um eine Gerechtigkeit des Selbst gegenüber sich selbst finden sich alle Probleme der intersubjektiven Gerechtigkeit wieder, alle möglichen Lösungen ebenso. Die Probleme resultieren nicht zuletzt daraus, dass dem Verlangen nach Gerechtigkeit im Inneren (wie im Äußeren) *Machtverhältnisse* zugrunde liegen. Nicht alle Stimmen im Selbst, nicht alle Gefühle, Ideen, Argumente haben gleiches Gewicht. Jede Stimme beharrt aber auf ihrem »Recht« der Gleichbehandlung, ja eigentlich Vorzugsbehandlung. Es bedarf der Klugheit des integralen Selbst, dieses *inneren Moderators*, mithilfe von Sensibilität und Gespür die unterschiedlichen Aspekte des Selbst, seine verschiedensten Seiten ins Gespräch miteinander zu bringen und jene wechselseitigen Zugeständnisse zu vermitteln, die für einen Ausgleich sorgen und das Zusammenleben neu begründen können. Fragen wären an sich selbst zu stellen: Ist es gerecht, wie ich mit meinem Körper umgehe, nicht nur insgesamt, sondern auch in Bezug auf seine zahllosen einzelnen und kleinsten Bestandteile? Ist es gerecht, Gefühle, oder spezifischer: dieses oder jenes Gefühl zu unterdrücken? Ist es gerecht, das Denken insgesamt oder genauer: diesen oder jenen Gedanken zu missachten? Ist das Verhältnis zwischen Körper, Seele und Geist auf gerechte Weise austariert? Jede Ungerechtigkeit, die von einer Seite des Selbst als solche empfunden wird, macht es schwierig, das integrale Ganze des Selbst aufrechtzuerhalten oder wiederherzustellen. Um sich selbst nicht Unrecht zu tun, sondern sich gerecht zu werden, käme es darauf an, eine Art und Weise des Zusammenlebens zu finden, die »jedem das Seine« zugestehen kann.

Aber was bedeutet das? Was soll der *Maßstab* für Gerechtigkeit sein? Es gibt verschiedene Vorschläge dazu. Welcher letztlich herangezogen wird, beruht auf einer Wahl des Selbst und einer Selbstverpflichtung, die nur vom inneren Moderator eingegangen werden kann – um seiner selbst willen, nicht einer äußeren Norm wegen. Die integrierende und moderierende Instanz kann sich als solche am besten dann erhalten, wenn sie sich selbst an Regeln bindet, die von allen Teilen und Aspekten des Selbst als gerecht anerkannt werden können. Den Rahmen dieser Regeln zu respektieren, wird zur Grundlage des Umgangs mit sich selbst. Ein möglicher Maßstab der inneren (wie äußeren) Gerechtigkeit ist sodann das *Prinzip der Fairness*: Fair erscheint, dass die Gesamtheit des Selbst von keinem seiner Teile allein besetzt wird, sei es vom Denken, von Gefühlen oder körperlichen Bedürfnissen, vielmehr jeder Teil sein Eigeninteresse zuweilen zurückstellt, um andere dadurch zum Zug kommen zu lassen. Zur Fairness trägt bei, wenn Privilegien, die von einem Teil des Selbst in Anspruch genommen werden, durch seine verstärkte Aufmerksamkeit auf andere Teile wieder ausgeglichen werden. Auch sollte kein Teil des Selbst das Resultat der Anstrengungen anderer für sich nutzen, ohne selbst seinen fairen Anteil dazu beizutragen. Fair wäre, sich nicht Dinge abzuverlangen, die so nicht zu realisieren sind, aus welchen Gründen auch immer: etwa nie Angst zu haben, nie zu lügen, nie sich zu widersprechen.

Ein der Fairness zugrunde liegendes Prinzip, Grundprinzip der intersubjektiven Gerechtigkeit in moderner Zeit, niedergelegt in Menschenrechtserklärungen und Verfassungen, ist das *Prinzip der Gleichheit*. Intrasubjektiv gewendet, stellt sich die Frage, ob von einer Gleichheit der Teile der Selbst ausgegangen werden soll, im Sinne einer Gleichheit der Rechte im Verhältnis zum integralen Selbst wie auch zueinander, Gleichheit der Ansprüche auf Aufmerksamkeit und Achtung, Gleichheit der Verteilung von Macht, Möglichkeiten, Chancen, Gütern und Lasten. Um jedoch nicht alle charakteristischen Unterschiede der Teile und Aspekte des Selbst zu verwischen, ist das Prinzip der Gleichheit zumindest hier und da durch das gegensätzliche der *Ungleichheit* zu ersetzen: Dem Teil des Selbst, der die größere Last etwa einer körperlichen Mühe auf sich nimmt, könnte auch eine adäquate Machtausübung im Selbst zugestanden werden. Auf unterschiedliche Anstrengungen könnte eine entsprechend ungleiche Verteilung von Genüssen antworten. Wie schwierig es ist, Gerechtigkeit zu erreichen, zeigt sich jedoch bei einer Verteilung der Lasten, für die der Schlüssel keineswegs offen zutage liegt. Wer trägt die Hauptlast etwa bei einer Anstrengung des Denkens: Das Denken selbst oder der vernachlässigte Körper? Das integrale Selbst muss versuchen, dem einen wie dem anderen gerecht zu werden.

Gerechtigkeit kann hergestellt werden durch die grundsätzliche Anerkennung von *Gleichberechtigung*. Aber selbst dann, wenn von einer Gleichberechtigung etwa des Denkens und der Körperlichkeit ausgegangen wird, ergibt sich eine entsprechende Praxis nicht schon von selbst, sondern bedarf der ausdrücklichen Aufmerksamkeit und asketischen Einübung alltäglicher Praktiken, auch eines »affirmativen Handelns«, einer systematischen Bevorzugung der benachteiligten Seite durch das integrale Selbst für eine gewisse Zeit. Schwierig wird dies bei der Frage, ob beispielsweise Gesundheit und Krankheit als grundsätzlich gleichberechtigt im Selbst betrachtet werden sollen – ernsthaft erörtert wird dies von Montaigne in seinem Essay »Über die Erfahrung«, und er kommt zu dem Schluss, man solle höflich mit seiner Krankheit umgehen, denn sie sei nun mal Bestandteil des Lebens und habe Bürgerrecht im Selbst; vielleicht werde sie heilsam sein, daher komme es darauf an, ihr nach Möglichkeit zu entsprechen und ihr gerecht zu werden. Ob auch *Chancengleichheit* zwischen beiden bestehen soll, ist eine andere Frage; für das Verhältnis von Denken und Körperlichkeit stellt sich diese Frage jedoch

in jedem Fall: Gibt es eine gerechte Verteilung von Möglichkeiten und einen Ausgleich von Nachteilen bereits im Möglich-
keitsfeld? Eine Antwort müsste auf die gleiche Ausbildung und
Entwicklung beider Seiten des Selbst zielen, sodass sowohl Denken wie auch Körperlichkeit Gebrauch von den erarbeiteten
Möglichkeiten machen können. Ein »affirmatives Handeln« käme wiederum der benachteiligten Seite zugute, um die jeweiligen Möglichkeiten zu verbessern; die bloß gedachte Bereitstellung gleicher Chancen sorgt nicht schon dafür, dass sie wirklich
genutzt werden können.

Gerechtigkeit kann ferner hergestellt werden durch *Tauschge-
rechtigkeit*: Eine forcierte Inanspruchnahme des Selbst etwa durch
das Denken könnte nach dem Prinzip von Geben und Nehmen
gegen eine zeitlich versetzte, verstärkte Aufmerksamkeit auf körperliche Bedürfnisse getauscht werden, denen zugestanden würde, gleichfalls für eine gewisse Zeit das Selbst für sich zu beanspruchen, um auf diese Weise Ausgewogenheit zu erreichen.
Eine *ausgleichende Gerechtigkeit* wiederum dient einem Ausgleich
struktureller Benachteiligungen, etwa einer körperlichen Beeinträchtigung, die nicht wieder gutzumachen wäre, deren Konsequenzen aber solidarisch vom gesamten Selbst getragen würden;
durch eine verfeinerte seelische Empfindung beispielsweise ließe
eine körperliche Beeinträchtigung sich wieder austarieren. Eine
Aufgabe der *Verteilungsgerechtigkeit* hingegen ist die Verteilung
knapper Ressourcen wie etwa der Aufmerksamkeit, auf die im
Umgang mit sich selbst wie mit anderen so vieles ankommt. Das
integrale Selbst hat umsichtig zu entscheiden, wann die Aufmerksamkeit auf wen oder was gerichtet wird, mit welcher Intensität und wie lange, und dies körperlich, seelisch und geistig,
in Bezug auf sich wie auf andere. Auch um *Verfahrensgerechtigkeit*
bemüht sich das integrale Selbst, um die Vorgehensweise auf dem
Weg zu einer zu treffenden Wahl allen Teilen seiner selbst transparent zu machen und allen betroffenen Aspekten und Affekten
eine Beteiligung am Prozess zu ermöglichen, Ideen aufzunehmen und vorgebrachte Bedenken zu prüfen. Da es keine äußere
Instanz gibt, an die gegebenenfalls appelliert werden könnte,
kommt alles auf die Bereitschaft des inneren Moderators an, sich

selbst an eine Verfahrensgerechtigkeit zu binden, angespornt immerhin von der Gefahr unkalkulierbarer Konsequenzen bei ihrer Verletzung. Und schließlich geht es um *Partizipationsgerechtigkeit*, um die Teilhabe eines jeden am gemeinsamen Leben zu gewährleisten: Auf der Ebene intrasubjektiver Gerechtigkeit wird daraus eine Forderung des Selbst an sich, möglichst keinen Affekt und keinen Gedanken außer Acht zu lassen, sondern die Teilhabe eines jeden am gesamten Selbst zu ermöglichen. Noch der kleinste Affekt würde wütend und artikulierte sich wild, wenn er sich ausgeschlossen wähnen müsste; zumindest will er »sich aussprechen«, bevor er sich wieder beruhigt.

Was aber Gerechtigkeit »eigentlich« ist, das lässt sich nicht, durch welche Verfahrensweise auch immer, definitiv und ein für alle Mal bestimmen. Auch Gerechtigkeit ist ein veränderlicher Begriff. Eine mehrtausendjährige, nachhaltige Arbeit an Begriff und Praxis hat nicht dazu geführt, die Frage der Gerechtigkeit zufrieden stellend zu beantworten. Dies lässt sich zu der pessimistischen These zuspitzen: *Gerechtigkeit ist unmöglich.* Und doch ändert sich damit nichts an der zentralen Aufgabe, Kohärenz innerhalb des Selbst wie in der äußeren Gesellschaft, in Familien, Gruppen, Schulen, Betrieben und ganzen Ländern mithilfe von Gerechtigkeit herzustellen, um zwischen Aspekten und Affekten des Einzelnen, zwischen Individuen und ganzen Gruppierungen die Verhältnisse auszubalancieren. Daher die pragmatische These: *Gerechtigkeit ist unverzichtbar.* Nur gänzlich befriedigende Resultate wird sie kaum je erbringen, und dies nicht nur wegen der notorischen Unvollkommenheit menschlicher Verhältnisse, sondern aufgrund unaufhebbarer Widersprüche: Anstrengungen zur Gleichstellung aller unterminieren die Freiheit des Einzelnen. Und die glücklich erreichte Gerechtigkeit in der Perspektive des einen tendiert zur Ungerechtigkeit in den Augen von anderen. Daher die skeptische These: *Gerechtigkeit erzeugt Ungerechtigkeit.* Es ist die Aufgabe des inneren Moderators, die Gesamtheit des Selbst durch die dreifache Problematik hindurchzulavieren. Nur so kann Gerechtigkeit, wenn überhaupt, auf den Weg kommen, und das Selbst vermag sich den profaneren Fragen der Lebensbewältigung zu widmen.

An irgendeinem Tag, einem Sonntag vielleicht, um die Folgen in Grenzen zu halten, lässt dieses Experiment sich anstellen: Einen Tag ganz ohne *Gewohnheiten* zu verbringen, denn Gewohnheiten sind lästig, sie halten Menschen vom wahren Leben ab, man muss sie hinterfragen und am besten ganz abschaffen. Gewohnheiten sind von gestern, das ist ihre Natur; sie sind starr, während für den modernen Menschen nur Flexibilität und Zukunft zählen. Endlich einmal »absolut modern sein«; schon vom Moment des Aufwachens an soll über alles neu entschieden werden. Nun aber kommt das Selbst nicht mehr aus dem Bett, denn ohne die gewohnte Prozedur ist erst neu zu überlegen: Aufstehen oder nicht, warum, wofür, mit welchem Fuß, mit welchem Risiko, und wann? Das raubt bereits den halben Morgen, und als es endlich überstanden ist, drängt bereits die nächste Frage: Was soll zubereitet werden, Kaffee oder Tee? Denn das Gewohnte ist ausgeschlossen. Kaum hat das Selbst auch diese Qual der Wahl hinter sich gebracht, kann es sich nicht für eine bestimmte Tasse entscheiden, denn es besitzt viele, und die eine, die deutliche Spuren ständigen Gebrauchs trägt, kommt nicht in Frage. Schließlich muss es kapitulieren. Die Gewohnheiten, so hat sich erwiesen, *entlasten von der Wahl*, die ansonsten pausenlos zu treffen ist. Zu Recht ist die moderne Zeit stolz darauf, eine Fülle von Wahlmöglichkeiten geschaffen zu haben; aber pausenlos zu wählen, stellt sich als zu anstrengend heraus. Nur dadurch, dass ein großer Teil des Lebens wie von selbst abläuft, lassen sich Kräfte auf den »Rest« konzentrieren. Nur Gewohnheiten sorgen für zeitweilige Erholung, ja mehr noch: Sie *ermöglichen ein Wohnen*, das als eigentliches Wohnen gelten muss, denn zu Hause ist das Selbst dort, wo das Leben vertraut ist und wo es sich geborgen fühlt; dafür aber sorgen Gewohnheiten. Vielleicht werden sie zuweilen übermächtig, daher sind sie – gewohnheitshalber – auch zu überdenken und aufzubrechen, soll das Leben nicht gänzlich in ihnen erstarren. Selbst eine Veränderung des Lebens kann jedoch nur gelingen, wenn sie wiederum in Gewohnheiten niedergelegt wird. So erscheint es angebracht, den Gewohnheiten dankbar zu sein, denn das Selbst verdankt ihnen das Leben. Sie zu pflegen, ohne jedes schlechte Gewissen, ist Teil des Selbstmanagements.

»Selbstmanagement«? Das Wort kann als störend empfunden werden: In einer Zeit, in der allerorten ein »Management« den Ton angibt, muss selbstredend auch das Selbst noch damit ausgestattet sein. Nicht zu leugnen ist die Gefahr einer Vernutzung des Selbst, mit »Zielformulierung« und »Leistungsbilanz«, »effektiv und effizient«, wie dies in Handbüchern des Selbstmanagements für die berufliche Karriere nachzulesen ist. Es droht die Illusion völliger Kontrolle, die weder in der Ökonomie noch im Lebensvollzug jemals zu erreichen ist. Das Selbst als eine Art von Wirtschaftsunternehmen zu betrachten, befördert allenfalls die Erfahrung von Sinnlosigkeit, die doch mit »Selbstmanagement« behoben werden soll. Dennoch kann etwas Sinnvolles darunter verstanden werden: Selbstmanagement als *Regierung seiner selbst*, als Organisation des Selbst und seines Lebens, mit der die Selbstsorge von Grund auf und im alltäglichen Leben realisiert werden kann. Dies betrifft zuallererst die Frage der Konstitutierung des Selbst, wie sie auch für die »Selbstmanagement-Therapie« (Frederick H. Kanfer, Hans Reinecker, Dieter Schmelzer, 1990) zentral ist, die zur Angstbewältigung und in vielen weiteren Lebenssituationen eingesetzt wird, dabei die alltäglichen Verhaltensweisen berücksichtigt, das Einüben von Fertigkeiten unterstützt, auf die Stärken des Selbst achtet, große Pläne in kleine Schritte zerlegt, auf ständig variierende Einflüsse und Hindernisse vorbereitet und dazu ermutigt, über eine »ausschließliche Beschäftigung mit der Vergangenheit« hinauszukommen. Teils in Überschneidung damit lassen sich unter dem Begriff des Selbstmanagements die einzelnen Stationen der *Selbstklärung* versammeln: Selbstfremdheit, Selbstaufmerksamkeit, Selbstgespräch, Selbstkenntnis, Selbstgestaltung, Selbstbefreundung, Sorge um den Spielraum der Freiheit und Orientierung seiner selbst an Wahrheit, Schönheit und Gerechtigkeit. Ferner alle Einzelheiten der Einrichtung des Lebens in Raum und Zeit, des »Wohnens« in jeglicher Hinsicht, der Bewältigung des Alltags und der Ausbalancierung des Lebens zwischen materieller, körperlicher, seelischer, geistiger Sorge.

Aber wird mit solchem Selbstmanagement nicht das »wahre Leben« abgetötet? Sollte wahres Leben nicht heißen, »wild und gefährlich zu leben«? Damit ist es allerdings nicht weit her, wenn die Bewältigung des Alltags und Einrichtung des Lebens unterschätzt wird, über die noch jede großartige Revolution menschlichen Lebens großzügig hinweggegangen ist: Die Gewohnheiten, die sich im Fortgang des Lebens und Zusammenlebens unvermeidlich von selbst einstellen, stehen der Wildheit entgegen. Die Lüste, die mit der Wildheit am meisten assoziiert werden, halten nicht vor, und so lässt sich ein Leben des Lustprinzips nicht nachhaltig genug realisieren. Nichts erscheint daher so fragwürdig wie der Gestus des Wilden und Gefährlichen. Wirkungsvoller dürfte sein, den *gewöhnlichen* Rahmen des Lebens zugrunde zu legen, der das *Ungewöhnliche* zu leben erlaubt; mit besonderem Augenmerk auf die Banalitäten und Trivialitäten, in denen das reale Menschsein zum Ausdruck kommt. Menschliches Leben scheint sich wesentlich im Banalen abzuspielen, anders ausgedrückt: Seine Substanz liegt in der Akzidenz. Wer dies ignoriert, läuft Gefahr, im Lebensvollzug darin zu versinken. Besser erscheint es, der Einrichtung des Lebens Rechnung zu tragen, »und im Kleinsten und Alltäglichsten zuerst«, wie Nietzsche fordert (*Fröhliche Wissenschaft*, 299). So ist der äußere Rahmen zu gewährleisten, der das Selbst auch dann noch zu halten vermag, wenn der Wellengang des Lebens stürmisch wird. Mit der Frage nach den Zusammenhängen, die für die Einrichtung des Lebens und Zusammenlebens von Grund auf von Bedeutung sind, gewinnt das Selbstmanagement schließlich eine philosophische Dimension.

Die philosophische Methode, diesen Zusammenhängen nachzugehen, besteht darin, sie einfach als abwesend zu behandeln, sei es im Denken oder im experimentellen Lebensvollzug, um sich »auszumalen« oder konkret zu erfahren, worin ihre Bedeutsamkeit besteht, denn in der Entbehrung zeigt sich Bedeutung. So erwies sich schon der *Sinn von Gewohnheiten*, und das Selbst kann nun dazu übergehen, sie einzurichten, den Pflock einer Gewohnheit in den Boden zu schlagen, an dem es sein Leben anbinden kann und um den herum das Leben sich selbst organisiert; eine wertvolle Hilfe vor allem in schwieriger Zeit. Gewohnheit und Ritual erweisen sich als unentbehrlich bei der Einrichtung des Lebens, um es nicht unentwegt neu reflektieren zu müssen, und dies gerade dann, wenn das Denken wie betäubt ist, überfordert damit, das Leben zu orientieren, das dennoch zu leben ist. Fühle ich mich verlassen von aller Welt, ist das Leben sinnlos, die Welt ein Nichts? Das zu beurteilen ist jetzt nicht die rechte Zeit, besser wäre, die Zeit zu überbrücken, bis das Leben sich wieder zu finden vermag und die Situation sich in Ruhe überdenken lässt. Das leisten Gewohnheiten und Rituale, vorausgesetzt, es steht ein Wissen von ihrer Bedeutung, von ihrer Einrichtung und Pflege bereit. Dass ein Wissen von der *autonomen* Ritualisierung des Lebens nie vermittelt worden ist, dass Rituale lange und in hohem Maße *heteronom*, traditionell, konventionell, religiös bestimmt worden sind, erweist sich nun als hinderlich.

Mit dem Wohnen in Gewohnheiten wird zugleich ein *Ort des Wohnens* im engeren Sinne definiert: Bestandteil des Selbstmanagements ist ein *Raummanagement*, unumgänglich in moderner Zeit, in der jede traditionelle räumliche Bindung aufgelöst wird, das Leben im *Irgendwo* des Transitraums jedoch nur begrenzt lebbar ist. Die *Festlegung des Wo*, des Ortes oder der Orte des Selbst ist eine Methode der Selbstgestaltung: Jede Festlegung wirkt prägend auf das Selbst zurück, das vom räumlichen und somit sozialen Umfeld nachhaltig gestaltet wird. Mit dem Leben im jeweiligen Raum, auch im Transitraum, sind unterschiedliche Ausformungen des Selbst verbunden, und das gilt erst recht für den spezifischen Ort, an dem die Wohnung konkret eingerichtet wird. Eine Fundamentalwahl ist zu treffen zwischen der Gestalt des *sesshaften Selbst*, das am definierten Ort, des *nomadischen Selbst*, das beim ständigen Unterwegssein, und des *Schaukel-Selbst*, das beim stetigen Pendeln zwischen verschiedenen Orten entsteht. Mögliche Kriterien für die Wahl sind die berufliche Notwendigkeit oder aber die Faszination, der Folge geleistet wird; auch die Tradition, deren Fortdauer oder Wiederherstellung zum möglichen Gegenstand der Wahl wird. Eine Festlegung des Ortes sorgt dafür, nicht ohne Unterlass wählen zu müssen, wo das Selbst sich nun gerade aufhalten soll. Ist dies eine Rückkehr zur »Normalität«, ein Widerspruch zur Modernität? Aber die Sehnsucht nach Normalität in moderner Zeit ist anders nicht zu stillen. Wenn alles möglich, alles erlaubt, nichts definiert ist, wird es zum seltenen Glück, einen definierten Ort zu definierter Zeit in definiertem Rahmen aufsuchen zu dürfen, um in dessen Vertrautheit und Geborgenheit ein wenig Atem schöpfen zu können. Vorbei die Zeit, in der die »Überschätzung der Frage, wo man sich befinde«, noch der »Hordenzeit« nachgesagt werden konnte, »wo man sich die Futterplätze merken musste« (Robert Musil, *Der Mann ohne Eigenschaften*, 1930-1933).

Neben dem Raummanagement ist das *Zeitmanagement* unverzichtbarer Bestandteil des Selbstmanagements. Bereits die Wahl des Ortes gerät zu einer Wahl auch der Zeit, die eine andere ist in dieser oder jener Kultur, in der großen Stadt, in der Kleinstadt oder »auf dem Lande«. Vor allem aber geht es um die *Einteilung der Zeit*, für die es eine Option ist, »in den Tag hinein zu leben«, womöglich aber die Erfahrung zu machen, dass unerledigte Aufgaben sich stapeln, auch wenn manches sich von selbst erledigt. So kommt es zur ergänzenden Option einer genaueren Einteilung des Tages, der Wochen, des Jahres, um dem ewigen *Irgendwann* gelegentlich ein *Datum* zu geben; dabei allerdings kann ein Kalender hilfreich sein: Eine zeitliche Erstreckung in räumlicher Gestalt vor sich zu sehen, erleichtert die Verteilung des Tuns im Hinblick auf ein Ziel, gerade wenn es zeitlich fern liegt. Die chronologische Aufteilung etwa einer Arbeit ermöglicht eine Dosierung von Kraft und eine Gelassenheit des allmählichen Vorgehens Schritt für Schritt. Wenn aber doch einmal zu viel zugleich zu erledigen ist? Dann bleibt nur, rigide auszuwählen und bereitwillig zu verzichten, denn notwendig ist nur eins: *zu leben*, stoischer Ankerpunkt im Rumor der Anforderungen. Heißt Zeitmanagement nicht, das Wesentliche vom Unwesentlichen zu unterscheiden? Aber allzu häufig liegt das Wesentliche im Unwesentlichen; Letzterem zeitweilig den Vorzug zu geben verschafft Muße und macht Mut, sich an Ersterem zu versuchen. Im entstehenden Freiraum sortieren Prioritäten sich von selbst und ein methodisches Vorgehen lässt sich gedanklich vorbereiten. Das Zeitmanagement ermöglicht ein *Atmen* zwischen den verschiedenen Formen des Umgangs mit der Zeit: zwischen Anstrengung und Muße, beschleunigter und verlangsamter Zeit, linearer und zyklischer Zeit, verdichteter und durchlässiger Zeit, bestimmter und unbestimmter Zeit, erfüllter und leerer Zeit. Es macht die *goldenen Stunden* ausfindig, in denen eine Arbeit wie von selbst von der Hand geht, die zu anderer Zeit nur mühsam und schleppend zu leisten ist. Es macht die *purpurnen Stunden* möglich, die allein dem Genuss des Lebens gewidmet sind. Und es verhilft dazu, geizig mit den Stunden umzugehen, um sie bei anderer Gelegenheit zu verschenken, und je knapper die Zeit, desto bedeutsamer diese Geste: Zeit zu schenken, auch geschenkt zu bekommen. Zeit zu geben, sich selbst, einem anderen, einer Sache, einem Gedanken, wird zur Aufmerksamkeit, die sich wählerisch dosieren lässt; der Maßstab dafür ergibt sich aus den Eckpunkten des Kern-Selbst. Die Details der Zeitkontenführung lassen sich dann einem Zeitmanagement-Buch entnehmen. Sofern dafür noch Zeit ist.

Zur Aufgabe der Regierung seiner selbst im Rahmen des Wohnens in Raum und Zeit wird schließlich die *Bewältigung der Alltäglichkeit*. Souverän ist, wer mit dem Alltag zurechtkommt. Alltag ist der Ausnahmezustand, der zur Regel geworden ist. Die Souveränität besteht darin, die Regel beibehalten oder abändern zu können, in jedem Fall jedoch den Alltag ernst zu nehmen, um mit ihm zurechtzukommen und nicht in ihm unterzugehen, sofern nicht gerade dies die gewünschte und gewählte Existenzform ist. Anstelle eines *Irgendwie* erfordert dies die *Festlegung der bestimmten Art und Weise*, des individuellen Stils, das Gewöhnliche und Immergleiche zu handhaben, das oft mit Abschätzigkeit und Missachtung bedacht wird – womit aber noch nichts davon bewältigt ist. Hilfreich ist die Erforschung der Bewältigung des Alltags durch die »Soziologie alltäglicher Lebensführung« (Margit Weihrich, G. Günter Voß), aufmerksam auf die Regelmäßigkeit des Gewohnten, die stets wiederkehrenden Auseinandersetzungen, die immer gleichen Besorgungen als alltäglicher Erscheinungsform der Sorge, die kreative Bewältigung unvorhergesehener Situationen. In der bedrohlichen Unüber-

sichtlichkeit der Welt ist der Alltag die schützende Höhle, über-
wölbt von der Vertrautheit des Gewohnten, gelegentlich durch-
brochen vom Ungewohnten, das gesucht wird oder ungefragt
hereinbricht, unweigerlich aber durch Wiederholung und Regelmäßigkeit erneut zum Alltag wird. Schicksal des Alltags: Ihn
zu stören, wird gerne vermieden, aus Angst, das Leben abseits der
gewohnten Bahnen nicht leben zu können; zugleich wird die
Eintönigkeit des Gewohnten als störend empfunden, sie gilt als
ursächlich dafür, das Leben nicht mehr zu spüren. Denn was groß
ist, macht der Alltag klein. Was von Bedeutung ist, lässt er in
Bedeutungslosigkeit verschwinden. Die Schwerkraft des Alltags
zieht alles zu sich herab, dagegen ist kaum anzukommen. Ratsa-
mer als die Illusion einer völligen Befreiung davon erscheint, das
alltägliche Leben erträglich einzurichten und gelegentliche Aus-
brüche und Abwechslungen dennoch nicht zu scheuen. So lernt
das Selbst Abweichungen in sich zu integrieren und den Sinn des
Alltäglichen in dessen Entbehrung für sich zu erschließen.

Zentral für die Bewältigung der Alltäglichkeit ist die *Haushaltsführung*. Selbstmanagement heißt, all das zu organisieren, was
fürs Leben erforderlich ist, es nicht bei einem *Irgendwas* zu belassen, sondern *festzulegen, was zu tun ist*, welche Dinge zu beschaffen und zu erledigen sind. Offensiv ist die Haltung, den alltäglichen Dingen Bedeutung zu geben, eine Beziehung zu ihnen
einzugehen und sie sich zu Eigen zu machen. Defensiv ist die
Haltung, sie zu entwerten und zu missachten – was letztlich aber
nur den Aufwand an Selbstüberwindung steigert, sich dennoch
mit ihnen befassen zu müssen. Auf die Befassung zu verzichten,
ist eine Option, die das Selbst entlastet, nicht aber andere. Haushaltsführung im weiteren Sinne ist die *Produktion*, die Herstellung
und Beschaffung der materiellen Ressourcen für die alltägliche
Lebensführung, für die Gestaltung der Rahmenbedingungen und
Möglichkeiten des alltäglichen Lebens, vorweg für die Einrichtung des Raumes und die Einteilung der Zeit. In Anspruch
genommen wird der Begriff des Haushalts jedoch vor allem von
der Haushaltsführung im engeren Sinne, der Arbeit der *Reproduktion*, durchzogen und getragen von einem Set an Praktiken
und automatisierten Gesten zur Besorgung von Nahrung und

Kleidung, zur Pflege der Dinge und der Beziehungen, zur gesamten Sorge um die körperlichen, seelischen und geistigen Ressourcen, die unverzichtbar zur Regeneration der Kräfte sind, durch die die Arbeit der Produktion erst ermöglicht wird. »Den Haushalt zu machen« ist der alltägliche Kampf gegen das Chaos der tausend Dinge, gegen deren Eigendynamik kaum anzukommen ist. Der Haushalt ist kein Reich der *Autonomie*, sondern eines der *Heteronomie*, dominiert von der zufälligen Konstellation der Dinge, von denen das Selbst bedrängt wird und in deren Durcheinander es nur mit Mühe Inseln der Muße und der selbstbestimmten Tätigkeit freizuschaufeln versteht. Aber es ist diese Arbeit, die das Innenleben des Selbst ebenso wie die im äußeren Leben unentwegt auseinander driftenden Einzelnen zusammenhält, sodass ein Zusammenleben erst gestaltet werden kann.

Haushaltsführung ist zudem die ungeliebte, »unproduktive« *Verwaltung des Lebens*: all das Ein-, Auf- und Umräumen, all die Kommunikation mit Institutionen und Behörden, all die Regelung von Finanzen, Miet- und Steuerzahlungen, Versicherungen und Versorgungen und vielem mehr. Diesen Dingen des Lebens eine gewisse Ordnung zu geben, zeitlich und räumlich, und sei es nur gerade so viel, dass das Selbst in den überhand nehmenden Anforderungen nicht erstickt, erweist sich als hilfreich. Die Ordnung der alltäglichen Dinge kann eine chaotische sein, entscheidend ist lediglich, dass das Selbst sich darin zurechtfindet; und vielleicht ist ausgerechnet die unsystematische Systematik am besten zur Hand, da sie organisch gewachsen ist. Meist folgt die Ordnung einer Logik, die kaum zu erklären ist, hervorgehend aus Zufällen, Vorlieben und Abneigungen. Ihre Funktion ist keiner Rationalität verpflichtet, sondern einer Einrichtung des Lebens, die dem Selbst die Selbstvergessenheit erlaubt, mit der die lästige Arbeit besser zu bewältigen ist. Eine mögliche Regel der Ordnung ist der Verbleib der Dinge an ihrem *lebenslogischen Ort*. Lebenslogisch ist der Ort, an dem sie erfahrungsgemäß zuerst gesucht werden. Den Dingen des Lebens, die regelmäßig unauffindbar sind, lässt sich auf diese Weise ein Ort zuweisen, von dem her sie geholt und an den sie ohne Umweg auch wieder zurückgebracht werden; ein Ort, der nicht, auch nicht für einen Moment, gewechselt wird. Allerdings ist Ordnung von Grund auf eine Option, keine Norm: Will das Selbst sich die Spannung und Überraschung, wo die Dinge momentan zu finden sein könnten, erhalten, ist irgendwelche Ordnung nur hinderlich.

Wenn all diese Arbeiten aber zu mühsam sind, erst recht, wenn die Auseinandersetzung mit anderen über die Aufteilung der Haushaltsführung nicht zu schlichten ist – erscheint es dann nicht sinnvoll, Dienstleistungen und *Service* in Anspruch zu nehmen, um die Einrichtung des Lebens und Bewältigung des Alltags auf diese Weise zu bewerkstelligen? Abgesehen von den dafür nötigen »Ressourcen«, wäre lediglich darauf zu achten, dass die *Selbstbestimmung*, die im Selbstmanagement erkennbar ist, nicht unversehens einer *Fremdbestimmung* zum Opfer fällt. Denn zweifellos ist es verführerisch, sich bedienen zu lassen; zweifellos können die Annehmlichkeiten der *Servicegesellschaft* Teil einer gelassenen Lebensführung sein. Aber Service bringt keineswegs nur einen Gewinn etwa an Zeit, sondern möglicherweise auch einen Verlust mit sich: eine Enteignung des Lebens, die schleichend geschieht und zugleich weiter geht als jede Enteignung jemals zuvor. Die Erwartungshaltung wächst ins Uferlose und lässt von einer Welt träumen, in der sämtliche Verhältnisse nur noch dem Selbst dienstbar sind. Die Reibungslosigkeit, die bei Serviceleistungen erwartet wird, hat viel mit Perfektion, aber nichts mehr mit Leben zu tun. Was übrig bleibt, ist keineswegs das reine Leben, sondern kein Leben. Selbst die Inanspruchnahme von Dienstleistungen bedarf einer Festlegung des *Maßes*, das sich als lebbar erweist. Eine Haltung des bloßen *Anspruchs*, der geltend gemacht wird, wäre durch eine der *Anstrengung* auszutarieren, die wieder selbst unternommen wird, denn ein Leben ohne jede Anstrengung, ohne eigene Bewältigung von Schwierigkeiten, unterliefe das Lebensgefühl auf profunde Weise. Das Selbst, das sich nichts zumutet, kann seine Möglichkeiten ebenso wenig wie seine Grenzen erfahren und empfindet das eigene Leben schließlich als etwas Äußerliches. Die umstandslose Wunscherfüllung auf Schritt und Tritt macht nicht glücklich, sondern begründet ein neues Unglücklichsein: Wer stets nur Service in Anspruch nimmt, behält sich lediglich die

Rolle des Mäkelns und Naserümpfens vor. So erzeugt die Servicegesellschaft ein verdrießliches Selbst, dessen entstehender Lebensverdruss selbst (bis auf weiteres) nicht wieder per Dienstleistung aufzufangen ist. Einstweilen aber macht die Servicegesellschaft noch einige elektronische Fortschritte, mit neuen Möglichkeiten, Eigentümlichkeiten, Schwierigkeiten.

Das elektronische Subjekt: E-Mail, E-Life, E-Government

Ankunft in einer fremden Stadt, Abruf des *E-Mail-Accounts*: Die elektronische Post ermöglicht die Lebensform des E-Nomaden, der mit aller Welt verkehrt, während er sie durchquert. *Grenzenlose Kommunikation*: Das ist der Gewinn der virtuellen Welt. Ganz bei sich zu sein und zugleich aus sich herauszugehen: In Transiträumen wie auch am definierten Ort des Wohnens begünstigen E-Mail und Internet die Lebensweise eines stoischen Rückzugs in sich selbst, während die Kommunikation mit aller Welt aufrechterhalten werden kann. Die elektronische Post erweist sich als das ideale Mittlere zwischen Brief und Telefongespräch, zwischen der Mühe, die es macht, per Hand oder Maschine eine Seite zu füllen, und der Leichtigkeit, mit der etwas »nur mal schnell durchgerufen« wird. Sie geht leicht von der Hand, aber sie bricht nicht unvermittelt und zur Unzeit in die Welt eines anderen ein wie das Telefonat, das zur spontanen Reaktion nötigt, jetzt, plötzlich, ohne Verzug. So ist eine Form der Kommunikation entstanden, die den Raum lichtschnell durchquert und die Beteiligten in ihrer Zeiteinteilung dennoch frei sein lässt: Der virtuelle Briefkasten wird geöffnet, wann immer es passt. Und doch ist der unbestreitbare Gewinn erneut mit einem unwiederbringlichen Verlust verbunden: Anders als der Brief, der mit charakteristischer Schrifttype oder Handschrift abgefasst ist, kennt die E-Mail nur das standardisierte Schriftbild, das auf dem jeweiligen Bildschirm erscheint; ein Verlust des Persönlichen in der unscheinbaren äußeren Form. Was bleibt, ist die nackte Information und Kommunikation, ohne Sinnlichkeit des vom Absender ausgewählten Papiers, dessen haptische Qualität, dessen Duft. Der Blick fällt auf keine exotische Briefmarke mehr.

Woher die Mail kommt, ist ihr äußerlich nicht anzumerken. Niemand ahnt, unter welchen Umständen sie geschrieben worden ist. Sie transportiert keine Spuren außer denen der Sprache selbst, die aber in der Eile der Kommunikation kaum wahrgenommen werden.

Während bei einem Brief jede Aussage überlegt und in Gedanken erprobt wird, verführt die Leichtigkeit, mit der die E-Mail geschrieben werden kann, zum Leichtsinn, zum unüberlegten Ausdruck, zu einer Direktheit ohne Rücksicht auf den Adressaten, zu einem rasch hingeworfenen Text, dessen Flüchtigkeit vom Empfänger nicht als Wertschätzung seiner Person begriffen werden kann. In verschiedener Hinsicht werden im elektronischen Verkehr *Grenzen der Kommunikation* erfahrbar, die das Selbst auf neue Weise zurückwerfen auf sich selbst: Besteht das Leben etwa darin, mit wachsenden Fluten der elektronischen Korrespondenz fertig zu werden? Eine Standardisierung von Antworten liegt nahe, mithilfe selbst lernender Systeme, die die Effizienz der E-Mail-Bearbeitung steigern – bis zum gehobenen Anrufbeantwortereffekt, dass nur noch Maschinen kommunizieren. Erschwert wird die Kommunikation ausgerechnet durch ihre Erleichterung; von ihrer Beschleunigung wird sie zum Stillstand gebracht. Gerade in der Konsequenz ihres Gebrauchs ist sie anfällig für ihre Zersetzung: *Technische* Zersetzung aufgrund der Anfälligkeit für »Viren«, die mit jeder E-Mail, wie mit jedem Atemzug in der realen Welt, aber ungleich epidemischer, in die Welt des Selbst eindringen können. *Menschliche* Zersetzung aufgrund der Gewissheit, dass, anders als beim Brief, jede private Kommunikation im Zweifelsfall öffentlich ist. *Geschichtliche* Zersetzung, denn eine künftige Zeit wird sich fragen, warum die Menschen der elektronischen Epoche so wenig miteinander kommunizierten: Alles wird gespeichert, nichts davon wird aufbewahrt; die Zeit der Briefsammlungen ist unwiderruflich dahin.

Die *Cyberhaftigkeit* des Lebens kann mit dessen überkommener Zauberhaftigkeit nicht konkurrieren und ist doch nicht zu umgehen. *E-Life, elektronisches Leben*, ist der Alltag des Menschen im 21. Jahrhundert. Es erfordert, sich im virtuellen Raum bewegen zu lernen, der dem Selbst als zweidimensionale Fläche des

Bildschirms entgegentritt, hinter dem dennoch ein vierdimensionaler Raum der Vernetzung sich aufspannt, bevölkert von Menschen, ihren Beziehungen und Machtverhältnissen. Das elektronische Netz kann dazu dienen, das Netz der persönlichen Beziehungen im engeren und weiteren Umkreis und letztlich planetenweit zu knüpfen und zu pflegen. Die unter diesen Vorzeichen entstehende Weltgesellschaft ist die umfassendste *Polis*, die es je gegeben hat; ihr Marktplatz ist das Internet. Will das Selbst sich in Gesellschaft begeben, muss es sich mit diesem Marktplatz vertraut machen, auf dem in jedem Moment, ohne auch nur einen realen Schritt aus dem Haus tun zu müssen, Menschen in der Nähe oder in weiter Ferne sich für ein virtuelles Gespräch finden lassen. Am lebhaftesten ist dies erfahrbar in *Chat-Rooms*, den virtuellen Räumen des Plauderns und Diskutierens, in Form von Fach-Chats, Fun-Chats, Flirt-Chats, die rund um die Uhr betreten und verlassen werden können; ein Wohnen in Raum und Zeit von noch ganz anderer Art. Sich in diesen Räumen umsichtig zu bewegen, bedarf der Ausarbeitung einer *virtuellen Sensibilität*, denn die mögliche Schnelligkeit, die Abwesenheit des Gesichts anderer, auch ihrer Stimme, verführt zur Impulsivität und gänzlichen Formlosigkeit des Umgangs mit ihnen, ohne Rücksicht darauf, wie das Selbst bei ihnen »ankommt«. Nicht von ungefähr wird immer wieder, wenn auch stets vergebens, ein »Knigge« fürs Netz zu erstellen versucht; nicht zufällig vorneweg die alte goldene Regel in neuer Form: »Begegne anderen Chattern mit Respekt und Höflichkeit. Dann werden auch sie dich respektieren und höflich behandeln.«

Vor allem aber bedarf das Selbst einer virtuellen Sensibilität im Umgang mit sich selbst, will es nicht zum »Chat-Junk« werden oder der »Online-Sucht« anheim fallen. Eine *virtuelle Selbstbeziehung* ist möglich geworden, bei der das Selbst sich wesentlich über den Umgang mit elektronischen Medien definiert. Offenbar liegt es nahe, das eigene Leben zunächst ins Netz zu integrieren, nicht so sehr das Netz ins Leben, und so wird das Selbst zum *Cyborg*, zum »kybernetischen Organismus«, der sich in endlosen Verknüpfungen, in Myriaden von Möglichkeiten der Information und Kommunikation verliert, die pausenlos verfügbar sind, deren verführerische Präsenz jedoch jede Wirklichkeit unterläuft. Ist der Raum der Möglichkeiten im gewöhnlichen Leben noch überschaubar, so kennt er im virtuellen Raum keinerlei Maß. Jede Form des Umgangs mit sich wie mit anderen scheint zu zerbrechen in der Konfrontation mit dem unendlichen Raum der Information, dessen Ausdehnung räumlich nicht sichtbar, dessen Erstreckung körperlich nicht erfahrbar ist; jedes Gefühl für Raum und Zeit geht darin verloren. Ein historischer Präzedenzfall für diesen Raum ist der *Raum der Phantasie,* auf dessen Umsetzung in den *Raum der Technologie* das Selbst jedoch nicht vorbereitet ist, zu sehr ist es noch an die natürliche Begrenztheit der Bewegung in wirklichen Räumen gewöhnt, begrenzt von Bedingungen des Raumes und der Zeit. Denn es kostete Zeit und eine ganze Wegstrecke war zurückzulegen, um beispielsweise eine Bibliothek aufzusuchen, Bücher zu bestellen und Informationen in ihnen zu finden. Im Internet bedarf es dazu nur einiger Klicks, die harmlos erscheinen, es in der Summe aber nicht sind: Sie ziehen das Selbst hinein in diesen virtuellen Raum, und sein Verschwinden darin ist eine reale Gefahr, sofern nicht ohnehin wissentlich und willentlich danach gesucht wird. Das Selbst muss sich unter veränderten Bedingungen erst neu finden, sofern es seiner selbst noch bedarf und nicht der ekstatischen Erfahrung im uferlosen Netz gänzlich sich hingibt.

Ein Können des Umgangs mit sich im virtuellen Raum steht nicht einfach schon bereit, sondern ist vom jeweiligen Selbst erst zu erproben und einzuüben. Das erfordert seine ganze Aufmerksamkeit und eine asketische Arbeit am *virtuellen Maß,* um den Umfang an Bewegung im virtuellen Raum ausfindig zu machen, der ihm zuträglich oder gar förderlich ist. Virtuos ist das Selbst, das im virtuellen Raum zügig unter Möglichkeiten zu wählen versteht, sich auf die gewählten Möglichkeiten konzentriert und den verpassten Möglichkeiten nicht allzu lange nachtrauert. Eine verlässliche alltägliche Wirklichkeit ist dem maßvollen Umgang mit virtuellen Möglichkeiten förderlich. Daher kommt es darauf an, dem Raum des Alltags, seiner Zeiteinteilung, seinen Gewohnheiten die Bedeutung zuzumessen, die dem formlosen virtuellen Raum und seiner unstrukturierten Zeit einen haltenden

Rahmen bieten kann. Als misslich erweist sich die notorische Unwohnlichkeit, die sich im Umfeld der Maschinen der Informationstechnologien regelmäßig breit macht: ein Signum dafür, dass die *äußere Welt* denjenigen, die in die *innere Welt* des Internet eintauchen, unerheblich erscheint; ein Beleg dafür, dass es sich bei der virtuellen Welt um einen neuerlichen Triumph des Cartesianismus handelt – alle Informationstechnologie ist eine Erscheinungsform der *res cogitans*, des reinen Denkens, für das die Umwelt und Umgebung der *res extensa*, der ausgebreiteten Welt, in der Bedeutungslosigkeit versinkt. Selbst die Beziehungen zwischen Menschen werden »cartesianisch«, unkörperlich, und dies keineswegs nur im virtuellen Raum, sondern auch im realen Umfeld.

Entscheidend wäre, der Einrichtung des Lebens in der *realen*, äußeren Welt einige Aufmerksamkeit zu widmen. Aus ihr heraus und auf sie zurückbezogen könnte das Selbst sich sodann in der *virtuellen*, inneren Welt ausprobieren, mit verschiedenen »Identitäten« im Netz experimentieren, sich über seine Phantasievorstellungen, seine Aussagen und seine Reaktionen auf die Aussagen anderer definieren, ohne sich dabei zu verlieren. Virtuelle Elemente ließen sich in die *Integrität des Selbst* einbeziehen, auf kalkulierte Weise wären sie zur Selbstgestaltung einzusetzen, sodass die Virtualität zum Bestandteil der Selbstsorge und des Selbstmanagements würde. Im virtuellen Gespräch mit anderen kann das Selbst das *Selbstgespräch* führen, das seiner Selbstklärung dient, denn inspirierend und hermeneutisch ergiebig kann dafür auch der elektronische Austausch sein – sofern der *wirkliche Austausch* mit anderen, mit all seinen scheinbaren Äußerlichkeiten der Mimik, Gestik, Bewegung, Kleidung nicht vernachlässigt wird. Mit dem gefundenen Maß wird die virtuelle letztlich wieder zu einer *wirklichen Selbstbeziehung*, ausgestattet mit neuerlicher Aufmerksamkeit auch auf den Körper, der unter der Dominanz des Virtuellen am meisten zu leiden beginnt. Auch im virtuellen Raum werden die Anstrengungen zur Selbstbefreundung nicht überflüssig, und auch hier stellt sich die Frage nach einer Gerechtigkeit im Umgang mit sich selbst.

So kommt es zum *Informationsmanagement* und zur Regierung

seiner selbst mithilfe elektronischer Kommunikation im virtuellen Raum. »E-Government« ist nicht nur eine Angelegenheit der Regierung und Verwaltung von Ländern und Gemeinden, Konzernen und Betrieben mithilfe elektronischer Kommunikationsmittel, sondern auch der Haushaltsführung des Selbst, zunächst im weiteren Sinne: Die Virtualität erlaubt, die *Produktion* materieller Ressourcen ortsunabhängig zu betreiben und ihre Effizienz am Bildschirm beträchtlich zu steigern. Virtuell gewonnene Informationen lassen sich heranziehen zur Gestaltung des Lebens, seiner Rahmenbedingungen, seiner Möglichkeiten. Neue Möglichkeiten sind per Zufall oder aber durch systematische Suche, durch Bildung und Weiterbildung mit elektronischer Hilfe zu entdecken und zu erschließen. E-Government meint jedoch ebenso die Nutzung virtueller Mittel zur Haushaltsführung im engeren Sinne der *Reproduktion*, bis hin zum »intelligenten«, vernetzten Haus, in dem mit Mikrocomputern kleinster Dimensionen der Alltagsgebrauch der Elektronik erprobt wird – soweit nicht eine Enteignung von Leben damit einhergeht. Für die Verwaltung des Lebens, für Besorgungen, Erledigungen, Kontoführungen ist der virtuelle Raum brauchbar – vorausgesetzt, das Selbst vermag seine persönliche Ordnung der virtuellen Dinge zu finden, vielleicht auch hier mithilfe der Grundregel des »lebenslogischen Ortes«, um nicht in der unkontrollierten Flut der Informationen unterzugehen.

Allerdings kann es sich nicht nur elektronischer Hilfe bedienen, um sich und sein Leben *selbst zu regieren*, sondern es wird auch *elektronisch regierbar* – jede seiner Lebensregungen wird mithilfe von »Cookies«, »Spyware« und dergleichen nachvollziehbar. »E-Government« ist daher auch eine Frage der *virtuellen Macht*, und das Selbst tut gut daran, sich und sein Leben nur auf wählerische Weise den Systemen der Datenspeicherung anzuvertrauen. An der individuellen Verfügungsmacht über elektronische Netze nachhaltig zu arbeiten, lässt sich als Element der Selbstmächtigkeit begreifen, um nicht in virtueller Romantik zu verharren, während reale Pragmatik in Gestalt politischer und ökonomischer Interessen im Netz durchgesetzt wird. Durch kalkulierten Gebrauch und Nicht-Gebrauch des Netzes, durch gezielte, überlegte Wahl und Abwahl von Angeboten im Netz ist, wenn auch nur relativ, die Autonomie zu exerzieren, die darin besteht, wirklich *User*, »Gebraucher« und nicht einfach nur *Consumer*, »Verbraucher« zu sein. Für die eigentlichen Lebensfragen aber, Fragen etwa nach Glück und nach dem Sinn des Lebens, bringt die elektronische Führung des Lebens keinerlei Neuerung. In keiner Weise werden mit ihr die Anforderungen der Existenz und der Arbeit an sich selbst für den Einzelnen aufgehoben. Mit dem Verlust von Erwerbsarbeit aufgrund umfassender elektronischer Dienstleistung werden sie eher noch verstärkt.

Existenz und Subsistenz: Arbeit an sich selbst und Erwerbsarbeit

Das erscheint als zentrales Problem des Lebens in der postindustriellen Gesellschaft: *Keine Arbeit zu haben*, Arbeit als Grundlage der Produktion materieller Ressourcen, mit denen der Lebensunterhalt bestritten werden kann. So gerät die Sorge um sich zur Sorge um Arbeit, ja um »Employability« als Voraussetzung für Arbeit: Motivation, Flexibilität, stetige Weiterbildung, um Lern-, Leistungs- und Innovationsfähigkeit unter Beweis zu stellen. Das Selbst kann sich um Arbeit in Form von freier oder abhängiger Tätigkeit, zeitlich befristeter Tätigkeit, Zeitarbeit, Teilzeitarbeit, Projektarbeit, Patchworking (mehrere Arbeiten zugleich), minimaler Arbeit bemühen. Die *bürgerliche Option* besteht darin, sich um die für den Lebensunterhalt erforderliche Arbeit selbst zu kümmern und Verantwortung damit auch für andere zu übernehmen. Grundsätzlich stünde jedoch auch die *kynische Option* offen, die Lebenshaltung antiker Kyniker wie Diogenes: die eigenen Bedürfnisse auf ein Minimum zu reduzieren, um das Leben mit einem Maximum an Autarkie zu führen. Dem Kyniker ist es möglich, sich unter allen Bedingungen »durchzuschlagen«, mit großer Anspruchslosigkeit und Verzichtsbereitschaft, unter erheblichen materiellen Einbußen. Vielleicht erscheint diese Option zu radikal, aber darin besteht die grundsätzliche Wahl: sich mit Fragen des Lebensunterhalts überhaupt zu befassen oder eben nicht. In modernen Gesellschaften des Wohlstands werden diejenigen, die sich um den Lebensunterhalt nicht selbst bemühen wollen oder können, immerhin durch ein »soziales Netz« aufgefangen. Was dabei aber nicht aufgefangen werden kann, ist das damit einhergehende Gefühl einer Enteignung des Lebens durch das Freisein von Arbeit. Das Selbst, das nicht mit eigener Arbeit sein Leben führen und bewältigen kann, läuft Gefahr, dieses Leben nicht mehr als das eigene zu erfahren, nicht als ihm zugehörig, sondern abhängig von anonymen Instanzen.

Das Problem des Freiseins von Arbeit wiederholt sich auf höherer materieller Ebene, wenn jemand »es sich leisten kann«, auf jede Form von Arbeit zu verzichten. *Keine Notwendigkeit zur Arbeit zu haben*, das ist das andere Problem, denn nicht nur das Ausgeliefertsein an die Notwendigkeit zur Arbeit, sondern auch das Freisein davon kann problematisch sein: Dann nämlich droht der Eindruck, ein »falsches Leben« zu führen, das Leben nicht mehr zu spüren, das dem Selbst durch Dienstleistungen anderer abgenommen wird. Demjenigen aber, der auf ganz gewöhnliche Weise seiner Arbeit nachgeht, stellt sich als größtes Problem womöglich ein weiteres: *keinen Bezug zur Arbeit zu haben*. Der Grund dafür kann sein, in äußerst komplexen Arbeitsabläufen die Bedeutung des eigenen Beitrags nicht mehr zu sehen, oder aber der Arbeit selbst keine Bedeutung zuzumessen, sie nur als äußerlichen Job zu betrachten, um Geld zu verdienen und »getrennt davon bin ich«, eine Abspaltung der Arbeit vom Selbst. Genau in diesen Spalt nistet sich die Erfahrung von Sinnlosigkeit ein. Wer aber ohne Sinn lebt, wird zynisch, verachtet die Welt und sich selbst, hasst sich für das, was er tut; eine Art von Selbst-Sabotage: Das Gefühl macht sich breit, mit dem eigenen Leben »nichts wirklich Sinnvolles anzustellen«, die eigene Seele zu verkaufen, auch durch besseren Verdienst nicht glücklicher zu werden, eher im Gegenteil: den Selbsthass noch zu verstärken.

»Was ist der Sinn dessen, was ich mache?« Eine wachsende Zahl von Menschen in der postindustriellen Gesellschaft sieht keinen Sinn mehr in der Arbeit, in allen Bereichen und auf allen Ebenen der Gesellschaft. Die *Frage nach dem Sinn* wirft über die Arbeit hinaus die Frage nach dem Sinn des eigenen Lebens auf: kein Zusammenhang der Arbeit, keiner zwischen Arbeit und

Leben, keiner im Leben. Wer nicht nur in der Arbeit, sondern im ganzen Leben keinen Sinn mehr sieht, kann sich selbst mit hartnäckigem »Positivdenken« nicht über die eigentliche Leerstelle hinweghelfen. Der Rückzug auf ein bloßes »Funktionieren« hilft nicht weiter. Wenn es zutrifft, dass Sinn Zusammenhang ist und dass er als solcher Halt zu vermitteln vermag, dann muss die Abwesenheit von Zusammenhängen zwangsläufig zur Erfahrung von Sinn- und Haltlosigkeit führen. Durch Geld ist Sinn nicht zu ersetzen: *Materielle* Sinn-Zusammenhänge sind weniger ergiebig als *ideelle*, sie setzen nicht dieselben immensen Energien frei. Wird die Sinnlosigkeit nicht verursacht vom Leistungsdruck der modernen Wirtschaft und Gesellschaft, der unerträglich groß ist und die Menschen ruiniert? Aber das zentrale Problem ist nicht, dass der Leistungsdruck wächst, sondern dass die Ressourcen schwinden, ihn auszuhalten. Zu diesen Ressourcen gehört der »Sinn« an erster Stelle. Nun rächt es sich, dass Gesprächspartner für diese Frage oft fehlen, dass, wer die Sinnfrage stellt, als Problemfall abgetan wird – und dies meist von Menschen, die nur zu gut ahnen, dass diese Frage in Tiefen führen könnte, die sie lieber nicht kennen lernen wollen.

Während Sinn unbegrenzte Kräfte freisetzt, macht Sinnlosigkeit kraftlos, ausgebrannt, krank, und spätestens die Krankheit zwingt nun doch zum Nachdenken. Die Erfahrung des »Ausgebranntseins« ist ein zuverlässiger Indikator für die Dringlichkeit der Frage nach Sinn. Ein *Burnout* entsteht dort, wo jeglicher Sinn zerbricht. Das ist insofern problematisch, als »Sinn« nicht nur die Lebensquelle des Einzelnen, sondern auch der Rückhalt der gesamten Gesellschaft ist; selbst ein »System« kann auf Dauer nicht ohne Sinn existieren, das galt für das System des Sozialismus und gilt in gleicher Weise für dasjenige des Kapitalismus. Von heute auf morgen kann die Frage nach Sinn das Leben umstürzen und ganze Systeme zum Einsturz bringen. Insofern ist die Frage nach Sinn wie Dynamit, hoch explosiv; man muss vorsichtig damit hantieren. Menschen, die sich auf die Suche nach Sinn begeben, kennen irgendwann kein Halten mehr, denn ohne Sinn lässt sich nicht leben, nicht privat, nicht wirtschaftlich, nicht gesellschaftlich. Sehr viel hängt daher davon ab, ob der Arbeit und dem Leben Sinn gegeben werden kann oder nicht. Wie weit Arbeit, Leben und Sinn auseinander gedriftet sind, verrät die Rede von einer *Work-Life-Balance*: Arbeit und Leben, harte Arbeit und Lebensgenuss, Beruf und Familie, Sinnloses und Sinnvolles sollen miteinander zu vereinbaren sein. Aber schon vom Begriff her verweist der angestrebte Ausgleich auf das eigentliche Problem, das zugrunde liegt: Weil Arbeit nicht mehr als Bestandteil eines sinnvollen Lebens wahrgenommen werden kann, muss zwangsläufig nach einer »Balance« beider gesucht werden.

Das Problem, und folglich die Lösung, könnte auf Seiten des Begriffs der Arbeit selbst angesiedelt sein. Denn was ist *Arbeit*? Die Antwort scheint auf der Hand zu liegen: eine Stelle zu haben und eine Aufgabe gemäß Stellenbeschreibung zu erfüllen, um vom Ertrag leben zu können. Doch das ist nur das in der Industriegesellschaft entstandene moderne Verständnis des Begriffs, dessen Geschichte sich schreiben lässt (Jeremy Rifkin, *Das Ende der Arbeit und ihre Zukunft*, 1995). Für eine andere Moderne lässt sich der Begriff versuchsweise anders definieren: Arbeit ist all das, was ich in Bezug auf mich und mein Leben leiste, um ein schönes und bejahenswertes Leben führen zu können. Jede Aufmerksamkeit und jeder Aufwand an Kraft hierfür kann Arbeit sein, körperlich, seelisch, geistig. Vorweg die *Arbeit an sich selbst* um der Selbstbefreundung willen: Sie ist dem Selbst vollkommen zu Eigen, ihr kann es sich ganz und gar widmen, irgendwelche Arbeitslosigkeit ist hier nicht zu erwarten, und es ist diese Arbeit, die die Voraussetzung für alle weiteren Arbeiten darstellt und sie durchdringt. Etwa die *Arbeit an Freundschaft*, die moderne Menschen bewusst zu leisten haben, Bestandteil einer Formgebung der Freiheit, um Bindungen neu zu begründen, während die Pflege der Freundschaft in vormodernen Kulturen noch zum Bestand fragloser Selbstverständlichkeiten gehört. Ferner die *Familienarbeit*: die engsten Beziehungen zu pflegen, das schwierige Zusammenleben zu organisieren, die Hausarbeit zu erledigen, den gemeinsamen Rhythmus fürs Leben zu finden, den familiären Alltag zu bewältigen, Kinder zu erziehen. Je poröser die Gesellschaft wird, umso größere Bedeutung gewinnt darüber hinaus die *Bürgerarbeit*, beginnend mit der Gestaltung der Begegnung mit anderen im Alltag, nicht endend mit der Arbeit an Gesellschaft im so genannten »dritten Sektor« neben Staat und Privatwirtschaft, um soziale Dienste zu leisten und Selbsthilfe zu organisieren: Sinn der Arbeit und Lebenssinn lassen sich erfahrungsgemäß vor allem hier erfahren. Ins Blickfeld rückt auch die *Muße als Arbeit*, mit der neue Perspektiven zu gewinnen sind: Arbeit ist keineswegs nur ein Tun, sondern ebenso ein Lassen, nicht nur Aktivität, sondern auch Passivität, die in moderner Zeit jedoch vernachlässigt worden ist, sodass der Einzelne nicht mehr zur Besinnung kommt und Zusammenhänge nicht mehr zu sehen vermag. Und schließlich, nun jedoch eingebettet in die verschiedenen Aspekte von Arbeit, geht es um die *Erwerbsarbeit*, für die es von Bedeutung ist, ob sie in Bezug zum eigenen Leben gesetzt und als Arbeit an sich selbst verstanden werden kann. Auch bei ihrem Ausbleiben bleiben die anderen Aspekte der Arbeit erhalten.

Statt Arbeit und Leben getrennt zu sehen und eine Balance dazwischen zu suchen, kommt es eher darauf an, einen umfassenderen Begriff von Arbeit zu gewinnen: die *Lebensarbeit*, in der Arbeit und Leben und die verschiedenen Aspekte von Arbeit integriert sind. Lebensarbeit stellt die übergreifenden Zusammenhänge wieder her, die sich gegen einen allein ökonomisch bestimmten Arbeitsbegriff geltend machen lassen: Arbeit ist nicht bloße »Güterproduktion« oder lediglich »entlohnte Tätigkeit«, sondern ein Akt der Gestaltung des Lebens, *ars laborandi* als Bestandteil der *ars vivendi*. Für jede Arbeit gilt der Grundsatz des *fabricando fabricamur*: Durch das Arbeiten wird das Selbst bearbeitet. Die Arbeit an etwas, die Art und Weise der Arbeit, die Haltung, mit der gearbeitet wird: all das wirkt auf das Selbst zurück, und dies so sehr, dass auch Charaktereigenschaften davon geprägt und verändert werden. Das geschieht in jedem Fall, die Frage ist nur, ob dies auch so verstanden wird: Arbeit als Askese, sich zu üben und durch diese Übung und Gewöhnung sich selbst zu gestalten. In nichtmodernen Kulturen ist diese Arbeit nicht vorsätzlich zu leisten, denn das Verhältnis zum Leben, zu sich selbst und zu anderen versteht sich aus Tradition, Konvention, Religion heraus bereits von selbst. In der Kultur der Moderne hingegen sind die Menschen an die Übernahme dieser Arbeit noch nicht gewöhnt, daher die eigentümliche Arbeitsscheu im Hinblick auf die Lebensarbeit und Arbeit an sich selbst. Dabei handelt es sich um eine anspruchsvolle Aufgabe: Wer sich auf die Anstrengung versteht, das Leben richtig zu leben, hat »die größte aller Aufgaben« vollbracht, meint Montaigne in seinem Essay »Über die Erfahrung«. Mithilfe dieser Arbeit entsteht das Leben als »großes und leuchtendes Meisterwerk«.

Lebensarbeit umfasst über die bereits genannten Aspekte hinaus aber vor allem die *Arbeit am Sinn*, zunächst bezogen auf die Arbeit selbst. Es geht darum, Zusammenhänge der eigenen Arbeit, jeder Arbeit, in größerem Rahmen zu sehen und danach zu fragen, ob und gegebenenfalls welche Bedeutsamkeit ihr zukommt, in einem Haus, in einer Institution, in der Gesellschaft. In Zeiten der Muße, »Auszeiten«, *sabbaticals*, lässt sich dies besser erkunden als inmitten der alltäglichen Anforderungen. In Frage stehen in erster Linie *teleologische Zusammenhänge* des Wofür, des »um zu«: um auf ein Ziel, einen Zweck (griechisch *télos*) hinarbeiten zu können, etwa um Verhältnisse zu verändern und zu verbessern, sich und anderen zu helfen. Viele sehnen sich danach, »gebraucht zu werden«, und leiden darunter, dass »jeder ersetzbar ist«, vor allem durch Maschinen. Zu ersetzen wäre jedoch vor allem das *heteronome* »um zu« durch ein *autonomes*, um Ziel und Zweck der Arbeit nicht von anderen sich vorgeben zu lassen, sondern selbst darüber zu entscheiden, wofür zu arbeiten sei. Zum Gegenstand einer eigenen Sinngebung werden ferner *soziale Zusammenhänge*, um andere als nur funktionale, wenigstens einige kooperative, im besten Fall freundschaftliche Beziehungen im Arbeitsumfeld zu begründen. Denn wenn über teleologische Zusammenhänge hinaus auch soziale entbehrt werden müssen, kann es zur bitteren Erfahrung völliger Sinnlosigkeit bei jeder Arbeit kommen. Das Zerbrechen von Beziehungen im privaten Umfeld, in deren Netz wesentliche Zusammenhänge des Lebens geknüpft werden, verschärft die Situation nur noch. Als begrenzt erweist sich dem gegenüber die Reichweite *ökonomischer Zusammenhänge*: Macht die Arbeit für Geld, macht sie in diesem Unternehmen, macht das jeweilige Unternehmen, macht Wirtschaft überhaupt Sinn? Sind die erkennbaren Zusammenhänge ausschließlich ökonomischer Natur, treibt dies zwangsläufig Fragen nach *ethischen Zusammenhängen* hervor, nach einer Bindung der Arbeit und des Wirtschaftens an Werte, an eine gesellschaftliche, soziale und ökologische Verantwortung. Auch Ökonomie kommt nicht umhin, »Sinn zu machen« und kann Menschen dabei nichts vormachen: Nicht proklamierte, nur nachvollziehbare Zusammenhänge kommen für eine nachhaltige Sinngebung in Frage.

In der Hauptsache aber antwortet die Arbeit am Sinn auf die Frage: »Was hat die Arbeit mit meinem Leben zu tun?« Arbeit, welche auch immer, ist kein »Sinn an sich«. Sinn gewinnt sie nur im Rahmen von Zusammenhängen, insbesondere mit dem eigenen Leben. Lebensarbeit ist Arbeit an *ideellen Zusammenhängen*, vor allem eine ideelle Aneignung der Arbeit, auch der Erwerbsarbeit, um sie als Teil des Lebens zu sehen. Dies nicht, um den Interessen eines so genannten »Kapitals« Genüge zu tun, sondern aus wohlverstandenem Eigeninteresse des Selbst: Aneignung als autonomer Akt, um auf die Gefahr der Enteignung zu antworten, die darin besteht, Arbeit als etwas bloß Äußerliches zu sehen; denn damit wird ihr möglicher Sinn verschenkt und Lebenszeit vertan. Zwar ist das Selbst frei, sowohl sinnvoller als auch sinnfreier Arbeit nachzugehen, aber die Arbeit, die keinen Sinn macht, kann nicht lange durchgehalten werden: Sie kostet zu viel Kraft und repräsentiert nicht selbst eine Quelle von Kraft. In *abhängiger Tätigkeit* sind es die größere Eigenverantwortung und Möglichkeiten zur Umsetzung eigener Ideen, die zur Aneignung der Arbeit beitragen; am meisten aber die innere Beteiligung, die Investitition seiner selbst in die Arbeit. Keine Aufopferung ist damit gemeint, keine Übermotivation, kein ausufernder zeitlicher Umfang der Arbeit – eher im Gegenteil: Die reduzierte Zeit kann dem wachsenden Interesse an der Arbeit förderlich sein. Eine Teilzeitarbeit schont die nervliche Verfassung des Selbst und erlaubt ihm, anderen Aspekten der Lebensarbeit mehr Zeit zu geben und das Leben sinnvoller und erfüllter zu gestalten.

Die vollständige Aneignung der Arbeit und deren Integration in die Lebensarbeit aber scheint in *freier Tätigkeit* möglich zu sein, denn bei dieser Arbeit geht es um die Existenz, sowohl im materiellen als auch im ideellen Sinne. Es handelt sich um eine riskante Lebensform, aber auch um ein umfassend angeeignetes Leben, eine Form von Selbstmächtigkeit, bei der das Selbst Herr und Sklave seiner selbst zugleich ist, charakterisiert durch Subsistenz, lateinisch *subsistere*, das Bestehen durch sich selbst, das »Standhalten« der individuellen Existenz, die ideell und materiell in erster Linie für sich selbst produziert. War »Subsistenz« lange Zeit die Bezeichnung für ein Wirtschaften auf extrem niedrigem Entwicklungsniveau, so wird sie auf fortgeschrittenem, vielleicht elektronisch gestütztem Niveau zum Begriff für die eigenständige freie Tätigkeit. Bei aller Mühe und Anstrengung kommt damit die mögliche Freude an Arbeit, das Glück, das mit ihr verbunden sein kann, die Arbeit als Erfüllung wieder in den Blick. Erstrebenswert erscheint jedoch, in *jeder Arbeit* Fülle und Erfüllung erfahren zu können, aufgrund der vielfältigen Vernetzung mit anderen, nicht allein für sich, sondern »unter Menschen zu sein«; aufgrund der Vielzahl von Erfahrungen, die den Spielraum des Selbst erheblich erweitern; aufgrund von Herausforderungen, die gesucht und angenommen werden, in denen das Selbst wachsen und sich um Exzellenz bemühen kann: Arbeit als Kunst, als gezielte Verwirklichung von Möglichkeit und als Bemühen um exzellente Verwirklichung.

Aber geht es in der Hauptsache nicht doch ums Geldverdienen? Im Falle existenzieller Not sehr wohl, da mit dem Lebensunterhalt das Leben in Frage steht. Ansonsten ist die Klärung *ideeller Fragen* die Voraussetzung dafür, nun auch *materiellen Zusammenhängen* relativen Sinn zugestehen zu können. Auf dieser Basis allein kann Geld und Besitz von Bedeutung sein: *ideeller Sinn* als Voraussetzung dafür, *materielles Eigentum* zu bilden und damit auch zurechtzukommen. Ein möglicher Sinn kann darin zu sehen sein, dass Geld und Besitz Freiheit im Sinne von *Befreiung* verbürgen und aus diesem Grund zu einer Angelegenheit der bewussten Lebensführung und der Lebenskunst werden: um über Lebensmöglichkeiten zu verfügen, nicht in unerwünschte Abhängigkeiten zu geraten oder aber sich daraus zu lösen, gesicherte Lebensbedingungen für sich und seine Familie zu schaffen, und eine Absicherung für das Leben im Alter zu erreichen – oder auch einfach nur um ins Kino gehen, sich eine Reise, ein Auto und vielleicht ein Haus leisten zu können. In diesem Fall ist Geld kein Selbstzweck, sondern ein Mittel zum Zweck eines *Verfügens über Möglichkeiten*; Selbstsicherheit und Selbsterweiterung können damit verbunden sein. Menschen »tun alles fürs Geld«? Nein, sie tun alles für das Verfügen über Möglichkeiten. Selbst bei einer »Abschaffung« von Geld und Besitz bliebe die Frage nach den Lebensmöglichkeiten offen, über die der Einzelne nicht selbst verfügt, sondern für die er auf andere angewiesen ist, für die wiederum dasselbe gilt; und so käme es wieder zum Tauschhandel der Güter, der persönlicher, aber ungleich mühsamer ist als dessen durch Geld vermittelte abstrakte Form.

Soll das Hantieren mit Geld und Besitz jedoch nicht beliebig und willkürlich werden, so stellt sich im Umgang damit erneut die Aufgabe, nach erlangter Befreiung der Freiheit *Formen zu geben*. Ein gekonnter Umgang mit Geld und Besitz ist Bestandteil des umsichtigen Umgangs mit sich selbst und besteht in der Festlegung eines *Maßes*, nicht unbedingt aus moralischen Gründen, sondern aus Gründen einer Wahrung der Freiheit. Denn nur bis zu einem bestimmten, wenngleich nicht allgemein festzulegenden Maß an Geld und Besitz ist die Freiheit als Befreiung erfahrbar; darüber hinaus wird sie von ihren eigenen Konsequenzen wieder begrenzt: Das Selbst kann niemandem mehr ohne weiteres vertrauen, es muss aufpassen auf seinen Besitz; es unterliegt der verschärften Beobachtung anderer und kann sich nicht mehr völlig frei bewegen; es zieht Neid auf sich, während der eigene Neid die Spirale des Vergleichs mit anderen weiterdreht und zu einer Steigerung des Besitzes nötigt. Immer werfen Geld und Besitz diese beiden Probleme des Maßes auf: 1. Ein Zuwenig. 2. Ein Zuviel. Bei einem Zuwenig wird die Lösung sämtlicher Lebensprobleme vom erhofften Besitz erwartet: »Wenn es nicht mehr nötig ist, Geld zu verdienen, dann…«, ein Fall von Projektion. Bei einem Zuviel ist schmerzlich zu erfahren, dass die Überwindung materieller Fragen die eigentlichen Lebensfragen noch gar nicht berührt, ganz im Gegenteil sie noch verschärft, denn deren materielle Beantwortung kann nun nicht mehr erhofft werden: Ende der Projektion, erneutes Aufbrechen der Lebensangst, der Frage nach dem Können des Lebens und Zusammenlebens, der Suche nach Glück und Sinn des Lebens.

Aber vielleicht ist es Ausdruck einer Gerechtigkeit des Lebens, dass die Besitzenden mit Schwierigkeiten zurechtzukommen haben, die den Nichtbesitzenden, arm, aber voller Leben, so nicht bekannt sind, während die Wohlhabenden, satt, aber ohne Impuls des Lebens, damit zu kämpfen haben. Jeder Schritt in den Wohlstand ist daher mit Vorsicht zu gehen, denn es ist leichter, »zu etwas zu kommen«, als davon wieder loszukommen, wenn es Not tut. Sinnvoll wäre, über einige materielle Mittel zu verfügen, aber Sorge für ihre Begrenzung zu tragen, um nicht in Überfluss und Überdruss unterzugehen. Einen möglichen Anhaltspunkt für das richtige Maß, einen Grundsatz für die materiellen wie auch ideellen Grundlagen des Lebens, ja geradezu die »große Regel der Lebenskunst« (*gran regla del arte del vivir*) liefert Balthasar Gracián in seinem *Handorakel*, Aphorismus 134: Es komme darauf an, »die Veranlassungen des Guten und Bequemen doppelt zu haben. Wie die Natur die wichtigsten und ausgesetztesten Glieder uns doppelt verlieh, so mache die Kunst es mit dem, wovon wir abhängen«. Wenn daher »die Ursachen des Fortkommens, der Gunst, des Genusses« doppelt sichergestellt werden, dann »verdoppelt man sein Dasein«. Oder ist das nur ein Traum?

Unbesorgtheit, Selbstvergessenheit, Selbstverzicht

»Harte Zeiten für Träumer«, sagt eine Frau beiläufig. Träumer, das sind Romantiker. Harte Zeiten, das sind die Zeiten funktionaler, kalter Pragmatik, in denen das Selbst sich in Arbeit und Sorge erschöpft. Romantik ist die Bewegung, die schon am Beginn der Moderne als deren Kritik begründet worden ist und sie in immer neuen Bewegungen seither zu korrigieren versucht. Aber Romantik geschieht nicht von selbst, sie ist vielmehr selbst eine Frage von Arbeit. Sie wird erarbeitet in Haltungen, Verhaltensweisen, Sichtweisen, die in der Lage sind, eine eintönige Realität aufzusprengen. Gegenüber einer schmal gewordenen klugen Sorge, die nur noch als Sorge um materielle Vorteile verstanden wird, macht sie eine Unbekümmertheit geltend, die geradezu kindlich ist. Kontrastiert wird die Sorge, griechisch *epiméleia*, durch eine Unbesorgtheit, *améleia*, und Amélie ist ihr Gesicht und ihre Gestalt. Viele Menschen hat sie in dem Film *Die fabelhafte Welt der Amélie* (Jean-Pierre Jeunet, Frankreich 2001, Audrey Tautou als Amélie) in ihren Bann gezogen: Ausdruck der Sehnsucht nach einer neuerlichen Romantik, die die Pragmatik ausbalanciert. Was es heißt, das Leben zum Kunstwerk zu machen und als einzelnes Selbst sein Leben dieser Aufgabe zu widmen, sein eigenes Leben und das anderer inmitten aller Pragmatik zu romantisieren, das zeigt dieses moderne Märchen: modern, denn es kommt im aufgeregten Berichtsstil daher, und die kleine Amélie selbst nimmt die Welt nur noch technisch (per Fotoapparat) wahr; märchenhaft, denn sie fotografiert Wölkchen, die wie Häschen aussehen. Ihre Mutter ist Lehrerin, ihr Vater Militärarzt, Kontakte zu ihm unterhält sie über das Stethoskop: moderne Pragmatik. Aber die Erwachsenenwelt erscheint ihr schließlich so bedrohlich, dass sie »lieber ihr Leben träumt«.

An diesem Vorsatz hält die erwachsene Amélie unbeirrt fest. Ihre Arbeit besteht darin, *Romantik zu machen*, mit aller Geduld und doch mit unbeugsamer Entschlossenheit. Sie liebt es, Details zu entdecken, die niemandem außer ihr auffallen. Ihrer Unbekümmertheit öffnen sich Herzen und Türen, sodass sie Welten kennen lernt, die anderen verschlossen bleiben. Amélie liebt die absurde Seite des Lebens, die mitten im Alltag unerkannt vor sich hin existiert und die doch allein schon das Leben lohnt. Unermüdlich und einfallsreich arbeitet sie daran, das Leben noch absurder zu machen und am bloßen Anblick sich zu delektieren. Daher die aufwändige Arbeit mit dem Gartenzwerg ihres Vaters, den sie entwendet, um seinem Besitzer Fotos von den »Reisen« des Abtrünnigen in alle Welt zuzusenden. Ihre Vorhaben können ohne weiteres misslingen, aber weil das mögliche Scheitern ihr keine Angst einjagt (»das Recht auf ein gescheitertes Leben ist unantastbar«), scheitert sie nicht. Sie hat das Gefühl, »in absoluter Harmonie mit sich selbst zu sein«, und diese starke Selbstbeziehung, diese Selbstliebe ist die nie versiegende Quelle für die Liebe zur ganzen Menschheit, der sie helfen will. Ganz beiläufig ist der Film eine Studie verschiedener Typen von Selbsten und ihrer liebevoll gepflegten Gewohnheiten (Hühnchenfleisch, aber nur ganz bestimmte Fasern!). Das Leben ist schön? Das erscheint abseits der Gewohnheiten, die das Leben sind, nicht denkbar. Das wahre Leben erfüllt sich, wie ein gescheiterter Schriftsteller sinniert, im Scheitern? Aber das wahre Leben kennt nur Amélie in ihrer Unbekümmertheit: Sie hat sich aufgemacht, das Leben in allen Ecken und Winkeln zu entdecken und zu erforschen und sogar anzustoßen und nicht darauf zu warten, dass es zu ihr in die Wohnung kommt.

Ist diese Unbesorgtheit und Sorglosigkeit inspiriert von der Bergpredigt, ist sie deren säkulare Variante? Allem Anschein nach geht es in der christlichen Botschaft, wie sie tradiert worden ist, um den Verzicht auf alle Sorge, und manche verstehen dies als wahre Lebenskunst: »Sorge dich nicht, lebe«. Die Annahme liegt nahe, dass dort, wo die Unbesorgtheit gepredigt wird, jene Sorge abgewiesen wird, die als Selbstsorge und Sorge um die eigene Seele seit Aspasia, Sokrates und Platon den Dreh- und Angelpunkt der philosophischen Lebenskunst dargestellt hat. »Sorgt euch nicht um euer Leben«, wie Luther die fragliche Stelle in der Bergpredigt (Matthäus 6, 25) übersetzt, heißt jedoch wörtlich: »Sorgt euch nicht ängstlich um eure Seele«. Nicht das Freisein von jeglicher Sorge, sondern die Befreiung von *ängstlicher Sorge* (*mérimna*) ist gemeint, und nicht vom Leben, sondern von der Seele (*psychē*) ist die Rede: ein Aufruf dazu, sich nicht von ängstlicher Sorge innerlich lähmen zu lassen. Auch wenn Angst im Leben erfahrbar wird, betrifft sie nicht das Eigentliche der Seele: ein Grundgedanke bereits der philosophischen Lebenskunst. Umso besser lässt sich die *kluge Sorge* entfalten, die nun auch im christlichen Kontext unverzichtbar ist: Sie ist es, die das Selbst überhaupt erst auf den Weg zum Heil zu bringen vermag – im Rahmen einer Lebenskunst, der es um dieses Heil geht und die darauf vertraut, dass alles, was geschieht, aufgehoben ist in einem größeren Ganzen. Christlicher Auffassung zufolge ist Jesus die Inkarnation dieser Lebenskunst, die sich in weltlicher Form bei Amélie wieder findet.

Unbesorgtheit und Sorglosigkeit lassen sich jedoch weiter

steigern bis zum Freisein von jeglicher Sorge. Das geschieht in der *Selbstvergessenheit*, einer »ekstatischen« Erfahrung im Wortsinne: einem Hinausstehen aus sich, einem »Außersichgeraten«, einer äußerst befremdlichen Erfahrung des Ich im Umgang mit sich. In der antiken Philosophie wie im frühen Christentum ist die Selbstvergessenheit als Form von Sorglosigkeit hinsichtlich des Eigentlichen mit Argwohn betrachtet worden, und doch ist sie ein Element weltlicher wie auch christlicher Lebenskunst: Statt krampfhaft an sich festzuhalten, ermöglicht sie dem Selbst die Erholung von sich. Die Hingabe an eine Sache, einen anderen Menschen, jedoch auch an sich selbst führt zur Selbstvergessenheit. Ein Spiel kann das Selbst in solchem Maße »fesseln«, dass es frei »von sich« wird, frei nämlich von der Enge, in die es geraten ist. Einer konzentrierten Arbeit kann es sich widmen und darüber völlig von sich absehen; eine bewusst gewählte Technik, um gerade nicht über sich nachzusinnen oder endlos ein Problem zu zergrübeln, sondern neu und anders anzusetzen. Einer Leidenschaft kann das Selbst sich dermaßen aussetzen, dass es »sich vergisst«, das heißt, das anstrengende Selbstbewusstsein und Zusammenhalten seiner selbst sein lässt, und sei es nur für einen Moment. Wer selbstvergessen ist, vergisst das Selbst, das mit einiger Anstrengung erarbeitet worden ist, und erfährt ein Selbst im weiteren Sinne, weit über das bestehende Selbst hinaus. Eine extreme Freude und Lust kann damit verbunden sein, ein Glück und ein Reichtum, für dessen Fülle das Selbst gerade dann offen ist, wenn es leer ist von einem Selbst im engeren Sinne. Alle Mystik berichtet von dieser inneren Erfahrung des selbstlos werdenden Selbst: von der Weitung des Blicks, von der Relativierung aller Erfahrung in Raum und Zeit, vom Schwinden äußerer Bedingungen ins Nichts in diesem Moment. Was immer die physiologischen, psychologischen, spirituellen und metaphysischen Gründe dafür sein mögen: Unbestreitbar handelt es sich um eine mögliche Erfahrung des Selbst.

Die Sorge um sich läuft also nicht darauf hinaus, am Selbst um jeden Preis festzuhalten: Sie kann auch bedeuten, sich von ihm zu lösen und Selbstlosigkeit zu leben. Das Selbst ist kein Selbstzweck, es kann verzichtbar sein. Von vornherein verzichtbar ist es in festen Bindungen der Tradition, Konvention, Religion. Unter den Bedingungen der Befreiung hiervon bedarf das Selbst jedoch, um absehen zu können von sich (sofern es diese Option wahrnehmen will), eines willentlichen *Selbstverzichts*, der ihm ermöglicht, sich anderen und Anderem zuzuwenden, zeitweilig oder dauerhaft, aus gefühlten oder überlegten Gründen. Und zugleich ist dies nicht nur abhängig von einem bloßen Akt der Wahl, sondern auch von der Fähigkeit, die Wahl in die Tat umsetzen zu können. Hat nicht der Meister allen Selbstverzichts, Buddha, in einem langwierigen asketischen Prozess vorgeführt, was es bedeutet, die Verfügungsmacht über sich zu gewinnen, die dazu befähigt, sich von sich lösen zu können? Nach aller Selbstaneignung wird der Höhepunkt der Selbstmächtigkeit zweifellos im Selbstverzicht erreicht: im Verzicht auf alle Selbstmächtigkeit – um daraus eine Erfüllung zu schöpfen, die als wahrhaft glückliches Leben erfahren werden kann. Letztlich kommt dies ja doch wieder dem Selbst zugute, das dabei nicht dasselbe bleibt. So ist seine Bestärkung ebenso möglich wie seine Auflösung, und seine Auflösung durch seine Bestärkung hindurch. Unbesorgtheit, Selbstvergessenheit, Selbstverzicht: Sinnvoll für die Lebenskunst erscheint, über diese Optionen zu verfügen. Die Grundlage dafür bilden jedoch Selbstsorge, Selbstaufmerksamkeit, Selbstgestaltung. An der Sorge des Selbst für sich, körperlich, seelisch, geistig, führt kein Weg vorbei; ihr sind daher noch weitere Konturen zu geben.

Von der körperlichen Sorge

Warum die Pflege des Körpers nicht des Teufels ist

Wenn aber die Angst überwältigend, die Leere beängstigend, die Haltlosigkeit umfassend wird: Wie soll dann die nächste Stunde noch überstanden werden? Der Körper zittert, auch wenn die Angst nur eine des Denkens ist. Wäre die Angst nur ein kognitives Problem, müsste das Selbst nicht ernstlich besorgt sein. Alle Phänomene der Angst befallen jedoch den Körper, der zu zerspringen droht. Und zuletzt ist es wiederum der Körper, der in größter Bedrängnis den Weg zur Rettung weist, indem er dem Selbst körperliche Bewegung abverlangt: sich auf den Weg zu begeben, nur noch zu gehen und immer weiter zu gehen, ohne bestimmtes Ziel. Die unerträgliche innere Spannung wird in äußere Muskelarbeit umgesetzt und lässt sich so fürs Erste bewältigen. Der Körper fängt auf, womit Seele und Geist nicht zurechtkommen. Er gibt dem Leben den elementaren Rhythmus zurück und vermittelt das Vertrauen darauf, dass »es weitergeht«. Von den Möglichkeiten des Umgangs mit sich sind die körperlichen die fassbarsten.

Aber was ist der Körper? Zunächst nichts als ein Wort, griechisch *sōma*, Gefäß, Gehäuse, oder *phýsis*, Gewachsenes, Organisches. Bezogen auf den Menschen ist Körper ein Phänomen, das dem gegebenen Ich zugehört und vom vorgestellten Ich vorgefunden wird. Wahrscheinlich existiert das Phänomen unabhängig von der Vorstellung, aber nur in Vorstellungen weiß das Selbst davon. Es mag sich um das konkreteste Sein handeln, aber entscheidend ist dessen Widerschein in der *Wahrnehmung des Körpers*: ob er, wie er und was an ihm wahrgenommen wird durch die jeweilige Kultur, individuell durch das jeweilige Selbst, explizit oder implizit, bewusst oder unbewusst. So selbstverständlich es für viele Kulturen ist, dass Menschen *körperlich* sind und dass dies im alltäglichen Umgang mit sich und anderen spürbar sein darf, so deutlich ist diese Selbstverständlichkeit sehr früh schon der abendländischen Kultur abhanden gekommen. In der antiken Philosophie, sodann in der christlichen Theologie wurde der Körper nicht nur als Gefäß, sondern auch als Gefängnis des Menschen bewertet. Betonte Platon einerseits die Sorge um den Körper und seine notwendige Pflege, da er ja das Gehäuse der Seele sei, so stellte er dem Körper andererseits die Seele, *psychē*, immateriell und unsterblich, als das Eigentliche des Menschseins gegenüber. Der Bedeutung des Körpers trug das frühe Christentum noch Rechnung, etwa Paulus im *Brief an die Römer* (12, 1), der dazu ermahnt, den Körper (*sōma*) zum »Gottesdienst« (*latreía*) zu machen, also nicht nur verderbliches Fleisch (*sarx*) in ihm zu sehen; und Clemens von Alexandrien will im 2. Jahrhundert n. Chr. in seinem *Paidagogos* den Körper in platonischer Tradition als Wohnung der Seele gepflegt wissen. Aber diese Sichtweise wurde, jedenfalls für die westlichen und nördlichen Varianten des Christentums, nicht bestimmend. So begannen Psyche und Soma eine Parallelexistenz zu führen, ohne sich noch zu berühren. Dieser Dualismus überdauerte die Zeiten bis ins 20. Jahrhundert, in dem eine zögerliche *Psychosomatik* den Wechselwirkungen von Psyche und Soma gerecht zu werden versuchte.

Vor diesem Hintergrund lässt sich besser verstehen, dass alles Körperliche noch immer eine offene Wunde ist. In moderner und andersmoderner Zeit wird die Wahrnehmung des Körpers zu einer Angelegenheit der bewussten Lebensführung des Einzelnen, der sich um ein Körperbewusstsein bemüht. Wenn der Körper in der Lage ist, die Lebensgrundlage des gesamten Selbst zu zerstören, wenn umgekehrt gerade ihm die Rettung des Selbst im kritischen Moment zu verdanken ist, dann kommt alles darauf an, ihm die erforderliche Aufmerksamkeit zu widmen und Gerechtigkeit widerfahren zu lassen. Die Frage, ob es *Rechte des Körpers* gibt, lässt sich einfach beantworten, indem sie ihm vom Selbst für sich selbst zugesprochen werden: Recht auf Aufmerksamkeit, Recht auf Pflege, Recht auf das Bemühen um eine exzellente Verfassung, Recht jedoch auch auf Schonung, die einer Ausbeutung des Körpers Grenzen zieht. Ihm gerecht zu werden bedeutet, ihn ganz so wie die äußere Natur nicht einfach nur als *Objekt* zu betrachten, sondern als *Organismus* zu respektieren, als Wesen eigenen Rechts, das Eigenmächtigkeit zu behaupten weiß und zugleich für das Selbst ein unverzichtbares Medium der Erfahrung von Leben ist. Der Cartesianismus, der in ihm nur eine »ausgebreitete Sache« sah, einen bloßen Gegenstand für die »denkende Sache«, lässt sich auf diese Weise relativieren.

Die Beziehung zum Körper ist der Grundstock für die Beziehungen zum Körper der Welt. Dass der Körper in moderner Zeit jedoch als etwas wahrgenommen wird, zu dem eine »Beziehung« einzugehen ist, folgt aus der christlichen und cartesianischen Befreiung von der Bindung an ihn: Seither »hat« das Selbst einen Körper. Diese Befreiung hat den Körper zum Gegenstand der Willkür des Selbst gemacht und im Verlauf der fortgeschrittenen Moderne einen regelrechten *Körperkult* ermöglicht: wie wild hinter dem Körper her zu sein, als verfüge das Selbst über keinen anderen Gegenstand seiner Zuwendung mehr; extreme Reaktion auf Entkörperung und Körperfeindlichkeit. Als Reaktion auf diese Reaktion kann die Arbeit an einer neuen *Körperkultur* verstanden werden, die bewusste *Pflege des Körpers*, eine Formgebung der Freiheit im Umgang mit ihm, um die sich die reflektierte Lebenskunst bemüht: Sie soll einerseits die Körperangst (*Somatophobie*), andererseits die Körperbesessenheit (*Somatomanie*) ablösen durch eine Befreundung mit dem Körper (*Somatophilie*). Dessen historisch lange während Vernachlässigung, ja Verteufelung wäre so wieder gutzumachen, die Körperfixierung wieder zu korrigieren; Körpertherapien in unüberschaubarer Vielfalt widmen sich dieser Aufgabe. Die Freundschaft mit dem Körper zu pflegen erfordert jedoch nicht nur, ihn aus der Sicht des bewussten, integralen Selbst in seiner Eigenheit anzuerkennen, in seiner Freiheit zu belassen und doch eine starke Bindung zu ihm einzugehen. Sondern auch, keine Identität mit ihm zu erstreben, keine Verschmelzung zum Einssein: eben kein Körper zu »sein«, sondern die Distanz zu ihm zu bewahren, die die Reflexion ermöglicht. Zu welchem Zweck? Um sich von ihm, wenn es erforderlich erscheint, auch zurückziehen zu können, und sei es nur in der Vorstellung.

Um ein Haben also geht es, das jedoch einer Beziehung der Freundschaft angemessen erscheint, insofern man einen Freund »hat« und nicht dieser Freund »ist«. Erst das bewusste, pflegliche Haben verwandelt die Fremdheit in Vertrautheit. Die enger werdende Beziehung des Selbst zu seinem Körper, der ihm fremd geworden ist, führt zu einer neuerlichen *Aneignung des Körpers*, getragen von der klugen Sorge *für ihn*, über die ängstliche Sorge *um ihn* hinaus. Die Aneignung begründet ein körperlich, seelisch und geistig nahes, gefühlvolles und überlegtes Verhältnis, wie es für eine Freundschaft typisch ist; das Selbst geht eine verantwortliche Bindung mit dem Körper ein, im Bewusstsein, zwar von Grund auf über ihn verfügen – aber auf jegliche Verfügung über ihn auch verzichten zu können. Die Befreiung des Menschen vom Körper hat diesen zum Gegenstand beliebiger Optionen und Operationen gemacht, die vor allem darauf zielen, sich all seiner unangenehmen Begleiterscheinungen zu entledigen. Die neuerliche Aneignung umfasst jedoch seine angenehmen wie unangenehmen Seiten: Wohlsein, Freuden, Lüste, Triebe, Begierden ebenso wie Unwohlsein, Ängste, Schmerzen, Verletzungen, Krankheiten, denn eine starke Erfahrung von Leben vermittelt der Körper nur in dieser Polarität. Soweit das Selbst bei seiner Aneignung des Körpers dessen Verfügbarkeit im Sinn hat, kann sie eine relative, begrenzte sein, wie sie im Verhältnis der Freundschaft wechselseitig gewährt wird, nicht jedoch eine absolute, beliebige, wie sie einseitige Herrschaftsverhältnisse charakterisiert. Nicht zu verfügen ist ohnehin über das Resultat einer Verfügung: Was immer mit dem Körper gemacht wird – es ist nicht ohne weiteres wieder rückgängig zu machen. Und alle eigene Verfügung kann nicht verhindern, dass auch andere und »die Verhältnisse« auf den Körper des Selbst einwirken – verfügbar bleibt lediglich die Haltung, die das Selbst dazu einnimmt.

Unverzichtbare Grundlage des bewussten Umgangs mit dem Körper und seiner Aneignung ist seine intime Kenntnis. Die über Jahrhunderte hinweg dominierende Körperverleugnung trieb allerdings eine *Asomatognosie* hervor, eine »fehlende Körpererkennung«, die keineswegs nur ein seltenes neurologisches Krankheitsbild darstellt, sondern zum Kennzeichen einer ganzen Kultur geworden ist. Nicht zuletzt aus diesem Grund steht das bewusste Selbst den kaum bewussten körperlichen Vorgängen oft wie ein Fremder gegenüber. Dies durch eine Erkenntnis des Körpers, eine *Somatognosie* zu überwinden, dürfte schwierig sein, denn was im Körper geschieht, kann nicht ohne weiteres zum Gegenstand objektiver Erkenntnis werden, und die Erkenntnis, die dennoch zu gewinnen ist, ist oft nicht eindeutig. Mit Mitteln der Hermeneutik, mit einer *Deutung des Körpers* wäre daher ein Verständnis zu suchen, das gegebenenfalls das Verhalten neu zu orientieren erlaubt. Der Körper spricht, aber seine Sprache ist interpretationsbedürftig. Das Selbst kann dabei von der Einsicht ausgehen, dass der Körper weit mehr von sich »weiß«, als das Bewusstsein jemals wissen kann, und dass alle körperliche Erfahrung und kognitive Repräsentation den Reichtum des Geschehens im Körper nicht zu erschöpfen vermag. Anstelle umfassender Erkenntnis bemüht das Selbst sich daher um eine pragmatische *Kenntnis* des Körpers; es kann sich dabei vor allem des *Gespürs* bedienen, das dem Körper wohl mehr als irgendetwas sonst entspricht, und da das Gespür mit der Erfahrung wächst, ist es erforderlich, einen großen Reichtum an körperlichen Erfahrungen anzusammeln. Den »eigentlichen« Kern aber, die »Wahrheit« des Körpers auszumachen, dürfte trotz aller Hermeneutik unmöglich sein; Plausibilität muss für die Annahmen, mit denen das Selbst im Umgang mit ihm operiert, letztlich genügen.

Auf der Basis seiner Deutung ist der Körper anzueignen und zu pflegen mithilfe von Übungen. Die erste Aufgabe einer *Asketik* ist die *Übung des Körpers*. Exemplarisch lässt sich durch sie das Können im Umgang mit sich selbst erlernen und die Dreistufigkeit des Könnens einüben: Möglichkeiten der Verfügung über sich zu gewinnen, einzelne Möglichkeiten zu verwirklichen und sie exzellent zu verwirklichen. Die grundlegende Übung aber, die der Pflege des Körpers dient, ist seine *Bewegung*. Davon weiß auf poetische Weise Bettine von Arnim zu erzählen, die als Kind nichts so sehr liebte, wie über Stock und Stein zu springen: »Aber gewiss, solche Übungen, die einem die Natur lehrt, sind Vorbereitungen für die Seele, alles wird Instinkt, auch im Geist« (*Die Günderode*, 1840). Neurobiologisch gesehen ist die ausreichende und reichhaltige Bewegung des Körpers unabdingbar für dessen umfassende und detaillierte Repräsentation im Bewusstsein, diese wiederum unverzichtbar für seine nuancierte Steuerung. Den

Körper Schritt für Schritt in Bewegung zu setzen, führt zu einer »Selbstüberwindung«, bei der die Einsicht in den Sinn von Bewegung der notorischen Trägheit des modernen Körpers entgegenwirkt, wenigstens für einen Moment, um ihn wieder in Ruhe zu lassen, wenigstens für eine Weile: Darauf zu verzichten, ist möglich, zieht jedoch die Konsequenz einer eingeschränkten Verfügung über die eigene Körperlichkeit nach sich. Wer das starke Körpergefühl in solchen Übungen nicht freiwillig sucht, wird es wohl nur unfreiwillig im Schmerz wieder finden können. Denn der Körper verzeiht es nicht, wenn er negiert wird. Er bedarf der Aufmerksamkeit und Zuwendung, um aufzuleben. Als bloßer Körper ist er nichts, er muss vom Selbst durchdrungen sein und es selbst durchdringen, das ist der Sinn der Befreundung mit ihm. Ihm die Aufmerksamkeit und Sorge zu verweigern, hat zur Folge, dass er welkt und stirbt wie eine vernachlässigte Pflanze. Für einen Menschen, der das Leben für göttlich hält, kann die Pflege des Körpers daher nicht des Teufels sein. In antiker Zeit wurde diese Pflege sogar systematisch betrieben, um olympische Feste des Körpers zu feiern, eine Idee, die in der Moderne erneut an Bedeutung gewann.

Körper, Sport und Lebenskunst

Bewegungskultur ist die Grundlage jeder Körperkultur. Sie wird zur Notwendigkeit in einer Zeit, in der die Eigenbewegung immer mehr durch technische Bewegung ersetzt wird. Techniken der Körperkultur sind die Übungen, die vollzogen werden, um auf sich einzuwirken, sich zu formen und zu transformieren. Übung wiederum, modern gesprochen das »Training«, ist das, was Menschen in der Moderne häufig erst im Umfeld des *Sports* vertraut wird, der nicht zufällig parallel zur technischen Moderne zur Massenbewegung geworden ist. Das »zentrale Segment moderner Körperkultur« (Volker Caysa, *Körperutopien*, 2002) ist der Sport, diese systematisch und oft in Wettkampfform betriebene Bewegung, mit einigen Begleiterscheinungen wie Fixierung auf Erfolg, Manipulation des Körpers, Spezialisierung einzelner Körperpartien, kommerzielle Nutzung, *Normsetzung* auch, zu der Sport wird, obwohl er doch von Grund auf nur eine *Option* sein kann. Medial vermittelt werden seine Normen vor allem in Form von Wettkampfergebnissen des Spitzensports, die von den ihnen zugrunde liegenden Anstrengungen nichts mehr ahnen lassen – versucht das Selbst sich dann an entsprechenden sportlichen Leistungen selbst, erfährt es nur Defizienz, ein unendliches Zurückbleiben hinter jeder Norm, statt den Sport als Möglichkeit einer Arbeit an sich selbst abseits aller Norm zu entdecken. Der Sport jedoch, der im Zuge einer neuen olympischen Bewegung seit 1896 zum rituellen Bestandteil der modernen Kultur geworden ist, hat zweifellos zu einer neuerlichen Faszination des Körperlichen für viele Menschen beigetragen. Die Folgen bleiben nicht auf den Sport beschränkt, sondern tragen zur Gestaltung des gesamten individuellen und gesellschaftlichen Lebens bei. Im Sport werden Haltungen geschaffen und Verhaltensweisen angeeignet, die auch im außersportlichen Leben Verwendung finden.

Da das Leben asketischer Übungen bedarf, um erlernt zu werden, und da sich über die *äußerliche Gestaltung* die Selbstgestaltung *verinnerlichen* lässt, ist der Sport für alle Erziehung und Selbsterziehung zum Lebenkönnen ein ideales Betätigungsfeld. Befördert wird, was für die Lebenskunst zentral ist: die Sorge, die das Selbst auf sich richtet, und die Pflege, die es sich angedeihen lässt. Was dabei eingeübt wird, ist zuallererst, beinahe unbeachtet, eine *Selbstaufmerksamkeit*. Indem die Arbeit an sich selbst in Gang kommt, stellt das Selbst die Beziehung zu sich her, die vielleicht verloren oder noch nie so recht gefunden worden ist. Diese Beziehung zu sich zu gewinnen, mag unter dem Verdacht des Narzissmus stehen, ist aber gleichwohl konstitutiv für den bewussten Lebensvollzug. Über die Aneignung des eigenen Körpers kommt die *Selbstaneignung* zustande, die eine starke Selbsterfahrung vermittelt und für die alle körperliche Übung und Anstrengung nur ein Transmissionsriemen ist. Körperlich eine gewisse Macht über sich zu gewinnen, wird schließlich zum Modell des Verhältnisses zu sich selbst überhaupt, denn letzten Endes dient alle Übung dazu, *Selbstmächtigkeit* zu erlangen, eine Macht über sich selbst, die in ihrer Gebundenheit an Maß und

Umkehrbarkeit das demokratischere Modell gegenüber der immer etwas diktatorischen Herrschaft ist, die in der »Selbstbeherrschung« zum Ausdruck kommt. Selbstmächtigkeit verschafft Möglichkeiten der Verfügung über sich, und im Sport ist dies, soweit es sich nicht um Denksport handelt, vor allem ein Verfügen über körperliche Möglichkeiten.

Was die unablässige, regelmäßige Übung bewirkt, ist die Entstehung von *Gewohnheiten*. Sei es eine bestimmte Handlungsabfolge, ein Verhalten, eine Gestik, eine Sichtweise, ein Denken oder auch der kalkulierte Verzicht darauf: Ein ganzes Netz von Gewohnheiten wird mithilfe von Übungen geknüpft, eine Notwendigkeit in der Kunst des Körpers wie in der gesamten Lebenskunst, denn die regelmäßige Wiederholung des immergleichen Vollzugs dient dazu, etwas zur Selbstverständlichkeit werden zu lassen, sodass es ohne Mühe, ohne weiteres Nachdenken abläuft und gekonnt zu vollziehen ist. »Gekonnt« wird eine bestimmte Bewegung aufgrund ihrer Einübung, und ihre Ausübung geht nun leichter, schneller, präziser von der Hand, als dies bei einmaligen Vollzügen der Fall ist; das ist die asketische Grundlage jeder Art von Kunst, so auch der Kunst des Körpers. Der Prozess der Gewöhnung begründet im Umgang mit dem eigenen Körper und dem gesamten Umfeld zudem ein »Wohnen« im engeren und weiteren Sinne: Das Leben kann sich einrichten, wenn Gewohnheiten die Fremdheit durchbrechen und für Vertrautheit sorgen. Für die Lebenskunst kommt es lediglich darauf an, diesen Prozess bewusst zu vollziehen und diejenige Art von sportlicher Betätigung zu wählen, von der das Selbst sich und sein Leben prägen lassen will.

Die durch Übung und Gewöhnung erlangte Selbstmächtigkeit erlaubt sodann, das *Maß des eigenen Lebens* zwischen einem Zuviel und Zuwenig in vielem finden zu können, auch beim Umgang mit verführerischen Lüsten oder problematischen Affekten wie Zorn und Aggression. Sich »gehen zu lassen«, ist eine weitere Option, die jedoch nicht als sonderlich anspruchsvolle Kunst und Lebenskunst gelten kann. Äußerlich mag es bei der Arbeit an sich selbst um ein Bewegungs- und Koordinationsrepertoire gehen, innerlich aber um den Aufbau und die Erhaltung der *Integrität des Selbst*, offen für Veränderungen, offen auch für andere, um sie in das eigene Selbstverständnis zu integrieren. Die Stärkung der Selbstbeziehung zielt keineswegs nur auf das Selbst, sondern auch darauf, andere einzubeziehen und starke *Beziehungen zu anderen* zu begründen, hier aber nicht so sehr aus moralischen Gründen, sondern aus Gründen der Selbstsorge, da sich der Gewinn von Beziehungen zu anderen als Bestandteil der Klugheit fürs Leben erweist. Der Sport bietet vielfältige Möglichkeiten, die Aufmerksamkeit auf andere zu erlernen, Fairness und Fairplay im sportlichen Spiel erscheinen nicht mehr nur als moralische Forderungen, sondern als Klugheit aus einem wohlverstandenen Eigeninteresse heraus: Denn eine faire Behandlung durch andere beansprucht das Selbst auch für sich. Die Bedeutung der Gerechtigkeit und die Schwierigkeit, sie im Einzelfall herzustellen, wird im Spiel einsehbar. So geschieht, gleichsam beiläufig, ein soziales Lernen in der Form eines »sozialen Trainings«, denn auch dies bedarf der Übung.

Für viele steht Sport in einem engen Bezug zur *Gesundheit* und ist sogar identisch mit ihr. Faktisch ist Sport allerdings eine Möglichkeit, die eigene Gesundheit in Gefahr zu bringen, auch vorsätzlich. Gesundheit ist nun aber kein absoluter, sondern ein relativer Wert, in Relation zur Wahl des Selbst, das frei ist, seine Gesundheit zu riskieren, wenn es nur rechtzeitig die möglichen Konsequenzen kennt und sie dann, sollten sie eintreffen, auch aushält. Die Wahl gilt ferner einer Festsetzung dessen, was, wenn die Gesundheit als Wert anerkannt wird, als gesundes *Maß* angenommen werden soll, ein gesundes Maß auch des Sports, um nicht blind nur ungesunden Normen Folge zu leisten. Nichts spricht dagegen, mit sich zu experimentieren, sich zu erproben und auszuprobieren, um sich in Erfahrung zu bringen; ganz im Gegenteil: Da das zu lebende Leben für moderne Menschen nicht normativ feststeht, ist der einzuschlagende Weg ohnehin experimentell zu erkunden. Es ist also nicht verwunderlich, sondern nur konsequent, wenn junge Menschen sich im Sport in die experimentelle Existenz einüben wollen: Es handelt sich um eine *Selbsterprobung*, um die Form seiner selbst zu finden; daher das Wachstum des Risiko- und Erlebnissports. Um gespürt zu werden, bedarf das Leben der Spannung; verschwindet diese aus dem alltäglichen Leben, wird sie eben künstlich herzustellen versucht. Aber selbst dann, wenn es zur freien Wahl von Individuen gehört, sich zu riskieren, erscheint es sinnvoll, zumindest Jugendliche nicht unvorbereitet dieser Situation auszusetzen, sondern sie an die Wahl heranzuführen, ihnen dabei zu helfen, Risiken abzuschätzen, die daraufhin auf kalkulierte Weise eingegangen werden können. Wagnis- und Sicherheitserziehung gehören daher zusammen: existenzielle Grenzerfahrungen zu ermöglichen, aber mit begrenzter Gefahr, denn es geht hier um ein Üben und Lernen fürs Leben, nicht darum, das Leben aufs Spiel zu setzen, bevor es so recht begonnen hat.

Sollte die moderne Norm des grenzenlosen Lustempfindens dabei der Leitstern sein, so ist im Sport doch auch die *Polarität des Lebens* kennen zu lernen. Denn bei aller Sportausübung geht es nie nur um die Erfahrung von *Lust*, immer auch um die von *Schmerz*. Der Körper ist für den, der Sport treibt, nie nur einer, der ungeahnte Lüste fühlt, sondern auch einer, der sich vor Schmerzen krümmt. Der Schmerz muss nicht gesucht werden, er stellt sich erfahrungsgemäß von selbst gelegentlich ein und nötigt dazu, den Umgang mit ihm zu erlernen: Sollte es nicht möglich sein, ihn zu integrieren, läuft das Selbst Gefahr, sich und das Leben »nicht mehr zu spüren«. Denn der Schmerz ist die Kontrasterfahrung, die den Wert der Lust erst fühlbar macht und noch dazu orientierende Funktion fürs Leben übernimmt: Der Schmerz stellt dem Selbst drängende Fragen, die ihre Antworten in einer veränderten Ausrichtung des Lebens finden können. Dazu tragen auch seelische Schmerzen bei, etwa aufgrund eines Misslingens, das der alleinigen Ausrichtung aufs Gelingen zuwiderläuft; das Scheitern aber kann reicher an Erfahrung sein als der gerade Weg zum Ziel. Im Sport lässt sich die mögliche Haltung fürs Leben einüben, nicht auf ein Gelingen sich festzulegen, auch nicht auf ein gelingendes Leben; keinem Erfolgszwang sich auszusetzen, der nur zu ungesunden Verkrampfungen führt. Nicht dass der Erfolg nicht erstrebenswert erschiene, aber es kommt darauf an, nicht ihn allein im Blick zu haben. Und sollte er irgendwann dann doch nicht mehr zu vermeiden sein, ist das

Selbst besser vorbereitet auf die schwierige Situation: Denn auch Erfolg zu haben will gelernt sein, um ihm nicht anheim zu fallen und ihn nicht in kürzester Zeit, leichtsinnig geworden, wieder zu verlieren.

Entscheidend wäre, aus Gründen der Lebenskunst, Sport nicht nur als aktive »Leistung« zu verstehen, sondern auch als *Zeit der Muße*, derer Menschen gelegentlich bedürfen, um nicht im permanenten Leistungsstress unterzugehen. Dem *Aktivierungsprogramm* des Sports sollte ein *Passivierungsprogramm* entsprechen, um hin- und hergehen zu können zwischen diesen beiden Polen der Aktivität und Passivität. Beim Passivierungsprogramm käme es darauf an, die Fähigkeit zur Muße und Gelassenheit zu entwickeln, denn auch die vorsätzlich genossene Passivität will trainiert sein. Dann kann Sport heißen, die Kunst des Müßiggangs zu pflegen, wie dies gewöhnlich der Lebenskunst nachgesagt wird. Das Selbst entzieht sich in dieser Zeit der Versuchung, zu vieles zugleich realisieren zu wollen; es gewinnt Zeit, da es zu wählen versteht und bereit ist, auf Möglichkeiten zu verzichten, sie sogar zu verschenken. Infolgedessen gelangt es endlich in den Besitz von Zeit und »hat Zeit« für sich, für andere und Anderes. So kommt es zu den beglückenden, *erfüllten Stunden*, zu der Zeitvergessenheit, die damit einhergeht und Sportlern wohlbekannt ist und um derentwillen allein es sich schon zu leben lohnt. In diesen Stunden kann das Selbst sich mit sich selbst und anderen beschäftigen, die Beziehung zu sich und anderen pflegen, Beziehungen der Selbstfreundschaft und der Freundschaft mit anderen gründen und aufrechterhalten. Es ist diese Zeit, in der andere Gedanken aufzunehmen und neue Gedanken zu denken sind, alte Erfahrungen zu verarbeiten und neue zu machen sind. In dieser Zeit lässt sich Atem holen, in ihr bilden sich wie von selbst die Ressourcen aus, aus denen heraus sich leben lässt; ansonsten kommt es zur Ressourcenvergeudung und Erschöpfung: Begriffe nicht nur für die äußere Ökologie der Welt, sondern auch für die innere Ökologie des Selbst.

Äußerlich geht es im Sport meist um eine Stärkung des Körpers, aber gerade dies ist innerlich von größter Bedeutung, denn der Körper kann vieles »verarbeiten«, was die Seele belastet, sodass die *körperliche* zugleich eine *seelische Sorge* ist. Da die Seele weit weniger fassbar ist als der Körper, besteht eine Option der Lebenskunst darin, auf dem Umweg über den Körper die Seele zu pflegen, für Psyche also Soma zum Ansatzpunkt zu wählen, Psychosomatik im umgekehrten Sinne. Die Physiotherapie kann unter diesem Gesichtspunkt als wahre Psychotherapie erscheinen, der Sport als eine Übung des Körpers zum Zweck einer Pflege der Seele. Die Einbettung in diesen übergreifenden Rahmen könnte einige Probleme auffangen, die der Sport sich im Zeitalter der Somatomanie eingehandelt hat: Er ließe sich nicht mehr nur als Selbstzweck begreifen, durch den er inhaltsleer wird und zur bloßen äußeren Form ohne inneren Sinn degeneriert, sodass sich gerade bei der »Topfitness« eines glanzvollen Sportlers unwillkürlich die Frage aufdrängt: Wozu eigentlich? Es käme darauf an, Sport nur in dem Maße zu betreiben, das vom jeweiligen Selbst als das ihm angemessene erspürt wird, dem Übermaß aber zu widerstehen, das von außen als Norm, von innen als Sucht, zu der Sport werden kann, das Selbst überkommt. Der erwünschten Weiterentwicklung eines humanen Sports könnte dies dienlich sein, und der Sport könnte letztlich zur Kunst, dem Leben Sinn zu geben, beitragen: das Leben so zu gestalten, dass es bejahenswert erscheint, und hierzu eine Arbeit an sich selbst, am eigenen Leben, am Leben mit anderen und an den Verhältnissen, die dieses Leben bedingen, zu leisten, um ein schönes und erfülltes Leben zu realisieren. Die Sorge hierfür lässt sich aber auch noch auf andere Weise intensivieren.

Wellness? Wellness! Die Kunst der Berührung

Wellness, ein altenglisches Wort, ist in der Mitte des 20. Jahrhunderts zum neuen Begriff für seelisches Wohlbefinden (*well*being) und gute körperliche Verfassung (fit*ness*) geworden, auf den Weg gebracht von dem amerikanischen Sozialmediziner Halbert L. Dunn (1959), sicherlich zu dem Zweck, die moderne Suche nach Glück, *pursuit of happiness*, auf eine Integrität des Körperlichen und Seelischen auszurichten. Für die im 21. Jahrhundert um sich greifende Suche nach Wellness gibt es mehrere Erklärungen: Einerseits erscheint sie als ein Indiz für den wachsenden Leistungsdruck in modernen Gesellschaften und den daraus resultierenden Zwang zur körperlichen und seelischen Ressourcenbildung; andererseits als eine Folge der wachsenden Zahl älterer Menschen, die die ihnen verbleibenden Lebensjahrzehnte voll ausschöpfen wollen und dafür über einige materielle Mittel verfügen. Aber sie ist auch erklärbar als konsequente Fortsetzung des Projekts der Moderne, das größte Glück der größten Zahl zu realisieren und dieses Glück in der Hauptsache als Wohlfühlglück zu verstehen. So wird die Wellnessbewegung zur Wachstumsindustrie westlicher Gesellschaften und zu jener freudigen Volksbewegung, wie sie auch für die äußere Ökologie wünschenswert gewesen wäre.

Das Besondere der Wellness beruht, unter dem Aspekt der Lebenskunst, jedoch auf einem Paradigmenwechsel, einem *Seitenwechsel der Sorge*, der sich vollzieht, von der *Fürsorge* anderer und anonymer Institutionen für das Selbst hin zur *Selbstsorge*. Kenntlich wird dies daran, dass »Wellness« anders ansetzt als die herkömmliche »Kur«, bei der eine bestimmte Krankheit zu kurieren war und das entsprechende Vorgehen einem Individuum *heteronom* »verschrieben« wurde. Wellness kommt ohne Indikation aus, ist umfassender (»ganzheitlicher«) angelegt und stellt eine eigene Vorsorge gegen Krankheit dar, beruht also auf der *autonomen* Initiative des Selbst und wird von ihm daher auch weit mehr angeeignet als eine Kur. Insofern steht Wellness für ein Wohlbefinden, für das der Einzelne selbst etwas tut, nicht mehr sich vernachlässigt, nicht mehr alle Sorge für sich patriarchalen Instanzen zuweist, sich vielmehr um sich selbst kümmert, auch wenn dies zunächst einhergeht mit einem etwas narzisstischen und hypochondrischen Bekenntnis zum gesunden Lebensstil und zur Steigerung des Wohlbefindens, kurz: fürs »Positive«, für die »Harmonie« von Körper, Seele und Geist. Es geht um ein umfassendes Erlernen des pfleglichen Umgangs mit sich selbst, mal fordernd und mal schonend, und sei es nur in einem *Day-Spa* zum Kurzaufenthalt im Wellnessbereich – *Spa* als Abkürzung für das lateinische *sanus per aquam*, »gesund durch Wasser«, im Englischen schon lange der Name für ein Bad, ein Heilbad, eine Mineralquelle.

Affirmativ und auf umfassende Weise lässt Wellness sich als eine *Kunst der Berührung* beschreiben, und zwar auf allen dafür möglichen Ebenen, beginnend auf der Ebene des *Körperlichen*: Die Sinnlichkeit des Selbst wird wieder entdeckt durch ein inszeniertes Fest des Sehens, Hörens, Riechens, Schmeckens, Tastens, aller Sinne also, die berührt und stimuliert werden mithilfe von Farben, Düften, Musik, Wärme, Ölen, Salben, sanftem Handauflegen, Massagen, Tanz und Gymnastik, Saunieren und Dampfbädern, altindischen Ayurveda-Behandlungen und chinesischen Atemtechniken in einem ästhetisch gestalteten Ambiente, das der Lust des Blicks Genüge tut. Ins Blickfeld rückt die Beschäftigung mit den Grundlagen der Ernährung und deren Genuss selbst, denn auch das ist Ökologie, nämlich Ökologie des Körpers. Erfahrbar wird der wohltuende Wechsel von Ruhe und Bewegung, Aktiv- und Passivsein, Anspannung und Entspannung. Wellness selbst ist eine Entspannung, der eine Anspannung vorausliegt, die ihr unvermeidlich auch wieder folgt; ruinös wäre in gleicher Weise, nur die Anspannung oder nur die Entspannung leben zu wollen: Überspannung im einen, Erschlaffung im anderen Fall wäre die zwingende Folge, Ende aller Wellness in jedem Fall. Aufgabe der Wellness ist es, den Rhythmus von Anspannung und Entspannung, der vielleicht verloren worden ist, wieder in Kraft zu setzen, denn Rhythmen sind es, die das Leben tragen. Erfahrbar wird darüber hinaus, dass die sinnliche, körperliche Erfahrung auch die Seele anspricht, ihre Energien freisetzt und sie zum Sprechen bringt. Die Behandlung des Körpers kann eine Botschaft an die Seele sein, nämlich dass das Selbst sich in seiner Gesamtheit um sie sorgen, sich um sie kümmern will, sie ernst zu nehmen und zu pflegen versucht, auch wenn es sich nur um eine Berührung handelt, die ganz an der Oberfläche der Haut bleibt und doch viel tiefer geht.

Auf der Ebene des *Seelischen*, basierend auf dem Körperlichen, kommt es zum Verwöhnen des Selbst in Gefühlen, zum Glück des *Wohlfühlens*, das seine Rechtfertigung nicht nur in der Stärkung des Selbst, sondern auch im Gewinn der Ressourcen findet, die der Zuwendung zu anderen wieder zugute kommen. Für die Berührung im Seelischen sorgen die sinnlichen Empfindungen, die zugleich körperlich und seelisch erfahren werden, aber auch die stillen Gespräche mit sich selbst, die mehr gefühlt und gespürt als verbal gedacht werden; auch die Gespräche mit anderen, die im Raum der Muße möglich werden. Ganz von selbst wird diese Zeit zur verschwiegenen Arbeit des Selbst an seinen inneren und äußeren Zusammenhängen, in der es aufs Neue fühlt und spürt, was den Kern seiner Kohärenz bilden kann und was an der Peripherie bleiben soll, welcher Art seine Beziehungen zu anderen sind und welche besonders gepflegt werden sollen: Was ist bejahenswert, was verneinenswert; was ist das Schöne im Leben, für das es sich zu leben lohnt? Die Zeit des Wohlgefühls hat ihren Sinn darin, das Selbst, das auch andere Zeiten erfährt, aufs Neue auszubalancieren; sinnlos wäre allein, nur den Pol des »Positiven« fortan festhalten zu wollen. Fern davon, verwerflich zu sein, wird der Genuss des Wohlgefühls zum Problem nur dann, wenn darin »das Glück« schlechthin gesucht wird. Entscheidend wäre, von Wellness nicht die Einlösung eines Heilsversprechens zu erwarten, kein Vollzugsorgan eines metaphysischen Verständnisses von Glück darin zu sehen, keine Norm daraus zu machen, sondern im Sinne der bewussten Lebensführung einen wählerischen Umgang auch mit dem Wohlgefühl zu realisieren, um letztlich ein Gespür für dessen richtiges Maß zu gewinnen und nicht zu glauben, das Selbst könne zum reinen Wohlfühlmenschen werden, die Welt zur vollkommenen Wohlfühlwelt.

Über Körper und Seele hinaus kommt die Ebene des *Geistigen* in den Blick, stimuliert durch körperliche und seelische Erfahrungen, die auch die gedankliche Tätigkeit freisetzen, gezielt angeregt durch Übungen der Meditation. Die geistige Berührung ist eine ideelle, vorgestellte, potenzielle Berührung: das Berührtsein von einer Idee, einem Gedanken, einem Traumbild, einer Ahnung, einer erfundenen Geschichte, einer phantastischen Vorstellung oder philosophischen Abhandlung. Das Phänomen des Geistigen und der geistigen Form von Berühren und Berührtwerden lässt sich im Gespräch, diesem Austausch von Gedanken, ebenso im Schweigen als einer stillen Form von gedanklicher Berührung erfahren. Auch die Lektüre ist geistige Berührung, für viele immer noch verbunden mit der sinnlichen

Berührung beim Zur-Hand-Nehmen eines gedruckten Mediums und dem Umblättern der Seiten. Die Ebene des Geistigen ist geprägt von der vielfältigen gedanklichen Tätigkeit, insbesondere aber von der Beschäftigung mit Lebensfragen und der *Frage nach Sinn*, von der Auseinandersetzung mit Möglichkeiten der Lebensbewältigung, die eine theoretische Vorarbeit brauchen, um praktisch umgesetzt werden zu können. Und schließlich ist die Ebene des Geistigen die Heimstatt eines umfassenderen Glücks, das in der Haltung der Heiterkeit am besten zum Ausdruck kommt, hervorgehend aus der Erfahrung der Fülle des Lebens in seiner ganzen Spannweite, seiner Gegensätzlichkeit und Widersprüchlichkeit. Im Unterschied zum Wohlfühlglück ist dieses Glück in keiner Weise käuflich, es ist eine Frage der geistigen Haltung, der philosophischen Lebenskunst.

Die weitestgehende Berührung aber ist, körperliche, seelische und geistige Ebene transzendierend, auf der Ebene des *Metaphysischen* zu finden. Im Raum der Wellness kann diese Dimension zur Erfahrung werden, da der Raum der Muße den Horizont des Denkens und Fühlens denkbar weit öffnet. In Frage steht das, was über die Grenzen des Physischen, das heißt über die Endlichkeit der Existenz weit hinausgeht. Es ist nicht erforderlich, diese Dimension genauer festzulegen, denn sie zeichnet sich dadurch aus, dass sie nicht festzulegen ist; entscheidend erscheint nur, überhaupt einen Horizont des Denkens und Fühlens in Betracht zu ziehen, der über das gewöhnliche, endliche und begrenzte Leben des Einzelnen weit hinaus reicht, eine unendliche Überwölbung der Existenz, innerhalb derer das Leben sich einrichten lässt. Es geht darum, aufmerksam wahrzunehmen, in welcher Weise das Selbst davon berührt sein kann, um dies gegebenenfalls für die Führung des Lebens zu berücksichtigen. Dann erst wird die Berührung in ihrer ganzen umfassenden Bedeutung ausgeschöpft, physisch, psychisch, geistig, metaphysisch: um des vollen Menschseins willen.

Diesem Verständnis von Wellness liegt ein integrales Verständnis vom Menschen zugrunde, bei dem die Aspekte Körper, Seele und Geist zwar zu unterscheiden, nicht aber voneinander zu isolieren sind, das einzelne Selbst wiederum nicht als isoliertes, vielmehr als soziales und ökologisches Wesen zu sehen ist. Um allen Ebenen des Menschseins auch begrifflich Rechnung zu tragen, bedarf es einer Erweiterung der »Psychosomatik« über Psyche und Soma hinaus zu einer *Noopsychosomatik*, die auch den *nous*, das Denken, mit einbezieht. Im Denken des Menschen formieren sich Überlegungen etwa zum Sinn von Erfahrungen, zu Fragen von Leben und Tod, die Körper und Seele beeinflussen können. Denkprozesse und Anstrengungen des Denkens können den seelischen Energien eine Richtung geben oder sie überhaupt wecken, hervorlocken und anregen und, wenn es darauf ankommt, heilende Kräfte freisetzen, denn was heilt, sind die Kräfte des Körpers, der Seele *und* des Denkens eines Menschen selbst. Die Zeiten der »Wellness« sind Zeiten der Kunst, dem Leben immer von neuem Sinnlichkeit und »Sinn« zu geben. Die Kunst besteht darin, den Zusammenhängen des Lebens, des eigenen wie des Lebens überhaupt, nachzufragen, Lebensmuster zu klären und zu einer plausiblen Lebensphilosophie für sich zu kommen, auf deren Basis es sich leben lässt.

Erscheint die Wellness nun allzu umfangreich und aufwändig? Glücklicherweise ist sie seit alters her auch einfacher zu haben, reduziert auf einen einzigen Akt, der alles in sich birgt, für dessen Vollzug das Selbst freilich eines anderen, und vor allem eines geliebten anderen bedarf: Den *Akt des Liebens* besingt schon das »Hohelied der Liebe« im Alten Testament als Kunst der Berührung auf allen vier Ebenen. Es handelt sich um eine noopsychosomatische Übung, bei der das Selbst sich wohl tut, indem es dem anderen wohl tut, ein Verschmelzen ineinander, eine Erfahrung der Transzendenz für einen Moment. Was dabei physiologisch, psychologisch, aber auch geistig vor sich geht, ist nicht zuletzt Gegenstand wissenschaftlicher Langzeitstudien: Das beim Liebesakt vermehrt produzierte Hormon Östrogen glättet die Haut und hält sie elastisch; Endorphine und Serotonin, die »Glücksstoffe«, die ausgeschüttet werden, stärken das Selbst seelisch und lassen sein Selbstbewusstsein geradezu unantastbar werden; die Hormone Adrenalin und Cortisol regen das Denken an und steigern Konzentrationsfähigkeit und Kreativität in solchem Maße, dass das Selbst sich frisch und munter dort ans Werk machen kann, wo es zuvor verzagen wollte und zu versagen drohte: All das ist der Gewinn derer, die eine *ars amandi*, eine Kunst des Liebens, zur Grundlage ihrer Lebenskunst machen. Entscheidend dafür ist jedoch nicht die wissenschaftliche Wahrheit, sondern die menschliche Wahrnehmung, die alle Ebenen des Selbst gleichermaßen bespielt sieht: So wird Fülle und Erfüllung durch Berührung und Berührtwerden erfahrbar. Die einsame Berührung, die dem Selbst in der hochtechnisierten Moderne ansonsten bleibt, ist nur die des technischen Mediums, zu der die Automatenstimme auffordert: »Touch the screen.« Aber die Berührung des Bildschirms wird von keinem Gegenüber beantwortet, sie kann die Berührung eines anderen Menschen und das Berührtwerden durch ihn nicht ersetzen. Brauchbarer ist da schon ein natürliches Medium wie das Wasser.

Überströmende Fülle und der letzte Tropfen:
Im Wasser leben

Wellness mag eine spätmoderne Modeerscheinung sein. In einer archaischen Institution aber, die erneut den Mittelpunkt aller Wellnessbereiche bildet, hat das Wohlgefühl schon seit langem seine Heimat. 1799 berichtete ein italienischer Reisender von unglaublichen Dingen, die sich in Finnland zutragen: Dass Menschen sich bis zu einer halben Stunde in einem kleinen Raum aufhalten, der extrem erhitzt wird. Dass sie dann auch noch ins Freie hinauslaufen und sich im Winter im Schnee wälzen. Dass sie bei alledem »ganz nackt« seien, ja dass sogar Männer und Frauen nicht voreinander sich verbergen. »Die Bauern versichern, dass sie ohne diese Schwitzbäder die vielfachen Arbeiten, die sie verrichten, nicht bewältigen würden.« Kein Zweifel, man hat es mit dem Kulturgut der *Sauna* zu tun, das zum Genialsten gehört, was Menschen je erfunden haben. Saunieren erlaubt den Schulterschluss des modernen mit dem archaischen Menschen: Archaisch ist das Gefühl der Nacktheit, archaisch die Blockhütte, in der man sitzt und schwitzt, archaisch das offene Feuer, auch wenn es nur ein simuliertes ist. Wieder ursprünglich zu leben, wenigstens für eine Stunde, einen Tag: Wer die Moderne nicht auf diese Weise in sich selbst pausieren lässt, bleibt ihr ausgeliefert ohne Unterlass.

Den gesamten Körper der Berührung durch Hitze, Schweiß, Wasser, frische Luft auszusetzen: Das ist *Saunieren*, eine häufig einzusetzende Technik der Körperkultur, die, wie jede und jeder an sich selbst erfahren kann, signifikante psychische Konsequenzen mit sich bringt, eine ebenso einfache wie wirkungsvolle Technik der Sorge um sich selbst. Das nämlich bedeutet, in die Sauna zu gehen: Alle Aufmerksamkeit nur dem Körper zu widmen und zu erfahren, wie *selig* er darauf reagiert, das heißt, wie sehr das, was »Seele« genannt wird, dabei angeregt wird. Auch die Gedanken beginnen zu fliegen, sodass schließlich, was als Körperpflege gedacht war, zur integralen noopsychosomatischen Leiberfahrung wird. Selbst die Metaphysik kommt nicht zu kurz: Der Aufguss ist ein quasi-religiöser Akt, inszeniert vom Saunameister; rituell wird Wasser auf heißen Steinen verdampft, und der frei werdende Dampf und Duft, wenn schon nicht Weihrauch, wird den Gläubigen zugefächelt. Das Selbst lernt fürs Leben in diesem Moment, nämlich dass ein Problem, hier die übergroße Hitze, bis in die Zehenspitzen hineingeatmet werden kann, um von der Gesamtheit des Selbst bewältigt zu werden. Am Ende, als man schon zu fliehen gedenkt, *kniet* der Saunameister vor der Tür, bevor er ein letztes Mal schwungvoll mit dem über seinem Kopf kreisenden Handtuch heiße Luft in die nach Erlösung japsenden, schweißtriefenden Gesichter schleudert. Er *kniet*, denn es handelt sich um eine wahre Anbetung des Körpers; vielleicht ist auch einfach nur die Luft da unten kühler.

Unvergleichlich das Gefühl, wenn die Hitze den Körper von außen nach innen durchdringt und das Innerste des Selbst durch die Haut nach außen tropft, dann in Bächen rinnt: Dann mit einem kalten Wasserguss die Haut plötzlich wieder spürbar zur Grenze zu machen, sie abzureiben und in Wind und Wetter spazieren zu tragen – wenige Genüsse sind vergleichbar mit diesem. Sauna, das sind diese heißen, kalten Schauer, diese brüsken Wechsel, die den Körper erbeben lassen, und die Wohligkeit, die ihn sodann durchzieht – eine mächtige und nachhaltige Körpererfahrung. Es geht darum, den Körper aufzuheizen, bis er in

Flammen steht, ihn im Wasser zu löschen und sogleich eisgekühlt wieder auftauchen zu lassen; im Gluthauch der Sahara zu sitzen und gleich darauf im Wostoksee der Antarktis unterzutauchen; den Körper untergehen zu lassen in der Überschwemmung – und seine Wiederauferstehung zu feiern. Schauplatz einer *Übung in Selbstmächtigkeit* ist die Selbstüberwindung im Kaltwasserbecken, wenn der Körper die eisige Kälte fliehen will, von der klugen Überlegung jedoch überredet wird, die momentan unangenehme Erfahrung zugunsten einer zu erwartenden angenehmen, die aus dem Kontrast erst resultiert, in Kauf zu nehmen. Der Wechsel zwischen Warm- und Kaltreizen »trainiert« die Elastizität der Blutgefäße, die sich rhythmisch weiten und verengen. Die körperliche Katharsis reinigt, ganz wie bei der Liebesleidenschaft, auch die Seele, bis das Selbst schließlich erschöpft und doch nach süßem Schlaf wie neu geboren ins Leben zurückkehrt. Parallelen zum Spiel der Liebesleidenschaft sind unübersehbar, nur dass das Körperspiel beim Saunieren rapider, extremer ist und ohne Inanspruchnahme anderer auskommt; ausschließlich der Liebe zu sich selbst wird hier gefrönt, bis der Körper völlig aufgeweicht und gerade dadurch abgehärtet ist, sodass das Selbst nackt durch den Regen gehen kann. Das Spiel mit extremen körperlichen Erfahrungen führt dazu, aufs Neue die Balance zu finden, körperlich, seelisch – und geistig, denn die Meditation auf der Saunabank und der Ruheliege in aller Muße weitet von selbst den Blick und wird zur Einübung in die Haltung der Heiterkeit, wenn Heiterkeit ein symmetrisches Leben ist, ein Ausbalancieren gegensätzlicher und widersprüchlicher Erfahrungen.

Letztlich führt die umfassende Berührung, die das Saunieren ist, zu einer *Modellierung der Haut* im wirklichen und metaphorischen Sinne: Das beim Schwitzen produzierte Eiweiß Dermicidin vermag die Haut, diese Membran des gesamten Selbst, vor Infektionen zu schützen. Hergestellt wird ein Säureschutzmantel, der Krankheitserreger und Schadstoffe fern hält, wohingegen allzu häufiges Waschen diesen Schutz schwächt oder gänzlich zerstört. Eine »Schutzhaut« entsteht, eine Neujustierung der Schwelle zwischen Selbst und Welt im physischen und psychischen Sinne, denn über die körperliche Widerstandskraft hinaus wird auch die seelische gestärkt: Nicht mehr jeder beliebige Einfluss von außen kann das Selbst nun noch antasten, nicht alles sein Inneres tangieren oder gar auf sein Innerstes durchschlagen. Mit der neu oder erneut gewonnenen Selbstmächtigkeit reguliert das Selbst auf wählerische Weise die Schwelle dessen, was von außen nach innen, und umgekehrt: was von innen, aus ihm heraus, nach außen dringen kann.

Parallel zum Saunieren, oder unabhängig davon, lässt sich beim *Schwimmen* die Wohltat des Wassers für das gesamte Selbst erfahren. Auch auf diese Weise wird der Ganzkörpersinn, der die Haut ist, berührt, und mit ihm die Seele. Das Wasser macht leicht, was schwer ist, der Körper fühlt die Leichtigkeit des Seins, und die Seele folgt ihm bereitwillig. Da der Körper zum großen Teil selbst aus Wasser besteht, liegt nichts näher, als sich mit diesem Element zu befreunden, wenn es darum geht, sich mit sich selbst zu befreunden. Der Körper kehrt ins Wasser zurück, aus dem er, der Körper jedes Einzelnen wie des Menschen überhaupt, einst gekommen ist, und er beginnt wieder *im Wasser zu leben*. Eine trancehafte Erfahrung schwerelosen Schwebens ist damit verbunden. Um dem Element gerecht zu werden, werden die Bewegungen von selbst langsamer, eine schonende Bewegungsart für den gesamten Körper. Bei jeder Bewegung wird die Haut massiert, der Wasserdruck lastet sanft auf den Venen und treibt das Blut zum Herzen, das sich weitet, um die größere Blutmenge zu bewältigen; die Herzfrequenz verlangsamt sich, der gesamte Organismus beruhigt sich, und die aufgewühlte Seele findet in der Erfahrung des Körpers, der sich gelassen im Wasser bewegt, unwillkürlich Trost. Das Selbst fühlt sich in dieser überströmenden Fülle zu Hause, nimmt sie in sich auf, scheidet sie auch wieder aus, und dies in stetem Wechsel, Rhythmus des Lebens.

Um die Wertschätzung des Wassers zu steigern, käme es darauf an, sich des Privilegs bewusst zu sein, das es bedeutet, im Überfluss des Wassers leben zu dürfen, während sein Mangel in vielen Regionen der Welt »blaues Gold« aus Wasser gemacht hat. Es ist der Überfluss, der die Wohltat des Wassers in einem einzigen Akt alltäglich zu genießen erlaubt. Voraussetzung dafür ist nur, die langwierige Prozedur des Aufstehens am Morgen durchzustehen, den Oberkörper zu erheben, sich aufzusetzen, den Fuß aus dem Bett zu setzen und sich ins Bad zu schleppen. Zur *vertikalen Bettdecke* wird der Duschvorhang, der den nächtlichen Rückzug von der Welt noch ein wenig verlängert, indem er den winzigen Raum herstellt, der die Intimität des Ich mit sich garantiert: kein Raum einer anstrengenden Reflexion der Welt oder Selbstreflexion, vielmehr ein Raum reiner Sinnlichkeit, des Daseins nur für sich, der zärtlichen Pflege seiner selbst ohne Reue. Das ist der ersehnte Moment, der das Selbst wenigstens für heute mit der Welt noch versöhnen kann: Welch eine Wohltat, wenn aus dem Duschkopf das Wasser sprüht und über den Körper herabzurinnen beginnt. Es strömt und gurgelt und blubbert wie einst vielleicht im Mutterleib, und ich fühle mich ganz umhüllt vom warmen, fließenden Nass. Was ist ein schönes Leben? Das Leben in dieser warmen Wasserwelt – würde es doch ewig währen! Ich helfe nach, zögere das drohende Ende hinaus: hier noch etwas waschen, dort noch etwas nachspülen, und noch ein warmer Guss von oben.

Aber irgendwann ist es so weit, es lässt sich nicht verhindern: Ich bewege den Hebel zurück, das Wasser versiegt, einen Moment noch spüre ich den Tropfen und Tröpfchen nach, die über die Haut perlen. Dann löst sich *der letzte Tropfen* aus dem Duschkopf und rinnt eiskalt und quälend langsam den Rücken hinunter. Jetzt der schreckliche Augenblick: Ich öffne, ich kann nicht anders, den Vorhang wieder, und die ganze kalte Wirklichkeit des Tages dräut mit einem Mal herein, lässt mich erzittern und erbeben. Zwar kann ich frühzeitig gegensteuern und zum Abschluss noch kalt duschen: kalte Dusche als optimale Vorbereitung auf die Welt, wie sie ist. Aber die Konfrontation mit der Wirklichkeit bleibt dieselbe. Ich kann den Zusammenstoß mildern, indem ich mich anstelle einer von Plexiglas umschlossenen Duschkabine mit dem Duschvorhang begnüge – dann weht schon während des warmen Schauers ein kühler Hauch von Wirklichkeit herein, aber es ist auch nur das halbe Vergnügen: Wer alle Lust haben will, muss bereit sein, alle Schrecknisse der Wirklichkeit zu ertragen. Was ist Wirklichkeit? Das, womit ich fertig werden muss. Was ist ein schönes Leben? Das Leben, das angenehme Erfahrungen bereithält und die unangenehmen aushalten lässt. Auf die wirkliche Dusche folgt unvermeidlich die Wirklichkeitsdusche: Ontologie der Duschkabine. Vorhang auf zum Theater der Welt!

Schön sein, sich schmücken: Sinnlichkeit des Selbst

Nichts anderes als die Aufführung eines Theaterstücks ist die alltägliche Teilhabe des Selbst an der Welt. Der Körper spielt dabei eine maßgebliche Rolle, jedoch nicht etwa erst im sozialen Leben, sondern bereits im Leben des Selbst mit sich selbst. Gegeben wird das eigentümliche Stück *Auftritt des Körpers* auf der Bühne des Bewusstseins. Das körperliche Selbst erscheint dabei keineswegs nur als Schauspieler auf der Bühne, sondern schreibt selbst an seiner Rolle mit, vor allem per Improvisation. Das denkende Selbst wiederum tritt einerseits als Autor des Auftritts in Erscheinung, andererseits jedoch als Zuschauer, hin- und hergerissen zwischen Langeweile, Begeisterung, Entsetzen und Belustigung. Zum *Prolog* wird der morgendliche Blick in den Spiegel, bei dem es sich fragt, wem dieser Körper wohl gehört, und ob er schön ist, und wenn nicht, wie er zu verschönern wäre – nicht um anderen, sondern in erster Linie sich selbst zu gefallen. Was ist ein schöner Körper? Einer, der bejahenswert erscheint. Jegliche Arbeit am *Schönsein* zielt darauf, denjenigen äußeren Zustand zu realisieren, den das Selbst für sich als bejahenswert erkennt, der jedoch nicht abzulösen ist von seiner inneren Haltung. Die bange Frage: »Bin ich schön?« ist nicht in jedem Fall einer übergroßen Eitelkeit geschuldet, sondern hat Bedeutung für die Beziehung des Selbst zu sich; würde sie nicht gestellt, könnte eine allzu große Gleichgültigkeit gegen sich der Grund dafür sein. Sie allzu unreflektiert zu beantworten, brächte wiederum die Gefahr mit sich, lediglich vorgegebenen Normen des Schönen zu folgen, die als »Normalität« verkleidet daherkommen. Schön aber ist nicht der Körper, der allgemeinen Normen und Maßen entspricht, sondern derjenige, der dem Selbst bejahenswert erscheint, mit all seinen Stärken und Schwächen, seiner

Ebenmäßigkeit und Hässlichkeit, seiner unverwechselbaren Besonderheit, an der die Zuneigung haften bleibt, die an einer Austauschbarkeit nur abgleitet.

Das Schönsein kommt in der Sinnlichkeit des Selbst zum Vorschein. Im *ersten Akt* des Körpertheaters tritt daher der Körper in seiner sinnlichen, nackten Existenz auf, um sich selbst sehen, hören, riechen, schmecken, vor allem aber mit eigenen Händen betasten zu können. Die Selbstberührung, die *Berührung des Körpers durch sich selbst* ist ein Ausdruck seiner Bejahung, eine Äußerungsform der Selbstfreundschaft und Selbstliebe, die nicht allzu sparsam ausfallen sollte, denn der Körper hungert nach ihr. Die Fülle der Sinne, insbesondere aber die Berührung steht dafür, ein erotisches Verhältnis zu sich und dem eigenen Körper zu gewinnen, ein Verhältnis der Aufmerksamkeit, Interessiertheit, Zuwendung und Zuneigung. Auch körperliche Lust kann das Selbst sich mit der Berührung seiner selbst besorgen; ganz unspektakulär ist sie bereits damit zu erreichen, sich morgens alle Zeit der Welt zu nehmen, um den Körper zu pflegen, ihm und damit der Seele wohl zu tun; ein Sich-Erfahren durch das Betasten seiner selbst schon beim Waschen. Auffällig ist, wie häufig das Selbst sodann den ganzen Tag über die Selbstberührung sucht, meist mit einer unscheinbaren Bewegung der Hand, die über das Gesicht streicht; zuweilen wird der Kopf in die Hände gelegt, um mit der Berührung das Denken zu stützen; Selbstberührung auch, wenn etwas schmerzt, durch die aufgelegte eigene Hand, die den Schmerz zu lindern oder gar zu heilen vermag.

Ein satyrhaftes Zwischenspiel im Anschluss an den ersten Akt handelt von der verschwiegenen Seite der Selbstberührung: Es muss ja nicht auf offener Bühne sein, jedenfalls nicht öffentlich, wie einst bei Diogenes, von dem es im Buch *Leben und Meinungen berühmter Philosophen* von Diogenes Laertios heißt, er habe auf dem Marktplatz von Athen onaniert und zugleich bedauert, dass er den Hunger im Magen nicht ebenso leicht loswerden könne, indem er sich den Bauch reibe. In der Geschichte der Philosophie hatte dieses schamlose Verhältnis zur sexuellen Selbstberührung keinen Bestand: Immanuel Kant sah darin im ausgehenden 18. Jahrhundert, ganz Kind seiner Zeit, eine abscheuliche Naturwidrigkeit. In seiner Vorlesung *Über Pädagogik*, eigentlich eine Anleitung, »freimütig zu sein« und »sich selbst zu führen«, verwarf er den erotischen Aspekt der Selbstführung gänzlich: Nichts schwäche Geist und Körper mehr als »die Art der Wollust, die auf sich selbst gerichtet ist«. Dabei ist klar, dass die Onanie der extreme, aber heilsame Widerspruch gegen das Ich der Kognition ist, angesichts des »reinen Denkens« eine Verunreinigung, die das Ich des Körpers wieder geltend macht. Zweihundert Jahre nach Kant erfährt diese Form der Lust daher aus gutem Grund ihre Rehabilitation (Ludger Lütkehaus, »*O Wollust, o Hölle*«, 1992) als Möglichkeit des Selbst, mithilfe von Selbstberührung in intime Beziehung zu sich zu treten. Wird die Berührung als Ausdruck von Bejahung aber in keiner Weise mehr erfahren, schon gar nicht von sich selbst, so wird sie womöglich gewaltsam herzustellen versucht, auch durch Gewalt des Selbst gegen sich: andere Seite des Satyrspiels.

Die Erotik im Umgang mit sich umfasst über jede Unmittelbarkeit hinaus auch die mittelbare Sinnlichkeit, angeregt etwa durch Stoffe und Kleidung, für das eigene Auge, den eigenen Tastsinn, das Selbstgefühl. Im *zweiten Akt* des alltäglichen Körpertheaters wird daher das Drama, sich anzuziehen, durchgespielt: *Berührung des Körpers mit anderen Mitteln*. Ein Ausdruck des Schönen und Bejahenswerten und eine Darstellung für sich wie für andere kann der Grund für die Wahl der Kleidung sein. Vor allem aber ist, sich zu kleiden, eine Arbeit an sich selbst auf dem Umweg über die Äußerlichkeit: Kleidung, ihre Form, ihre Farbe, stellt in ihrer Dinglichkeit eine Objektivität dar, die auf die Subjektivität, das subjektive Befinden und das ganze Selbstsein zurückwirkt – Kleider machen Selbste. Wenn das Selbst »sich nicht wohl fühlt in seiner Haut«, ist über den Körper hinaus oft die zweite Haut der Kleidung gemeint, die ihm an sich selbst nicht gefällt, zu sehr Objekt bleibt und nicht mit ihm als Subjekt verschmilzt. »Mode« ist der Versuch, Objektivität in immer neuen Variationen für die Gestaltung der Subjektivität zur Verfügung zu stellen; sie entwirft einen *Modus des Seins*, eine Art und Weise des Lebens, die in äußeren Formen die Möglichkeiten des Selbstseins formuliert und modifiziert. Leben ist nie nur ein nacktes Dass, sondern immer auch das Was und Wie des Anziehens und Auslebens. Jede Verhüllung des Körpers ist eine Enthüllung des Selbst und umgekehrt, ein stetes theatralisches Spiel mit dem eigenen Blick und den Blicken anderer. Die vorgefertigte Mode ist dabei nur eine Option; eine andere Option sieht vor, die Mode selbst zu verfertigen, die Bekleidung und Verkleidung des Körpers als Element der Selbstmächtigkeit zu behaupten. – Das satyrische Zwischenspiel ist hier einer Überzeichnung der Kleidung nach beiden Seiten hin gewidmet: einer *Reduktion* bis hin zum zerrissenen Mantel des Kynikers, der den Körper nur notdürftig umhüllt; einer *Exaltation* der Kleidung bis hin zu den Phantasiegebilden der Modemacher an den Puppenkörpern von Models.

Im *dritten Akt* des Körpertheaters wird schließlich die *Veränderung am Körper* vorgenommen, die dazu dient, ihn zu schmücken und mit Accessoires auszustatten, wiederum für das Auge, aber auch für die Nase, insofern das Selbst sich auch mit Wohlgerüchen zu schmücken vermag. Am Körper selbst wird der Schmuck angebracht, der kurzfristige Modifikationen erlaubt: die Lippen zu schminken, die Augenlider, Wimpern, Brauen und Fingernägel zu bemalen – all die umfangreichen Künste der Kosmetik können dem Recht des Körpers auf Zuwendung Genüge tun. Eine beliebte Form der Veränderung am Körper ist die Gestaltung der Haare, deren stets variierte Form und Farbe freilich zuweilen zu rasch mit einer inneren Veränderung des Selbst gleichgesetzt wird, die so mühelos nicht zu haben ist. Gleichwohl nimmt mit der Zeit alle Gestaltung des Inneren ihren Weg über die Gestaltung des Äußeren: Darin besteht der tiefere Sinn der scheinbaren Oberflächlichkeit von Schmuck und Kleidung. Nur in der Äußerlichkeit ist das Selbst für sich fassbar – wenn es denn fassbar sein soll und nicht unfassbar bleiben will für sich selbst wie für andere. Auffällig sind geschlechtliche Unterschiede: Frauen scheinen den mittelbaren Formen der Selbstberührung ungehemmter zu frönen als Männer, sich mit zyklischer Regelmäßigkeit auch die Berührung anderer zu besorgen, die wohltuend auf sie selbst zurückwirkt. Daher der häufige Gang zum Friseur, eine stets verfügbare Methode der Selbsttherapie; Männern bleibt allenfalls die Selbstberührung durch den Rasierapparat. – Das satyrische Zwischenspiel sieht jetzt vor, den Körper in clownesker Übertreibung *schreiend bunt* zu bemalen und mit absurden Gegenständen zu behängen – oder im Kontrast dazu *entsagungsvoll* auf jegliche Veränderung am Körper zu verzichten, um ihn so zu belassen, wie er nun mal gegeben ist.

Der *letzte Akt* des Körpertheaters erst präsentiert die mögliche *Veränderung des Körpers*, bei der es nicht mehr um bloß äußerlichen Schmuck geht und die ihn nicht in seiner Integrität belässt, sondern so nachhaltig auf ihn einwirkt, dass dies kaum jemals mehr zu revidieren ist. Das geschieht zum einen über ein ausdauerndes »Training«, das ausgewählte Körperpartien modifiziert und transformiert, zum anderen über mehr oder weniger schmerzliche Eingriffe in den Körper, um ihn zum bewusst gestalteten Kunstwerk zu machen. Ein Beispiel dafür ist die Kunst des Körpers, *Body-Art*, vor allem in Form des Tattoo, mit dem das Selbst seinen Körper zum Blühen bringt. Weiter gehende Eingriffe in den Körper sind »Schönheitsoperationen«, die ihn nach eigenen Wünschen zu modellieren erlauben. Es scheint, als würden einige utopische Energien, die einst in Projekte einer idealen Gesellschaft flossen, zwischenzeitlich die körperliche Perfektionierung vorantreiben. Zwar steht es dem Selbst nach der modernen Befreiung von Vorgaben der Tradition, Konvention, Religion frei, auf seinen Körper beliebig einzuwirken. Gleichwohl erscheint es klug, diese Freiheit vorsichtig und maßvoll zu gebrauchen, aus eigenem Interesse, um nicht Konsequenzen tragen zu müssen, die problematischer sein könnten als ein imperfekter Körper. Ohnehin ist Perfektion ausgeschlossen, wenn es um körperliche Schönheit geht: Denn unweigerlich schwindet sie mit den Jahren, und anstatt sie mit aller Macht und allen Mitteln zu erlangen und zu bewahren, könnte das Selbst an der seelischen Schönheit arbeiten, die mit den Jahren noch gewinnt und körperliche Einbußen mühelos überstrahlt. – Das abschließende Satyrspiel stellt die Resultate körperlicher Veränderungen mit tragischem Ausgang dar: zombiehaft verunstaltete Körper, deren Gestaltung zur Schönheit verunglückt ist. Und als Kontrast hierzu Körper, die von den verführerischen Möglichkeiten zu ihrer

Veränderung gänzlich unberührt geblieben sind, heitere Konsequenz eines souveränen Verzichts des Selbst, das seine Kräfte lieber der Ausarbeitung der Sinnlichkeit widmet, die von größerer Bedeutung für Körper und Seele ist.

Ausarbeitung der Sinnlichkeit: Künste der fünf Sinne

Sinnlich ist das Selbstsein durch und durch. Es revoltiert mit Verve, verkümmert dann und verzagt, wenn die Sinne nicht angesprochen werden; alle »Rationalität« kommt gegen die übermächtige Sehnsucht nach Erfüllung sinnlicher Bedürfnisse nicht an. Statt alle Kraft *defensiv* auf eine Abwehr der Sinnlichkeit zu verwenden, erscheint es sinnvoller, sie *offensiv* zu deren Ausarbeitung und Verfeinerung zu nutzen, um die Sinne zu stärken und zu schärfen, nicht nur um ihrer selbst willen, sondern auch zur besseren Orientierung des Selbst mit ihrer Hilfe. Anzuregen und zur Entfaltung zu bringen sind sie mit Techniken der Entgegensetzung (*Kontrastierung*), der Erneuerung (*Innovation*), der Veränderung (*Alteration*), der Stärkung (*Intensivierung*) und der Entbehrung (*Negation*) von Sinneseindrücken. Einige Übungen hierzu vermag das Selbst für sich selbst zu konzipieren, mit dem Ziel *sinnlicher Selbstmächtigkeit*: sinnliche Fülle und zugleich eine Fülle von Informationen mithilfe aller Sinne zu gewinnen und zu differenzierter Wahrnehmung in der Lage zu sein; die Schwäche eines Sinns durch die Stärkung anderer zu kompensieren; aber nicht nur Sinne und Aufmerksamkeit wach zu halten, sondern auch Dämme gegen ihre Überflutung zu errichten, um, wenn es erforderlich erscheint, Sinnesreize und Informationen der Sinne fern zu halten.

Eine Übung des *Sehsinns* kann in der bewussteren Wahrnehmung von Farben bestehen, etwa *Schwarz zu sehen*. Schwarz, diese »unbunte« Farbe, vor deren Hintergrund alle Buntheit der Welt sich erst abhebt, gilt als Farbe der Langeweile, des Traurigseins, der Indifferenz. Sie differenzierter zu sehen, lässt sich erlernen im Umgang mit Kunstwerken der Malerei, die virtuos mit Schwarz spielen und ihm allein sich zuweilen widmen. Einen modernen Höhepunkt fand die »Schwarzmalerei« mit dem

Schwarzen Quadrat und *Schwarzen Kreis* (1914/15) von Kasimir Malewitsch: Was dem ersten Blick als simples Schwarz erscheint, erweist sich beim näheren Hinsehen als reich gegliederte Landschaft, von weißen Äderchen durchzogen, mag es sich auch nur um nachträgliche Farbrisse handeln. In Serien von *Untitled*-Bildern malte Mark Rothko Mitte des 20. Jahrhunderts monochromes Schwarz ebenso wie zauberhafte Kontraste verschiedener Farbflächen mit Schwarz. Zu ihrem eigenen Thema macht schließlich Mi-Kyung Lee *Schwarz Landschaft* (2002), Schwarz-Studien, in die immer neue Schimmer von Grau einfallen und deren Dunkelheit Horizonte nur erahnen lässt; aus einer Wand pechschwarzer Gewitterwolken blitzt, wenn sie aufreißen, grelles weißes Licht hervor; tiefschwarze kosmische Unheimlichkeit treibt unwillkürlich ein Heimatgefühl für den blauen Planeten im Betrachter hervor. Ausdruck von allem und nichts, von Ekstase und Entsagung ist Schwarz in allen seinen Variationen: lichtes und dunkles, stumpfes und glänzendes Schwarz, zerschlissenes, elegantes, nachlässiges, gepflegtes, alltägliches, festliches, erotisches, ernstes, abweisendes, anziehendes, kaltes und samtenes Schwarz, bläuliches, rötliches, gelbliches Schwarz, deren Qualitäten im Kontrast erst hervortreten.

Einer Übung des *Gehörs* dient das Hören von Musik, die eine starke sinnliche Erfahrung vermittelt und jeweils eine Komposition von Zusammenhängen, also von *Sinn* ist, der sich dem Hörenden mitteilt. Eine Möglichkeit zur sinnlich-sinnhaften Übung offeriert die häufige Gelegenheit, *Beethovens Neunte zu hören*: Das abgründige, brüske und zerklüftete Werk ist das meistgespielte Musikstück der Moderne, und dies wohl nicht von ungefähr, denn eine Vorwegnahme der Geschichte der Moderne und ihrer Widersprüche ist darin zu hören. 1822-24 entstanden, versuchte Beethoven nach politischen Enttäuschungen in diesem Werk mit Engelszungen und Melodien von überirdischer Schönheit, *Adagio molto e cantabile*, zur Idee der Freiheit zu überreden – und drohte für den Fall, dass die Verführung nicht verfängt, offen mit der Gewalt eines stampfenden, unerbittlich vorwärts marschierenden Rhythmus, der keinen Widerstand bei der Realisierung des modernen Traums duldet: »Alle Menschen werden Brüder«, aber *Presto*. Die überaus zärtliche Lyrik des dritten Satzes und das heftige, geradezu tyrannische Pochen des vierten; das Auslöschen des voll tönenden Chores mit einer einzigen wegwerfenden Handbewegung, nur um ihn neu und anders wieder einsetzen zu lassen; die Solostimmen, die in schrillen Höhen sich zersingen, nachdem sie zum Weinen schön harmonierten; diese Zärtlichkeit, dieser Zorn, diese Zerrissenheit, die rasende Wut des »Diesen Kuss der ganzen Welt«: Das ist der Musik gewordene Traum einer freien und befriedeten Welt, und eine Ahnung der tragischen Abgründe, die die Freiheit als Befreiung mit sich bringt, aufgerissen von der Auflösung jeglicher Gebundenheit.

Einbußen erleiden alle Sinne in der Moderne, in besonderer Weise jedoch der *Geruchssinn*, dessen Spektrum sich zunehmend verengt, da das erfolgreiche Zurückdrängen übler Gerüche eine schwächere Wahrnehmung auch der Wohlgerüche zur Folge hat. *Jahreszeiten zu riechen* ist eine mögliche olfaktorische Übung, die das Selbst schon morgens am offenen Fenster exerzieren kann, um zugleich einen tiefen Atemzug zu nehmen und somit der Sphäre Tribut zu zollen, die ihm Leben gibt: Zu riechen ist die eiskalte Luft, die an den Nasenflügeln kleben bleibt, der süßliche Odor blühender Rapsfelder, der betörende Duft der Kornfelder, der erdige Hauch der Zeit, in der die Blätter fallen. Die Morgenluft ist ein Kind der Nacht: Wenn alle schlafen, streicht sie über taufrische Felder und atmende Wälder; ungestört von Auspuffgasen und Abluftkanälen zieht sie heran, abhängig von der aktuellen Luftströmung; spätestens zur Mittagszeit hat sie sich jedoch buchstäblich in Luft aufgelöst. Daher frühmorgens schon das Durchatmen, bei dem der erste Eindruck der stärkste ist, während mit dem zweiten und dritten bereits die mindernde Gewöhnung beginnt. Wie ein Trunkener ist das Selbst benebelt, berauscht von dem noch jungen Tag, wenn die Luft »gut« ist, ernüchtert, wenn sie »schlecht« ist. Manchmal ist sie geschwängert vom Rauch aus irgendwelchen Kaminen, anheimelnd angeräuchert, manchmal jedoch angesäuert vom hohen Ozongehalt, der in den Nasenwänden beißt. Der Güllegeruch der nahe gelegenen Kläranlage schärft den Sinn für die würzige Luft anderntags, die einen Hauch von frisch geschnittenem Gras mit sich führt, zuweilen auch einen durchdringend frischen Duft naher Kiefernwälder oder ferner Kräuter des Südens, von denen der »chemische Sinn« der Nasenschleimhaut jedes Molekül einzeln goutiert.

Die Übung des *Geschmackssinns* scheint aufgrund alltäglicher Gelegenheit am nächsten zu liegen. Aber auch ein einfacher Akt wie *Schokolade zu schmecken* will gelernt sein, und theoretische Kenntnisse sind dabei hilfreich, denn schon die Vorstellung lässt Riegel und Rippen auf der Zunge zergehen und veranlasst die Geschmacksrezeptoren zu einer Meldung ans Gehirn, das umstandslos in Serotonin zu schwelgen bereit ist; ein überzeugendes Beispiel dafür, welch preiswertes und gesundes Vergnügen die Theorie doch ist. Förderlich für den wirklichen Schokoladengenuss sind Grundkenntnisse in der Konstruktion und Dekonstruktion von Kristallen, hier von Beta-V-Kristallen, die den charakteristischen Geschmack vermitteln und aufs Angenehmste bei Temperaturen abgebaut werden, wie sie im Mundraum herrschen. Außergewöhnlich ist der Genuss, wenn mit der Schokolade das gesamte Selbst dahinschmilzt; entscheidend ist, dass der Augenblick der Auflösung sich lange auskosten lässt und in guter Erinnerung bleibt, misslich hingegen, wenn die Kristalle wegschmelzen wie Schnee und kaum eine Erinnerung an irgendwelches Ereignis hinterlassen. Nur durch Versuche sind die Varianten der Kristallbildung zu erkunden, die dem nachhaltigen Genuss förderlich sind. Vor allem aber kann ein Wissen um die Herkunft der Kakao-Bohnen und den Weg ihrer Verarbeitung zum süßherben Brei die Wahl des Selbst beeinflussen, das dann vielleicht »Zartbitter« statt »Vollmilch« bevorzugt, mit geringeren Fettanteilen und jenen Gerbstoffen, die in den Blutkreislauf gelangen und »aggressive Radikale« von ihrer Beteiligung an der Entstehung schwerer Krankheiten abhalten. Dass aber jede Lust eines Maßes bedarf, ist beim Gebrauch der süßen Lust exemplarisch zu erfahren; auch dass die Einübung ins richtige Maß ein schwieriger Weg endloser Abirrung zwischen einem Zuviel und Zuwenig ist, und dass die Mäßigung dennoch die Bedingung dafür ist, dass aus Lust nicht Unlust wird.

Der in nördlichen im Unterschied zu südlichen Kulturen am meisten vernachlässigte Sinn ist jedoch der *Tastsinn*; umso wichtiger erscheint seine Übung, um die durch ihn vermittelte Fülle von Sinn zu erschließen. Unspektakulär und alltäglich kann sie darin bestehen, *Oberflächen zu berühren*, den eigenen Körper und den Körper anderer, Stoffe aller Art, Materialien im weitesten Sinne, Dinge auf Schritt und Tritt: Tischplatten, Tischdecken, Wände, Bücher, Kleider, über die das Selbst mit den Fingerspitzen flüchtig oder anhaltend streicht und seine Aufmerksamkeit übt, indem es die Beschaffenheit erkundet: warm, kalt, rauh, glatt, geschmeidig, widerständig, sandig, körnig, fest, nachgiebig, leblos, vibrierend, zu weiterer Berührung einladend oder sie zurückweisend. Den Boden kann es mit den Fußsohlen berühren und den ganzen Körper durch eine Bearbeitung der Fußreflexzonen stimulieren. Die tastende Berührung, ermöglicht von den zahllosen Nervenenden der Haut, belebt das gesamte Selbst, das sich so am besten spürt. Jede Berührung hat den Effekt, die körperliche Energie zu aktivieren und in Bewegung zu halten, ein Element der Gesundheit und des Wohlbefindens, und dies nicht erst beim Betasten äußerer Objekte, sondern bereits bei der Selbstberührung durch die Kleidung des Selbst: Nach innen hin ist sie permanente Berührung für den eigenen Körper; ein Grund, sie sorgfältig auszusuchen. Nach außen hin ist sie ein Spiel mit den Gedanken eines erwünschten oder unerwünschten Berührtwerdens durch andere, so wie die Kleidung anderer ebensolche Gedanken des Selbst auf sich zieht oder umgekehrt abweist.

Bei fünf Sinnen bleibt es letztlich nicht. Ein sechster, »propriozeptiver« *Bewegungssinn* kommt noch hinzu, für den jedenfalls die Neurobiologie zugehörige Areale im Gehirn ausmachen kann. Unter Zuhilfenahme von Informationen der fünf Sinne und des gesamten »Bewegungsapparates« von Knochen, Gelenken, Muskeln, Sehnen vermag das Selbst in jedem Moment seine körperliche Position im Raum in Relation zu anderen Körpern zu bestimmen. Durch regelmäßige Bewegung lässt sich das äußerst komplexe Zusammenspiel von Wahrnehmung und Steuerung verfeinern. Daher die tägliche Übung, *sich gehen zu lassen* im wirklichen Sinne, denn nicht das denkende Selbst geht, sondern das körperliche, das sich umstandslos und ohne großen Aufwand von selbst in Bewegung setzt und die Zirkulation der Lebenskräfte wieder in Gang bringt, sofern es vom Denken nicht daran gehindert wird. Gehen ist eine Möglichkeit, das Nächste zu tun, um das Fernste wieder in den Blick zu bekommen: Der Raum öffnet sich und erweist seine Weite, und das Selbst begründet eine Beziehung zu ihm, die intensiver ist als bei jedem Verharren an einem Ort, sei der Ort auch ein fahrender, von Blech umschlossener. Der gleichmäßige Rhythmus des Gehens überträgt sich auf das gesamte Selbst und sorgt über den sinnlichen Sinn der Bewegung hinaus auch wieder für eine Grundlegung des Sinns im geistigen Sinne: Das Gehen setzt das Denken frei, der Körper geht und ich denke; aus diesem Grund sagt Michel de Montaigne im Essay »Über dreierlei Umgang« von sich, »mein Geist rührt sich nicht, wenn meine Beine ihn nicht bewegen«.

Und noch ein siebter, »introzeptiver« *innerer Sinn* ist auszumachen, dessen neurobiologische Entsprechung in der Lage ist, »winzige Abweichungen in den Parametern des inneren chemischen Körperprofils zu entdecken« (Damasio). Eine Verfeinerung dieses Sinns ist zu erreichen durch die Übung, *hypochondrisch sich zu spüren*, ein »Hineinhören« in den eigenen Körper, um ein Körpergespür zu entwickeln, das zunächst übertrieben ausfallen mag, aber aus freien Stücken einzuüben ist, bevor seine Ausbildung unfreiwillig geschieht, erzwungen von Kränklichkeit und Krankheit. Die inneren Abweichungen, in denen auch Reaktionen auf äußere Verhältnisse spürbar und, wenngleich nur vage, bewertet werden, sind für das Selbst von Bedeutung, da die Stabilität des »inneren Milieus« im Körper nur geringe Schwankungen in den Werten von Hormonen, Glukose, Sauerstoff, Kohlendioxyd, Wasseranteil und vielem mehr, auch im Zustand von Organen, Blutgefäßen und Muskeln zulassen kann. Permanent werden diese Werte mit »Sensoren« gemessen, werden Informationen hierzu elektrisch und chemisch über Nerven- und Blutbahnen an Gehirnareale übermittelt, sodass über unbewusste und bewusste Reaktionen Haltung und Verhalten gegebenenfalls zu ändern sind. In die präzisere innere Wahrnehmung kann das Selbst sich einüben, indem es sich körperlichen Erfahrungen in fremden Umgebungen, anderen Kulturen, extremen Situationen aussetzt, in denen keine Selbstverständlichkeit den Körper mehr umhüllt und jede Erfahrung ihn ungeschützt trifft. Eine schonendere Methode ist die *therapeutische* Zuwendung zum Körper, die das Körpergespür allmählich verstärkt und verfeinert und dem Selbst im Laufe der Zeit Kenntnisse von inneren Wesenheiten vermittelt, die ihm, wiewohl immer schon Teil seiner selbst, lange fremd geblieben sind.

Gerechtigkeit für Piriformis!

Rückenschmerzen werfen, Standarderfahrung für moderne Menschen, plötzlich und unabweisbar die Frage nach dem Umgang mit dem eigenen Körper auf. Sie zu ignorieren, bewährt sich nicht. Die Hoffnung, sie würden von selbst verschwinden, erfüllt sich nicht; vielmehr wird sie ihrerseits fragwürdig: Wäre es nicht ein Gebot der Klugheit, sich um den eigenen Rücken zu kümmern? Ist dies nicht von Grund auf eine Frage der Gerechtigkeit, sofern die Ethik im Umgang mit sich selbst ernst genommen werden soll? Wie kann dem Rücken also besser entsprochen werden? Eine Möglichkeit, sein Eigenrecht anzuerkennen, aufmerksam auf ihn zu sein und pfleglich mit ihm umzugehen, wäre fürs Erste, mehr Bewegung zu suchen, etwas Sport zu treiben, sodann aber mit körpertherapeutischen Möglichkeiten sich zu befassen. Die *Osteopathie* ist eine davon, wörtlich das »Knochenleiden«, eine ungeschickte Wortwahl des Begründers Andrew Taylor Still im ausgehenden 19. Jahrhundert. In Wahrheit geht es um die Bänder, Muskeln und Sehnen, die das Knochengerüst halten oder dies eben schmerzhaft nicht mehr tun. Die Osteopathie ist eine »manuelle« Diagnose und Therapie, beruht also auf der Anwendung der Hände im gesamten diagnostischen und therapeutischen Prozess, um letztlich Eigenreaktionen des Körpers in Gang zu bringen und Selbstheilungskräfte zu aktivieren. Die Stimulation der Körperteile, deren eingeschränkte Beweglichkeit andere Teile in Mitleidenschaft zieht, soll das »Knochenleiden« beheben. Durch die gezielte Berührung wird die Verkrampfung und Verspannung schmerzlich fühlbar, der verstärkte Schmerz ruft die Arbeit des Körpers herbei, und wie groß dessen Mühe und Anstrengung ist, zeigt die darauf folgende Müdigkeit des Selbst. Dann erst wird aus der gesteigerten Anspannung wohltuende Entspannung.

Interessante Entdeckungen sind im Laufe der Behandlung zu machen: Da ist der empfindliche *Nervus vagus*, der vom Kopf bis in den Bauchraum reicht, wo er sich strahlenförmig zum »Sonnengeflecht« verzweigt. Wenn die Eingeweide sprechen, dann hört zuerst dieser Nerv ihre Stimmen, auch die kaum wahrnehmbaren; daher das »vage« Gefühl »aus dem Bauch heraus«, das so oft empfunden wird. Da ist ferner der *Musculus trapezius*, der vom untersten Brustwirbel aus trapezförmig über beide Schultern bis zum Hinterkopf verläuft. Er ist es, der den Kopf aufrecht hält und sich bei anstrengender geistiger Tätigkeit regelmäßig verspannt. So wird nun also an mir gezogen, gedrückt, gepresst, gezerrt, geknetet und gestreichelt, um die bewusste Aufmerksamkeit auf Körperstellen wie diese zu lenken, die zu lange nur mit Ignoranz bedacht worden sind und sich mit Schmerzen dafür rächen. Eines Tages aber rührt die Therapeutin an einen Muskelstrang im Gesäß: Ein Aufschrei, denn schon die bloße Berührung schmerzt! Die diffusen Rückenschmerzen, deren Ursache und Herkunft kaum auszumachen war – hier ist ihr Brandherd, fast birnengroß und mit etwas Phantasie »birnenförmig«, lateinisch *piriformis*: Anatomiebücher führen den vollkommen unscheinbaren *Musculus piriformis* vor Augen, der sich von beiden Seiten des Steißbeins zum Hüftgelenk spannt. Dass er bei Tieren nur in verkümmerter Form zu finden ist, verweist auf seine bedeutsame Rolle im evolutionären Prozess, seine mögliche Beteiligung an der Herkulesaufgabe der Aufrichtung des menschlichen Körpers, am »aufrechten Gang«. Zu dessen Stabilisierung ermöglicht Piriformis die Drehung der Beine nach außen, die so genannte »Außenrotation«. Eigentlich, so dachte ich, rotiere ich schon genug, nun fehlt es mir also auch noch an »Außenrotation«!

Piriformis ist der Muskel, der leicht zu übersehen ist, wie alle, die stillschweigend ihre Arbeit tun. Im Machtspiel der Muskeln, von denen das denkende Subjekt nichts ahnt, verzichtet er souverän auf irgendwelche Dominanz. Im Zweifelsfall ist er der Klügere, der nachgibt und dekontrahiert, wenn andere Muskeln sich eine Kontraktion in den Kopf gesetzt haben. Was ihm dafür von Seiten des bewussten Selbst widerfährt, ist allerdings Missachtung, schlichte Unkenntnis der Zusammenhänge, blanke Ignoranz. Selbst wenn er wehtut, reden alle vom Rücken, vom Piriformis redet keiner. Was würde es für die innere Ausgeglichenheit bedeuten, wenn mehr asketische Arbeit auf seine Pflege verwendet würde? *Gerechtigkeit für Piriformis!* Aber mit welchen Übungen? Die Schreibtischarbeit ist jedenfalls sein schlimmster Feind: Sie vernachlässigt ihn, sie bringt ihn, je intellektueller, desto schlimmer, vollkommen zur Erschlaffung. Piriformis verkümmert, wird im Sitzen zerquetscht, wird negiert und annihiliert, als hätte es ihn nie gegeben. Auffällig sind geschlechtliche Unterschiede: Frauen, aus welchen Gründen auch immer, zeigen häufig eine vorbildliche Piriformis-Performance: Becken nach hinten gekippt, bewegliche Hüften, nuancierte Außenrotation. Männer hingegen bevorzugen die Extreme: Becken und Hüften steif, Abstellwinkel der Beine 45 Grad und mehr, und dies dauerhaft, womit Piriformis stets das Äußerste abverlangt wird. Berühmt für überspannte Außenrotation ist Charlie Chaplin, Abstellwinkel 90 Grad, vermutlich systematisch antrainiert. Damit ist immerhin klar, welche Übung Piriformis stärkt und ihm Gerechtigkeit widerfahren lässt: wenigstens einmal morgens quer durch die Wohnung im »Charlie-Chaplin-Walk«. Dies nur zur Stärkung der Kontraktion, Dekontraktion dann im Schneidersitz. Und sollte die Wirksamkeit auch begrenzt sein, so haben doch diejenigen, die gelegentlich dabei zusehen, ihre helle Freude daran.

Boden gewinnen

Jede körperliche Übung ist schon aufgrund einer Entlastung von den Mühen des Fühlens und Denkens auch eine Übung für Seele und Geist. So wohltuend kann dies sein, dass die cartesianische Hochschätzung des Denkens gegenüber allem Körperlichen sich noch ins Gegenteil verkehrt und das Selbst in unreflektierter

Körperlichkeit sein Heil sucht. Für den pfleglichen Umgang mit dem Körper genügen maßvollere Übungen. Ist ein Problem des Denkens nicht die *Vertikale*, die aufrechte Haltung, in der es vorzugsweise betrieben wird? Aber das Denken muss nicht immer »oben sein«. »Ganz unten«, wirklich am Boden zu sein, ist für das denkende Selbst ebenfalls eine wertvolle Einübung ins Leben. Die zugehörige Übung sieht vor, sich gelegentlich auf den Boden zu legen, nur zu liegen und wahrzunehmen, vielleicht auch Gymnastik in der *Horizontalen* zu betreiben, zur Stärkung der Rückenmuskulatur. Die Muskeln, die mit der Aufrichtung des Körpers und des Kopfes betraut sind, nehmen dankbar die Entlastung vom Kampf gegen die Schwerkraft an, und auch das Zwerchfell atmet tief durch. Sich dem Boden anzuschmiegen, reduziert die Angst zu stürzen und zu fallen, die nicht zuletzt aus der krampfhaften Aufrechterhaltung der Vertikalen resultiert; aus diesen Gründen ist dies wohl auch die bevorzugte Ebene der Liebe und der Zärtlichkeit. Auf derselben Ebene lässt sich zudem ein mögliches Scheitern vorwegnehmen, das jetzt seinen Schrecken verliert, da es eine neue Gewissheit bietet: nicht tiefer fallen zu können. Die Horizontale ist eine Erinnerung daran, wie das Leben einst begonnen wurde: nämlich liegend; und dass dies letztlich auch die Ebene des Todes ist, sodass die körperliche Übung einen Anlass bietet, sich einzuüben in den Gedanken an den Tod.

Die Übung des Liegens, nicht im Bett, sondern ganz unten, auf dem Rücken, auf dem Bauch, seitwärts, ausgestreckt, eingerollt, ermöglicht dem Selbst, mit der körperlichen Berührung des Bodens wieder Bodenhaftung zu gewinnen. Wer liegt, wird ein anderer, anders als stehend und gehend: Das ist alltäglich zu erfahren beim Schlafengehen und gelegentlich beim Kranksein, verstärkt wird die Erfahrung jedoch, wenn das Liegen vom Bett auf den Boden verlegt wird. Von unten herauf statt von oben herabzublicken, verändert die Perspektive gänzlich. Es ist die Position der Gelassenheit per se, der Ruhe, mit der das Selbst wieder an Boden gewinnt, da es vertraut wird mit dem Wohlgefühl des »Geerdetseins«. Das Liegen entliebt es der Anstrengung der Vorsicht, die ansonsten jeden Schritt begleiten muss; die

Fülle der Sinneseindrücke vermindert sich, sodass die Welt wieder überschaubar wird. Vielleicht ist ein Ausgeliefertsein damit verbunden, jedoch eines, dem das Selbst sich freiwillig anheim gibt und so mit der Situation bekannt wird, mit der es sich im Leben unfreiwillig immer wieder konfrontiert sieht, auch ohne Einwirkung anderer: Jeder Schlaf, jede Krankheit bringt dieses Ausgeliefertsein mit sich. Das Liegen ist eine Einübung in die Passivität, das notwendige Gegenstück zur stets vorwärts drängenden Aktivität, die jedes Sich-Niederlegen als Niederlage empfindet. Wer liegt, stürmt nicht los, jedenfalls nicht plötzlich; die Schwerkraft, der er nachgegeben hat, gibt ihn nicht umstandslos frei, und die Kraft, die gewöhnlich gegen sie aufzuwenden ist, steht der körperlichen, seelischen und geistigen Regeneration zur Verfügung: Daher ist das Liegen so heilsam, so ausgleichend und kreativ.

Boden zu gewinnen, ist eine schöpferische Angelegenheit; aber noch ein anderer Boden ist damit gemeint. Wer zum ersten Mal von ihm hört, fragt vielleicht ungläubig zurück: *Becken? Boden?* Eine Wesenheit dieses Namens ist ihm noch nie begegnet. Sollte ihr irgendwelche Bedeutung zukommen, die es rechtfertigen könnte, ihre Existenz zur Kenntnis zu nehmen? Aber wie so vieles, das bedeutsam ist, macht der Beckenboden erst als abwesender auf sich aufmerksam, und dies noch dazu an anderer Stelle: Das Zwerchfell beginnt zu schmerzen, denn es erbringt eine vergleichbare Leistung für die Organe der oberen Körperhälfte, wie der Beckenboden für die Organe der unteren; es hält sie an Ort und Stelle. Ein »durchhängender« Beckenboden führt zwangsläufig zu einer Überbeanspruchung des Zwerchfells, das mangels Abstützung von unten die von oben herabdrückenden Organe »durchsacken« lässt. Entlastet wird das Zwerchfell durch die Stärkung des Beckenbodens, und dessen Übung erscheint als die einfachste, denn sie besteht in einem bloßen Anspannen der Muskelgruppe zwischen den Beinen bei jeder Gelegenheit. Zugleich ist die Sorge um den Beckenboden eine Vorsorge gegen mögliche Schwierigkeiten benachbarter Körperteile: Seine Spannkraft ist auch die der Blase und des Darmausgangs sowie der gesamten Bauch- und Gesäßmuskulatur. Das Beckenboden-

training fördert sogar, nachhaltiger jedenfalls als alle pharmakologische Nachhilfe, die Durchblutung jener Schwellkörper,
denen das Leben einiges an erotischem Reiz verdankt. So geht
die Bodenübung in die Beckenbodenübung über und führt
dazu, auf zweifache Weise den Boden wieder zu spüren: »den
Boden unter mir und den Boden in mir.« In solcher Doppelbö-
digkeit soll das Selbst fortan seinen Sinn finden.

Asketik des Atmens

Ohne dabei das Atmen zu vergessen, das sich freilich bei jeder
körperlichen Übung schon von selbst vertieft. Geatmet haben
Menschen vermutlich schon immer, aber nicht immer auf dieselbe Weise: Das *Flachatmen*, das modernen Menschen zur zweiten Natur wird, löst das *Schweratmen* ab, das noch von der Last
körperlicher Anstrengung zeugt. Über die absehbaren Folgen
machte sich Nietzsche bereits im 19. Jahrhundert Gedanken:
»Wer zum Beispiel Tag für Tag um einen noch so unbedeutenden
Grad zu schwach atmet und zu wenig Luft in die Lunge nimmt,
sodass sie als Ganzes nicht hinreichend angestrengt und geübt
wird, trägt endlich ein chronisches Lungenleiden davon« (*Morgenröte*, 462). Das Problem liegt jedoch vor allem darin, dass die
Atmung als ein gewöhnlicher körperlicher Vorgang neben anderen erscheint, während sie in Wahrheit die Voraussetzung für alle
anderen ist. Vergangene Zeiten bewahrten in ihren Begriffen,
griechisch *pneûma*, lateinisch *anima* und *spiritus* für Atem und
Lebenshauch, eine Auffassung von der Bedeutung des Vorgangs
und ließen über das Körperliche hinaus auch die seelischen, geistigen und metaphysischen Dimensionen des Atmens anklingen,
das Durchströmtwerden von seelischer Kraft, die Inspiration des
Denkens und den Rückbezug der drei Ebenen auf einen gött-
lichen Hauch.

Nüchtern betrachtet handelt es sich beim Ein- und Ausatmen
allerdings nur um einen »Gasaustausch«, eine wechselseitige
Durchdringung der *inneren Ökologie* des Körpers und *äußeren
Ökologie* des Planeten. Mit der Aufnahme von Sauerstoff und der
Abgabe von Kohlendioxyd wird Atmen zu einem ständigen

Berühren der Atmosphäre und Berührtwerden durch sie. Dass die Zufuhr von Sauerstoff für das körperliche Selbst von existenzieller Bedeutung ist, erweist sich daran, dass die Steuerung des Prozesses im Hirnstamm angesiedelt ist, dem willentlichen Zugriff entzogen. Wurde antiken Kynikern nachgesagt, sie seien imstande, den Prozess willentlich zu unterbrechen und auf diese Weise sich selbst zu töten, so diente dies abseits allen Wahrheitsgehalts wohl vor allem einer Illustration ihrer Fähigkeit zur Selbstmächtigkeit. Gleichwohl ist der Grundrhythmus des Lebens, der für das Selbst als steter Wechsel von Weitung und Verengung seiner selbst erfahrbar ist, extrem variabel. Bei Angst und Schmerz wird der Atem und mit ihm das ganze Selbst regelrecht »abgeschnürt«, sodass Atemnot und Todesangst entsteht; umgekehrt weiten sich Atem und Selbst mit der Empfindung von Freude und Lust enorm zu einem großen Aufatmen und Durchatmen.

Wenn das Selbst so sehr an die Art der Atmung gebunden ist, spricht alles für deren neue Aneignung, nicht etwa des *Dass*, das von selbst geschieht, sondern des *Wie*, das modifizierbar ist. Durch die bewusste Einübung des Wie sind in einer *Asketik des Atmens* die Ressourcen zu erweitern, die dem Atemprozess zu verdanken sind. Ist die Atmung verflacht, dann kann eine »Heilung«, wie Nietzsche schon wusste, »auf keinem anderen Wege erfolgen, als dass wiederum zahllose kleine Übungen des Gegenteils vorgenommen und unvermerkt andere Gewohnheiten gepflegt werden, zum Beispiel, wenn man sich zur Regel macht, alle Viertelstunden des Tages einmal stark und tief einzuatmen«, und dies »womöglich platt am Boden liegend«. All das unwillkürliche Dehnen und Strecken, das morgens nach dem Aufstehen, tagsüber als Reaktion auf Bewegungsmangel vollzogen wird, stellt bereits eine Übung zur Weitung und Vertiefung des Atmens dar. Eine Übung ist selbsttätig jedes Gehen, jedes intensive Riechen, ebenso das Bedürfnis nach dem tiefen Luftholen im Aufseufzen, das dem Selbst keine andere Möglichkeit mehr übrig lässt, als Atem zu schöpfen, vielleicht um etwas zu bewältigen, das verschwiegen bleibt, aber der Kraft bedarf.

Die Übungen zielen darauf, den »Atemraum« zu erweitern,

aus dem Kraft bezogen werden kann; ganze Lehren (vorweg Ilse Middendorf, *Der erfahrbare Atem*, 1984) leiten theoretisch und praktisch dazu an. Das bewusste körperliche Erleben macht den unbewussten Prozess in der Art und Weise seines Vollzugs verfügbar und ermöglicht, ihn zu variieren. Gezielt lässt sich der Sauerstoffstrom in verschiedene Regionen des Körpers lenken – eine Übung, mit der das Selbst seine innere Aufmerksamkeit zu steuern lernt, ausgerichtet etwa auf ignorierte und vernachlässigte Teile des Körpers, die fühlbar aufleben: Hände, einzelne Finger, Fingerspitzen, Zehen, Zehenspitzen, Beckenboden etc. Keine Willensanstrengung soll damit verbunden sein, sondern ein »Kommenlassen« des Atems und sein Strömenlassen in die jeweilige Richtung. Mit all den Übungen ist allmählich die Art der Atmung ausfindig zu machen, die dem eigenen Körper gemäß ist, mit dem Eigenrhythmus, der ohne bewusste Anstrengung von selbst geschieht und dem das Selbst sich ganz überlassen kann, in völligem Vertrauen auf das Element, das den gesamten Körper durchströmt. »Mit langem Atem« zu leben, zu handeln und zu lassen heißt dann, auf die Regeneration vertrauen zu dürfen, die sich im Atmen von selbst vollzieht und eine Kontinuität über lange Zeit hinweg ermöglicht.

Offenbar führt das Atmen dem Körper Lebenskraft zu, Kraft, die eingeatmet werden kann und durchaus biochemisch zu erklären, vor allem aber lebenspraktisch zu erfahren ist. Daher das »Atemholen« vor einer großen Anstrengung, auch das »Atemschöpfen« nach einer Verausgabung. Es scheint, als hätten fernöstliche Lebensauffassungen mehr als westliche ein Wissen von dieser Kraft bewahrt. Demzufolge strömt der Atem, die Energie oder Lebenskraft, chinesisch *Chi* bzw. *Qi*, entlang von Meridianen durch den Körper, tritt an bestimmten Stellen ein und an anderen wieder aus, sodass ein ganzes Netzwerk von Punkten zur Verfügung steht, die gezielt mit Akupunktur und Akupressur zu bearbeiten sind, um eine stockende Energie, die den Körper anfällig für Krankheiten macht, zu stimulieren und wieder in Fluss zu bringen. So ungeklärt die Funktionsweise dieser Techniken sein mag, so unbestreitbar ist ihr Funktionieren. Alltäglich ist der Energiefluss mit *Tai Chi*, einer Mischung aus Gymnastik,

Atmung und Meditation, anzuregen und auszubalancieren, verbunden mit einer gestischen Erziehung seiner selbst. Auch *Qi Gong* meint das beharrliche Üben der Lebenskraft und umfasst Körperhaltungen, Bewegungen, Atemübungen und geistige Übungen, deren Traditionen bis in vorchristliche Zeit zurückreichen und letzten Endes der Kultivierung und »Pflege des Lebens«, chinesisch *Yangsheng*, dienen. Alle westliche und östliche Asketik des Atmens und der Bewegung aber mündet in die Gelassenheit, die mit dem ruhigen Atmen im Eigenrhythmus eine Selbstverständlichkeit erzeugt, in der das Selbst sich zu Hause fühlen kann. Um nun auch der Ernährung einige Aufmerksamkeit zu widmen.

Ethik der Ernährung, erneuerte Diätetik

Lange Zeit konnten Fragen der Ernährung als unphilosophisch gelten. Das »reine Denken« mit Produkten der »ausgebreiteten Welt« zu nähren, schien so vernachlässigenswert zu sein wie die Versorgung mit frischem Sauerstoff: undenkbar, Welt so tief in sich aufzunehmen. Nietzsche hingegen hielt »die Frage der *Ernährung*« für bedeutsamer fürs Leben als etwa theologische Fragen: Das »Heil der Menschheit« hänge daran, er selbst habe die Gegenprobe gemacht, wenn auch aus blanker Unkenntnis, als er zur Zeit seines Schopenhauer-Studiums den Willen zum Leben sehr ernsthaft »durch Leipziger Küche« verneinte (*Ecce Homo*, »Warum ich so klug bin«). Wie es auch immer um das »Heil« bestellt sein mag: Zumindest erscheint die Frage der Ernährung als sinnvolles Objekt der Sorge des Selbst für sich, um sich mit sich zu befreunden und ein bejahenswertes Leben zu realisieren. Wenn wirklich, wie es heißt, die Liebe durch den Magen geht, dann gilt dies auch für die Liebe zu sich selbst. Die Ernährung ist der Ausdruck dieser Liebe, der intimste Akt, den das Selbst tagtäglich mit sich vollzieht – intimer als die zeitweilige innige Berührung eines anderen beim erotischen Akt, denn es geht um die dauerhafte Verschmelzung des Selbst mit dem, was es »zu sich nimmt«. Stoffe und Materialien nimmt es tief in sich auf, sie durchwandern den Körper von oben nach unten, sondern ihre Substanzen ab und vermischen sich mit den Säften des Körpers.

Es gehört zu den Besonderheiten der Lebensführung in moderner Zeit, dass Fragen der Ernährung von jedem einzelnen Selbst neu zu entscheiden sind, nachdem traditionelle, konventionelle und religiöse Antworten darauf an Verbindlichkeit verloren haben: Die *moderne Freiheit* durchquert den Magen des Selbst. Eine historische Errungenschaft dieser Freiheit ist die weitgehende Befreiung moderner Gesellschaften vom Hunger, aber wie jede Befreiung führt auch diese nicht von selbst schon zu *Formen der Freiheit*: Von den Nahrungsmitteln, die im Übermaß zur Verfügung stehen, wird zunächst im selben Übermaß, wahllos und unreflektiert, Gebrauch gemacht, mit all den Konsequenzen, die sich daraus für den Körper ergeben. In dieser Situation hat das Selbst eine erste, grundlegende Wahl zu treffen, für die drei Optionen zur Verfügung stehen: Sich gänzlich *ignorant* gegen Ernährungsfragen zu verhalten, sich nicht um irgendwelche Kenntnisse und Erkenntnisse zu bekümmern, dies aber bewusst zu tun. Oder mehr oder weniger bewusst dem Impuls der Angst zu folgen, sich *hysterisch* von allen nur denkbaren Gefahrenquellen fern zu halten und fraglos von der epistemischen Ebene ernährungswissenschaftlicher Erkenntnisse zur ethischen Ebene des Handelns überzugehen. Schließlich aber sich selbst eingehender mit Ernährungsfragen zu befassen, um möglichst klug, differenziert und *wählerisch* damit umzugehen; auf optativer Grundlage auch Wissen je nach Plausibilität heranzuziehen, es jedoch nicht umstandslos zur normativen Grundlage des Handelns zu machen: Die größere Aufmerksamkeit auf Fragen der Ernährung erfordert nicht, Wissenschaft mit definitiver Gewissheit zu verwechseln. Auf mögliche Risiken antwortet eine Vorsicht, die nicht von der Aufhebbarkeit sämtlicher Risiken träumt.

Den Problemen und Gefahren der Intimität kann eine *Ethik der Ernährung* Rechnung tragen. Sie berücksichtigt die verschiedensten Aspekte der Ernährung für Selbst und Welt und verknüpft die ästhetische Ethik des Selbstverhältnisses mit einer des Weltverhältnisses. Alle Aspekte der *Klugheit*: Rücksicht, Umsicht, Vorsicht und Voraussicht, sind hier am Platz. Sich um

Klugheit zu bemühen heißt abzuwägen, einzuschätzen, Sensibilität zu gewinnen, ein Gespür zu entwickeln, verfügbare Kenntnisse heranzuziehen und sich um eine Aufklärung von Zusammenhängen zu bemühen, so weit das momentane Wissen reichen kann: Was sind die Grundlagen der Ernährung, welche Möglichkeiten habe ich und welche Wahl treffe ich? Was ist das, was ich zu mir nehme; was braucht mein Körper, was nicht? Welche Produkte bergen welche Inhaltsstoffe, und wie werden sie produziert, konserviert, transportiert, konsumiert? Das Selbst konzentriert seine Aufmerksamkeit und Achtsamkeit auf das gesamte Umfeld der zu treffenden Wahl, um mit allen relevanten Aspekten vertraut zu werden. Das reicht von der vorbereitenden Sensibilisierung für Fragen der Ernährung bis hin zur globalisierenden Betrachtungsweise ihrer Konsequenzen: Denn die Produkte, die zur Ernährung herangezogen werden, haben erwünschte oder unerwünschte Konsequenzen nicht nur im Körper des Selbst, sondern auch am Ort ihrer Herkunft und auf dem Weg zum Selbst. Mit ihrer Aufnahme in sich geht das Selbst eine intime Beziehung auch zu ihrer Herkunft ein, und die Bedingungen von Produktion und Transport, die sozialen Bedingungen inhumaner Arbeitsverhältnisse oder die ökologischen Bedingungen einer Freisetzung von Schadstoffen wirken auf direkte oder indirekte Weise wiederum auf die Lebensbedingungen des Selbst zurück.

Ihre konkrete Ausformung erfährt die Ethik der Ernährung in einer *erneuerten Diätetik*, die nicht primär darin besteht, »Diät zu halten«, sondern, dem zugrunde liegenden griechischen Begriff *díaita* entsprechend, eine bestimmte *Lebensweise* einzurichten, beruhend auf der Wahl des Selbst. Von besonderem Interesse bei der Einrichtung des Lebens sind die Rhythmen von Ruhe und Bewegung, von Wachen und Schlafen, und in diesem Rahmen erst die Einzelfragen des Essens und Trinkens – und welche Rolle den erotischen Lüsten, den *aphrodísia*, zugemessen wird, die seit alters her zur körperlich-seelisch-geistigen Nahrung im Rahmen einer Lebensweise beitragen. Von Bedeutung ist die *Haltung*, mit der gegessen und getrunken wird; entscheidend ist, ob Essen und Trinken genossen oder lediglich aus Vernunftgründen

»dem Körper zugeführt« werden. Eine Frage der Haltung ist, ob das Selbst sich mit »schnellem Essen« (*Fast Food*) abspeisen lässt oder die Alternative des »langsamen Essens« (*Slow Food*) bevorzugt; die Wahl dazwischen trifft allein das Selbst, das sich die Frage stellt: Was bedeutet es für mich, beim Essen zu verweilen, dem eigenen Körper die Muße zu gönnen, das Essen zu genießen oder eben nicht? Die Antwort kann es für sich erspüren, indem es darauf achtet, welche Art des Essens seinem Wohlbefinden förderlich ist und die körperliche Widerstandsfähigkeit erhöht. Genossen werden kann ein Essen auch dann, wenn es nicht in jeder Hinsicht den hohen Maßstäben einer gesunden Ernährung genügt. Zur erneuerten Diätetik gehört durchaus der reuelose Genuss dessen, was das Selbst zu sich nimmt, von ihm selbst gewählt, und wovon es sich intim berühren lässt; intensiviert wird der Genuss durch die volle Entfaltung der Sinne des Sehens, Riechens, Schmeckens und durch die rituelle Inszenierung, die das Essen zum individuellen und sozialen Ereignis macht. Nur der mangelnde Genuss beim Verdacht, das Falsche zu essen, im falschen Rahmen, die spürbare Unlust beim Essen, die nachfolgende Reue sorgen für ungesunde Empfindungen von Stress.

Von vornherein kann es bei einer erneuerten Diätetik nicht um eine *normative*, sondern nur um eine *optative* Lebens- und Ernährungsweise gehen. Das gilt auch dann, wenn Experten imperativische Auskünfte darüber geben, was genau zu essen und zu trinken sei und wie man zu leben habe, um gesund zu leben, mag das auch noch so vernünftig erscheinen, wie etwa bei der Formulierung der »fünf Punkte«: viel Bewegung zu suchen, Übergewicht zu vermeiden, auf Nikotin und übermäßigen Alkoholgenuss zu verzichten, viel Salat, Gemüse und Obst zu essen, Fleisch nur maßvoll zu gebrauchen. Trotz allem kann dem die Auffassung entgegengesetzt werden, dass es womöglich nicht gesund ist, immer nur gesund zu leben und zu essen: Die Integrität des Selbst und insbesondere Magen und Darm müssen auch Herausforderungen bestehen können. Das ist kein Plädoyer für beliebige Lebensweise und Ernährung, sondern dafür, dem gesunden Leben und Essen allein nicht alles zuzumuten. Das einzelne Individuum selbst trifft die Wahl, die es mit seiner gesamten Existenz auch selbst verantwortet. Entscheidet es sich für diätetische Veränderungen, ist ein zentrales Problem allerdings die Verflochtenheit der Lebensweise und der Fragen der Ernährung mit dem Phänomen der *Gewohnheit*. Ernährungsgewohnheiten zu ändern bedarf einer intensiven Asketik, denn die bloße Einsicht in den Sinn von Veränderungen führt noch lange keine herbei; vielmehr bedarf es beständiger alltäglicher Arbeit, um eine mehr oder weniger gedankenlos vollzogene Gewohnheit durch eine bewusst gewählte zu ersetzen. Niemand sonst als das Selbst kann dies leisten, und für seine Mühe gibt es letztlich nur einen ausschlaggebenden Grund: sein Eigeninteresse, denn es geht um sein Leben, das von der Ernährung auf existenzielle Weise abhängt und mit ihr gegebenenfalls auf dem Spiel steht.

Wenn die Option einer gesunden Ernährung vorgezogen wird, kommt dennoch kein aktuell geltender Standard dazu ohne weiteres in Betracht; vielmehr erscheint es sinnvoll, mit der Zusammenstellung der einzelnen Elemente der Ernährung in Bezug auf die je eigene Lebensweise selbst zu experimentieren, bis eine gut lebbare *Komposition* gefunden ist. Komponenten sind die Stoffe, die tagtäglich in den Körper aufgenommen und von ihm ausgeschieden werden, und die Frage ist, welche Stoffe auf welche Weise im Körper wirken und wie sie zu dosieren sind zwischen einem Zuviel, das als Gift wirken, und einem Zuwenig, das sich als latenter oder lebensbedrohlicher Mangel auswirken kann. Hilfreich für das Selbst ist, wenn der Bedarf sich in Appetiten äußert: In ihnen kommt das Gespür des Körpers zum Vorschein, das durch Erfahrung weiter zu verfeinern ist. Das betrifft zunächst die *Nährstoffe*, die als Energielieferanten für Körper und Gehirn fungieren: Neben pflanzlichen und tierischen Eiweißen sind dies Kohlenhydrate und Fette (in Fisch, Fleisch, Milchprodukten, Eiern, Gemüse). Ein Zuviel an Fetten trägt zu Gefäßverengungen bei und wird so zur Belastung für Herz und Kreislauf, ein Zuwenig steht im Verdacht, am Entstehen von Depressionen und Aggressionen beteiligt zu sein. Die Aufmerksamkeit gilt ferner dem richtigen Maß an *Wirkstoffen*, Vitaminen wie auch Mineralstoffen, die dem Eindringen von Krankheitserregern in den Organismus entgegenwirken; auch

Tausende von »Sekundären Pflanzenstoffen« sind dafür von Bedeutung (in Salat, Gemüse, Obst, Vollkornprodukten, Reis, Kartoffeln; am besten aber nicht aus überdüngten Böden, nicht mit Pestiziden behandelt, nicht in Fertiggerichten, nicht gekocht, wenn aber doch, dann ohne langes Warmhalten, möglichst frisch aus der Region, möglichst abwechslungsreich). Schließlich aber geht es um das richtige Maß an *Ballaststoffen* (wiederum aus Salat, Gemüse, Obst, Vollkornprodukten), die einer Pflege des Darms dienen, in dessen Wänden ein Großteil des Immunsystems angesiedelt ist. Es ist sinnvoll, sich vor Augen zu führen, welche Arbeit im Darm geleistet wird, um sie wirksam erleichtern zu können: Er nimmt die Nährstoffe auf und verwandelt sie in Energie, aber er ist auch mit dem zentralen Problem moderner Ernährung befasst, mit all den *Zusatzstoffen*, chemischen Farbstoffen, Konservierungsstoffen, Geschmacksverstärkern, auch »Fruchtzubereitungen«, die wiederum zugesetzter Aromastoffe bedürfen; immer mit der Gefahr, dass das Immunsystem des Körpers davon irritiert wird und allergisch reagiert.

Absolut grundlegend für die Ernährung ist jedoch nicht feste, sondern flüssige Nahrung: *Wasser* ist das Grundnahrungsmittel, das Mineralstoffe transportiert und Schadstoffe ausschwemmt; daher ist es stets zu erneuern, und es scheint kein Zuviel davon zu geben, nur ein Zuwenig, das sich nicht nur unmittelbar, sondern auch mittelbar bemerkbar macht: Das Untergewebe der Haut wird rascher faltig, wenn der Körper Flüssigkeit entbehrt. Durst ist bereits ein Alarmsignal dafür, dass das Herz verstärkt arbeiten muss, um das dickflüssiger werdende Blut durch den Körper zu pumpen. Kaffee, Schwarzer Tee und Alkohol sind Genussmittel, aber keine Durstlöscher; was sie dem Körper an Flüssigkeit entziehen, wäre mit Wasser wieder auszugleichen. Mineralwasser wiederum ist zwar reich an spezifischen Mineralien, bringt aber das Problem mit sich, diese über längere Zeit in zu hoher Konzentration im Körper anzusammeln, während gewöhnliches Trinkwasser oft ausreichend mineralstoffhaltig ist. Die zu hohe Konzentration an Wirkstoffen kann auch das Problem von Multivitaminsäften sein; und viele Fruchtsäfte basieren auf einem »Konzentrat«, das doch wieder nur mit Wasser zum

Getränk gemacht worden ist. Milch, die zum größten Teil aus Wasser besteht, enthält vieles, was der Organismus braucht; durch Ultrahocherhitzung aber werden die Vitamine in ihr zerstört und müssen künstlich wieder zugesetzt werden.

Zu einer ausreichenden Grundversorgung mit Flüssigkeit trägt die *Suppe* bei. Kein Geringerer als Epikur hat sie philosophisch nobilitiert, denn seinen Vorstellungen eines lustvollen Lebens (»Nicht jede Lust ist wählenswert«, *Brief an Menoikeus*, 129) entsprach sie auf ideale Weise: nicht in aufwändigen Gelagen zu schwelgen, sondern die Bedürfnisse auf ein minimales Maß zu reduzieren, um ihre Befriedigung dann maximal zu genießen. Derjenige Genuss erscheint ihm am lustvollsten, für den wenig nötig ist, und zu finden ist er durchaus im Sinnlichen, nicht in einer bloßen Idee: Er wisse nicht, meinte Epikur gegen Platon gewandt, was er sich unter der Idee »des Guten« vorstellen solle, wenn nicht die Liebeslust, die Lust des Hörens, die Lust eines schönen Anblicks und – die »Lust der Suppen«; nicht aber auserlesene Feinschmeckersüppchen, sondern »bescheidene Suppen« (*litoì chyloí*). Mühelos könnte sich auch der moderne und andersmoderne Epikureer teilweise von Suppe ernähren, mit viel Flüssigkeit und Wirkstoffen, sofern es sich nicht um eine Fertigsuppe aus der Tüte handelt. Suppe zu essen ist die maßvolle Lust der Autarkie, die der Askese Genüge tut; sie ist eine entsagungsvolle Ernährung, die doch auch die Ekstase ermöglicht, denn das Selbst kann außer sich geraten bei ihrem Anblick und ihrem Genuss. Erst recht zur Zeit des Fastens.

Erfahrung des Fastens

Wer Askese im engeren Sinne der Entsagung üben will, muss von vornherein in Betracht ziehen, dass sich auf alles verzichten lässt, nur nicht auf Flüssigkeit. Der Körper zehrt von Reserven an Eiweißstoffen und Fetten und bezieht Vitamine und Mineralstoffe aus Wasser, Fruchtsäften, Kräuterteesorten und Gemüsebrühe. Die körperliche Reinigung, die dies zur Folge hat, ist wohl der grundlegende Sinn althergebrachter religiöser Fastenzeiten; in seelischer Reinigung findet sie ihre Fortsetzung und mündet letztlich in spirituelle Erfahrungen. Religion ist jedoch keine notwendige Voraussetzung dafür, sich dieser Übung zu unterziehen. Grundlegend ist allein die Wahl des Selbst, sich einer solchen Erfahrung auszusetzen, und sei es nur für einzelne Tage, die die Erfahrung des Fastens in Grenzen halten, oder aber für eine Woche und länger. Die anfängliche Zeit, beginnend mit dem »Entlastungstag«, ist zugleich die schwierigste, nämlich das Hungergefühl durchzustehen, das zunächst noch spürbar ist, und die seelischen wie geistigen Auswirkungen hinzunehmen, die die körperliche Erfahrung mit sich bringt: Dies ist die Hürde, die zu überwinden wirklich schwer fällt. Was *körperlich* dabei geschieht, ist vor allem eine Entschlackung des Darms von Stoffen, die bei der Verdauung nicht verwertet worden sind und sich seit längerer Zeit, auch seit Jahren und Jahrzehnten, an den Darmwänden festgesetzt haben, eine Quelle von Übersäuerung und Vergiftung. Diese Stoffwechselreste, Schadstoffe, Giftstoffe, längst zur stummen Belastung geworden, stößt der Körper nun ab; eine Reduktion auf das Wesentliche.

Zu den *seelischen* Auswirkungen gehören die unterschiedlichsten Gefühle, ihre Widersprüche und Kämpfe, die nun stärker wahrgenommen werden, bevor sie zur Ruhe kommen und in einem anhaltenden Wohlgefühl aufgehen. Dann wird alles leicht, der Körper, das Fühlen, das Denken. *Geistig* wird nach der anfänglichen Benommenheit ein Denken freigesetzt, das klarer als jemals erscheint, mit weiterem Blick als zuvor auf das gelebte und zu lebende Leben; Zusammenhänge werden sichtbar und »machen Sinn«, nachdem in den ersten Tagen eine umfassende, beängstigende Sinnlosigkeit vor Augen stand. Zumindest ein Buch übers Fasten kann als Begleiter hilfreich sein, um die Phänomene dieser Zeit besser zu verstehen, auch um wertvolle Hinweise zu bekommen, wie angefangen, und mehr noch, wie wieder aufgehört werden kann. Denn wie so oft im Leben werden auch hier die Schwierigkeiten des Anfangens überboten von denen des Aufhörens. Und wenn das Fasten endlich »gebrochen« ist und das Selbst in »Aufbautagen« vorsichtig dazu übergeht, wieder Nahrung zu sich zu nehmen, geschieht dies mit größerer Bewusstheit als je zuvor, respektvoller und sensibler. Das Essen wird zum Fest, bevor es erneut von der Gewohnheit eingeholt wird. Was lange bleibt, sind die Gefühle von Frische und Stärke, die das Selbst empfindet, »rosig und vital«.

Zu einer solchen Übung in der Lage zu sein, trägt dem Selbst, von der Achtung anderer abgesehen, die Achtung seiner selbst ein. Es erfährt sich selbst durch alle Mühen hindurch als verlässlich und kann davon ausgehend sich vieles zutrauen. Die Fähigkeit zur Selbstmächtigkeit gewährt ihm Spielraum auch in anderen Fragen und ermöglicht ihm, Werte auch dann zu realisieren, wenn Selbstüberwindung dafür die Voraussetzung ist. Zur Diätetik als Lebensweise gehört zudem das erotische Leben, und so ist eine mögliche Askese auch die Entsagung in *sexueller* Hinsicht. Aufgrund christlicher Prägung schien sie lange Zeit sogar ausschließlich hieraus zu bestehen; unabhängig von dieser historischen Festlegung kann sie zu einer neuerlichen Einübung in die Selbstmächtigkeit werden. Die Anfangszeit erweist sich freilich als ebenso schwierig wie beim Verzicht auf Nahrung, denn das Begehren beginnt in Körper und Seele zu toben und verweigert dem Geist, überhaupt noch einen klaren Gedanken fassen zu können; dann wieder überfällt bleierne Müdigkeit das Selbst, bevor von neuem eine wilde Unruhe einsetzt. In seinen *Bekenntnissen* hat Augustinus im 4./5. Jahrhundert n. Chr. die Erfahrung lebhaft beschrieben; christlich daran ist die Begründung und Ausrichtung, nicht aber die Phänomenologie der Entsagung, die auch ihre neurobiologische Seite hat: Geschlechtshormone projizieren verführerische Vorstellungen des Begehrens an die Wand des Bewusstseins und unterstreichen ihren Machtanspruch durch einen bezwingenden Eindruck von Unwiderstehlichkeit und Unverzichtbarkeit. Das denkende Selbst beginnt bereits zu glauben, dass ein Leben ohne sexuellen Vollzug unmöglich, schon gar nicht lebenswert, in keinem Fall bejahenswert sei. Dann aber findet es plötzlich Gefallen an dem Machtgefühl, das sich immer triumphaler einstellt: kein Sklave des eigenen Begehrens mehr zu sein, vielmehr aus dessen unabweisbar scheinender Notwendigkeit eine Möglichkeit unter anderen machen zu können; Begehren als Option, nicht als Norm. Die »Vergeistigung«, die damit einhergeht, muss keineswegs einen Verlust an Sinnlichkeit zur

Folge haben, sondern kann ganz im Gegenteil ihrer Verstärkung und Verfeinerung förderlich sein.

Jede Fähigkeit zur Entsagung festigt den Grund der Selbstmächtigkeit. Sie ist ein Moment der Befreiung für das Selbst: nichts erwarten zu müssen, folglich auch nicht enttäuscht werden zu können. Ein Moment der Befreiung jedoch auch für andere: keinen Erwartungen des Selbst entsprechen zu müssen und so eigene Vorstellungen besser zur Geltung bringen zu können. Einmal erreicht, lässt sich die Entsagung über die Nahrung und das sexuelle Begehren hinaus auf das Begehren vieler Dinge beziehen, von denen sich das Selbst zumindest zeitweilig zu lösen versteht, um ganz wie Sokrates (Diogenes Laertius zufolge) sagen zu können: »Wie zahlreich sind doch die Dinge, derer ich nicht bedarf!« Alle Entsagung erweist sich zudem als ein Mittel der Erkenntnis: In der Abwesenheit des Phänomens, dem entsagt wird, sind dessen Eigenschaften besser zu erkennen und sein Wert in Bezug auf das Selbst zu taxieren, denn jetzt erweist es sich als bejahenswert oder tatsächlich als entbehrlich. Wirklichen Genuss verschafft manches erst jetzt, da das Selbst sich nicht mehr am Rande eines Abgrunds an Angst fühlt, es zu verlieren. Die Fähigkeit zur Entsagung reduziert selbst die Lebensangst, da sich erweist, dass die wenigen Dinge, die das Selbst wirklich zum Leben braucht, nicht aufwändig sind und nicht fern liegen. Bis zu einem gewissen Grad selbst im Fall von Krankheit.

Hausmedizin: Selbstvorsorge, Selbstmedikation

Grundsätzlich ist es eine Frage der Wahl, sich um seine Gesundheit zu sorgen oder nicht; wird jedoch die Sorge gewählt, dann ist noch zu wählen, sie selbst wahrzunehmen oder sie in die Hand eines Mediziners oder Therapeuten zu legen. Die eigene Wahrnehmung der Sorge ist ein Element der *Selbstaneignung*, während ihre Überantwortung zwar eine Entlastung des Selbst, aber auch die Gefahr einer *Selbstenteignung* mit sich bringt. In jedem Fall ist die Gesundheit eine sehr *individuelle* Angelegenheit, bezogen auf die jeweilige Lebensführung mit all ihren Besonderheiten: Keine zwei Menschen können auf genau dieselbe Weise gesund sein.

Und es verhält sich mit der Gesundheit wie mit anderen Werten: Entscheidend ist das Bemühen um ihre Realisierung, die immer eine partielle bleibt; aussichtslos erscheint ihre Perfektionierung, die eine totale wäre. Die totale Gesundheit als Maßstab anzusetzen, wäre möglich, ließe jedoch mehr oder weniger alle Menschen als krank erscheinen. Und selbst dann, wenn sie wirklich erreichbar wäre, würde sie wohl selbst wiederum nur eine Form von Krankheit sein, da sie um einen Preis gesucht werden müsste, der krank macht: sämtliche Widerstände und Widersprüche, die ihr im Weg stehen, beiseite zu räumen – dann aber erschlaffen Körper und Seele und werden anfällig für Erkrankungen, ähnlich wie der Geist, der alle Orientierung verliert, wenn er nicht gelegentlich durch Kritik aufgestört und herausgefordert wird. So ist Krankheit nicht nur ein Übel, sondern auch ein heilsames Gut für das Selbst. Die moderne Grundhaltung, in ihr »das Negative« schlechthin zu sehen, das zu eliminieren sei, muss vom Selbst nicht übernommen werden. Es hat selbst seine Wahl zu treffen und seine Haltung festzulegen, und dies nicht nur ein für alle Mal, sondern auch in jedem Einzelfall, um manche Krankheit zu *bekämpfen*, manch andere aber *gewähren* zu lassen, vielleicht sogar *Sinn*, das heißt Zusammenhang in ihr zu sehen, unabhängig davon, ob sie »wirklich Sinn hat«.

Auch wenn es keinen Sinn hat, Krankheit von Grund auf auszuschließen, kommt es dennoch darauf an, vor ihr auf der Hut zu sein. Es geht darum, ein *Gespür* dafür zu entwickeln – nicht zu hypochondrisch, nicht zu unbekümmert –, ob »etwas nicht stimmt«, ob dem Selbst »etwas fehlt« und wo etwas »sich ankündigt«. Die Selbstsorge äußert sich zunächst in einer *Selbstvorsorge*, und zwar auf die Art und Weise und in dem Maße, die das Selbst für angemessen hält. All die geschilderten Übungen und Aspekte im Umgang mit dem Körper tragen zur Selbstvorsorge bei: aufmerksame Wahrnehmung und Pflege des Körpers, körperliche Bewegung, Sport, Körpertherapie, die sich auch seelisch auswirkt, Wellness als Kunst der Berührung auf allen Ebenen, Schwimmen und Saunieren, Ausarbeitung der Sinnlichkeit, Ethik der Ernährung und Übung der Entsagung. Selbst die langfristige Vorsorge gegen schwere Krankheiten, soweit sie überhaupt möglich ist, liegt im Wesentlichen in der Hand des Selbst; und es ergreift selbst die Initiative, sich gelegentlichen Untersuchungen zu unterziehen oder es zu lassen. Selbstvorsorge ist jede Pflege des Immunsystems, jede »Immunmodulation« zur Vorbeugung gegen Krankheiten; von Bedeutung hierfür ist die Aufmerksamkeit auf Myriaden winziger Lebewesen, die den Körper innerlich und äußerlich besiedeln, hilfreich oder schädlich, und die zur Integrität des Selbst gehören oder sie bedrohen. Auf der Haut des Selbst leben so viele Mikroben wie Menschen auf dem Planeten, und sie nehmen jederzeit Einfluss auf die Befindlichkeit des Selbst. Selbst die Zähne bilden ein eigenes Habitat, eine »Biosphäre«, und in ungleich höherem Maße gilt dies für den Darm. Vom *Wir* anstelle nur vom »Ich« zu sprechen, erscheint schon aus diesem Grund angemessen.

Wenn die Selbstvorsorge nicht mehr ausreicht, bedarf das krank gewordene Selbst zunächst einer *Selbstmedikation*, gemäß »Handbuch« oder auch »freihändig«, angeleitet vom *inneren Arzt*, dem Gespür, das nicht nur eine Auffassung davon vermittelt, was fehlt, sondern auch zur Aufnahme bestimmter Produkte und Stoffe hinzieht, zu einer Art von *Pharmakophagie*, wie sie schon im Tierreich zu beobachten ist, um genau das zu sich zu nehmen, was der Körper nun braucht und was heilsame Wirkung hat. Das mag medizinisch nicht durchweg abgestützt sein, ein zufällig zusammengewürfeltes Konglomerat von Mitteln und Maßnahmen, das dennoch zur Lebensnotwendigkeit wird, da das Selbst nicht pausenlos und in jeder Situation ärztliche und therapeutische Hilfe in Anspruch nehmen kann. So legt es sich im Laufe der Zeit »Hausmittel« zurecht, beruhend auf alter Gewohnheit, immer neuer Erfahrung, medialer Information, eigener Überlegung, familiärer Überlieferung: Von der Heilsamkeit einer Hühnersuppe angesichts von Erkältung war Oma überzeugt. Die Mutter wusste, dass jede Art von Wärme heilt; so ist das Überleben der antiquierten Wärmflasche gesichert. Der Vater schwor auf das eintägige Ausschwitzen jeglicher Krankheit im Bett. Einer zufälligen Begegnung verdankt sich die Kenntnis des Teebaumöls, das Erkältungsviren schon beim ersten Kratzen im Hals mit einer Mundspülung entfernt. Der Apotheker hat den

Kunden auf Echinacea (Extrakt von Sonnenhut) hingewiesen, dessen Unwirksamkeit wissenschaftlich als erwiesen gilt, während es in der Praxis spürbar das Immunsystem stärkt. Ein Freund wiederum kuriert Krankheiten im Frühstadium mit kräftigen Gaben von Vitamin C, und dem überzeugenden Beispiel kann das Selbst sich schwerlich entziehen. Entscheidend für die Wirkung einfacher Hausrezepte ist der Glaube an sie, der ungeahnte Kräfte mobilisiert, immer nach Maßgabe der Plausibilität, dessen also, was am meisten »einleuchtet« und überzeugt, am besten mit Gründen, nach allem Für und Wider, im Zweifelsfall nach ärztlicher Konsultation, im Regelfall auch ohne. Kein Mittel kann ohne Glaube wirken, umgekehrt wirkt der Glaube jedoch des Öfteren auch ohne Mittel; den Beweis dafür, gut belegt, erbringen »Placebos«, Ersatzstoffe, die bei Blindversuchen oft dieselbe Wirkung wie die jeweiligen Wirkstoffe erzielen.

Die Bestückung mancher Hausapotheke erscheint abenteuerlich und stellt doch die Basis einer Wahrnehmung der Sorge für sich selbst dar. Nicht immer geht es beim Kurieren freilich um Mittel und Medikamente, sondern beispielsweise um die Heilsamkeit und Seligkeit des *Schlafes*, der den Kräften des Körpers und des Gehirns die Muße gönnt, in aller Stille zu arbeiten und nicht noch äußere Eindrücke verarbeiten zu müssen. Vor allem die Anzeichen »knochentiefer Müdigkeit« legen dem Selbst nahe, seinen Körper nicht mit allen chemischen und pharmazeutischen Mitteln noch dazu zu nötigen, weiterhin zu »funktionieren«, denn das hieße, ihn in die völlige Erschöpfung zu treiben. Statt gegen die Erkrankung ankämpfen zu wollen und dabei alle Kräfte zu verausgaben, erscheint es sinnvoller, sich ihr zu fügen und mit ihr bis auf weiteres zu leben. Endlich kann das Selbst alle Sorge sein lassen und nach Herzenslust regredieren, der Müdigkeit nachgeben, sich hinlegen, denn die Kräfte, die allein schon die aufrechte Haltung kostet, erst recht jede geistige Konzentration, braucht der Körper nun für sich, für die innere Regeneration, für die Abwehr einer Infektion. Er verlangt selbst nach einer Reduktion der Nahrungsaufnahme, um die beträchtlichen Kräfte, die die Verdauung für sich beansprucht, nun dem Heilungsprozess zukommen zu lassen. Von selbst stellt das Selbst das

Denken ein, das zu viel Energie abzieht und ohnehin schmerzt; stattdessen kommt es nun darauf an, sehr viel zu trinken, um die Selbstreinigung des Körpers zu unterstützen. Selbst die Sinne kosten noch zu viel Kraft: Am besten ist es, die Augen zu schließen, denn die Aufnahme von Licht ist zu kraftraubend; auch nichts mehr zu sagen, denn jedes Wort bedeutet einen irrwitzigen Aufwand an Energie; nichts mehr zu hören, nur noch in völliger Ruhe zu liegen und an nichts mehr zu denken, um sich völlig dem Kranksein zu ergeben.

So lässt die Krankheit sich der Integrität des Selbst eingliedern, statt »Identität« aus dem Kampf gegen sie zu beziehen; im Falle chronischer Erkrankung bleibt möglicherweise ohnehin keine andere Wahl. Wenn aber mit den ersten Anzeichen von Genesung das Denken von selbst wieder zurückkehrt, kommt es darauf an, ihm nun die Zeit zu widmen, die noch für eine Weile zur Verfügung steht, und nach Antworten auf die Fragen nach dem »Sinn« zu suchen, die für den weiteren Heilungsprozess wichtiger sein können als alle Medizin. Das Selbst sucht damit nach den Zusammenhängen, in denen es leben kann, aber auch nach solchen, die die Krankheit erst ermöglicht haben. Denn keine Krankheit existiert isoliert für sich, immer ist sie eingebettet in Zusammenhänge eines Selbst und seines Lebens. Der »Sinn« aber vermag zu heilen, da die inneren und äußeren Zusammenhänge, die mit ihm erneut oder neu hergestellt werden, all die Kräfte rekrutieren, die für die profunde Heilung und für ein künftiges Leben benötigt werden. Um schließlich aufzustehen, hinauszugehen und erste Schritte wie ein Kind zu machen, mit unbändiger neuer Freude am Leben nach dem durchstandenen Leid.

Nützlich erscheint es, gewöhnliche Krankheiten, ihre Erscheinungsformen und die möglichen Antworten darauf zu kennen: Etwa den grippalen Infekt mit einer Entzündung der Atemwege, mit Husten, Schnupfen und erhöhter Temperatur; er »kommt drei Tage, bleibt drei Tage, geht drei Tage«, und so ist weiter nicht viel zu tun. Anders bei der Influenza-Grippe mit hohem Fieber, starken Kopf- und Gliederschmerzen, anfallartigem Husten und völliger Entkräftung: Sie erfordert ärztlichen Beistand, Schutz gegen sie bietet allenfalls eine vorbeugende

Impfung. Selbst wenn es nun aber um eine *ärztliche Konsultation* geht, ist sie schon dem Wort zufolge nichts anderes als eine Beratung, der Arzt ein Ratgeber. In vielen Fällen gibt er, wie auch der Therapeut, sinnvollerweise Ratschläge zur einfachen Selbstvorsorge und Selbstmedikation; die definitive Wahl, dem Folge zu leisten, obliegt jeweils dem Selbst. Fundamental ist jedoch die *Wahl des Ratgebers*, auf die sehr viel ankommt und die mehr von menschlichen als von fachlichen Faktoren abhängig ist: Denn zu beurteilen ist der Arzt oder Therapeut vor allem als Mensch, dessen Beurteilungen plausibel erscheinen und dem zu vertrauen ist – oder nicht. Bereits seine Haltung wirkt wie ein Medikament auf sein Gegenüber – oder eben nicht. Andere Ärzte können konsultiert werden, erhöht wird damit jedoch zugleich die Dringlichkeit der Wahl; denn sie werden gegenteilige Auffassungen vertreten, und für jede wird es überzeugende Beweise geben. Das Selbst kann ein Recht auf Wissen geltend machen, aber auch eines auf Ignoranz; heilsam sein kann beides. Es kann sich selbst kundig machen, Ratgeber lesen und im Internet forschen, aber was dabei in Erfahrung zu bringen ist, wird wiederum widersprüchlich sein. Es kann sich mit Gleichgesinnten austauschen, aber jeder wird auf andere Ärzte, andere Mittel und Methoden schwören. Eine mögliche Option ist auch der Verzicht auf jede eigene Wahl, zwangsläufig jedoch verbunden damit, jede Konsequenz, die sich daraus ergibt, dennoch selbst tragen zu müssen.

Für die Wahl des Arztes kann dessen Zugehörigkeit zu einer »Schule« eine wichtige Rolle spielen: Zur Wahl stehen vor allem *Schulmedizin* und *Naturmedizin*; eine »evidenzbasierte Medizin«, die nur gelten lässt, was durch wissenschaftliche Studien belegt ist, und eine »Erfahrungsmedizin«, die auf das vertraut, was erfahrungsgemäß wirkt – sollte die Wirkung aber nicht erklärbar sein, so ist dies nicht schon ein Grund, von Unwissenschaftlichkeit zu sprechen, denn die momentane wissenschaftliche Erkenntnis stellt keineswegs das Ende aller Erkenntnis dar. Vertraut der Arzt allein der »Apparatemedizin« oder praktiziert er eine »Menschenmedizin« (Christian Hess und Annina Hess-Cabalzar, 2001)? Der Begriff *Komplementärmedizin* könnte so verstanden werden, dass eine bestimmte Medizinrichtung sinnvoll durch eine andere zu ergänzen ist, damit das Selbst sich nicht einer Richtung allein anvertrauen muss, wo es doch um sein Leben geht, das mutmaßlich vielschichtiger ist als ein medizinisches Modell, welches auch immer es sei. Dass die Auseinandersetzungen zwischen den Modellen je beendet sein könnten, ist nicht zu erwarten; es widerspräche den Erfordernissen der Polarität. Das Selbst wählt und verantwortet jede getroffene Wahl selbst mit dem Gewicht seiner Existenz; dies auch dann, wenn es nicht wählt, also dem jeweils behandelnden Arzt oder Therapeuten folgt oder aber gar nichts unternimmt. Nicht nur die aktive Haltung, sondern auch die passive Hinnahme ist wählbar und kommt lediglich in einer aktivistischen Gesellschaft selten in Betracht. Der Arzt sagt, er könne die Verantwortung nicht übernehmen? Aber die ultimative Verantwortung liegt beim Selbst, niemand kann sie ihm abnehmen. Bei aller Hochschätzung für die Kunst des Arztes ist es letzten Endes allein das Selbst, das dieses Leben lebt, und nur das Selbst bringt es äußerstenfalls auch zu Ende. Um seines Lebens willen greift es sogar zu Mitteln, deren Gebrauch fragwürdig erscheint.

Lifestylepillen?

Diese Mittel korrigieren im Nachhinein, was durch fehlende Vorsorge vielleicht erst zustande kam. Statt seinen Lebensstil bekömmlich für den Körper einzurichten, vermag das Selbst ihn mit ihrer Hilfe einem beliebig gewählten Lebensstil zu unterwerfen; Akt einer Selbstherrschaft anstelle von Selbstmächtigkeit. Auch die Korrektur dessen, was geltenden Normen des Lebens nicht entspricht, wird möglich, sofern Gene und »das Schicksal« nicht so wollten, wie das Selbst jetzt will. Auch das ist ein Wachstumsmarkt des 21. Jahrhunderts: Lifestylepillen etwa gegen »erektive Dysfunktion«, mit denen selbst eine Hemmung des Körpers vor einer Überlastung des Kreislaufs zu überwinden ist. Oder Pillen gegen den Haarausfall, der einem vermeintlichen Schönheitsideal nicht entspricht. Schlankheitspillen sorgen dafür, dass ein Teil der mit der Nahrung aufgenommenen Fette unverdaut wieder ausgeschieden wird, sodass dem Selbst die

Mühe einer Variation der Nahrungszusammenstellung erspart bleibt. Wachhaltepillen, ursprünglich gegen eine Schlafkrankheit entwickelt, ermöglichen ihm die rasche Überwindung des »Jet-Lag« und einen Lebensstil des ausdauernden Arbeitens und Feierns – bis der Schlafentzug den Körper auszehrt. Wohlfühlpillen hellen melancholische Schatten auf, um dem Ideal »positiver« Befindlichkeit besser entsprechen zu können. Pillen zur Lebensverlängerung erfüllen den alten und sehr modernen Traum, der Kürze des Lebens zu entkommen. »Hirnpillen«, *Brain-Booster*, steigern die synaptischen Fähigkeiten, auch Intelligenz genannt, nicht mehr nur bei Demenzerkrankungen, sondern endlich bei sämtlichen Gedächtnisleistungen. In jedem Fall aber handelt es sich um einen chemischen Eingriff in den Körper, der selten einmalig, oft wiederholt und regelmäßig geschieht, ein *Doping fürs Leben*, das, wie jedes Doping, keine zwingenden Gründe für sich hat, dafür aber langfristig kaum kalkulierbare Konsequenzen nach sich zieht. Dauerhafte Folgewirkungen sind teils bekannt, teils nicht, ebenso die Folgen der Wechselwirkungen mit anderen Mitteln. Folgen des einen Mittels nötigen die Einnahme eines anderen herbei, ein pharmazeutisches *Perpetuum mobile*, das ein eigenes Menschenbild generiert: der Mensch als Pillen schluckendes Tier, eine Pharmakophagie noch ganz anderen Ausmaßes.

In jedem einzelnen Fall stellt das Selbst ein Experiment mit sich und seinem Leben an, mit offenem Ausgang. Auch hierfür gilt: Die Wahl des Selbst ist ausschlaggebend, sinnvollerweise nur nach kluger Abwägung, denn nicht der Arzt oder Apotheker, nur das Selbst allein trägt »Risiken und Nebenwirkungen«. Falls es solche Mittel wählt, besteht seine Klugheit darin, vorsichtig damit umzugehen und sie maßvoll anzuwenden; jeder wahllose Gebrauch steht in Gefahr, das Selbst lediglich den Normen des »Positiven« anzugleichen, diesen utopischen und zuweilen monströsen Vorgaben des »Guten« für das moderne Leben, die den Eindruck erwecken, alles »Negative«, Störende, Schmerzliche ausschalten zu können. Jedes mangelhafte »Funktionieren« des Selbst führt umstandslos schon zum Trauma einer »Dysfunktion«, und sei es nur bei einem Unwohlsein, das mit einer Pille überwältigt werden muss, da es als möglicher Zustand des Menschseins nicht mehr erkannt, schon gar nicht anerkannt wird. Ist nicht sogar das *Glück* mit Lifestylepillen herstellbar? Und gibt es nicht ein *Menschenrecht auf Glück*? Zweifellos, aber abgesehen davon, dass es sich nur um ein Recht auf *Suche* nach Glück handelt, ist noch nicht zweifelsfrei geklärt, was Glück überhaupt ist. Mit der Polarität des Lebens, die das ausschließlich Positive nicht zuzulassen scheint, muss vielmehr auch hier gerechnet werden. Unter der Hand kann aus einer harmlosen Veränderung *am Körper* eine weniger harmlose *des Körpers* werden. Was zunächst nur veränderlicher Lifestyle war, gerät unversehens zum unabänderlichen Schicksal, wenn der erwünschte und begrenzte chemische Eingriff letztlich unerwünschte, unbegrenzte Langzeitwirkungen nach sich zieht – oder dem Leben brüsk ein Ende setzt.

Müssten nicht klare gesetzliche Vorgaben den Markt regulieren? Aber das würde nichts daran ändern, dass illegal und international »Nachahmerpräparate« gehandelt werden. Von größerer Bedeutung ist, was eine Kultur und mit ihr oder gegen sie das Selbst unter *Leben* versteht. Lebensstil und Lifestyle sind nichts anderes als der immer neue Versuch, den jeweiligen *Begriff* des Lebens in *wirklich* gelebtes Leben zu übersetzen. Da es dabei um »das Leben« geht, scheinen Kosten kaum eine Rolle zu spielen; daher die Hartnäckigkeit von Herstellern, diesen Markt zu bedienen, der mit der Wahl einzelner Individuen eröffnet – oder aber verschlossen wird. Von Interesse ist nicht primär eine Gesetzgebung *für alle*, sondern eine des Selbst *für sich selbst*, nach Maßgabe dessen, was es für sich für verantwortbar hält. Dass zur Arbeit an sich selbst, wo dies wünschenswert erscheint, die äußerliche Regulierung des eigenen Körpers gehören kann, seine Stilisierung, die Formung seiner *Silhouette*, ist nicht auszuschließen. Das persönliche Erscheinungsbild zu manipulieren, die eigene »Show« zu moderieren, verlagert jedoch auch missliche mediale Erfahrungen vom öffentlichen in den privaten Bereich: Erfahrungen der großen Leere unterhalb der Oberfläche. Beinahe erscheint es da als glückliche Entscheidungshilfe, dass das nachhaltige Begehren nach den einschlägigen Mitteln deren Preis hoch hält: Mag es bei Pillen für diejenigen bleiben, die »es sich leisten können«, für den Rest der Menschheit ist ihre Wirkung verzichtbar. Wenn sich nicht sicher vorhersagen ließe, dass es einen Verzicht nicht geben wird, nicht in diesen Dingen: Anstehende Revolutionen werden vermutlich den freien Zugriff auf Lifestylepillen zum Ziel haben. Und auf noch ganz andere Mittel der Manipulation seiner selbst.

Die Bedeutung von Genom und Proteom für das Selbst

Das utopische Versprechen, das dem Jahr 2000 lange vor seiner Zeit vorauseilte, wurde eingelöst, als es im Juni 2000 hieß, der genetische Code des Menschen sei »entschlüsselt« worden. Ungeachtet dessen, dass eine wirkliche Entschlüsselung noch etwas länger dauern sollte, wurden mit der *Entzifferung* bereits Technologien möglich, die das Leben auf molekularer Grundlage beliebig gestaltbar erscheinen lassen. Nicht nur Leben allgemein, sondern auch menschliches Leben. Nicht nur das Leben anderer Menschen, sondern auch das eigene. Sich genetisch selbst zu gestalten, ist möglich geworden und wird wirklich werden. Wie Moderne funktioniert, lässt sich dabei noch einmal idealtypisch studieren: Das neu gewonnene *Wissen* über die Funktionsweise von Genen macht *technische* Anwendungen möglich, und der mögliche *wirtschaftliche* Profit aus deren Verkauf ist die Triebfeder, die wiederum die Arbeit des Wissens befördert; ein nicht unbedeutendes Nebenprodukt ist die potenzielle Hilfe für Bedürftige. Nutznießer kann im Zweifelsfall das Selbst sein, und aus dieser Perspektive ist die Gentechnologie zu betrachten, um sich nicht in abstrakten Erörterungen darüber zu verlieren. Der Preis des Nutzens ist, dass fortan jedes Selbst wählen muss, auch wenn es die Gentechnologie grundsätzlich ablehnt oder ignoriert: Eine zwingende Notwendigkeit, natürliche Gegebenheiten zu akzeptieren, besteht nicht mehr. Willentlich oder unwillentlich betritt das Selbst den Raum genetischer Freiheit, und zur neuen Notwendigkeit wird nun die Wahl. Manche wünschten sich Wahlmöglichkeiten und beklagten ihre Einschränkungen; nun aber kommen viele mit den anstehenden Akten der Wahl nicht zurecht.

Die Epoche der Moderne, getragen von der Hoffnung auf Freiheit, erreicht mit der Gentechnologie einen äußersten Punkt *absoluter Befreiung* von Vorgaben der Natur. Die Differenz zwischen einer vom Zugriff des Menschen unabhängigen *Natur* und einer menschengemachten *Kultur* schwindet damit für immer dahin. Was Natur einst war, lässt sich nach dem Vollzug genetischer Eingriffe nicht mehr wissen; vom *Objekt* natürlicher Verhältnisse werden Menschen in ungeahntem Maße zu deren *Subjekt*. Neu zu orientieren hat sich, ganz nebenbei, auch die philosophische Disziplin der Anthropologie, deren zentrale Frage, was der Mensch »von Natur aus« sei, sinnlos wird; fortan geht es in ihr um die Idee einer möglichen Selbstgestaltung des Menschen, wie Kant sie in der Vorrede zu seiner *Anthropologie in pragmatischer Hinsicht* von 1798, also an der Schwelle zur Moderne, bereits entwarf, um darüber nachzudenken, was der Mensch »als frei handelndes Wesen aus sich selber macht, oder machen kann und soll«. Das lässt sich nun auf die genetische Ausstattung jedes einzelnen Menschen beziehen. Die Voraussetzung dafür ist die wirkliche *Entschlüsselung der Gene*, die das gesamte 21. Jahrhundert in Atem hält und durch die, anders als mit der bloßen Kenntnis des ABC, genetisch gesagt: des ACGT (nach den vier Basen *A*denin, *C*ytosin, *G*uanin, *T*hymin, aus denen der genetische Code besteht) ein Wissen von der Bedeutung ganzer Sätze und Texte erworben wird. Um die Romane und innerhalb der Romane einzelne Episoden zu verstehen, die mit dem genetischen Alphabet geschrieben worden sind, bedarf es einer *Hermeneutik der Genetik*, die Zeit beansprucht und zwangsläufig mit sehr schmerzlichen Lernprozessen verbunden ist. Hermeneutische Grundsätze erweisen sich hier als ebenso gültig wie bei der Interpretation herkömmlicher Texte: dass Zeichen nicht unbedingt identisch sind mit dem, was sie bezeichnen; dass es keine Gewissheit darüber gibt, ob nicht in sie hineingelegt wird, was aus ihnen herausgelesen wird; dass immer neue Interpretationen möglich sind und eine definitive Wahrheit zu keinem Zeitpunkt feststeht.

Immer wieder sorgen unbekannte Wechselwirkungen zwischen Genen selbst, auch zwischen Genen und nichtgenetischen Faktoren für Überraschungen. Wie zwischen den Buchstaben des geschriebenen Alphabets scheint es eine unüberschaubare Vielzahl von Wechselwirkungen und Kombinationsmöglichkeiten auch zwischen den Genen zu geben, und keineswegs sind sie allein diejenigen, die Prozesse aktivieren, sondern sie werden ihrerseits aktiviert und deaktiviert, durch natürliche oder künstliche Wirkstoffe, die in Zellen eingeschleust werden. Das gesamte Selbst erscheint nicht nur als ein Produkt seiner genetischen Bedingungen, sondern wirkt auf diese auch zurück, wie sich etwa am »Metabolischen Syndrom« zeigt, der Wohlstandskrankheit schlechthin, einer Kombination aus Übergewicht, Vorformen der Zuckerkrankheit, erhöhten Blutfettwerten und erhöhtem Blutdruck: Die daran beteiligten Gene werden offenkundig aktiviert, wenn der Lebensstil des jeweiligen Selbst dies begünstigt. Von wesentlicher Bedeutung aber sind die Wechselwirkungen zwischen Genen und Proteinen (Eiweißen). Sie, die nach genetischen Vorgaben den Körper in seiner plastischen Gestalt erst hervorbringen, schreiben ihrerseits am genetischen Programm mit, sodass nicht nur dem *Genom*, der Gesamtheit der Gene, sondern auch dem *Proteom*, der Gesamtheit der Proteine, größte Aufmerksamkeit zukommt. Gene und Proteine bilden gleichermaßen die unabdingbare körperliche Basis des Selbst, ohne die es jedenfalls in gegebener Ausprägung nicht existieren könnte. Proteine aber, die für den Aufbau jeder einzelnen Zelle und für nahezu alle Vorgänge im Körper zuständig sind, sind das eigentliche Faszinosum: Da es weitaus mehr Proteine als Gene gibt, stellt ihre Erforschung eine noch größere Herausforderung als die Genforschung dar. Ihre Wechselwirkungen untereinander sind noch uferloser, und auch das jeweilige »Zellmilieu« scheint Einfluss auf ihren Aufbau zu nehmen. Veränderungen an einer Stelle im »Proteinnetzwerk« ziehen stets Auswirkungen an anderen Stellen nach sich, und eine Winzigkeit genügt, und zu wenige, zu viele oder defekte Proteine generieren viele und schwere Krankheiten. Zu allem Überfluss halten Proteine, anders als Gene, in keinem Moment still, vielmehr befinden sie sich ohne Unterlass im Auf-, Ab- und Umbau: Wenn das Leben eine Baustelle ist, dann vor allem hier, in den Zellen des Selbst.

Proteine sind der Ansatzpunkt für mögliche Techniken, Therapien und Arzneien, die nicht ins Erbgut eingreifen und daher schonender sein könnten als Gentechnologien. Was jedoch die Gene angeht, so heißt das Zauberwort *Humangenetik*, für die einen »das Übel« schlechthin, für andere »das Gute« allein; doch eine duale Sichtweise wird ihren enormen Risiken und Chancen kaum gerecht. Die große Hoffnung gilt heilenden Gentransfers, einer *somatischen Gentherapie*, um nicht länger an Symptomen zu laborieren, sondern Krankheiten an ihren Wurzeln zu heilen, indem die Disposition dazu beseitigt wird. Welche Möglichkeiten sich eröffnen und welche Konsequenzen sie jeweils zeitigen, lässt sich dabei letztlich nur im Experiment erproben; aber wie viele missglückte Experimente an anfänglichem wie ausgewachsenem Leben werden nötig sein, um nur eine einzige gesicherte Erkenntnis zu gewinnen? Menschen werden in ihrer Verzweiflung noch die letzte sich bietende Chance wahrnehmen, und im Zweifelsfall bin ich selbst derjenige, der dazu bereit ist, wenn auch mit kaum zu kalkulierenden Folgen: Eine Krankheit wird vielleicht an ihrem Ursprung beseitigt, eine andere bricht dafür an unerwarteter Stelle plötzlich hervor. Das völlige Freisein von Krankheit, Schmerz und Leid, so lässt sich prognostizieren, wird auch mit gentechnischen Mitteln nicht erreichbar sein; eher wird ein neuer Begriff von Tragik das 21. Jahrhundert durchziehen. Und sollte ein »neuer Mensch« geschaffen werden, so wird es im Grunde wohl der alte sein, wieder heillos von Gegensätzen und Widersprüchen gezeichnet, da das Leben hartnäckig seine Polarität gegen alle Übergriffe behauptet und ein Leben gänzlich frei von Übeln ohnehin kein erfülltes Leben mehr sein könnte, fern davon, Menschen zu »beglücken«.

Eine Zeit endloser Versuche wird dennoch zu durchstehen sein, die zudem zur Zeit einer experimentellen Evolution werden kann, da sie über Therapien hinaus auch die Konzeption und Produktion neuer Wesen möglich macht. Wo sollen die Grenzen dafür gezogen werden? Angesichts weit reichender Möglichkeiten und Gefahren ergibt sich auch aus *individueller* Sicht die Notwendigkeit einer Beteiligung an der Diskussion über *gesellschaftliche* Regelungen und Gesetzgebungen, denn diese eröffnen und begrenzen den Raum der individuellen Wahl. Das einzelne Selbst bedarf wie die gesamte Gesellschaft nach der Befreiung von natürlichen Vorgaben einer *Formgebung der Freiheit*, und jedes Selbst entscheidet mit seiner bei politischen Abstimmungen getroffenen Wahl darüber mit, wie sie grundsätzlich und im Detail aussehen soll. Auch die *menschliche Würde*, die häufig als Richtlinie für Forschung und Technologie ins Feld geführt wird, ist dabei nicht etwa eine zuverlässige Größe, die von selbst schon definiert wäre; sie ist vielmehr eine Frage der Festlegung, die zunächst eine Angelegenheit des einzelnen Selbst ist, eine Frage seiner ästhetischen Ethik: Was kann als schön und bejahenswert im Einzelfall, sodann für die Allgemeinheit gelten? Um den Begriff der Würde aufrechtzuerhalten, erscheint es ratsam, mögliche Ausnahmen für Zwecke der Forschung sehr genau und eher restriktiv festzulegen, und dies Schritt für Schritt, um so vorsichtig wie möglich vorzugehen.

Ein zentraler Maßstab kann die Überlegung sein, was *ich* für richtig halten würde, wenn *ich* unmittelbar betroffen wäre: Bin *ich* bereit, auf die Resultate einer Forschung selbst in der Not einer unheilbaren Krankheit zu verzichten? Würde *ich* Organe akzeptieren, die auf dem Weg eines »therapeutischen Klonens«, also durch Aufzucht aus körpereigenen Genen hergestellt würden, wenn mein Leben davon abhinge? Daraus ergeben sich in aller Regel andere Folgerungen als bei der forschen Festlegung dessen, was für andere und sogar für alle gelten soll; ein generelles Verbot von Genforschung und Gentechnologie kommt dann kaum mehr in Betracht. Letztlich handelt es sich jedoch, aufgrund der planetaren Beweglichkeit von Menschen und Gütern, um eine Angelegenheit, die den Rahmen jeder einzelnen Gesellschaft sprengt und vor Augen führt, dass das Selbst Bürger einer Weltgesellschaft ist. Wie lassen sich Regeln für die Weltgesellschaft finden und auch umsetzen? Ein Auslöser vieler Schwierigkeiten, immerhin auch ein Ansatzpunkt für einige Lösungen ist die Wahl, die das jeweilige Selbst in seiner Situation trifft, bezogen auf die Bedingungen, mit denen es selbst zurechtkommen muss, und die Vorstellungen vom Leben, die es sich macht.

Zweifellos handelt es sich bei der Gentechnologie letztlich um eine Selbsttechnologie, eine Technologie, die auf das eigene Leben angewandt und »Technik des Lebens« im Sinne von Lebenskunst werden kann. Bestandteil jeder Gen-Ethik ist daher sinnvollerweise von Grund auf die Lebenskunst des einzelnen Selbst, verstanden als bewusste Lebensführung und Lebensgestaltung, die einerseits für das private Leben, andererseits für den eigenen Anteil am gesellschaftlichen Leben Sorge trägt. Bewusst zu treffen ist eine individuelle Wahl nur auf der Grundlage von *Klugheit*. Deren Grundlage kann wiederum nur eine *Sensibilisierung* sein, hier vor allem eine *strukturelle* Sensibilisierung, die auf wissenschaftliches Wissen angewiesen ist, sowie eine *virtuelle* Sensibilisierung, die sich um ein Gespür für die sich abzeichnenden Möglichkeiten wie auch die potenziellen Gefahren bemüht. Die Sensibilisierung wird befördert von der Beteiligung an der Diskussion des jeweiligen Für und Wider, um sich im Austausch und in der Auseinandersetzung mit anderen klarer darüber zu werden, was plausibel erscheint und für »richtig« gehalten werden kann, was nicht, und schließlich zu einer eigenen Haltung zu kommen. Das Schwergewicht der je eigenen Existenz, das auf jeder Wahl lastet, nötigt dazu, eine bewusste, kluge, argumentativ abgewogene Wahl daraus zu machen, von der nicht zu befürchten ist, dass sie allzu beliebig getroffen wird.

Einer Sensibilität bedarf das Selbst bereits hinsichtlich der *genetischen Aufklärung* in individueller Hinsicht, wenn mit den Ergebnissen einer Gen-Diagnostik das Wissen um die eigenen Gene in Frage steht. Nur das Selbst kann die Frage beantworten: *Will ich das alles wissen?* Nur auf der Grundlage eines willentlichen Wissens stellt sich sodann die weiter gehende Frage, gegebenenfalls *genetisch einzugreifen oder nicht*. Grundsätzlich kann das Selbst Nein dazu sagen, und sollte es diesen Verzicht leisten, so wird dies zu akzeptieren sein. Grundsätzlich kann die zu treffende Wahl eine *aktive* wie auch eine *passive* sein: einzugreifen oder aber mit Gelassenheit die genetischen Gegebenheiten walten zu lassen. Je nachdem, wie der Wahlakt des einzelnen Selbst ausfällt, wird dies die Entwicklung des Gen-Marktes beeinflussen, denn wenn angebotene Möglichkeiten nicht genutzt werden, wird in sie wohl auch nicht weiter investiert. Allerdings wird die Gen-Industrie alle denkbaren und undenkbaren Möglichkeiten bereitstellen, und sie werden verführerisch sein, da sie Selbstbestimmung und Selbstgestaltung in ungeahntem Maße ermöglichen. *Genetische Selbstgestaltung* heißt zunächst, frei werden zu können von Beeinträchtigungen des Lebens, von denen der Betroffene frei zu sein wünscht: eine Realisierung *negativer Freiheit*, eines Freiseins *von* etwas, beginnend bereits mit dem banal erscheinenden Freisein von genetisch bedingtem Haarausfall oder zu starkem Haarwuchs an unerwünschten Stellen des Körpers, erst recht mit dem Freisein von genetisch bedingtem Übergewicht. Durch einige Pillen, vielleicht durch das Einreiben mit einer Salbe, rezeptfrei erhältlich, lassen sich womöglich genetische Korrekturen bewerkstelligen: Nanopartikel transportieren Gene und genverändernde Substanzen zielgerichtet an Ort und Stelle. Von ganz anderem Ernst ist dem gegenüber jedoch das Freiwerden von schweren Krankheiten. Auch wer nicht von einer leidfreien Welt träumt, wird niemandem Krankheiten wie die Schüttellähmung (Parkinson), Multiple Sklerose oder Mukoviszidose, diese Verschleimung der Atemwege, die zu einem frühen Tod führt, zumuten wollen, vielmehr jede Möglichkeit zur Heilung befürworten.

Über das Freiwerden von Beeinträchtigungen und schweren Krankheiten hinaus eröffnet die Humangenetik jedoch zweifellos auch Möglichkeiten zur genetischen Selbstgestaltung im Sinne *positiver Freiheit*, einer Freiheit *zu* etwas, um sich selbst die erwünschte Form zu geben, und dies allerdings beliebig, vergleichbar den Eingriffen bei Schönheitsoperationen: Gen-Design als Bestandteil der Selbstgestaltung, um den Körper gemäß gängigen Normen oder eigenen Vorstellungen zu optimieren und auf diese Weise zum Kunstwerk zu machen. Dies beginnt bei plastischen Veränderungen des Körpers (»Meine Figur würde ich gern ein wenig ändern. Ansonsten bin ich eigentlich gegen die Gen-Sache«) und endet vielleicht bei charakterlichen Eigenschaften. Das für die Haarfarbe zuständige

Gen ließe sich manipulieren, statt auf herkömmliche Weise die Haare stets neu färben zu müssen. Sportler könnten auf ein aufwändiges Doping verzichten. Frei wäre das Selbst auch zu einer längeren Lebensspanne, dank des noch im Jahr 2000 entdeckten Gens *Indy* (»*I'm not dead yet*«), das Menschen mit Fruchtfliegen gemein haben, bei denen, wie sich zeigt, eine Mutation dieses Gens die Lebensspanne verdoppelt, und dies bei voller Vitalität bis ins hohe Alter von 70 statt nur 37 Tagen. So wäre das Leben endlich zu verlängern – aber wie lange, um nicht zu langweilig zu werden? Zu jeder einzelnen dieser Möglichkeiten wird das Selbst sich so oder so zu verhalten haben. Die ganze zurückliegende Zeit in der Geschichte der Menschheit aber, in der positive Festlegungen der genetischen Ausstattung noch keine Frage der Wahl waren, wird angesichts neuer quälender Fragen im Rückblick noch in sehr rosigem Licht erscheinen.

Und nicht nur die Gestaltung seiner selbst, sondern auch die *genetische Gestaltung anderer* steht in Frage, um sich die Umwelt so zurecht zu machen, dass es sich in ihr leben lässt. Immer schon scheint dies Bestandteil der Evolution in der Geschichte der Menschheit gewesen zu sein: nie nur an gegebene Umstände sich anzupassen, sondern diese Umstände sich auch passend zu machen. Auf relativ harmlose Weise betrifft dies unter den neu entstehenden Verhältnissen beispielsweise genetische Manipulationen an Pflanzen (»die pflegeleichte, mückenabsorbierende, wohlriechende Wohnzimmerpflanze«), auch an Tieren (»das ideale Haustier«). Auf weniger harmlose Weise betrifft dies die genetische Gestaltung anderer Menschen aus dem Interesse an der Gestaltung des eigenen Lebens heraus; vor allem die Gestaltung des eigenen Nachwuchses, der nicht nur frei von Erbkrankheiten gehalten, sondern auch mit dem erwünschten Geschlecht und den erdachten Eigenschaften, etwa einer gesteigerten Intelligenz, ausgestattet werden kann. Eine pränatale Diagnostik macht es längst schon während der Schwangerschaft möglich, die erbliche Belastung eines Kindes zu erkennen und sein Leben zu beenden. Eine Prä-Implantations-Diagnostik (PID) ermöglicht bei künstlicher Befruchtung Menschen mit Erbkrankheiten, dennoch gesunde Kinder zu bekommen, jedoch auch *Euge-*

nik zu betreiben, also wünschenswerte Eigenschaften des werdenden Lebens auszuwählen, wie dies zur Zeit des Nationalsozialismus auf andere Weise versucht wurde, nun jedoch auf der Basis ausgefeilter Techniken erneut möglich wird. Würde sich herausstellen, dass es ein Gen für kindliche Umgänglichkeit und Liebenswürdigkeit gibt, fände es reißenden Absatz bei potenziellen Eltern, die sich die nervtötenden Seiten der Erziehung gerne ersparen würden. Gesetze werden dem nur bedingt gegensteuern können; vieles kommt darauf an, ob die verantwortlichen Individuen selbst ein menschenwürdiges Maß zu bewahren verstehen.

Letztlich stellt sich die Frage nach einer *genetischen Gerechtigkeit*. Das Lebenskunstrecht unter den Menschenrechten, das Recht auf freie Entfaltung der Persönlichkeit, fordert die grundsätzliche Bereitstellung von Möglichkeiten zur Entfaltung des Einzelnen, welche auch immer dann konkret von ihm gewählt werden. Ungerecht erschiene, Möglichkeiten dazu, und sei es durch die Heilung schwerer Krankheiten, mit rigiden Normsetzungen gesellschaftlich zu verweigern, ganz nebenbei auch unwirksam, da viele, deren Leben davon abhinge, sich die nötigen Mittel zu einer gewünschten genetischen Manipulation dennoch irgendwie beschaffen würden. Was aber ist unter genetischer Chancengleichheit, was unter Verteilungsgerechtigkeit zu verstehen, sowohl im Hinblick auf die genetische Ausstattung, die vorgefunden wird und korrigiert werden kann, wie auch im Hinblick auf diejenige, die über alle natürlichen Vorgaben hinaus neu zu schaffen wäre? Die ungleiche Verteilung natürlicher genetischer Güter wie Intelligenz und körperliche Erscheinungsform muss nicht länger hingenommen werden – aber jedes Bemühen um gleiche Verteilung würde wohl neue Ungleichheit produzieren, und die tragende Bedeutung der genetischen Ausstattung würde schließlich erneut von der sozialen abgelöst: Wer kann sich welche Eingriffe leisten? Welches soziale Umfeld ist welchen Maßnahmen förderlich? Für das Selbst stellt sich die Grundfrage genetischer Gerechtigkeit zudem nicht erst anderen gegenüber, sondern bereits in Bezug auf sich selbst: Ist es gerecht oder ungerecht, sich selbst Möglichkeiten der Gentechnologie vorzuenthalten? Für welchen Teil des Selbst ist dies gerecht, für welchen ungerecht?

Maßnahmen zum Schutz vor *genetischer Diskriminierung* sind zu treffen: Soll es Arbeitgebern und Krankenkassen erlaubt sein, Bewerbern um einen Arbeitsplatz oder um Mitgliedschaft die Vorlage ihres persönlichen *Gen-Chips* abzuverlangen? Soll der Zugriff auf Informationen über das genetische Krankheitsrisiko dem Abschluss einer Lebensversicherung zwingend vorausgehen? Wer ist eigentlich der rechtmäßige Besitzer genetischer Daten? Und zugleich lässt sich kaum etwas dagegen unternehmen, wenn Bewerber, die sich einen Vorteil davon erhoffen dürfen, ihre Gen-Card oder die Ergebnisse eines Gen-Tests freiwillig zur Verfügung stellen. Nur bedingt tröstlich ist es zu wissen, dass es völlig erbgesunde Menschen gar nicht gibt; dass jeder Mensch mehrere defekte Erbanlagen in sich trägt, die in den meisten Fällen ohne Auswirkungen bleiben; dass auch das letzte Risiko, die bloße Möglichkeit einer Krankheit, sich nicht mit einer Korrektur der Erbanlagen für alle Zukunft beseitigen lässt, da Mutationen stets von neuem geschehen. Der Druck anderer auf das Selbst wächst, im Falle genetisch bedingter, wirklicher oder möglicher Krankheiten etwas zu unternehmen. Jedes Leiden läuft Gefahr, auf genetische Ursachen zurückgeführt und, wenn ein Eingreifen abgelehnt wird, als sinnloses Leiden abgetan zu werden. War mit dem Zufall einer Begegnung zwischen zwei Menschen die genetische Ausstattung des heranwachsenden Kindes einst für immer festgelegt, so wird für den Herangewachsenen der Zugriff auf die eigenen Wurzeln mithilfe von Gentechnologien im Nachhinein noch möglich, um so zu werden, wie er sich gerne gehabt hätte, wäre er im entscheidenden Moment gefragt worden.

Grundsätzlich macht die Gentechnologie vor keiner Möglichkeit Halt: Kaum eine Phantasie, die nicht gentechnisch realisiert werden könnte; kaum eine Perversion, eine Verkehrung im Wortsinne, die weiterhin undenkbar wäre. Entscheidend ist angesichts all dieser Aussichten, zumindest in Unruhe zu bleiben über Chancen und Gefahren. Die Verantwortung dafür, was daraus wird, liegt jedenfalls nicht nur in Händen von Wissenschaftlern, Managern und Gesetzgebern, sondern auch in denen vieler Einzelner, die von den Möglichkeiten Gebrauch machen oder nicht, bewusst oder unbewusst. Das Selbst trägt auf diese Weise seinen Teil an Verantwortung für die gesamte Entwicklung und kann sich dem nur um den Preis entziehen, einverstanden zu sein mit allem, was »sich entwickelt«; ersatzweise kann es auf »die Mächte« verweisen, die vermeintlich »alles im Griff haben«, in Wahrheit aber ständig auf das Verhalten der Individuen schielen. Und wenn sich doch die schlimmsten Befürchtungen bewahrheiten? Dann hat sich das Experiment der menschlichen Existenz auf dem Planeten Erde eben nicht bewährt. Kosmisch gesehen dürfte dies ohne Belang sein, lediglich aus irdischer Sicht könnte es bedauerlich erscheinen, wenn das Experiment vorzeitig abgebrochen würde. Um nicht vorweg schon darüber zu verzweifeln, erscheint es an der Zeit, die *Seele* wieder ins Spiel zu bringen, die in archaischen, prägenetischen Zeiten als Residuum alles Menschlichen galt und womöglich noch nicht ausgedient hat. Aller Umgang mit dem Körper, auch seine Veränderung und Verletzung verweist darauf, dass da »etwas ist«, das ihn beseelt und das zu behaupten und zu bewahren sein könnte; erst in der Wechselwirkung zwischen Genen und einer Seele entsteht vielleicht das Kunstwerk des Lebens. Die Vermutung allein kann schon ein zureichender Grund dafür sein, der seelischen Sorge die gebührende Aufmerksamkeit zukommen zu lassen.

Von der seelischen Sorge

Mutmaßungen über die Gestalt der Seele

Schon die aufmerksame Beziehung zum Körper erschien nicht so sehr als Selbstzweck, sondern als Mittel zum Zweck, nämlich eine Wohnung für die Seele bereitzustellen. Aber was ist Seele? Offenkundig ein nebulöses Gebilde – jedenfalls konnte sie in endlosen Abfolgen von Klärungsversuchen noch nie definitive Konturen gewinnen, und so lassen sich lediglich Mutmaßungen über sie anstellen. Wesentlich an ihr scheint zu sein, sich allen Festlegungen zu entziehen, auch weit umfassender zu sein als das Selbst im engeren Sinne, das definierte Kern-Selbst und seine Peripherien. Ausgehend von individuellen Erfahrungen und Beschreibungen aller Zeiten ist die Seele vorstellbar als *potenziell unendlicher Raum*, Raum in zweifacher Hinsicht: imaginärer *Raum der Vorstellung*, zu besetzen und auszumessen nur durch Deutungen und Interpretationen; und realer *Raum einer Energie*, der den Eindruck erweckt, als würden ionisierte Teilchen ihn durchqueren und erfüllen. Beide Aspekte dieses *Seelenraumes* erscheinen aufs Engste miteinander verquickt: Hermeneutische Deutungen erzeugen seelische Spannungszustände, und seelische Spannungen treiben hermeneutische Deutungsakte hervor. Was ihre reale *Räumlichkeit* angeht, hat die diffuse Gestalt der Seele ihren Bezugspunkt im Raum des Körpers, überschreitet diesen jedoch auch und geht weit über ihn hinaus, kenntlich an der möglichen seelischen Kommunikation von Menschen über weite Räume hinweg, ähnlich den »verschränkten Photonen« der Quantenphysik. Die Seele kann sich jedoch auch dermaßen in den Körper zurückziehen und geradezu in ihm verbergen, dass kein Strahlen in den Augen mehr von ihr kündet. Und auch was die *Zeitlichkeit* angeht, scheint die Seele nur bedingt an die Zeit des Körpers gebunden zu sein, sofern glaubwürdig ist, dass sie vor seiner Zeit wie auch danach noch weiter zu existieren vermag, in welcher Form auch immer.

In hermeneutischer wie energetischer Hinsicht kommt der Seele die gestaltlose Gestalt einer *Sphäre* zu, die als Einflussbereich und Wirkungskreis in ihrer Kohärenz zu erspüren, aber nicht genauer zu benennen ist; eine Hermeneutik kommt ihr wohl näher als eine Analytik, sodass die Seelensphäre eher eine Frage subjektiver Deutung, nicht so sehr objektiver Erkenntnis ist. Sie entspricht eher der antiken, griechischen *psychē*, der alle philosophische Sorge galt, weniger der modernen »Psyche«, auf deren Objektivierbarkeit und wissenschaftliche Erkennbarkeit sich seit dem 19. und 20. Jahrhundert einige Anstrengungen der Psychologie, Psychoanalyse und Psychotherapie richten. Es ist diese Sphäre, die in ihrer spezifischen Ausprägung eine *Aura* entfalten oder aber sie verfehlen kann. Weit über den bloßen »Lufthauch« hinaus, von dem der lateinische Begriff spricht, ist damit die »Ausstrahlung« gemeint, die einem Selbst ebenso wie einem Kunstwerk und einem Naturphänomen zukommen kann: Sie zeigt sich der sinnlichen Wahrnehmung, ist aber vor allem ein Produkt sinnhafter Deutung, dessen also, was aufgrund von Interpretation in einem Selbst und einem Phänomen zu sehen ist, und sie fällt umso auratischer aus, je umfassender die hermeneutische Fülle ist. Die Aura macht, dass das Selbst einem anderen nahe sein kann oder ihm nicht nahe kommen möchte; Sympathie erscheint als auratische Kongruenz, Antipathie als Divergenz, sodass Berührung im einen Fall als angenehm, im anderen Fall als »peinlich« empfunden wird. Eine Angst vor Nähe kann aber auch darin begründet liegen, dass die »Erscheinung einer Ferne«, als die Walter Benjamin die Aura definierte (*Das Kunstwerk im Zeitalter seiner technischen Reproduzierbarkeit*, 1936), in der Nähe verloren geht; auch die Angst, sich selbst zu nahe zu kommen, hat hierin wohl ihren Grund.

Die hermeneutischen und energetischen Zusammenhänge sorgen für den »Sinn«, der in der Seele weit mehr noch als im Körper und seiner Sinnlichkeit erfahren werden kann: Dieser *innere Sinn* ist der Reichtum innerer Zusammenhänge des Selbst, deren Fülle nach außen strahlt und Ausstrahlung bewirkt. In Erzählungen und Assoziationen kommt etwas vom Reichtum dieser Zusammenhänge zum Ausdruck; sie systematisch in Analyse und Therapie zu erschließen, ist eine Methode, den unfassbaren Reichtum der Seele fassbar zu machen. Zu einem Unbe-

hagen des Selbst kann jedoch der Versuch führen, ihre hermeneutische und energetische Fülle allein in verbalen Äußerungen
zu erschließen, die stellvertretend für das Ganze genommen werden, sowie eine Diskursivierung der Seele mit der Absicht einer
Totalisierung zu betreiben. Das Selbst ahnt, dass der Sinn seiner
Seele über jeden Diskurs hinausgeht und durch keine Rede zu
erschöpfen ist; dass er zuweilen in einem Wort zum Vorschein
kommt, in einem anderen aber sich verbirgt. Die Grundannahme, das »Unbewusste« sei als möglicher Seelenraum zuverlässig durch seine Diskursivierung freizulegen, erscheint daher problematisch; ebenso die Gewissheit, es könne, einmal freigelegt,
zweifelsfrei auf allgemeine Begriffe zu bringen sein.

Öffnungen im Körper, durch die die Seele ein- und ausströmt
und sich mit anderen Seelen austauscht, sind die *äußeren Sinne*
des Sehens, Hörens, Riechens, Schmeckens, Tastens. Durch die
Augen bricht sie hervor, und in der berührenden Hand ist sie
anwesend. In körperlicher Bewegung, auch in der Bewegung
der geschriebenen, mehr noch der gesprochenen Sprache kommt
sie zum Vorschein, und im *inneren Körpergefühl* wird sie vom
Selbst empfunden. Im selben Maße aber, in dem die Sinne
schwächer werden und schließlich auch der Tastsinn nicht mehr
ansprechbar ist, zieht die Seele sich in den Körper zurück, ver-
löscht in ihm oder verlässt ihn. Das geschieht nicht erst im Tod,
sondern schon beim »sozialen Tod« und teilweise beim »Rückzug des Selbst in sich«. Geht es um eine Wiederbelebung der
zurückgezogenen Seele, so kommt es darauf an, ihren Rückzugs-
ort im Körper ausfindig zu machen: Vielleicht dort, wo eine
Dauerkontraktion schmerzt, ballt sie sich zusammen, um sich im
quasi-punktförmigen Zustand noch zu bewahren. Zu befreien
wäre sie dann, indem die in der Verkrampfung gebundene Energie wieder in Fluss gebracht wird. Dass eine seelische Verspannung in der Tat durch eine Bearbeitung des Körpers aufgelöst
werden kann, ist bereits deutlich geworden: Jede Arbeit am Körper lockert die Seele, setzt ihre Energien frei und lässt sie wieder
aufleben.

Überhaupt liegt der seelischen Berührung anderer und durch
andere eine *körperliche* Berührung zugrunde: Sie lockt die Seele

des Selbst an die Grenzen des Körpers und ermuntert sie zur Überschreitung. Durch die entstehende Öffnung kann im Gegenzug die Seele des anderen eindringen – gerade das aber kann ein Grund für »Berührungsängste« sein: Denn auch eine zärtliche Berührung kann den Seelenraum so vollständig besetzen, dass dies als Enteignung empfunden wird, als Zustand der Unfreiheit, der der *Freiheit* widerspricht, die der Seele wesensgemäß zu sein scheint. Auch wenn Berührungsängste sich körperlich äußern, ist ihr Grund wohl eine Angst vor Berührung im Seelischen – die Angst einer Seele, sich zu öffnen, da sie sich zu verlieren fürchtet; auch die Angst, zu tief in die Seele eines anderen einzudringen, ihr dabei zu nahe zu kommen und sich in ihr zu verlieren. Vermutlich bedarf der empfindliche, empfindsame Seelenraum des Schutzes, um in der Besetzung durch andere nicht die *Weite* zu verlieren, die das Selbst hermeneutisch und energetisch atmen lässt. Wenn die Ängste solchermaßen begründet sind, dürfte es unmöglich sein, sie »loszuwerden«, vielmehr käme es darauf an, mit ihnen leben zu lernen und sie in einem lebbaren Maß zu halten. Grundelement der seelischen Sorge wäre die Aufmerksamkeit auf diesen Raum; darüber hinaus aber: den hermeneutischen und energetischen Ausdrucksformen der Seele namens »Gefühlen« den Raum zu geben, dessen sie bedürfen, sowie eine Arbeit der Gestaltung an der eigenen Seele zu leisten, um die *schöne Seele* zu realisieren, die dem Selbst als bejahenswert erscheint. Aber lässt sich die Seele wirklich gestalten?

Gestaltung der Gefühle: Sind Gefühle erziehbar?

Traditionell werden der Seele »Gefühle« zugeschrieben, in denen sie zur Entfaltung kommt. Gefühle scheinen ihr Lebenselixier zu sein, ihre Art von »Bewegung«: In ihnen blüht sie auf, und bei ihrem Schwinden stirbt sie dahin. Aus der *Gegensätzlichkeit* der Gefühle bezieht das Selbst einige Spannung des Lebens, und an der *Reichhaltigkeit* ihrer Erscheinungsformen erweist sich ihre existenzielle Bedeutung: gleichmäßig und wankelmütig, abgründig und oberflächlich, lang anhaltend und kurzlebig, bewusst und unbewusst, vertrauensvoll und ängstlich, beruhigt und erschrocken, begeistert und erschöpft, feierlich und trivial, lustvoll und schmerzlich, wohlig und übel, versöhnt und empört, zärtlich und zornig, liebevoll und hasserfüllt, sehnsüchtig und enttäuscht, großzügig und eifersüchtig, stolz und erniedrigt, verlegen und verärgert, erhaben und erschüttert, selbstsicher und verzweifelt, freudig und traurig, euphorisch und melancholisch, geborgen und verlassen, heimelig und fremd, gelassen und gierig, schamhaft und frivol, zufrieden und unbefriedigt, leidenschaftlich und gleichgültig. Unverzichtbar sind Gefühle für ein erfülltes Leben, für ein Leben also, das die Fülle der Lebensmöglichkeiten ausschöpft – in all ihrer Polarität. Ihre Unverzichtbarkeit verlangt danach, sie zu *stärken*, wenn sie zu schwach ausfallen; daher das Bedürfnis nach »großen Gefühlen«, die sich an Intensität, auch an Abgründigkeit von der Oberfläche des Alltags abheben: Umso größer sollen sie sein, je kleiner sie im Alltag geworden sind. Ihr überbordender Überschwang wiederum erfordert, Gefühle zu *mäßigen*, um sie leben zu können, denn sie sind nicht etwa nur eine angenehme oder unangenehme Begleiterscheinung des Lebens, ein Art von Hintergrundrauschen, sondern können auch hinreißen und mitreißen, ja sogar gänzlich zerreißen. *Stärkung und Mäßigung* sind die beiden Seiten einer Gestaltung der Gefühle, um die es allgemein in einer Kultur, im Besonderen aber bei der seelischen Sorge des Selbst geht. Das Bemühen um ihre Erziehung antwortet auf ihr Zuwenig und Zuviel auf *energetischer* Ebene, geht dabei aber mit ihrer Deutung auf *hermeneutischer* Ebene einher: Entscheidend für den Umgang mit Gefühlen ist ihre Deutung ebenso wie ihre Energie.

Aber sind Gefühle nicht einfach nur »Natur«? Sind sie nicht womöglich schon in den Genen angelegt? Viele würden nicht zögern, sie je nach *Deutung* als »positiv« oder »negativ« gentechnisch ein- oder auszuschalten, um dann vor der grundlegenderen Frage zu stehen, ob ein Leben ausschließlich mit »positiven«, gänzlich ohne lästige »negative« Gefühle überhaupt noch lebbar oder lebenswert wäre. Was an Gefühlen *Natur* ist, lässt sich nicht so ohne weiteres feststellen, denn sie sind nicht nur, »wie sie sind«, sondern gleichen sich dem an, was über sie gedacht und von ihnen ausgesagt wird, abhängig von individuellen Vorlieben, geschlechtlichen Prägungen, beruflichen Notwendigkeiten, kulturellen Rahmenbedingungen. Man befindet sich somit, wenn man über Gefühle spricht, nie nur auf einer *psychologischen*, sondern immer auch auf einer *terminologischen Ebene*, auf der die Begriffe für das Empfinden des Lebens in Frage stehen. Begriffe sind nicht einfach nur ein Ausdruck für die eigentlich »authentischen« Gefühle, sondern nehmen ihrerseits Einfluss auf die Art und Weise des Fühlens. Sie prägen die Auffassungen davon, was überhaupt würdig ist, ein Gefühl auszulösen, erst recht davon, wie einem ausgelösten Gefühl Ausdruck zu verleihen ist, sodann, welche Bedeutung dem Ausdruck zukommen soll. Ein Indiz dafür, was daran *Natur* sein könnte, ist allenfalls aus einigen Ähnlichkeiten des Fühlens zu schließen, die den verschiedensten Menschen über Kulturgrenzen hinweg eine grundlegende Kommunikation ermöglichen. Mögen Gefühle auch biologisch und neurobiologisch verankert sein, so erfahren sie doch je nach *Kultur* und Individuum im Laufe der Zeit Veränderungen; zahlreiche Studien der Mentalitätsgeschichte handeln davon. Wie sehr Menschen sich aber Gefühlen ausgeliefert fühlen können und wie heftig sie darauf reagieren, lässt sich der Philosophiegeschichte entnehmen, denn nur so ist die Suche nach stoischer Unerschütterlichkeit (*ataraxía*) und Leidenschaftslosigkeit (*apátheia*) erklärbar. Mit rigider Selbstbeherrschung wurden in dieser Tradition Gefühle zu bezwingen versucht: »Keine höhere Herrschaft als die über sich selbst und über seine Affekte: sie wird zum Triumph des freien Willens«, verkündet selbst noch Balthasar Gracián in seinem *Handorakel* (Aphorismus 8).

Ein Erbgut dieser Tradition ist die moderne Kultur, in der Gefühle eher zurückzuhalten sind und als Privatangelegenheit erscheinen; eine neuerliche Ausformung erlebt diese Haltung in der *Coolness* junger Generationen. Wird die »Kälte« der Moderne beklagt, dann ist ihre scheinbare Fühllosigkeit damit gemeint, während andere Kulturen Wert darauf legen, Gefühle zu äußern, vorzugsweise öffentlich und in vorgegebener Form. Den Stellenwert der Gefühle zu behaupten, war ein Anliegen der Romantik in der Auseinandersetzung mit dem sich abzeichnenden Rationalismus und Pragmatismus der Moderne im ausgehenden 18., beginnenden 19. Jahrhundert. Die Emotion sollte die Kognition *ergänzen*, um die Polarität des Lebens nicht zu verkürzen und aufzuheben – ein Impuls, der im Fortgang der Moderne freilich auf bloße Emotionalität verkürzt worden ist; seither gilt als »romantisch« *das reine Gefühl*, insbesondere von Liebe und Harmonie, Sehnsucht und Leidenschaft, während zur romantischen Dramaturgie im Spannungsfeld der Gefühle immer auch deren »schwarze Seite« gehörte. Zwischen den Polen von pragmatischer Rationalität und heilloser Romantik treibt die Moderne mit großer Regelmäßigkeit biographische Überkreuzungen hervor, *X-Lebenswege*: Bekennende Romantiker werden zu entschiedenen Rationalisten, wenn sie die mangelnde Lebbarkeit reiner Emotionalität erfahren haben. Entschiedene Rationalisten werden zu bekennenden Romantikern, wenn sie die phantasielose Leere und unmenschliche Kälte der modernen Welt nicht mehr ertragen. Im selben Maße, in dem die Entleerung von Gefühlen und somit von *seelischem Sinn* in der Moderne um sich greift, stellt sich die Frage der Romantik stets von neuem: So ist das Aufkommen eines kulturellen Deutungsmusters in der Moderne selbst zu verstehen, das in Gefühlen das einzig »Wahre« und Natürliche am Selbst sieht, ein neues Pathos der Gefühle, das sie von ihrer rationalen Beherrschung zu befreien hofft. Daraus geht die implizite Norm hervor, »den Gefühlen zu folgen«, und zuweilen scheint darin eine gewisse Weisheit zu liegen, zuweilen auch nicht. Aufgabe einer andersmodernen Lebenskunst ist es, den Impuls aufzunehmen, Gefühle und Fühlsamkeit wieder zu gewinnen, über die *Befreiung* der Gefühle hinaus jedoch der neu gewonnenen Freiheit *Form zu geben*, eine Übung der Seele und seelische Asketik. Diese Arbeit konzentriert sich im Begriff der »pragmatischen Romantik«, um dem pragmatischen Leben Gefühl und seelischen Sinn, dem romantischen Gefühl aber Lebbarkeit zu vermitteln.

Eines ist die Emotion, die *innere Bewegung*, die unbewusst und unerkannt bleiben kann, ein anderes aber die Emotion, die als solche bewusst und erkannt wird und nun als *Gefühl* wahrnehmbar ist. Neurobiologisch kommt beiden »regulatorische Funktion« zu: Jedes Phänomen, jede Situation im Inneren und Äußeren wird in Bezug zum gesamten Organismus gesetzt und »eingefärbt«, nämlich als förderlich oder abträglich bewertet, um darauf reagieren zu können. Emotionen sind dem Selbst behilflich, »am Leben zu bleiben«, und zwar negative ebenso wie positive: Das allein »mit einer rosaroten Brille« ausgestattete Selbst wäre gefährdet, denn es entbehrte den Schutz vor Abträglichem (Damasio, *Ich fühle, also bin ich*, 1999). Mit dem Grad einer Bewusstheit der Gefühle wächst jedoch zwangsläufig der Anteil der Deutung an ihrer Empfindung. Und da keine Zeit jemals ein so bewusstes, theoretisch reflektiertes Verhältnis zu Gefühlen unterhalten hat wie die Moderne, bleibt dies nicht ohne Auswirkungen auf die Empfindung, die immer mehr verliert, was sie doch einst auszumachen schien: ihre Unmittelbarkeit. Da der Prozess kaum umkehrbar ist, gilt es, die zunehmende Bewusstheit der Gefühle zu ihrer Gestaltung zu nutzen, denn sehr wohl kann das Selbst sie »trainieren, aber nicht vollständig unterdrücken« (Damasio). Vorübergehend mag es als zu »technisch« gedacht erscheinen, gestaltend in sie einzugreifen; aber das Ziel ist, sie mit wachsender Einübung und Gewöhnung schließlich wieder als »natürlich« erscheinen zu lassen: Dann erst ist ihre Gestaltung gelungen. Da bei der Aufrechterhaltung der Rede von Natürlichkeit nicht klar ist, was die »authentische« Empfindung ist, sollte entscheidend sein, was als Natur *angenommen* wird: eine willentliche Annahme, eine Vorstellung, um einen erwünschten anstelle eines gegebenen Zustands zu bezeichnen. In die *Annahme* von Natur fließt ein, was für klug und sinnvoll, letztlich für schön und bejahenswert gehalten wird.

So lässt sich eine *Kunst der Gefühle* begründen, die weder darin besteht, deren Bedeutung zu leugnen, noch ihnen blind zu willfahren. Sie folgt der Dreistufigkeit des Könnens jeder Kunst, und der erste Akt der Gestaltung zielt demgemäß auf die *Möglichkeit* der Gefühle, für die ihre Deutung wesentlich ist, bezogen beispielsweise auf die Gefühle der Freundschaft und der Liebe zu anderen und auch zu sich selbst: Welche Möglichkeiten für diese Gefühle gibt es, welche Bedeutung wird ihnen zugemessen, was an ihnen wird als positiv und negativ bewertet, und welcher Stellenwert im eigenen Leben soll ihnen zukommen? Das Selbst klärt für sich selbst, ob es einen Mangel oder Überfluss an diesen Gefühlen empfindet, ob es Kränkung und Verletzung oder Bestätigung und Bestärkung in ihnen erfährt, ob seine Gefühle abgewiesen oder missbraucht werden, unzureichenden oder überschwänglichen Ausdruck finden; welche Gefühle es demzufolge suchen, welche meiden sollte. Als Beitrag zur Ermöglichung kann vor allem der *Begriff* gelten, den das Selbst sich von einem Gefühl macht, was es also unter einem bestimmten Gefühl wie Liebe oder Schmerz versteht oder nicht versteht: Das wirkliche Gefühl ist Produkt einer Festlegung im Voraus und einer Reflexion gemachter Erfahrungen im Nachhinein. Es ist der Begriff, der die Art des Fühlens beeinflusst und es schwer macht, von seiner »Echtheit« zu sprechen. Wichtig für die Lebenskunst wäre, Sorge dafür zu tragen, nicht zum Opfer eines bestimmten *Begriffs* zu werden, während der Glaube vorherrscht, das wahre Leben in einem bestimmten *Gefühl* zu erfahren oder zu verfehlen. Gefühle zu erziehen hieße dann, sich über den Begriff, den das Selbst sich von einem Gefühl macht, bewusst zu werden und ihn gegebenenfalls zu verändern, etwa den Begriff einer idealisierten Liebe, der sich als nicht einlösbar, vielleicht sogar als ruinös erweist. So kann das Selbst zu einer Haltung finden, die den Gefühlen Raum gibt oder nimmt. Auch wenn die Leidenschaft »unwiderstehlich« ist, kann das Selbst ihr nun nachgeben oder eben nicht.

Darauf beruht der zweite Akt der Gestaltung, der auf die Realisierung des Möglichen, die *Wirklichkeit* der Gefühle zielt: Auf der einen Seite kommt es nun darauf an, »Gefühle zu entwickeln«, sie zu wecken und hervorzulocken, sie aufleben zu lassen und »auszuleben«, auf der anderen Seite aber sie zu mäßigen und zu begrenzen. Sie zu wecken geschieht im Falle von Freundschaft und Liebe durch die *äußerliche* Zuwendung einer Aufmerksamkeit, den ostentativen Zeitaufwand und die Anstrengung, durch die hindurch die *innerliche* Zuwendung im Sinne einer Zuneigung entstehen kann, und nicht nur andere sind so in Versuchung zu führen, sondern auch das Selbst durch sich selbst. Die Anregung zur Entwicklung von Gefühlen kann eine *natürliche* sein und stammt vom »Leben selbst«, von Situationen und

Begegnungen, die sich ohne eigenes Zutun ergeben. Und sie kann eine *künstliche* sein, willentlich herbeigeführt etwa durch *Vorstellungen*, die das Selbst sich macht und die bewirken, dass es auch ohne konkreten Anlass zu fühlen beginnt; die Vorfreude auf eine vorgestellte Situation kann sogar gefühlvoller sein als die Situation selbst. Neben den Vorstellungen sind es ausgewählte *Verhaltensweisen*, die bestimmte Gefühle wecken: das Lieben wohlige, das Streiten zornige. *Umgebungen* kann das Selbst gezielt suchen oder meiden, um in dieser Wohnung, jener Landschaft, diesem oder jenem Umgang mit anderen sich wohl zu fühlen oder ein Unwohlsein auszuhalten. Sind Gefühle geweckt, brauchen sie *Ausdrucksformen*, in denen sie gelebt und gestaltet werden können. Ein erster Ausdruck geschieht unwillkürlich körperlich, und das Selbst kann kaum darauf einwirken: Erbleichen und Erröten, Art des Atmens, Verlangsamung und Steigerung der Herzfrequenz, verbunden mit verborgenen Reaktionen im Inneren des Körpers und des Gehirns. Gestaltete Ausdrucksformen stehen in traditionellen Kulturen bereit, in der modernen Kultur aber muss jedes Selbst sich selbst um seine Formen bemühen und greift dafür oft auf Anregungen von Gefühlsträgern in Medien, Popmusik, Volksmusik, Schlagerballaden, Groschenromanen, *Soap Operas*, Werbefilmen, Fußballstadien zurück, von deren Wirksamkeit eine ganze Gefühlsindustrie lebt. Dass in großer Zahl nach klischeehaften Angeboten gegriffen wird, verweist auf das immense Bedürfnis, wenigstens auf diese Weise, jedem leicht zugänglich, die Gefühle wecken zu können, die in der rationalen Moderne schlummern müssen. Insbesondere die Träume von romantischer Liebe sind dafür von Bedeutung, vorzugsweise *sie* werden in kommerziellen Formen von Romantik auf dem Markt der Leidenschaften offeriert. Entscheidend für das Subjekt der Lebenskunst ist, die Intensität seiner Gefühle einschätzen zu lernen, um nicht in ihnen unterzugehen – falls nicht gerade dies gesucht oder in Kauf genommen werden soll. Wenn nicht im vorsätzlichen Ruin, so besteht die Kunst darin, die Gefühle in dem Maß zu leben, in dem sie lebbar sind, und sei es ein exzessives. Das Maß kann eines der Intensität im *Moment* oder eines der allmählichen Entfaltung in der *Zeit* sein.

Der dritte Akt besteht darin, den aufwallenden Gefühlen den Ausdruck zu geben, in dem *Gekonntheit* im Umgang mit ihnen erreicht und ihre Gestaltung in Form und Intensität äußerst kunstvoll verfeinert wird. Die Differenziertheit des Ausdrucks ist von Bedeutung für das Gefühl, denn je differenzierter sein Ausdruck, desto sublimer seine Empfindung. Der Ausdruck ist eine Machtäußerung des Gefühls wie auch dessen Anerkennung durch das Selbst. Das Gefühl, das keinen Ausdruck findet, versucht seinen Machtanspruch lauter und wilder zu Gehör zu bringen; im Ausdruck aber mäßigt es seine Energie oder verliert sie ganz. Die kunstvolle Regulierung des Gefühls geschieht in der Gestaltung des Ausdrucks, je nachdem wie die Atmung modifiziert und der Körper bewegt wird, welche Haltung der Kopf einnimmt, wie die Lippen geöffnet, Augenlider und Augenbrauen gehoben, Augäpfel gerollt, Finger gespreizt, die Hände zum Körper und von ihm weggeführt werden. Anregungen zur bewussten Arbeit am Ausdruck in Mimik, Gestik, Bewegung bieten Schauplätze kunstvoller Gefühle wie Film, Theater, Oper. Auf andere Weise werden in Musik und Literatur, in Tönen, Worten, Sätzen, Erzählungen Gefühle geäußert und in der Äußerung geformt, zurückgehalten oder freigesetzt; die Formgebung wirkt wiederum auf die Empfindung zurück. In hohem Maße ist die Äußerung von Gefühlen und die Rückwirkung auf ihre Empfindung abhängig von der Sprache, die dafür zur Verfügung steht. Die gesamte Kulturgeschichte hindurch ist eine Arbeit der Erziehung an den Gefühlen geleistet worden, indem ihr Ausdruck gestaltet wurde, und diese Arbeit ist in der Gegenwart keineswegs abgeschlossen. Ihre Auswirkungen zeigen sich im Gesicht eines jeden.

Gestaltung des Gesichts: Von der plastischen Kraft des Lebens

Wie ein Bildhauer gestaltet das Selbst sich und sein Leben: So stellte etwa Epiktet (*Diatriben* I, 15) sich die Lebenskunst vor. Aber zur Kunst des Lebens gehört ebenso die Umkehrung dieser Beziehung: Der »Künstler« wechselt die Seite, und nun gestaltet »das Leben« ganz so wie ein Bildhauer das Selbst. Nur so ist zu erklären, dass manch ein Selbst wie aus Stein gemeißelt einem anderen vor Augen steht. Wer hat an ihm gearbeitet? Offenkundig verfügt »das Leben« selbst über plastische Kraft, und das Werkzeug, mit dem es arbeitet, sind die Erfahrungen, Begegnungen, Sehnsüchte, Enttäuschungen, Schmerzen, Lüste, die es vermittelt. So vermag es die Linien der Lippen zu schürzen zu einem vollen Mund oder zu begradigen zu einem feinen Strich; es biegt die Mundwinkel lächelnd nach oben oder verdrießlich nach unten; es hebt die Augenbrauen staunend hoch und lässt die Augenlider müde niedersinken; Fältchen und Falten zieht es über die Stirn und gräbt sie im Laufe der Zeit ein, je nach Frequenz des Gebrauchs der darunter verborgenen Muskeln. Unweigerlich wirkt der Gebrauch über längere Zeit gestaltend auf die Erscheinungsform des Menschen ein, auf sein Gesicht wie auf seine Haltung, seine Bewegung und Gestik. Alles Leben zeichnet sich ab im Gesicht, auch die Abwesenheit von Leben. Angesichts dessen könnte ein Problem darin zu sehen sein, wenn das Gesicht zu glatt bliebe, zu glatt für ein erfülltes Leben, das eher die Falten liebt: In ihnen zeichnet sich die reiche Landschaft des Lebens ab.

In höherem Maße als ein Name ist das Gesicht Eigentum des Selbst, und doch wird es kaum von ihm allein bewohnt. So individuell seine Linienführungen auch sein mögen, so sehr sind sie doch »kulturell konstruiert«, durchdrungen von der Kultur einer Region und einer Epoche: Der bloße Blick auf die Mimik erlaubt bisweilen, das Gesicht einem Raum und einer Zeit zuzuordnen. Es spricht, auch wenn aus dem Mund kein Laut kommt, und es erhält Antwort, auch wenn nichts gesagt wird. Emmanuel Lévinas hatte gute Gründe dafür, eine ganze Ethik auf das Antlitz zu gründen, denn alle Ethik im Umgang mit anderen bleibt abstrakt, wenn deren Gesicht nicht sichtbar ist. Eine *Hermeneutik des Gesichts* versteht die Zeichen zu deuten, die Gesichtszüge kulturell und individuell zu interpretieren, aus denen Traurigkeit und Fröhlichkeit, Niedergeschlagenheit und Wachheit sprechen. Härten, Schmerzen, Enttäuschungen, verbotene Wünsche und unversöhnlicher Hass graben sich tief darin ein. Nach außen hin fügt das Gesicht die divergenten Aspekte des Selbst zu einer Einheit zusammen, die es im Inneren so vielleicht nicht gibt, und hinter manch einem Gesicht kocht ein verborgener Vulkan. Körperlich wie seelisch handelt es sich um den Teil des Selbst, der anderen nackt dargeboten wird. Das Gesicht schützt sich, indem es zur Maske wird, die kaum zu durchschauen ist, zuweilen auch nicht für das Selbst, das sich einem Fremden gegenübersieht, wenn es sich im Spiegel erblickt. So beginnt das Selbst mit zwei Gesichtern zu leben: einem »wahren«, das nur wenige zu sehen bekommen, und einem »aufgesetzten«, das gelegentlich verloren werden kann, sodass ein »Gesichtsverlust« die Folge ist.

Die Gesichtszüge zu gestalten, weniger auf direkte als auf indirekte Weise: darin besteht die *Kunst des Gesichts*. Eine direkte Gestaltung bedürfte kosmetischer Mittel und operativer Eingriffe, auch einer Einübung des Ausdrucks, um das Gesicht »in Stellung zu bringen«. Bei der indirekten Gestaltung hingegen nimmt das Selbst Einfluss auf die *Konstellation* seines Lebens, die auf seine *Konstitution* zurückwirkt: Begegnungen werden vorsätzlich gesucht, um das Zusammensein mit bestimmten Menschen auf sich wirken zu lassen; Situationen lassen sich gezielt ansteuern, um wünschenswerte Erfahrungen zu machen; die Haltung ist festzulegen, die hinsichtlich dessen, womit das Selbst »fertig werden muss«, eingenommen werden kann. Bestimmte Gefühle werden dadurch begünstigt, andere eingedämmt; sie prägen ihrerseits die Seele, die wiederum im Gesicht zum Vorschein kommt – ein Weg also von außen nach innen nach außen. Der Ausgangspunkt liegt jedoch im Inneren des Selbst, das Leidenschaften Raum gibt, um etwa eine Freude aufleben zu lassen, und Affekte mäßigt, damit nicht etwa ein Neid zu sehr das Gesicht verzerrt. Es klärt die Machtverhältnisse in sich und balanciert sie aus, deren Verfassung wiederum bestimmte Menschen und Situationen anzieht, andere nicht: Dies sind die wahren »Schönheitsoperationen«, die letztlich im Gesicht zum Tragen kommen. So lässt das Selbst das Leben arbeiten und ist doch der Bildhauer seiner selbst – wenn auch auf verschwiegene Weise, verschwiegen oftmals nicht nur anderen, sondern auch sich selbst, denn so glaubt es sich der Anstrengung enthoben, entlastet von der Verantwortung für das eigene Gesicht. Die bewusste Lebensführung aber besteht darin, an dessen Gestaltung selbst zu arbeiten und dazu ein ganzes Repertoire an Gewohnheiten aufzubieten und einzurichten, das auf lange Frist prägend wirkt. »*Langsam* und kleinlich sind alle diese Curen«, meinte schon Nietzsche (*Morgenröte*, 462); aber »auch wer seine Seele heilen will, soll über die Veränderung der kleinsten Gewohnheiten nachdenken«.

Gestaltung des Charakters: Welchen Sinn hat Tapferkeit?

Einstmals, in antiker Zeit, spielten Begriffe eine Rolle, die der Gegenwart nicht mehr so ohne weiteres verständlich sind: »Tapferkeit« zum Beispiel, *andreía* im Griechischen, Bestandteil einer Ethik der Exzellenz, der *aretē*, die weit mehr war als nur »Tugendethik«, insofern sie über den moralischen Kontext hinaus auf Vortrefflichkeit auch im gesamten nichtmoralischen Bereich des Lebens zielte. Arete, Vortrefflichkeit, Exzellenz galten dabei nicht einfach schon als gegeben, sondern waren durch Einübung und Gewöhnung, durch ein »Ethik machen« (*ethízein*) erst zu erwerben. Dann erst führten sie eine eigentümliche Prägung (*charaktēr*) der Seele herbei, deren Charaktereigenschaften demzufolge nicht nur Natur, sondern auch Ergebnis einer Arbeit des Selbst sind. Vier dieser Eigenschaften gehörten seit Platon zu den wünschenswerten Vortrefflichkeiten der Seele: neben Tapferkeit auch Weisheit (*sophía*), Besonnenheit (*sōphrosýnē*) und Gerechtigkeit (*dikaiosýnē*), als »Kardinaltugenden« tradiert und in christlicher Zeit um Glaube, Liebe, Hoffnung ergänzt. Keineswegs soll daraus nun ein neuer »Tugendkatalog« werden; das Selbst trifft vielmehr seine eigene Wahl, aber die genannten Exzellenzen kommen in Betracht, wenn es darum geht, die eigene Seele zu prägen.

Besonders altertümlich erscheint dabei die Tugend der Tapferkeit: Kann sie eine exzellente Eigenschaft sein? Wo ist in der Moderne diese Exzellenz geblieben? Sie ist anrüchig geworden, verdorben von Kriegen, in die tapfere Soldaten zu ziehen hatten, um allzu oft sinnlose Tode zu sterben. Die Tapferkeit allein ihrer militärischen Bedeutung zu überlassen hieße jedoch, auf ihre zivilisatorischen Errungenschaften zu verzichten, die in Begriffen wie *Mut, Courage, Zivilcourage* zum Vorschein kommen, und zwar geschlechtsneutral, sodass nicht mehr nur, wie noch der griechische Begriff glauben machte, Männlichkeit allein für Tapferkeit in Frage kommt. Die Grundlage von Tapferkeit ist die Festigkeit des Selbst, die aus Ethik und Asketik, aus der bewusst gewählten Haltung und ihrer nachhaltig vollzogenen Einübung hervorgeht. Seine Eckpunkte und selbst gewählten Maßstäbe gewinnt das *couragierte Selbst*, indem es sich Gewohnheiten aneignet, die ihm entschieden zu handeln und zu lassen erlauben: So ist es in der Lage, mit Mut seine Angst zu überbieten, ebenso jedoch sie »tapfer« hinzunehmen, wenn sie nicht zu überwinden ist – Tapferkeit ist wesentlich eine Hinnahmefähigkeit, eine Bereitschaft, das auszuhalten, was sich nicht ändern lässt, missliche Zustände etwa, und sei es nur temporär, auch Schmerzen, und sei es nur zu Übungszwecken. Bis zu einem bestimmten Maß, das vom Selbst allein festzulegen ist, besteht sie darin, Verletzungen der Seele zu ertragen, die unvermeidlich sind, unabdingbar auch um der Polarität des Lebens willen. Tapferkeit verbürgt Beharrlichkeit in der Zeit, Standhaftigkeit in Auseinandersetzungen, ebenso eine Widerständigkeit gegenüber Zumutungen.

Aber bei der Tapferkeit geht nicht nur um das Selbst, sondern auch um das Einstehen für andere, um sie in Bedrängnis nicht allein zu lassen: Allgemeine Werte wie Menschenwürde, Freiheit, Gerechtigkeit könnten ohne ein *couragiertes Handeln* des einzelnen Selbst in einer je spezifischen Situation gefährdet sein. Die Voraussetzung für dessen *Zivilcourage* ist nicht etwa, ein besonderer Mensch oder gar »Gutmensch« zu sein; weder ist es dafür nötig, sonderlich moralisch noch im Übermaß anderen zugewandt, also »Altruist« zu sein. Es bedarf auch keiner außerordentlich großen Reflektiertheit, wie sich daraus ergibt, dass Intellektuelle nicht zwangsläufig auch die couragiertesten Menschen sind. Sinnlos erschiene, Zivilcourage zur Norm machen zu wollen, da sie doch auf der Form des Selbst aufruht, seiner Festigkeit und der Ausbildung seines *Gespürs*, das mit dem Reichtum seiner Erfahrungen wächst: Eigene problematische Erfahrungen können dazu führen; ebenso ermutigende Erfahrungen, die sich vielleicht aus dem gelebten Beispiel anderer ergeben. Aber nicht Übermut, nur gesteigerter Mut ist Tapferkeit; kein blinder Mut, der Gefahren nicht wahrnehmen würde, kein rücksichtsloser Mut, der über Leichen ginge, durchaus auch kein selbstloser Mut, denn das Selbst erhofft sich im Gegenzug die Courage anderer, sollte es ihrer selbst bedürfen. »Sensible Stärke« (*phrónimos kartería*), wie es in Platons Dialog *Laches* heißt, bildet diesen Mut, der mit Klugheit, Besonnenheit und Gerechtigkeit im Verbund steht.

Letztlich ist Zivilcourage keine isolierte, für sich bestehende Eigenschaft, sondern geht aus dem Zusammenhang eines ganzen Lebens hervor und hat ihren Platz in der Gesamtheit der Erfahrungen und Vorstellungen eines Menschen. Couragiertes Handeln hat, wie einst die Tapferkeit in der Antike, mit einem *couragierten Leben* zu tun. Entscheidend dafür ist der gesamte Mut zum Sein, der Lebensmut, Schwierigkeiten durchzustehen, sich mit Misslichkeiten und Widrigkeiten auseinander zu setzen und dem Leben nicht abzuverlangen, das Erwünschte ohne Widerstände stets umstandslos bereitzustellen. Immer ist es der Mut eines Einzelnen, der sein Leben nicht daran orientiert, was »alle tun«, sondern was er nach bestem Wissen und Gewissen für richtig hält, um auf dieser Grundlage ein Leben zu führen, das ein eigenes, selbstständiges, engagiertes und kreatives Leben ist. Daher geht es selbst im Falle der Zivilcourage nicht primär um das Leben anderer, sondern um das eigene Leben, verbunden mit Selberdenken, Selbstachtung und Selbstverantwortung. Das Problem des »eigenen Lebens« liegt nicht etwa darin, dass es von anonymen Mächten und ganzen Systemen unmöglich gemacht würde, sondern dass das Selbst womöglich zu mutlos dazu ist. Es so zu leben, dass dies ihm Achtung vor sich selbst abverlangt, ist der Sinn des Lebensmutes; sich selbst achten und anerkennen zu können, befähigt wiederum zur Achtung und Anerkennung anderer. Die anerkennende Haltung im Hinblick auf sich hat aus diesem Grund Vorrang vor der Anerkennung des Selbst durch andere; ein Kampf um Anerkennung könnte unter diesem Aspekt auch als Kompensation für fehlende Selbstanerkennung erscheinen. Grundlegend ist die Sorge um die vortrefflichen Eigenschaften der eigenen Seele, die zur Wahrnehmung der Sorge auch für andere und die Gesellschaft befähigen; aus der Sorge geht Selbstmächtigkeit und damit Selbstachtung hervor, während eine bloße Ohnmacht sich selbst gegenüber der Selbstachtung nicht förderlich ist. Den individuellen Spielraum zwischen Ohnmacht und Selbstmächtigkeit aber in Erfahrung zu bringen, womöglich auch Tapferkeit zu erproben: dazu fordert unaufgefordert der Schmerz heraus.

Gibt es eine Kunst im Umgang mit Schmerz?

Fundamentale Gefühle sind Lust und Schmerz, die in ihrer Gegensätzlichkeit aufeinander angewiesen sind: Ein Leben reiner Lust wüsste ohne schmerzliche Kontrasterfahrung nichts von sich; ein Leben nur im Schmerz wäre ohne zeitweilige Erholung durch die Erfahrung von Lust kaum lebbar. Lust und Schmerz erscheinen als Bestandteil der umfassenden Polarität, die Gracián so beschreibt: »Das Wechselspiel der Gegensätze verschönert, ja erhält die Welt« (*Handorakel*, Aphorismus 108). Die eigentliche Herausforderung des Lebens ist dabei nicht so sehr die Lust, deren Genuss auch ohne Kunst keine allzu große Mühe bereitet, sondern der Schmerz, den sich keiner wünscht und dessen Bewältigung sich nicht von selbst versteht. Niemand muss ihn suchen, ganz von selbst stellt er sich gelegentlich ein: Akut oder chronisch kann er das Selbst überfallen, auf eine auslösende Krankheit kann er verweisen oder auch nicht, lokalisierbar kann er sein oder aber diffus, heilbar kann er sein oder aber jede Heilung verweigern. Er kann körperlich, seelisch oder – was häufig geschieht und selten ernst genommen wird – geistig auftreten, womöglich »ohne Befund«: aufgrund eines Bewusstseins von Abgründen, die nicht überbrückt werden können; aufgrund einer Erfahrung von Sinnlosigkeit, einer profunden Einsicht in Tragik, bezogen auf eine Situation oder das gesamte Leben und die Welt selbst; das eigentliche Leiden. Vom Körper aus beeinflusst der Schmerz Seele und Geist, von Seele und Geist aus kann er sich »somatisieren«. Die Vielfalt seiner Erscheinungsformen und seine Widerständigkeit gegen »Behandlung« legen den Eindruck nahe, dass ihm mehr Bedeutsamkeit zukommt, als ihm zugetraut wird.

Grundsätzlich, so lässt sich sagen, ist der Schmerz kein Problem des Körpers, sondern der Seele, in der er gefühlt, und des Geistes, in dem er repräsentiert wird. Der Körper könnte auf eine »Funktionsstörung«, eine drohende oder wirkliche Schädigung, die der Schmerz anzeigt, einfach reagieren, er bedürfte dafür keiner komplexen Steuerung – ebenso wenig wäre er allerdings zu einer weiträumigen Umsicht und vorauseilenden Vorsicht in der Lage: Dazu bedarf es des Gefühls und der Vorstellung von Schmerz, sodass das Selbst schließlich »weiß«, dass es »Schmerzen hat« oder haben wird. Wenn der Schmerz kommt, pocht er im Fühlen und vor allem im Denken des Selbst; aber auf seelischer und geistiger Ebene liegt auch das Potenzial für das Können und die Gestaltung im Umgang mit Schmerz. Grundlegend dafür ist die *innere Einstellung*, die zum Gegenstand der seelischen und geistigen Sorge wird, nicht jedoch erst inmitten der Erfahrung von Schmerz, sondern bereits vorweg, denn in ihrer unmittelbaren, tyrannischen Präsenz unterbindet die Erfahrung jede Reflexion. Wird Schmerz grundsätzlich als Bestandteil des Lebens anerkannt oder nicht? Ist das Selbst bereit, ihn aufzunehmen, oder zielt es darauf ab, ihn von Grund auf abzuweisen? Mag die innere Einstellung dazu in der Umgebung des Selbst vorgegeben sein, höchst unterschiedlich je nach Kultur, sozialer Gruppe, Alter, Geschlecht, Individuum, so befindet der Einzelne darüber im Zweifelsfall dennoch selbst. Seine Einstellung mag ihm bisher unbewusst geblieben sein, aber er kann sie sich bewusst machen, um selbst festzulegen, mit welcher Haltung er nun dem gegenübertritt, was nicht zu ändern ist.

So kommt es zu einer *Optionalisierung* des Umgangs mit Schmerz. Um nicht missverstanden zu werden: Zweifellos sollte jede denkbare Möglichkeit zur Intervention bereitstehen, schon um die Angst vor dem Schmerz nicht größer werden zu lassen als den Schmerz selbst. Keine Frage auch, dass es eine Schwelle der Erträglichkeit von Schmerz für jedes Individuum gibt. Und doch muss nicht jeder Umgang mit dem Schmerz fraglos dem Konzept der *Intervention* folgen, wonach Schmerzen zu bekämpfen, nach Möglichkeit aufzuheben sind; dies ist vielmehr eine Option, keineswegs eine Norm. Eine andere Option ist das Konzept der *Integration*, wonach Schmerzen ebenso wie Lüste ins Leben aufzunehmen und der Integrität des Selbst einzugliedern sind. Die jeweilige Wahl hat allein das Selbst zu treffen, das äußeren Vorgaben entsprechen oder aber widersprechen kann. Von außen kommen etwa die Vorgaben einer nichtmodernen Kultur, die einen Begriff von der Unauflösbarkeit leidvoller und schmerzlicher Zusammenhänge, kurz: von Tragik hat; oder der Kultur der Moderne, die tragische Phänomene wie Leid und Schmerz endgültig zu besiegen hofft, um Freude und Lust allein übrig zu behalten. Letzteres haben moderne Menschen in einem Maße verinnerlicht, das ihnen die Intervention angesichts der Erfahrung von Schmerz prinzipiell geboten erscheinen lässt: Schonende Interventionen zielen darauf, das »Tor der Schmerzen« zu verengen, indem die Wege der Signalübertragung anderweitig besetzt werden; mit eigener gedanklicher Arbeit kann das Selbst sein »Schmerzdenken« auch von der Schmerzempfindung lösen. Medikamentöse Interventionen verringern die emotionale Reaktionsfähigkeit; operative können etwa die Hirnaktivität im cingulären Cortex schädigen, um die Repräsentation von Schmerz »auszuschalten«. Der doppelte Weg von Intervention *und* Integration aber lässt sich beschreiten, wenn in Sprache, Bewegung und allen Künsten Ausdruck für den Schmerz gesucht wird: Die Äußerung, die den Schmerz von innen nach außen trägt, erkennt ihn als Teil des Selbst an *und* kann ihn mildern und erträglich machen – sofern das Selbst nicht ohnehin das Schweigen vorzieht, um mit ihm allein zu sein; eine Form äußerster Intimität.

Während sich der Sinn der Intervention von selbst versteht, nämlich den Schmerz wieder »loszuwerden«, scheint der Sinn der Integration erklärungsbedürftig zu sein. Mit seiner Wahl, den Schmerz tapfer zu ertragen, kann das Selbst der »anderen Seite« des Lebens wieder Genüge tun; vor allem aber kann es ihn zur *Orientierung des Lebens* nutzen, denn jedem Schmerz scheint eigen zu sein, im Denken stechende Fragen zu stellen: »Was hast du aus deinem Leben gemacht? Was gedenkst du noch zu tun? Bist du dir dessen bewusst, dass dein Leben begrenzt ist? Ist dir klar, dass ich dieses Leben zerstören kann? Ahnst du, dass ich bereits der Vorbote des Todes bin?« Mag der äußere Anlass auch harmlos sein, so ist dieser *kognitive Schmerz* doch kaum auszuhalten. Aber gerade aus diesem Grund wird der Schmerz zur Orientierung fürs Leben, die unverzichtbar ist: Möglicherweise wird diese orientierende Bedeutung sogar gesucht, wenn Menschen in einer Situation großer Orientierungslosigkeit sich selbst Schmerz zufügen. Der Schmerz zwingt die Sorge herbei, die das Selbst wieder auf den Weg zu bringen vermag, vielleicht nicht im Moment seiner Tyrannei, in dem er das Selbst vollständig besetzt und allein für sich in Anspruch nimmt; jedoch danach. Der Schmerz signalisiert eine Grenze, an die das Selbst rührt, letzten Endes nämlich die Grenze des Todes für dieses Leben, an die erinnert zu werden gleichwohl wertvoll ist: Was im Leben am selbstverständlichsten erscheint, das Leben selbst, bringt der Schmerz als solches erst zu Bewusstsein. Daher das Unbehagen derer, die ihm einige Orientierung fürs Leben verdanken, über seine Entwertung in der fraglosen Intervention.

Zwangsläufig stellt das Selbst, das mit Schmerz konfrontiert ist, die *Frage nach dem Sinn*. Mehr als irgendetwas sonst nötigt der Schmerz diese Frage herbei, zuallererst in Bezug auf sich selbst, sodann jedoch in Bezug auf das gesamte eigene Leben, ja »das Leben« überhaupt. Eine mögliche Antwort darauf kann die Einsicht in seinen Stellenwert in der Polarität des Lebens sein. Ein stärkerer Unruheherd ist jedoch die Frage nach dem Sinn *dieses* Schmerzes, die ultimativ nach Antwort verlangt: »Warum dieser Schmerz? Warum gerade ich? Warum gerade jetzt?« Sie ist wohl kaum zu beantworten mit einem Sinn, der *objektiv* gegeben wäre. Und doch kann Sinn *subjektiv* durch die Tätigkeit des Deutens und Interpretierens erschlossen werden, mit der ein möglicher Sinn in den Schmerz hineingelegt wird, um ihn aus ihm herauszulesen: als Zusammenhang mit dem bisherigen Leben, mit Lebensumständen, einer bestimmten Lebensauffassung, im Hinblick auf ein künftiges Leben, als »Prüfung«, als Herausforderung. Wünschen, Interessen und der bloßen Blickrichtung der

Aufmerksamkeit kommt dabei eine sinnstiftende Rolle zu, und erneut kann vom Prinzip der hermeneutischen Fülle ausgegangen werden, wonach prinzipiell weitaus mehr Sinn und Bedeutung zu finden ist, als aktuell zu sehen ist. Mit der Arbeit der Deutung eignet das Selbst sich den Schmerz und das veränderte Leben mit ihm an. Zuletzt kann der Schmerz sogar zum Mittel der Erkenntnis werden, zum Medium der Einsicht in das Wesen der Dinge, mit jener »schauerlichen Hellsichtigkeit«, wie Nietzsche (*Morgenröte*, 114, »Von der Erkenntnis des Leidenden«) sie erfahren hat: Der Sinn oder Unsinn all dessen, zu dessen Entbehrung der Schmerz zwingt, erschließt sich gerade jetzt. Aus der negativen Erfahrung heraus findet das Selbst zu einer positiven Antwort auf die Frage, was wirklich wesentlich im Leben ist.

Sinn im Schmerz finden zu können, ist die Voraussetzung für seine mögliche *Integration ins Selbst*, und der Umgang mit Schmerz trägt nun zur Arbeit an dessen Integrität bei. Das Selbst als Integrität zu verstehen, zielt nicht nur darauf, divergierende Ich-Aspekte sinnvoll zusammenzufügen, sondern auch Anderes, Befremdliches und Beängstigendes wie den Schmerz integrieren zu können. Dass er in der Lage ist, jegliche »Identität« des Selbst in Frage zu stellen und es in seinem Bestand zu bedrohen, erweist nur seine existenzielle Bedeutung: Er rührt an die nackte Existenz des Selbst, an seinen Kern, den es nicht gegen ihn, sondern nur mit ihm behaupten kann, so wie es auch mit ihm untergeht. Mehr als irgendetwas sonst ist der Schmerz das Eigentliche des Selbst, sein Eigenstes und seine Einsamkeit; er fordert den völligen Rückzug, aber auch den Rückbezug des Selbst auf sich: Es muss sich um sich kümmern und für sich da sein, niemand sonst kann dies, bei allem Beistand, wirksam tun. Die Arbeit an der Integrität kommt dem entgegen: In der Kunst im Umgang mit Schmerz wird sie nachdrücklich betrieben, schon um die Last der Schmerzen über das gesamte Selbst zu verteilen, denn alle Teile gemeinsam »verkraften«, wenn sie zusammenwirken, weitaus mehr an Schmerzen als etwa ein einzelnes Organ, das an Überlastung erkrankt und schließlich zusammenbricht. Die Integrität lässt den betroffenen Teil des Selbst mit seinem Schmerz nicht allein, sondern verteilt ihn über das gesamte Selbst und versucht, ihn so zu mildern. Sie arbeitet damit neu an der inneren Kohärenz und ermöglicht dem Selbst, sich nicht gänzlich im Befremdlichen zu verlieren – sofern nicht gerade dies gewählt wird.

Um erträglich zu werden, bedarf der Schmerz jedoch zweifellos auch einer *Ausbalancierung des Lebens* mit ihm. Dazu dient es, Lüste zu genießen: Eine Kunst der Lust ist notwendiger Bestandteil einer Kunst im Umgang mit Schmerz. Da das Leben mit Schmerzen zu einer enormen Anspannung führt, kommt es darauf an, zumindest *Inseln der Lust* zu suchen, auf denen das Selbst sich zeitweilig erholen kann, um neue Kräfte zu schöpfen. Die gesamte Skala der Lüste steht dafür zur Verfügung, und doch kommt die jeweilige Lust nicht unbedingt von selbst über das Selbst, sondern muss gesucht und verwirklicht werden. Die Lüste können *sinnlicher* Natur sein und das Potenzial derjenigen Sinne nutzen, die nicht vom Schmerz beeinträchtigt sind: Bilder und Gesichter zu sehen, Musikstücke zu hören, Düfte zu riechen, bestimmte Speisen zu schmecken, eine Hand zu berühren, sich äußerlich zu bewegen und innerlich zu spüren. Ebenso kann das Selbst sich *abstrakter* Lüste bedienen: Lüste des Denkens und der Reflexion, der Phantasie und der Erinnerung. Es kann die Lüste im Umgang mit *anderen* genießen, etwa die Lüste des Gesprächs, oder im Stillen *für sich* bleiben bei Lüsten der Lektüre, der Muße und des bloßen Seins. Die Fülle der Lüste macht Schmerzen lebbarer und vermittelt dem Selbst die Erfahrung einer möglichen Überschreitung seiner selbst, um sich wie von außen zu sehen, gerade dann, wenn es nur noch die schmerzliche Seite des Lebens kennt und sich zu erschöpfen droht.

Die Erfahrung von Schmerz beendet keineswegs das *schöne Leben*, sondern bestärkt es. Schön ist das, was als bejahenswert erscheint, das aber ist nicht etwa nur das Angenehme, Lustvolle, »Positive«, sondern ebenso das Unangenehme, Schmerzliche, »Negative« – weil es die tiefere Erfahrung sein kann, die das Leben erst erschließt, das Selbst reifen lässt und es letztlich »weiter bringt«; daher wohl Epikurs Satz (*Brief an Menoikeus*, 129): »Nicht jeder Schmerz ist meidenswert.« Mit dem Schmerz wird das schöne Leben zum *erfüllten Leben*, das die gesamte Fülle der

Existenz umfasst und nicht in der Illusion gelebt wird, es allein auf die angenehme Hälfte verkürzen zu können. Ungemein schön ist gleichwohl die Freude, wenn der Schmerz vergeht, und sei es nur für begrenzte Zeit: Das Leben, das anderen als sehr gewöhnlich erscheint, wird nun zum himmlischen Geschenk. Die Haltung aber, die das Himmlische wie das Abgründige umfassen kann, ist die der *Heiterkeit.* Heiter ist nicht etwa dasjenige Selbst, das nur die Fröhlichkeit kennt, sondern dasjenige, das die gegensätzlichen Erfahrungen von Fröhlichkeit und Traurigkeit in sich austarieren kann. Nicht nur Freude und Lust, sondern auch Leid und Schmerz vermag es in sich aufzunehmen und zu tragen, äußerstenfalls auf solche Weise, dass das, was schwer ist, letzten Endes sogar leicht erscheint. Mögliche Einübungen in die Haltung der Heiterkeit stehen von alters her umstandslos bereit: Übungen, die körperlich vollzogen werden und in hohem Maße seelisch und geistig wirken.

Singen lernen, Tanzen lernen

»Sie hätte *singen* sollen, diese ›neue Seele‹ – und nicht reden!« Zu dieser Einsicht kam Nietzsche erst spät, als er 1886 seine Frühschrift *Die Geburt der Tragödie aus dem Geiste der Musik* von 1872 mit dem »Versuch einer Selbstkritik« neu einleitete. Er meinte freilich Dichtung, nicht wirklichen Gesang, der zur hörbaren Äußerung der Seele wird, die damit aus sich herausgeht, *ékstasis* im Wortsinne. Mit den Mitteln der *äußeren* Stimme bringt das Selbst im Gesang die *inneren* Stimmen zum Klingen, versetzt den gesamten Körper in Vibrationen und »harmonisiert« die Bestandteile seiner selbst zum Gleichklang für einen Augenblick. Im Wechsel der Töne kommt jeder Aspekt des Selbst zu seinem Recht und setzt sich ins Verhältnis zu jedem Organ, jedem Gefühl, jedem Gedanken; das Selbstgespür verfeinert sich: Darin besteht die »heilsame Wirkung« des Singens für das gesamte Selbst, das in diesem Akt stets von neuem seine Integrität herstellt und empfindet. Es handelt sich um eine *Befreiung* dessen, was gebunden im Selbst existiert, und zugleich um eine *Formgebung* der Freiheit, denn die in der Musik gewonnene Struktur strukturiert das Selbst und sein Leben, sinnvolle Zusammenhänge werden entdeckt, die Fülle des Lebens wird erfahrbar. Die Lust, die das Singen aus diesen Gründen vermittelt, gewährt jeder Sorge Erholung: Wer singt, sorgt sich nicht, nicht jetzt.

Im Chorgesang kann das Selbst erfahren, wie der Resonanzraum sich vervielfacht und *viele äußere Stimmen* zu einem einzigen Klangkörper verschmelzen: Bildung eines integrativen Megasubjekts, in dem der Einzelne jede Einsamkeit hinter sich lassen und sich glücklich aufgehoben fühlen kann. Ergreifend ist dennoch die *einzelne menschliche Stimme,* die sich erhebt: Aus der orchestrierten Ebene steigt sie einsam auf, schwingt sich wie mit Flügeln empor, weint und triumphiert über die Niederungen menschlicher Existenz, wie etwa die Stimme von Lisa della Casa, die 1953 die *Vier letzten Lieder* von Richard Strauss singt, 1947 nach Gedichten von Hermann Hesse und Joseph von Eichendorff komponiert. Aber auf der Ebene solcher Exzellenz muss das eigene Singen sich nicht bewegen, um sich entfalten zu können. Für den Alltagsgebrauch genügt es völlig, »Singer« und nicht »Sänger« zu sein, einfach nur ein wenig vor sich hin zu summen oder in den Sprechgesang des *Rap* zu verfallen, um sich etwas von der Seele zu singen, in einem unbeobachteten Moment auch laut aus sich heraus zu schmettern, und auf keinen Fall das morgendliche Singen unter der Dusche zu vernachlässigen, mögen andere die Kategorie »Gesang« dafür auch in Abrede stellen.

Singen hat mit dem Tanzen das tiefere Atmen gemein, die körperliche Weitung des Selbst, die zu einer Weitung auch der Seele wird. Die Seele umwirbelt das Selbst und begegnet ihm wieder von außen, in den Augen der anderen, die von der Aura des Selbst berührt sind. Ich tanze mit Markus, einem jungen Mann »mit geistiger Behinderung«, der sich heute etwas schwermütig fühlt. Ein Gedanke aber entzündet ihn und jetzt will er ihn erproben: *Lernt der Körper tanzen, so lernt es auch die Seele.* Die Künstlerwerkstatt, in der er arbeitet, wird zum Tanzboden und so beginnen wir zu tanzen, jeder für sich und doch beide im gemeinsamen Rhythmus. Zunächst fällt es schwer, denn wer tanzen lernt, macht Bekanntschaft mit der Schwerkraft: Sie zerrt an allem. Sie behindert alles. Die Beine fühlen sich schwer an, zu vieles ist in sie hinabgesunken, zu viele Gewichte, die aus der Seele in den Körper rutschten. So wird der Tanz zum Machtkampf mit Schwere und Schwerkraft, zu einem Aufbegehren dagegen, ihnen zu sehr ausgeliefert zu sein. Der Körper zuckt unkontrolliert, bald aber wiegen sich die Glieder im Takt, bis sie mit der Schwere zu spielen verstehen: Tanz ist Tanz, wenn ihm die Mühe nicht mehr anzumerken ist. Und schließlich gelingt es, sich aus dem gewöhnlichen, erdenschweren Dasein emporzuheben zu einer ungewöhnlichen Leichtigkeit des Seins, die selbst die zurückkehrende Schwere noch als leicht empfinden lässt. Auch die umgebenden Dinge werden in den Wirbel mit hineingerissen, sobald die tanzenden Beine vom Boden der Realität abheben und eintauchen in eine andere: Trunkenheit der Wirklichkeit.

Wo befindet sich jetzt gerade welches Körperteil? Das herrliche Empfinden der fließenden Bewegung nur für sich, der rhythmischen Bewegung mit dem anderen steigert sich zum Rausch, zum »süßen Traum des Vergessens«: Aus dem Körper, der zuckt, entschwindet das Subjekt, das denkt. In seinem Fühlen ist das Selbst »ganz bei sich« und zugleich weit außerhalb, es fühlt das Leben weit über sein eigenes hinaus; alles ist reine Gegenwart, kein Gedanke an Vergangenes, keiner an Künftiges mehr: Was für ein glückliches Gefühl der Weite und Erfüllung, was für eine wohltuende Verausgabung des Selbst, auch wenn es außer Atem gerät und die Beine schmerzen! Sich selbst und andere ganz anders als gewöhnlich kennen zu lernen, das bewirkt der Tanz; unwichtig, welche Art von Tanz das ist, ob das Selbst nur für sich allein tanzt oder mit anderen. Im Rhythmus beginnt das Selbst, sich intensiver zu spüren und in Relation zum anderen zu erfahren. Tanz ist eine Strukturierung, die dem Leben und Zusammenleben Gestalt gibt. Der gemeinsame Tanz aber wird zur Kunst der Berührung, die zugleich eine Berührung seiner selbst ist, denn von der Berührung anderer wird das Selbst wiederum berührt; daher die Freude so vieler Tänzer am Tangieren des anderen, am *Tango*, lateinisch für: »ich berühre, ich betaste, ich fasse an«, zurückgehend wohl auf das griechische *thingáno*. Tanzend lässt sich über das cartesianische *cogito, ergo sum* hinaus diese andere Formel des Menschseins realisieren: *Tango, ergo sum* – »ich berühre, also bin ich«.

Exemplarisch steht der Tanz für den Weg zur *Selbstmächtigkeit*: Mit einer ersten asketischen Einübung erarbeitet das Selbst sich eine neue *Möglichkeit* der Verfügung über sich, mit einiger Praxis wird die Möglichkeit zur *Wirklichkeit*, mit häufiger Praxis lässt sich *Exzellenz* erlangen. Besänftigend, regulierend, balancierend wirkt der Tanz auf die inneren Verhältnisse des Selbst, und in der Balance des Körpers findet auch die Seele zu ihrem Gleichgewicht. So wie die innere Bewegung zur äußeren wird, wirkt die äußere wiederum auf die innere zurück: Tanzt der Körper, gerät tatsächlich die Seele in Bewegung, zeigt Markus sich jetzt überzeugt. Was erstarrt ist, bringt der Tanz in Fluss, selbst Gefühle setzt er frei und gibt ihnen im Ausdruck Gestalt: Die Traurigkeit, die wie ein Kloß im Hals festsitzt, wird in ihm ausgelebt und löst sich auf; der Zorn wird in der Bewegung zerstreut. Die angespannten Verhältnisse zwischen inneren Mächten entspannen sich, und die neu gewonnene Selbstmächtigkeit kann nach außen hin in Erscheinung treten. Endlich erfasst die Bewegung auch das Gehirn, und die Gedanken beginnen zu tanzen. Der Geist, der nicht mehr angestrengt nachdenkt, sondern Erholung genießt, hat vom Tanz den größten Gewinn. Das ist wohl der Grund dafür, dass Nietzsche so versessen darauf war, tanzen zu lernen: »Tanz nämlich ist sein Ideal« (*Fröhliche Wissenschaft*, 381), das Ideal nämlich des Philosophen, der die Realität nur mit Fußspitzen berührt. Der einzige Fehler ist vielleicht, gleich im Geist damit zu beginnen.

Das richtige Maß: Extreme meiden oder suchen?

Höhen und Tiefen durchmisst der Gesang, widersprüchliche Bewegungen vereint der Tanz. Aber das ganze Leben ist ein Tanz: Wie sonst sollte die Kunst zu beschreiben sein, eine Balance zwischen Gegensätzen zu finden, erst recht solchen, die extrem auseinander liegen, höchster Grad und tiefster Punkt, und das richtige Maß in allem zu treffen? Zu starke, zu geringe Beanspruchung des Körpers, ausufernde oder ausgedörrte Gefühle, zu viele oder zu wenige Gedanken: Wie schwierig es ist, das Maß zu treffen, erweist sich daran, dass es stets aufs Neue verfehlt wird, wenngleich meist nach wechselnden Seiten hin. In seinen Versuchen, das richtige Maß zu treffen, erinnert das Selbst an einen Betrunkenen, der mal links, mal rechts in den Straßengraben fällt, sich auf diese Weise aber ungefähr in der Mitte der Straße hält. Oder, wie Aristoteles, der Denker des Maßes, nüchtern meint: Es sei unvermeidlich, »gelegentlich nach der Seite des Zuviel, dann nach der des Zuwenig auszubiegen, denn so werden wir am leichtesten die Mitte und das Richtige treffen« (*Nikomachische Ethik*, Buch 2). Im Wanken zwischen »Übermaß« (*hyperbolē*) und »Untermaß« (*élleipsis*), Übertreibung und Untertreibung ist das Maß erst zu finden, das als das angemessene erscheint. Zu keinem Zeitpunkt ist dieser Prozess abgeschlossen, immer bleibt er eine Pendelbewegung, denn das Leben selbst würde sonst am Ende sein. Sinnvoll erscheint, die Extreme nicht zu scheuen, sie gelegentlich sogar aus freien Stücken selbst zu suchen, um der Polarität des Lebens entgegenzukommen. Lüste bieten dafür ein exemplarisches Übungsfeld: sie sich zuweilen zu versagen, nur um sich in Selbstmächtigkeit zu erproben; sie aber nicht stets zu meiden, um nicht der Gefahr, so Aristoteles, der Stumpfsinnigkeit zu unterliegen.

Ein Problem des Lebens in moderner Zeit besteht darin, nicht mehr eingebettet zu sein in ein kulturell vorgegebenes Maß etwa der Lüste des Essens, Trinkens, Liebens. So wird es für das Selbst zur Arbeit, sein Maß zwischen Zuviel und Zuwenig selbst zu finden. Das Maß, um das es in seiner Lebenskunst geht, steht nicht von vornherein fest; es kann, je nach Situation, auch ein Übermaß oder Untermaß damit gemeint sein: Das *Optimum* liegt zuweilen im *Minimum* oder aber im *Maximum*. Die beiden Grundhaltungen, Extreme grundsätzlich zu lieben oder sie zu fliehen, *extremophil*, *extremophob*, sind Optionen der Lebenskunst; allerdings lässt sich die Verausgabung, die das extreme Übermaß liebt, kaum auf Dauer leben – sie bedarf des Atemholens, das eher im Verzicht geschieht. Ebenso wenig lebbar ist wiederum die Leidenschaftslosigkeit, die jedes Übermaß flieht – sie bedarf der gelegentlichen Belebung in einer Aufwallung. Ein *Gleichmaß*, das durch die Zeit hindurch bestehen bliebe, wie dies in der stoischen Philosophie einst erstrebt wurde, ist nur als *Mittelmaß* vorstellbar, das jedoch in Gefahr steht, langweilig zu werden, sofern es überhaupt zu bewahren ist. Verzichtbar ist es dennoch nicht, nämlich als Vorstellung, durch die Über- und Untermaß als solche überhaupt erst messbar werden. Alles aber, was im Über- oder Untermaß betrieben wird, erreicht früher oder später von selbst einen Grad an Sättigung oder Mangel, an dem es in sein Gegenteil umschlägt, und je extremer das Über- oder Untermaß, desto heftiger der Umschlag. Auch das kann ein Grund dafür sein, Extreme zu suchen: Die Verhältnisse zum Umschlag zu bringen. Vom *Übermaß als Heilmittel* spricht Nietzsche (*Menschliches, Allzumenschliches*, »Vermischte Meinungen und Sprüche«, 365) und sieht darin eine mögliche Verfahrensweise der Lebenskunst: »Man kann sich seine eigene Begabung dadurch wieder schmackhaft machen, dass man längere Zeit die entgegengesetzte übermäßig verehrt und genießt. Das Übermaß als Heilmittel zu gebrauchen ist einer der feineren Griffe in der Lebenskunst.«

Ein Grund für den *Kult der Extreme*, wie er im Extremsport gepflegt wird, ist zweifellos die moderne Grundsituation der Befreiung von jedem Maß im Umgang mit sich selbst, das traditionell, konventionell, religiös oder von Natur aus vorgegeben war: In der extremen Erfahrung hofft das Selbst durch Grenzüberschreitung eine Grenze für sich zu finden, auch die Grenze des Todes wieder zu spüren, die dem Leben ein Maß zu geben vermag, in der modernen Kultur jedoch außer Blick geraten ist. Die Sehnsucht nach einem *autonomen* Maß und die immense Sehnsucht, über jedes vorgegebene, *heteronome* Maß hinauszugelangen, wird im Bedürfnis nach Extremen erkennbar; auch eine unstillbare Sehnsucht nach Überschreitung, nach »Transzendenz« wird fühlbar, die sich in der säkularisierten Welt anders nicht zu helfen weiß. Handelt es sich bei diesem Kult der Extreme nicht um »klinische Pathologien«, um »lebensgefährliche Idiotien«? Aber dies als krank oder unmoralisch abzutun, lässt den Anteil moderner Kultur daran außer Betracht und rekurriert auf den Wertekanon vormoderner Verhältnisse, der in der Praxis unwirksam ist. Leid, Unglück, Tod entsteht auf diese Weise?

Aber es entsteht auch auf andere Weise und ist von Grund auf nicht aus der Welt zu schaffen. Mag dies als »Indifferenz« oder »Wertneutralität« erscheinen, aber Extreme liegen nun mal im Rahmen der Wahlmöglichkeiten moderner Menschen, die dafür niemandem Rechenschaft schuldig sind. Problematisch daran erscheint lediglich, eine Maximierung der Lust am extremen Punkt arretieren zu wollen, um sodann extrem darunter zu leiden, dass sich dies als unmöglich erweist. Allein das Gespür für das Maß, das sich aus der Erfahrung des Zuviel und Zuwenig heraus erst entwickelt, verhindert, das Extremsein zur bloßen Sucht werden zu lassen.

Extreme sorgen dafür, über Möglichkeiten der Resonanz auch für ausufernde Schwingungen zu verfügen und die Schwankungsbreite dessen, was als »normales Maß« aufgefasst wird, zu vergrößern. Den Erfahrungen der *Askese und Ekstase* verdankt das Selbst, »gleichermaßen zum Verzicht wie zum Genuss der Dinge fähig« zu sein, wie Marc Aurel (*Selbstbetrachtungen* 1, 16) von Sokrates sagt. Möglich sind dabei interessante Überkreuzungen, wie etwa der *asketische Exzess*: durch die Übung des Verzichts und die Einübung einer Verfeinerung den nachfolgenden Genuss zu vervielfachen. Oder die *exzessive Asketik*: mit dem Verzicht auf vieles und der Reduktion auf eines sich ganz und gar diesem Einen zu widmen und es in höchster Intensität zu erfahren. Statt Widersprüche aufzuheben, werden sie bekräftigt, sodass die Spannung des Lebens erhalten bleibt, die als *Sinn* erfahrbar ist. Die gesamte Spannweite des Lebens in der Erfahrung von Extremen auszuschöpfen, trägt zu einem Glück bei, das die Fülle des Lebens umfasst. Büßt das Selbst seine Möglichkeiten auszuschwingen aber ein, macht sich der Eindruck schmerzlich bemerkbar, das Leben nicht mehr zu spüren; und geradezu zerbrechen kann es, wenn seine schmal gewordene Eigenfrequenz auf ein weites Ausschwingen des Lebens nicht mehr antworten kann. Wer Extreme stets meidet, verringert den Spielraum, innerhalb dessen Körper, Seele und Geist sich bewegen können. Daher rät Montaigne (*Essais* III, 13, »Von der Erfahrung«), Extreme zu suchen und sich nicht ängstlich vor dem Exzess zu hüten; ein junger Mensch solle sogar »öfters über die Stränge

schlagen, sonst wirft ihn die kleinste Ausschweifung um«. Vor
allem der rauschhafte Exzess eignet sich als Paradigma für die
Erfahrung, auf die das Selbst schwerlich verzichten kann, wenn
es darum geht, allzu starr gewordene Gewohnheiten wieder aufzubrechen und noch ein anderes Leben in sich zu entdecken.

Von der Bedeutung des Rausches für die Lebenskunst

Rausch ist das durchbrochene Maß, die Erfahrung des Anderen
inmitten des Einen, das die eingegrenzte Wirklichkeit des
Lebens ist. Je fortgeschrittener die Verfestigung von Wirklichkeit, desto dringlicher das Bedürfnis, aus ihr auszubrechen, um
das »wahre Leben« wieder zu spüren. Der Rausch ist eine Erfahrung der *Befreiung* und eine Art von Regression, der Weg des
Könnens rückwärts: Das Selbst lässt jede *Exzellenz* hinter sich,
überschreitet die Grenzen seiner *Wirklichkeit* und geht »aus sich
heraus«, »über sich hinaus«, zurück auf die Ebene grenzenloser
Möglichkeit. Jede Auflösung einer Form des Lebens, jeder Übergang von einer Form zur anderen öffnet den Freiraum für
rauschhafte Erfahrungen, wie sich stets von neuem in persönlichen wie politischen Situationen des Umbruchs zeigt. Es handelt sich um ein neuerliches Erschließen von Möglichkeiten und
Schwelgen in ihnen; überwältigend ist die Erfahrung der »Ent-
grenzung«, ein Zustand höchster Kreativität, aber das Selbst
kennt dabei die Differenz von Schöpfung und Zerstörung nicht
mehr. Von der wieder gewonnenen ersten Stufe des Könnens
aus werden zuweilen die beiden anderen Könnensstufen zer-
schlagen, um all das, was zu einer eng gewordenen, wenngleich
exzellenten Wirklichkeit geronnen ist, wieder in Möglichkeit
überzuführen: destruktives Potenzial des Rausches. Inmitten der
zerstörten Form triumphiert das Leben in seiner Transformation, unzerstörbar mächtig und lustvoll; der Mensch begreift es
im Rausch.

Dass mit dem Rausch der Raum der Möglichkeiten sich wieder auftut, der Raum der Unbegrenztheit anstelle von Begrenztheit, der Unendlichkeit anstelle von Endlichkeit: Darin liegt
seine Unverzichtbarkeit. Daher ist der Rausch ein verlässliches

Phänomen in der Menschheitsgeschichte: So weit das Auge reicht, torkeln Betrunkene durch sie. Und er ist erfahrbar auf allen Ebenen des Menschseins: körperlich, seelisch, geistig, metaphysisch. Analog zu den Gefühlen ist auch hier keine Armut zu befürchten; vielmehr kündet die reiche *Palette der Möglichkeiten* von der Bedeutsamkeit des Rausches, denn es gibt ihn in Verbindung mit Lust, Schmerz, Zärtlichkeit, Zorn, Hass, Liebe, Sex, Alkohol, Nikotin, Koffein, Drogen, Rhythmus, Lärm, Licht, Tanz, Bewegung, Geschwindigkeit, Ruhe, Meditation, Gespräch, Spiel, Traum, Reflexion, Religion, Schreiben, Lesen, Arbeiten, Kaufen, Höhe, Weite, Nation, Macht, Gewalt, Streit, Harmonie. Wird irgendeine dieser Verbindungen für problematisch gehalten, stehen unproblematisch noch andere bereit. Die problematischen Folgen des Gebrauchs spezifischer Rauschmittel eingrenzen zu wollen, erfordert zwangsläufig, für ausreichenden Ersatz sorgen zu müssen. Und keineswegs ist der Rausch nur ein »übersteigerter Gefühlszustand aufgrund erregender Erlebnisse«; er ist nicht nur »affektvermittelt«, sondern wird auch durch den gezielten Verzicht auf Affekte möglich.

Alles wird möglich im Rausch, vor allem aber, *sich zu vergessen*, nicht mehr zu wissen, »wer ich bin«; und selbst andere bekunden, das Selbst »nicht wieder zu erkennen«. Was immer vordergründig als Motiv für den Rausch behauptet wird: Aufheiterung, Ablenkung, Genuss, Vergessen, Gemeinschaftserfahrung – hintergründig geht es um die Auflösung der Form des Selbst im temporären Selbstverlust oder in der Leidenschaft der Selbstzerstörung, immer auf der Suche nach einem Anderen in sich selbst. Das Hervorbrechen dieses Anderen und Fremden, das ist *Dionysos*, der wandelnde Widerspruch zu *Apollo*, dem Lichtgott, der Formen und somit Grenzen aufscheinen lässt. Um jeder Begrenzung wieder zu entkommen, erhebt etwas im Selbst Anspruch auf das »Anderssein« und macht geradezu ein Recht auf Rausch geltend, ohne den das Leben öde zu bleiben droht. Die dionysische Erfahrung wird sodann zur Erholung von der Begrenztheit, die es bedeutet, ein Selbst zu sein. Vorgestelltes und gegebenes Ich befreien sich von sich, um das »wahre Selbst« zu erfahren, das Selbst der Möglichkeit, der »Potenz« im Wortsinne; daher das

Gefühl unendlicher Kraft und Macht im Rausch und die Merkwürdigkeit der Selbsterfahrung, außer sich ganz bei sich zu sein.
Grenzen der Wirklichkeit verschwinden, die Differenz von Subjekt und Objekt wird aufgehoben und das Einssein mit anderen,
ja mit allen und allem wird möglich. Dass sich in der trunkenen
Rede und im tobenden Denken alles mit allem verknüpfen lässt,
macht den Rausch zur äußersten Erfahrung von *Sinn*, wild und
unbeherrscht; lediglich Außenstehenden erscheinen die kühnen
Aneinanderreihungen von Sätzen, die ungeahnten Perspektiven
und anderen Wirklichkeiten mitunter sinnlos. Das berauschte
Selbst aber unterliegt einer anderen Erfahrung von *Zeit*, ja sogar
ihrer völligen Auflösung, und einer anderen Erfahrung von
Raum, der sich wölbt, verdoppelt und schließlich zersplittert; befreit von allen Bindungen der konventionellen Welt kann es endlich offen sprechen und »die Wahrheit sagen«.

Insofern das Selbst notwendigerweise *Möglichkeiten* braucht,
nicht nur um sie zu realisieren, sondern auch um Weite in ihnen
zu fühlen, ist der Rausch unverzichtbar: In der Erneuerung und
Erweiterung des eng gewordenen Lebens liegt seine Bedeutung
für die Lebenskunst. Die Dionysien der antiken Kultur erkann-
ten dies als grundlegendes Element des Lebens an. Insofern Leben aber nur in *Wirklichkeit* lebbar ist, ansonsten nicht lebbar ist,
muss der Rausch auch wieder ein Ende haben: In der erneuten
Verfestigung des Lebens besteht die apollinische Formgebung
des Rausches. Da es schwer fällt, ihm Grenzen zu setzen und sein
Übermaß wieder einzudämmen, sorgt im Zweifelsfall die Er-
nüchterung des Lebens selbst dafür; die Frage ist nur, ob dies
akzeptiert oder ob sofort der nächste »Kick« gesucht wird: Diese
Wahl hat allein das Selbst zu treffen, fatalerweise auch dann, wenn
es dazu kaum in der Lage ist. Das Selbst allein muss den Exzess
auch aushalten, will es nicht in ihm untergehen. Exzesse sind
Verausgabungen, die energetisch aufwändig sind; soll das Leben
nicht eine einzige Verausgabung sein, müssen die Energien wieder gewonnen werden: Das ist der Sinn der Ausnüchterung, die
ihrerseits zum Rausch der Nüchternheit führen kann. Daran,
dass die Wirklichkeit des Selbst und des Lebens immer nur eine
begrenzte ist, kann der Rausch nichts ändern. Der Versuch aber,

ihn grenzenlos haben zu wollen und mit allen verfügbaren Mitteln auf Dauer zu stellen, hat Konsequenzen für die Form des Selbst und seines Lebens.

Sucht und süchtig sein: Die ruinöse Lebensform

Jedem möglichen Rausch entspricht ein zugehöriges Phänomen der Sucht. Sucht hat mit Sehnsucht zu tun: Sehnsucht nach einem Leben ausschließlich auf der Ebene der Möglichkeit, nach Arretierung des Könnens auf der ersten Stufe. Die permanente Suche nach dem Anderen wird schließlich zur Sucht, und sie erfasst den gesamten Menschen: Der *Körper* gewöhnt sich an die berauschenden Stoffe und kann sie nicht mehr entbehren; die *Seele* will nur noch die lustvollen Gefühle genießen, die sie für Glück hält; und der *Geist* vermag keinen anderen Gedanken mehr zu denken als den, wie das Leben der Möglichkeit noch aufrechtzuerhalten, die Wirklichkeit und ihr begrenztes Maß aber zu vermeiden ist. Die natürliche Mäßigung der Lusterfahrung durch gelegentliche Unlust wird auszuschalten versucht, an ihre Stelle tritt die Steigerung der Lust, die einen immer höheren Einsatz erfordert. Die Sucht ist dann die erschöpfende Maßlosigkeit, die zum »Siechtum« führt. Sie wird zu einer Macht im Selbst, die sich der Macht der Reflexion entzieht und eigenständig zu operieren beginnt. *Abgründe* des Selbst, auch anderer, des Lebens, der Welt lernen Menschen in solcher Situation mehr als andere kennen. In höherem Maße sind sie konfrontiert mit den Möglichkeiten und Unmöglichkeiten des Lebens; mit der Brüchigkeit von Werten und der Relativität all dessen, was für fest gehalten wird; mit einer Sinnlosigkeit von Leben und Welt, mit Leid und Tod, die im »normalen« Leben keine Rolle zu spielen scheinen; mit der Erfahrung des Nichts, das aus dem Zerbrechen aller Bindungen und Beziehungen resultiert. Die entstehende Abhängigkeit lässt sich als Herstellung einer starken Bindung verstehen, die *Sinn* vermittelt und fortan nicht mehr entbehrt werden kann. Sie ist im »Psychischen«, im Seelischen und Geistigen verankert und nur mit größter Mühe wieder zu lösen, während der unmittelbare körperliche »Entzug« nur wenige Tage in Anspruch nimmt.

Sucht gibt es wahrscheinlich in allen Kulturen, aber nicht in allen im selben Maße, auf dieselbe Weise und mit derselben Funktion. In der *Moderne* sind Süchtige oft die Romantiker einer vormodernen Welt, die der Welt der Moderne wie Fremde gegenüberstehen. Kann es möglich sein, an der Grundstruktur der Moderne irre zu werden, ohne von ihr überhaupt etwas zu wissen? Ein *Freiheitsproblem* ist die Sucht, insofern sie sich vorzugsweise im Zustand des »Befreitseins« entfaltet. Da in der Moderne nicht mehr klar ist, wie zu leben ist, werden Lebensfragen akut, die Süchtige in ihrer Sensibilität nachdrücklicher als andere stellen. Das Leben zu fühlen und darüber nachzudenken, geschieht schon im Vorfeld der Sucht intensiver als gewöhnlich. Die Sehnsucht nach Tiefe, nach Intensität ist ein Grund der Sucht, die in der Moderne ihre eigene, nicht sehr gut verstandene Geschichte hat (Claudia Wiesemann, *Die heimliche Krankheit. Eine Geschichte des Suchtbegriffs*, 2000). Mehr als andere fragen die Süchtigen nach dem Eigentlichen der Existenz, nach dem wahren Leben. Kompromissloser als anderen geht es ihnen um Glück und Sinn, und unbedingt erfahren sie Glück und Sinn in ihrer Sucht, wenn auch immer aufs Neue begrenzt, was ihrer romantischen Sehnsucht nach Unbegrenztheit widerspricht. Extreme Ansprüche ans Glück und an die Intaktheit der Verhältnisse, an eine heile, unversehrte Welt ziehen extreme Ängste nach sich, und ein Maß lässt sich weder für die Ansprüche noch für die Ängste finden. Unbedingter als andere zweifeln Süchtige an allem bis zur völligen Verzweiflung. Eine Voraussetzung des Umgangs mit dem Phänomen der Sucht besteht darin, ihre existenziellen Erfahrungen ernst zu nehmen, statt sie an der Norm einer vorgeblichen »Gesundheit« zu messen und vorschnell zu pathologisieren. Therapeutische Bemühungen können scheitern, wenn sie die existenzielle Unruhe eines Menschen zur »Krankheit« erklären, die keinen anderen Weg als den der Heilung mehr offen zu lassen scheint. Wird einem Menschen so sein Eigenstes genommen, wird er möglicherweise eher die Selbsttötung vorziehen, als sich »heilen« zu lassen.

Soweit es um die *Frage nach Glück und Sinn* geht, entfernen sich Süchtige keineswegs von kulturell vorgegebenen Vorstellungen, verfolgen sie nur ungleich entschiedener. Da in der modernen Kultur diese Vorstellungen mit allen nur denkbaren »positiven« Bestimmungen aufgeladen sind, versuchen sie sich an deren Realisierung, wenngleich mit einer Konsequenz, die an Aggressivität grenzt. Angenehm und lustvoll, voller Sinn, ohne irgendwelchen Schmerz soll das Leben sein, und zwar dauerhaft, ohne »Auszeit«. Da die Brüche, die dennoch geschehen, nicht der Vorstellung von Glück entsprechen, muss mit künstlichen Mitteln nachgeholfen werden. Da die Wirkung der Mittel schnell nachlässt, muss die Dosis gesteigert werden. Ebenso geht es darum, mit aller Macht nach *Sinn* zu streben, der in der modernen Kultur nicht mehr offen zutage liegt. Da die Arbeit, dem Leben durch eigene Deutung und Interpretation Sinn zu geben, nie erlernt wurde oder aber ausgesetzt worden ist, wird an ihre Stelle der Sinn gesetzt, den die Sucht vermittelt. Insofern Sinn darin besteht, Beziehungen zwischen unzusammenhängenden Bestandteilen und auseinander strebenden Erfahrungen des Lebens zu knüpfen, wird allerdings ein fataler Sinn daraus, sobald einer Sucht die Sinnstiftung zugestanden wird, die letztlich jeglichen Zusammenhang auflöst. Die große Frage aller Sinnstiftung, wie eine Beziehung zur *Unendlichkeit* über die Begrenztheit der Endlichkeit hinaus zu finden sei, wird nur im Rauschzustand beantwortet und kann außerhalb dieses Zustandes das Selbst in keiner Weise befriedigen, nur weiter beunruhigen.

Grundsätzlich ist Süchtigsein eine mögliche Lebensform, eine ungewöhnliche, aber zweifellos mögliche Variante der Lebenskunst: das eigene Leben ruinieren zu können. Es kann in der Sucht ernsthaft darum gehen, das begrenzte Leben *unmöglich* zu machen. Dies anzuerkennen, ermöglicht erst die Erörterung von Gründen, die dafür sprechen könnten, es auch *möglich* zu machen. Grundlegend dafür ist jedoch die Wahl, als deren implizite Form bereits die Sucht selbst gelten muss. Alkohol, Nikotin, Kokain: Eine aktive Wahl, süchtig zu werden, wird zwar selten getroffen, und die *passive Wahl*, das Hineingleiten in die Sucht geschehen zu lassen, ist meist als solche nicht bewusst, also implizit. Das ändert jedoch nichts an den Konsequenzen und daran, dass diese primär vom Selbst zu tragen sind, mögen andere auch mit betroffen sein. Um der Lebenskunst als bewusster Lebensführung willen bedürfte es noch einer *bewusst*, also explizit getroffenen Wahl, die ausschließen könnte, dass unerwünscht und wider Willen etwas geschieht, dessen Konsequenzen das Selbst nicht zu tragen vermag. Dazu zählen übergroße Schmerzen, die es sich selbst, aber auch anderen im Verlauf der Sucht zufügt; erst recht der Verlust der Selbstachtung, der damit verbunden sein kann, über sich selbst nicht mehr verfügen zu können.

Wird die Wahl getroffen, das Leben trotz all seiner Begrenztheit möglich zu machen, steht die wirkliche *Lebbarkeit* in Frage. Sie könnte die existenzielle Erfahrung der Sucht bewahren, die wertvoll ist, da das gewöhnlich an der Oberfläche gelebte Leben dadurch an Tiefe gewinnt. Sie müsste nicht auf eine Negation der gemachten Erfahrungen zielen und auch nicht unbedingt darauf, die Sucht »loszuwerden«, sondern sie nicht ruinös werden zu lassen; dazu aber ist es erforderlich, eine Oberfläche herzustellen, die die Tiefe zu leben erlaubt, erneut die Aufgabe einer pragmatischen Romantik. Eine neuerliche *Einrichtung des Lebens* in all seiner alltäglichen Banalität und widersprüchlichen Polarität trägt dem Rechnung. Soll es um eine Entwöhnung von der Sucht gehen, ist ein entscheidendes Problem die Entwöhnung von der jeweiligen Gewohnheit, denn die Sucht war der Versuch, eine starke Bindung durch Gewöhnung, und sei sie ruinös, herzustellen. Da Gewohnheiten wesentlich fürs Leben sind, kommt es darauf an, sie neu und anders ins Werk zu setzen. Grundlegend für alle Lebbarkeit ist jedoch die *Übernahme der Selbstsorge*, denn auch die Fürsorge anderer wird nur in dem Maße frei, in dem die Selbstsorge spürbar ist. Einfache Übungen der körperlichen Asketik stärken die Selbstmächtigkeit und führen zu einer Festigung des Selbst, um das frei flottierende »Fremde« im Selbst, das Macht für sich allein beansprucht, auf definierte Weise ins Selbst einzugliedern: So kann es gelingen, mit der Selbstformung eine Form der Freiheit zu begründen und Selbstbefreundung zu erreichen, statt im Zustand des Befreitseins von allen Bindungen zu verharren und die Bindung an die Sucht allein zu bewahren. Vor allem aber bedarf die Lebbarkeit einer

Orientierung am Schönen: Ausgehend davon, dass der Süchtige das Schöne, Bejahenswerte umstandslos mit dem Objekt seines Begehrens identifiziert, kommt es darauf an, mit ihm vom unreflektierten Alltagsbegriff zum Reflexionsbegriff des Schönen zu gelangen und die gesamte Fülle des möglichen Schönen zu erschließen; über die schönen Lüste der Sucht hinaus auch andere Lüste bereitzustellen und das Selbst zugleich auf die Situation der Unlust vorzubereiten, die der Erholung der Lüste von sich selbst dient. Um schließlich den Gedanken zu denken, dass zum Schönen Schmerzliches gehören kann, und dass dies auch für den metaphysischen Schmerz gilt, der die Endlichkeit des Menschseins berührt; dass letzten Endes ein *Darüberhinaus*, das in der Moderne so schmerzlich vermisst wird, eine Frage des eigenen Fühlens und Denkens ist. Das Gefühl der Einsamkeit, das dann noch bleibt, gewinnt eine andere Qualität, auch unabhängig von jeder Sucht.

Vom Recht, mit sich allein zu sein. Einsamkeit als Lebenskunst

Einsamkeit hat zwei Gesichter. In der Moderne resultieren beide aus der Freiheit, die als Befreiung verstanden wird, Einsamkeit aufgrund von Freiheit, aber auf unterschiedliche Weise: Als *ungewolltes Alleinsein*, das im selben Maße um sich greift, in dem die Befreiung sich ihrem Kulminationspunkt nähert, der das völlige Freisein voneinander, die Auflösung sämtlicher Bindungen zwischen Menschen bedeutet – endlich frei, und daher einsam. Als *gewolltes Alleinsein*, das sich auf andere Weise der Errungenschaft verdankt, »Beziehungszwängen« nicht mehr zu unterliegen und sich zumindest zeitweilig davon frei machen zu können – endlich einsam, und daher frei. Lebenskunst zielt auf die Freiheit der gewählten Einsamkeit, die anders als das ungewollte Alleinsein den erhofften Rückzug auf sich und ein Wiederfinden des Selbst in sich birgt, mit einem Gefühl der Geborgenheit, das der Ungeborgenheit der Vereinsamung widerspricht. Die Einsamkeit als Lebenskunst zu verstehen heißt jedoch auch, Sorge dafür zu tragen, nicht unbemerkt vom gewollten ins ungewollte Alleinsein abzugleiten, damit, was das Selbst sich ursprünglich ersehnte, nicht unverhofft zu einer schrecklichen Erfahrung wird: vom Glück zum Elend der Einsamkeit.

Dass jedes Selbst ein *Recht auf Alleinsein* geltend machen kann, ist eine Errungenschaft der Moderne, während es in vor- und nichtmodernen Kulturen räumlich schwierig und gesellschaftlich wenig opportun ist, mit sich allein zu sein. Die Festschreibung des Rechts kam zustande, weil Individuen sich wechselseitig diesen Freiraum zugestehen wollten; daher der juridische Schutz der Privatsphäre, um keinen Übergriff anderer auf diesen Raum befürchten zu müssen, wenn es aber doch dazu kommt, dessen Schutz einklagen zu können. Gleichwohl ist umstritten, ob der »Rückzug in die Nische des Privaten« statthaft ist, denn ein »Verlust des Politischen« als Folge der gewählten Einsamkeit wird befürchtet. Zur *Norm* kann das Politischsein aber nicht werden; wird es ultimativ eingefordert, droht ein Terror des Politischen. Abgesehen davon, dass der Rückzug in jedem Fall eine *Option* für diejenigen ist, die eben nicht im expliziten Sinne »politisch« sein wollen, kann er auch geboten sein: Denn nur in der Nische lassen sich die Kräfte schöpfen, die es ermöglichen, wieder in den gesellschaftlichen und politischen Raum »hinauszugehen«. Sich zurückziehen zu können, nicht immer »dabei sein« zu müssen, ist daher eine veritable Option der Lebenskunst; daraus folgt eine vorsätzliche Arbeit an der Nische, deren Ausgestaltung für die Möglichkeit des Rückzugs, räumlich und zeitlich, mit Liebe und Hingabe. Vor allem mit Gewohnheiten ist die Nische auszustaffieren, um diejenige Falte im Gewebe der Welt zu finden und zu bilden, in der das Selbst für einen Moment oder auch für längere Zeit verschwinden kann.

In der Privatsphäre kann sich die seelische Sorge des Selbst entfalten, in ihr vermag es für die Sphäre zu sorgen, die seinen Seelenraum prägt. Während im Zusammensein mit anderen die Seele verausgabt wird, sammelt sie sich im Alleinsein des Selbst mit sich. Um ein Alleinsein handelt es sich dabei lediglich in Relation zu anderen, in der Relation des Selbst zu sich ist die Zeit der Einsamkeit jedoch eine des geselligen Beisammenseins mit sich. Als solches kann es, analog zum Zusammensein mit anderen, freilich extrem gegensätzliche Gestalt annehmen: Selbstfreundschaft wie auch Selbstfeindschaft. Welche *Kämpfe* ein Selbst mit sich auch im gewollten Alleinsein auszutragen hat, erfuhr bereits Antonius, aufgezeichnet von Athanasius in den *Versuchungen des heiligen Antonius* und seither in endloser Folge nacherlebt und nacherzählt. Etwa 275 n. Chr. zog der Begründer des abendländischen Mönchtums sich in die ägyptische Wüste zurück und gelangte in absoluter Einsamkeit zur vollkommenen Herrschaft über seine Triebe und Begierden. Welche *Befreundung* hingegen mit sich möglich ist, erzählt auf nicht minder eindrucksvolle Weise Michel de Montaigne in seinen *Essais*, die er zu schreiben begann, nachdem er sich am 28. Februar 1571 mit Vollendung des 38. Lebensjahres von den politischen Geschäften in einen Turm seines Schlosses zurückgezogen hatte, um sich fortan nur noch sich selbst zu widmen: Jeder kleinen Regung in sich lässt er ihr Recht widerfahren und findet so zu einer Selbstmächtigkeit, die ein ausdrücklicher Verzicht auf Herrschaft über sich ist. Einen eigenen Essay (I, 39) widmet er allein der Einsamkeit: »Hier müssen wir unser tägliches Gespräch mit uns selbst führen«.

In der Einsamkeit entsteht das Werk des Lebens. Daher begibt Nietzsche sich 1885 in die »vollständige Einsamkeit«, von der seine Briefe in diesem Jahr künden: nicht etwa fern von aller Welt, sondern mitten in der Stadt Nizza. Er, der Denker der Einsamkeit schlechthin, in höchstem Maße jedoch auch ihr Praktikant, erfährt die gesamte *Widersprüchlichkeit der Einsamkeit* in moderner Zeit, ihren »Abgrund«, der sich nun auftut. Endlich will er sich vollkommen befreien, nicht nur von aller Gesellschaft, sondern auch von einem gewissen Herrn Professor Nietzsche: »Zum Teufel auch! Was geht mich dieser Herr an!« Nietzsche, der kein Herr mehr sein will, hat keinen festen Ort in der Welt, er lebt nicht in der Zeit, er verkehrt mit niemandem mehr und nur noch zwangsläufig mit sich: So führt die Einsamkeit, die er sich ersehnte, allerdings zu einer unerträglichen Form der Existenz. Die gesamte Skala zwischen willentlicher und unwillentlicher, zeitweiliger und vollständiger, beglückender und entsetzlicher Einsamkeit misst er aus. Was er dieser Zeit trotz allem verdankt, ist der Blick von außen, den er gewinnt, die Fähigkeit, das gesamte

Leben, auch das eigene, von sehr ferne zu sehen: Frei zu werden von allem und schließlich auch von sich, wird zum Signum der »freien Geister«. In dieser Zeit entsteht sein Werk *Jenseits von Gut und Böse. Vorspiel einer Philosophie der Zukunft* (1886), mit dem er die »Freunde der *Einsamkeit*« anspricht, über die bloße Befreiung von allem hinaus noch einen Schritt weiter zu gehen zur Formgebung der Freiheit, »zu einer eigenen Gesetzgebung«, denn die ist das Werk derer, die »nicht bloß freie Geister« sind, sondern zu »Artisten des Lebens« werden; die »letzten Stoiker«. Sie erträumt Nietzsche sich als Weggefährten, denn »im Grunde«, so bekennt er am Ende des Jahres der Einsamkeit 1885, »bin ich ganz und gar nicht für Einsamkeit gemacht«.

Kunst der Stille, Formen des Schweigens

Die Tür hinter sich zu schließen. Endlich allein mit sich zu sein. Vielleicht sind andere noch im Raum, aber jeder ist allein mit sich. Die Geräusche von draußen dringen wie durch einen Filter herein. Das Pochen hinter der Stirn beruhigt sich allmählich. Jedes Detail am Selbst und seiner Umgebung wird nun aufmerksam wahrgenommen. Das linke Augenlid zuckt. Eine Glocke schlägt, aber die Weite, die sich in der Stille auftut, relativiert alle Zeit, auch die Zeit der eigenen Endlichkeit. Der Blick öffnet sich über den Tag und das eigene Leben hinaus. Unsagbar, ob dies Realität ist oder Imagination, aber das ist wohl auch nicht wichtig, wichtig ist allein, dass es erfahrbar ist. Meditieren, still werden, »in sich gehen«, ein stummes Gespräch mit sich selbst führen, hören, was in sich und darum herum vor sich geht: Im Schweigen ist die Seele ganz bei sich, sammelt ihre Gefühle und Worte, ohne sie schon im Diskurs zu zerstreuen. Im Schweigen lernt sie, was Sprechen ist und was sie selbst sagen will; daher die philosophische Übung des Schweigens (*siopê*) schon in der Schule des Pythagoras im 6./5. Jahrhundert v. Chr. – Die leiseren Stimmen im Selbst beginnen nun zu sprechen, die sich lange zurückgehalten haben oder nicht gehört worden sind, während andere Stimmen« schreiend ihr alltägliches Geschäft erledigten. Nichts scheint schwerer zu sein als zu schweigen, nichts lustvoller als sich zu äußern. Aber »nichts ist groß, das nicht zugleich auch still wäre«, meinte Seneca (*Vom Zorn*, I, 21). Um ihre kleine Begrenztheit wissen die lauten Stimmen insgeheim selbst: Das ist der Grund für ihre Lautstärke. Die leiseren Stimmen dagegen sind liiert mit der unendlichen Weite, die ohne diese Stunden der Stille bitter zu entbehren wäre. Das ist die Kunst der Stille: ihr Raum zu geben, ihn aufzusuchen, ihn selbst herzustellen – durch Schweigen. Einen umfassenderen Grund wieder fühlbar zu machen, darin liegt das Glück der Stille; das Selbst muss sie nur gewähren lassen für einen Moment.

Wenn sie zu plötzlich kommt, stürzt die Stille auf das Selbst herab wie ein Meteorit und bringt es augenblicklich zur Explosion. Bruchstückweise fliegen ihm die inneren Stimmen um die Ohren: Alle schreien wild durcheinander, und im ohrenbetäubenden Lärm ist nichts mehr zu hören. Ganze Galaxien von Gedanken beginnen sich im Kopf zu drehen, und das Selbst weiß nicht mehr, was es ist und wer es war. Es kann froh sein, wenn es überlebt und seine Sprache wieder findet, um über diese Erfahrung zu sprechen – und vor dem nächsten Problem zu stehen: Wer über das Schweigen sprechen will, muss es brechen; Grundproblem jeder Rede über das Schweigen. Was im Schweigen im schwebenden Status der *Möglichkeit* bleibt, muss sich im definierten Status wirklicher Sprache in die *Begrenztheit* fügen. Die Sprache ist nicht in der Lage, die Fülle dessen zu tragen, was im Schweigen präsent ist; das Selbst weiß es in dem Moment, in dem es spricht, und es kennt die Gründe dafür, die nicht veränderbar sind: Die Sprache ist ein Kind der Zeit, oder sie stellt die Zeit als eine Aufeinanderfolge von Momenten erst her. Jedes Wort ist ein Moment, und jedes gesprochene Wort ist schon Vergangenheit, wenn es die Sehnsucht nach einer neuen Gegenwart weckt. Im Schweigen aber scheint die Zeit stillzustehen. Es bewahrt »den Sinn«, die Fülle der Bezüge und Zusammenhänge, und legt sie nicht auseinander wie die Sprache, schon gar nicht in der Struktur der Sukzession, erst recht nicht mithilfe von Regeln der Syntax; vielmehr bleiben sie komprimiert in ihrer Intensität, undifferenziert in ihrer Komplexität, ohne Einschränkung und Verlust: Aus diesem Grund schweigen so gerne die Liebenden, und derselbe Grund erschwert so sehr die »Beziehungsgespräche«, die auf der Suche nach der verlorenen Liebe sind.

Aber es ist ein altes Vorurteil, dass das *Schweigen* der Gegensatz zum *Sprechen* sei: Das Sprechen selbst wird vielmehr von einem Schweigen durchherrscht, von all dem, was es nicht sagt, während es doch spricht; hinter vielen Worten hält sich das Ungesagte listig verborgen. So interessant wie die Gründe, die genannt werden, sind andere, die im selben Atemzug verschwiegen werden. Das Schweigen wiederum kann sehr vielsagend sein, es kann »mehr sagen als tausend Worte«. »Hier ruht der, der alles gesagt hat und der doch niemals sprach«, lautet die Inschrift auf dem Grab von Jean Gaspard Deburau (Jan Kaspar Dvorjak, 1796-1846), dem größten aller Pierrots, auf dem Friedhof Père Lachaise in Paris. Keineswegs werden im Schweigen die Grenzen der Kommunikation erreicht, vielmehr werden sie überschritten: Im Schweigen, und vielleicht erst wirklich in ihm, lässt sich mit anderen kommunizieren, denn es schafft den offenen Raum, der nicht von einem Einzelnen und seiner Rede allein, auch nicht nur von einer Sprache und der Gebundenheit an ihre Laute besetzt ist. Ebenso kann Schweigen jedoch ein *Anschweigen* sein, ein feindseliges Schweigen, oder ein *Verschweigen*, ein Verbergen der wahren Verhältnisse, ein Verdrängen des Vergehens und Verbrechens im Schweigen darüber. Der, dem etwas verschwiegen wird, wird damit auf seine Unterlegenheit verwiesen. Das Schweigen kann verunsichern und Furcht entstehen lassen. Die Erfindung der kritischen Öffentlichkeit ist eine Antwort darauf: Sie versucht zur Sprache zu bringen, was gerne verschwiegen worden wäre, und sie kann verhindern, dass diejenigen, die über das Schweigen gebieten, in aller Heimlichkeit tun, was ihnen beliebt. Das Schweigen lässt sich brechen, indem das Wort ergriffen wird.

Lebenskunst heißt, über die *Optionen* des Sprechens wie des Schweigens zu verfügen. Herrscht das Reden alleine, geraten diejenigen ins Abseits, die das Schweigen vorziehen: Wer sich nicht artikuliert, existiert nicht. Stets alles zu sagen, beweist nur eine Geschwätzigkeit, die nicht an sich halten kann: Vertrauenswürdig erscheint, wer auch zu schweigen weiß, und diejenigen, die sich schweigend verstehen, wissen um ihre Zusammengehörigkeit. Nur das Selbst kann sich um das richtige Maß des Rückzugs in die Stille und das genau bemessene Maß des Schweigens bemühen. Unter den vielfältigen *Formen des Schweigens* trifft es seine Wahl, wann, wie lange, worüber, gegenüber wem, in welcher Situation, mit welcher Intensität geschwiegen werden soll. Ein Schweigen in seinem Inneren ist das *existenzielle* Schweigen, in dem es das Eigenste seiner Existenz bewahrt und »für sich behält«. Einen Kontrast dazu bildet das *ephemere*, beiläufige und vorübergehende Schweigen ohne besonderen Grund. Anderen zugewandt oder aber gegen sie gerichtet, in jedem Fall absichtsvoll ist das *intentionale* Schweigen, das ein Schweigen des Wohlwollens oder eines der Ignoranz sein kann. Ganz anders das *enigmatische* Schweigen, das rätselhaft bleibt, da nicht klar ist, ob es überhaupt etwas sagt, und, wenn ja, was. Möglich ist ein *erotisches* Schweigen, das die Lust eines Augenblicks, den Genuss eines Anblicks auskostet und mit keinem Wort zerstört. Das Schweigen kann jedoch auch aus dem Schmerz kommen: ein *doloröses* Schweigen, das sich den Kraftaufwand eines Wortes nicht mehr leisten kann, oder kein Wort mehr findet für das, was erfahren worden ist. Oder das *resignative* Schweigen: zu glauben, es habe keinen Sinn mehr zu sprechen, und daher den Diskurs zu verweigern. Und es kann ein *finales* Schweigen sein: nichts mehr zu sagen, alles für sich zu behalten und schweigend aus der Welt zu gehen.

Schweigen ist ein Einsatz im Spiel der *Macht*, wenn es dem Selbst abverlangt wird, jedoch auch, wenn es dem Zugriff anderer entgegengesetzt wird. Da ist einerseits das oktroyierte, *heteronome* Schweigen, das keine Form, sondern Norm ist: nicht sprechen zu dürfen, subtiler noch: von anderem sprechen zu müssen. Es gibt das Schweigen derer, die aus den Vernichtungslagern kamen und nichts von dem sagen konnten, was sie erleben mussten; auch das Schweigen derer, die von den Lagern wussten und dennoch nichts sagten – aber töten kann auch ein Totschweigen. Andererseits das *autonome* Schweigen, das sich keiner äußeren Macht fügt, sondern Selbstmächtigkeit ist, die sich gegen die Zumutung wendet, zum Reden gebracht zu werden: »Die Verschwiegenheit entspringt aus einer mächtigen Selbstbeherrschung, und sich in diesem Stücke zu überwinden ist ein wahrer Triumph«, meinte Gracián; die Fähigkeit dazu zu vernachlässigen, hielt er nicht für ratsam: »So vielen man sich entdeckt, so vielen macht man sich zinsbar« (*Handorakel*, Aphorismus 179). Das Schweigen, das als Schutz dient, ist das *murale* Schweigen, das geradezu eine Mauer errichten kann, eine »Mauer des Schweigens«, allerdings nicht nur autonom, sondern auch heteronom. Die Schwelle eines herrschenden Schweigens ist nur mit größter Mühe zu überwinden, etwa bei einem Gespräch, das zum Stillstand gekommen ist, oder in einer Gesellschaft, die über etwas nicht spricht. Das *absolute* Schweigen aber, nach dem manche sich sehnen, existiert nicht. Denkbar wäre es nur als »Schwarzes Loch«, in dem das Gesagte wie auch das Sagbare verschwindet. Selbst dann, wenn es real wäre, könnte niemand etwas davon wissen, und wer jemals an seinem Abgrund gestanden hätte, könnte darüber nicht sprechen. So gibt es nur ein relatives Schweigen, inmitten des Sprechens, inmitten des Lärms. Und ein *ontologisches* Schweigen, in dem die Dinge und die Welt zu verharren scheinen und allen Versuchen, sie zum Sprechen zu bringen, mit Gleichgültigkeit begegnen. In der Kunst des Lachens und des Lächelns empfindet die Seele gelegentlich ihre Komplizenschaft damit.

Kunst des Lachens und des Lächelns

Was ist das Lachen? Das ist schwer zu sagen, es entzieht sich konsequent dem Zugriff der Reflexion. In der modernen Neurobiologie wird es als »subkortikales« Phänomen verdächtigt, das heißt als etwas, das der primitiven, irrationalen Instinktschicht entstammt. Irgendwo kocht es schon unter der Oberfläche und explodiert plötzlich wie ein Vulkan. Seismographische Messungen nehmen vielleicht im Voraus schon ein leichtes Beben wahr, aber sichere Voraussagen kann man nicht machen. Mit einem Mal bricht es hervor, mit oder ohne Grund. Es zeichnet eine Struktur von Linien ins Gesicht, die vorher nicht zu sehen waren, die sich aber mit der Zeit festsetzen und einen Menschen charakterisieren wie sonst nur seine Unterschrift. Die wohlgestaltete, ebenmäßige Symmetrie des Gesichts wird bis zum Äußersten gespannt, und schließlich zerreißt sie; der Mund, der doch immer die nuanciertesten Laute von sich gibt und ein Ort des Ausdrucks und der Bedeutung ist – dieser Mund öffnet sich weit und entlässt ein einziges schallendes, rhythmisch wiederholtes Geräusch, völlig disproportioniert und irregulär: Das Lachen weiß selten das rechte Maß zu wahren, es ist *per se* ein Exzess. Der Weg, den es nimmt, ist unvorhersehbar: es kann sogar kehrtmachen und sich gegen den Lachenden selbst wenden, etwa wenn es »im Halse stecken bleibt«. Das Subjekt verformt sich bis zur Unkenntlichkeit, mit ernsten Folgen für seine Verfassung, denn es »platzt vor Lachen«. Es ist eine Krankheit, man »lacht sich krank«, ja es ist fast so etwas wie eine Epilepsie: Man »schüttelt sich vor Lachen«. Der Krampf, der von verwunderten und entsetzten Beobachtern schon oft beschrieben worden ist, verzerrt nicht nur die Gesichtszüge zu Grimassen, sondern befällt auch die Gehirnwindungen und schlingt sie auf heillose Art und Weise ineinander. So viel zur pathologischen Bestandsaufnahme.

Eine Theorie des Lachens gibt es nicht und hat es nie gegeben, und das ist wohl auch gut so: Wäre es zu definieren, würde es festgeschrieben und ließe sich kaum mehr freisetzen. Das Wesentliche am Lachen aber ist seine Praxis, und seine Erörterung dient lediglich der verbesserten Ausübung. Es als Kunst aufzufassen heißt, an seinem *Können* zu arbeiten: Möglichkeiten dazu zu erschließen, einige davon Wirklichkeit werden zu lassen, und diese Wirklichkeit immer weiter zu verfeinern. Die Kunst entsteht am Schnittpunkt zwischen Praxis und ihrer Reflexion, und durch beständige Einübung geht das Lachen in Fleisch und Blut über. Was mit der Kindheit verloren worden ist, lässt sich so mit einiger Anstrengung wieder gewinnen. »Eine ernste Kunst ist Lachen«, war Nietzsche überzeugt (Nachlassfragment vom Frühjahr 1882), und er bemühte sich selbst um sie sehr ernsthaft: Versuchsweise lachte er mithilfe eines Mittels aus Java, das er von einem alten Holländer 1884 in Sils-Maria erhielt. Seine Schwester berichtet, dass er sich, als er mal ein paar Tropfen zu viel davon nahm, plötzlich auf den Boden habe hinwerfen müssen, da die Erheiterung in eine Art Lachkrampf ausgeartet sei. Ohne jede pharmakologische Unterstützung bestünde die Kunst des Lachens eher darin, die Anlässe ein wenig zu suchen, die Schwelle etwas abzusenken oder sie mit nuancierten Abstufungen in subtiler Weise so einzurichten, dass, wenn der Augenblick da ist, eine ganze Skala des Lachens sich entfalten kann. Die Kunst könnte auch darin bestehen, diese Schwelle sehr hoch anzusetzen, um nicht bei kleinsten Anlässen schon loszuprusten: Es käme eher darauf an, seltener, dafür aber tief und schwer und bedeutungsvoll zu lachen.

Niemand kann gegen das Lachen ernsthaft etwas sagen: Darin liegt seine subversive Macht. Es ist die gefürchtete *Transversale*, die alle Machtverhältnisse durchquert und durchkreuzt. Die Mächtigen fürchten das Gelächter aus diesem Grund mehr als jeden konventionellen Feind. Es wirkt ansteckend. Immer steht es in Gefahr, zur Epidemie zu werden, ja sogar zur Pandemie, denn es kennt keine Grenzen, es ist multikulturell und international. Es ist nicht zu fassen, so wenig wie es zu begreifen ist, die perfekte Subversion, die selbst von einer totalitären Herrschaft nicht zunichte gemacht werden kann. Herrschaft bedarf irgendwelcher Waffen; was aber ist, wenn sie selbst der Waffe der Lächerlichkeit preisgegeben ist? Konnte nicht »der Führer« erst in jenem tödlichen Ernst aufleben, den eine im Lachen sehr ungeübte Gesellschaft ihm zugestand? Sich seiner durch Tyrannenmord zu entledigen, wollte nicht gelingen; aber das Lachen wäre tödlich gewesen, denn es klebt wie eine Klette an denen, über die es sich ausschüttet, und sein Echo hallt noch lange durch die Geschichte nach, zieht sich unterirdisch weiter durch die Zeiten und Räume und platzt irgendwann und irgendwo unerwartet wieder hervor.

Dabei ist Lachen nicht gleich Lachen, es gibt vielmehr eine Unzahl von Varianten davon, je nachdem, mit welchem Gefühl es vermischt ist: mit Zorn, Liebe, Hass, Neid und vielem mehr. Keineswegs ist es identisch mit *Freude*, es kann auch mit *Verzweiflung* verbunden sein. Nicht selten ist es durchsetzt mit *Sarkasmus* und wird das »böse Lachen« genannt; es erinnert vielleicht noch am ehesten daran, was das Lachen einst war, wenn der Genealogie Glauben geschenkt werden darf: eine Form von Grausamkeit.

Es wird gefürchtet, denn es entstammt nicht irgendwelchem Wohlwollen, sondern einem Abgrund an Skepsis und Geringschätzung, einer Misanthropie, oder einem Wissen um die Aussichtslosigkeit der Verhältnisse. Ferner das höhnische, *spöttische* Lachen, oder das Lachen der *Kritik*. Andererseits das *befreite* Lachen, das eine große Spannung mit einem Mal in nichts zerstieben lässt, oder das Lachen, das aus simplem *Humor* resultiert, das heißt aus einer Disponiertheit, bei der die Schwelle zum Lachen denkbar niedrig angesetzt ist: Humor als der Humus, auf dem Menschen besonders gut gedeihen. Es gibt jedoch auch das Lachen des *Wahnsinns*, dessen Grund niemand recht kennt und das penetrant ist, da es weder Anfang noch Ende hat. Und das *infantile* Lachen, das nicht unbedingt das Lachen des Kindes ist, sondern aus einer Verlegenheit resultiert, wenn schwierige Situationen größer sind als das Subjekt, das sie zu bewältigen hat. Und schließlich ist Lachen ein *gesellschaftliches* Phänomen, in solchem Maße sogar, dass es als pathologisch gilt, allein für sich zu lachen. Es begründet Gemeinschaft, ja Komplizenschaft zwischen Menschen: Im Lachen finden die Freunde zueinander und erkennen sich; aber das Band zwischen ihnen wird zerschnitten, wenn einer stets nur über den anderen lacht, statt mit ihm.

Das Lachen ist ein Element jeder Kultur. Eine Kulturgeschichte des Lachens könnte die Geschichte seiner großen Augenblicke erzählen, gewiss auch die Geschichte der Masken des Karnevals quer durch die Zeiten und Räume: Denn da das permanente Lachen keiner aushält, gibt es *Masken*, in denen es festgegossen wird. Lange galt das Lachen in der christlichen Kultur als Sache des Teufels, es schallte aus dem Abgrund des Bösen hervor und stand mit Lüsten und Sünden im Bunde. Das *satanische* Gelächter verfolgte die Apostel und Kirchenväter so lange, bis sie es als Attribut dem Gott absprachen und der Unterwelt zuwiesen. Aber in Wahrheit ist das Lachen ambivalent: Das *boshafte* Lachen durchkreuzt das christliche Liebesgebot und ist für eine christliche Kultur untragbar. Das *freundliche* Lachen hingegen öffnet das Herz und stellt mühelos die Brücke zu anderen her, um die es in der christlichen Kultur so nachdrücklich geht. In der Geschichte des Lachens würde man auf die Kultur der Renaissance stoßen, in der der *Witz als Waffe* wieder entdeckt wird: Petrarca legt ganze Witzarsenale nach dem Vorbild Plutarchs an. In Novellen erscheinen Possen und Späße von einer Rohheit und Bosheit, die kaum zu übertreffen ist; die Erfindung und Erzählung solcher Geschichten wird geradezu zu einem Beruf. Man hätte es in dieser Geschichte mit Don Quichotte und Sancho Pansa zu tun, mit Rabelais und François Villon, auch mit Molière, der die Arbeit der Aufklärung mit Konvulsionen belebt hat, die sie weit mehr beförderten als so manche theoretische Abhandlung. Balzac nicht zu vergessen, der sein ganzes Werk der *Comédie humaine* widmete; und Baudelaire, der überzeugt war, es gäbe keine Komik mehr, dächte man sich den Menschen aus der Schöpfung weg. Im 20. Jahrhundert lebt das Medium des Films im Lachen erst so richtig auf, mit Buster Keaton und Charlie Chaplin, die sich noch lange nach ihrem Tod darauf verstehen, regelrechte *Lachsalven* freizusetzen. Auch Karl Valentin wusste sich dieses Mediums zu bedienen, als er ein ums andere Mal die Lunte an den Sprengsatz hielt, der im banalen Alltag versteckt ist. Wo lässt sich das Lachen am besten erlernen? Im Kabarett. Und im Dadaismus, der seit seinen Anfängen ein schallendes Gelächter ist. »Schrankenlose Freiheit für HH« forderte ein dadaistisches Werk von 1919, HH für die *Dadasophin* Hannah Höch, auch für das Haha des Lachens, das gegen Verfestigungen der Gesellschaft antreten sollte. Schon damals sprachen sich die Dadaisten für eine radikale Sanierung des Erdballs aus, ein Bestandteil ihrer *Propagandada* und eine Reaktion auf die Erfahrung des Ersten Weltkrieges, dem sie ein sarkastisches Gelächter hinterherschickten: »Wir sahen damals die irrsinnigen Endprodukte der herrschenden Gesellschaftsordnung«, sagte George Grosz 1925, »und brachen in Gelächter aus«. Es war das Gelächter der Verzweiflung – das einzige, das auf eine Katastrophe noch antworten kann.

Das Lachen ist autark im wirklichen Sinne, es genügt völlig sich selbst. In ihm konzentriert sich die *wahre Philosophie*: die Liebe zum Lachen. Es dröhnt aus dem Horizont der Möglichkeiten und prustet über die kleine Welt, die sich willentlich in ihrer Wirklichkeit verschließt. Es ist ein verrücktes Lachen über den Wahnsinn der alltäglichen Welt, die sich für die einzig mögliche hält, während sie morgen schon von gestern ist; Lachen über den Wahnsinn des Menschen, der sich von unmäßigen Begierden, die er nicht zu zügeln weiß, zu allem hinreißen lässt; der zuletzt über die Erde herfällt, der er entstammt, um sie zu ruinieren; der sich aller Welt zu bemächtigen sucht und dabei noch nicht einmal zur Selbstmächtigkeit in der Lage ist. Kein Zweifel, dass das Lachen mit der *Aufklärung* verwandt ist, denn es stellt die Zusammenhänge in ein gleißendes Licht vor aller Welt. Es findet sich in einer gewissen Gegnerschaft zum Pathos des Erhabenen. Es ist nicht etwa eine »Zusammenstimmung des Subjekts mit sich«, es ist keine Geste der Identität, vielmehr bricht das radikal Andere in ihm auf, das zum Vorschein kommt, wenn das Innerste zuäußerst gekehrt wird. Das Subjekt vergisst sich, verlässt kurz entschlossen das Gefängnis seiner selbst, um sich als ein anderes zu erfahren als es eben noch war. Es macht einen Sprung, fängt Feuer, entzündet sich und brennt schon lichterloh, bevor die ganze mühsame Strecke der Reflexion durchmessen werden kann. Unversehens wirft es den Kopf weit zurück, die Brustpartie weitet sich, es lacht, bis ihm Hören und Sehen vergehen. Sollte das Lachen eine Krise im Verhältnis des Selbst zu sich sein, dann eine heilsame: Wer lacht, holt Luft und gewinnt Kraft, mit der sich wieder leben und etwas bewältigen lässt. Daher empfiehlt Nietzsche im »Versuch einer Selbstkritik« (1886) zur *Geburt der Tragödie*: »Ihr solltet vorerst die Kunst des *diesseitigen* Trostes lernen, – ihr solltet *lachen* lernen, meine jungen Freunde«.

Aber diejenigen, die glauben, das Lachen könne nicht denken, sind sehr simple Gemüter, vielleicht auch etwas schwerfällige: Denn das Lachen denkt schneller, als dies das rein aufs Denken fixierte Subjekt für möglich hält. Es ist ein Medium der Erkenntnis, das alle Gegenstände blitzartig durchdringt. Demokrit war derjenige, der über alles lachte, weil er *alles wusste*. Das ganze banale Leben wurde für ihn zum Nichts. Wenn dem Lachen alle Vernunft abgestritten wird, dann nur deswegen, weil es eine *andere Vernunft* hörbar werden lässt – eine lachende Vernunft, die sich über Gewohnheiten, Normen und Konventionen, die »die Vernunft« für sich allein beanspruchen, lustig macht. Dass es höhere und niedrigere Vermögen des Menschen in sich vereint, erweise sich schon daran, meinte Aristoteles, dass es zwerchfellerschütternd wirkt: Das Zwerchfell ist die Schwelle zwischen oberen und unteren Regionen des Menschen, und seine Vibrationen setzen sich wiederum nach unten wie nach oben fort; nach unten in die Verdauungsorgane, nach oben in die einsamen Höhen des Geistes. Daher folgte im verlorenen Teil der *Poetik* des Aristoteles die Erörterung des Lachens auf die Theorie der Tragödie: Wie in der Tragödie geht es auch in der Komödie um eine Katharsis, eine Reinigung, eine Heilung von Schmerz und Leid, die hier freilich mithilfe des Gelächters geschieht. Die szenische Ausgangssituation ist in beiden Fällen eine tragische, und in beiden Fällen tränen die Augen. In keinem Fall aber steht eine Aufhebung oder Überwindung des Tragischen in Frage, nur das Leben und der Umgang damit.

Da eine Komödie im Alltag nicht immer zur Hand ist, bedarf die Kunst des Lachens eines beweglicheren Mittels. Ein solches ist der *Witz*. Der Witz ist eine Lachmaschine. Schon in der antiken Rhetorik wurde er systematisch eingesetzt, um die Lacher auf die eigene Seite zu ziehen. Aber entgegen dem ersten Anschein ist er keine einfache Sache: Er ist, um zu wirken, abhängig vom richtigen Augenblick und angemessenen Umständen. Seine Technik beruht darauf, überraschend etwas zu sagen, was keiner erwartet hätte: Auf diesen Punkt des Umschlags, diese *Pointe* muss er zusteuern. Es handelt sich um eine unvermutete Verknüpfung, ein Spiel mit der Doppeldeutigkeit, eine plötzliche Erhellung, eine augenzwinkernde Erklärung, die in maximaler Verdichtung alles sagt. Manche können gar nicht darüber lachen, andere wiederum können nicht mehr aufhören. Manchmal ermöglicht eine einzige semantische Verschiebung das Heraustreten aus der gewohnten Ordnung des Diskurses; ein Moment, der sich wie ein Fenster öffnen lässt, das im nächsten Augenblick schon wieder zuschlägt. Der Witz ist ein Spalt, durch den das Dionysische für einen Moment in den Alltag eindringt. Das Denken wird dabei von einem Geistesblitz durchzuckt, der auch den ganzen Leib erfasst. Aber in der Antike war man sich dessen bewusst, dass es schwierig ist, witzig über den Witz zu reden, und auch in moderner Zeit glauben viele, dass es zwar möglich sei,

Witze zu reißen, aber nicht, Witze über den Witz zu machen. Einspruch erheben jene Clochards, die eines Tages zu der Überzeugung kamen, dass das Witzeerzählen zur mühsamen Angelegenheit geworden sei. So beschlossen sie, die Witze durchzunummerieren und nur noch die jeweils aktuelle Nummer aufzurufen, worauf alle pflichtschuldigst zu lachen hätten; ein früher Lachclub. Also gaben sie den Witzen Zahlen, es reichte bis zur Nummer 100, und das Spiel konnte beginnen. »101!«, rief da einer. Alle schwiegen und schauten betreten. »Warum lacht ihr denn nicht?«, fragte er vorwurfsvoll: »Das ist ein neuer!«

Die Alternative zum lauthalsen Lachen ist das *Lächeln*, das kontrollierter und demzufolge nuancierter ausfallen kann. Es ist keine bloße Affektäußerung, sondern entstammt einer bewusst gewählten Haltung, die in der reflektierten Mimik zum Ausdruck kommt. Auf den Lippen liegt es und spielt in Mundwinkeln, mehr noch aber schimmert es aus den Augen. Auf zauberhafte und bezaubernde Weise öffnet es den Menschen, sodass er zugänglich wird für andere; aber es hält, wenn das Selbst will, andere auch auf Distanz, wahrt die Distanz zu einer Situation und kann Ausdruck einer Distanz des Selbst zu sich sein. Die ganze Skala des Lächelns zeigt ein amerikanischer Film (Regie: Mike Newell), der als harmlose Collegestory aus dem Jahr 1953 daherkommt, 2003 aber wohl aus innenpolitischen Gründen entstand, um jungen Frauen den drohenden Verlust ihrer Freiheit in einer neokonservativen Gesellschaft vor Augen zu führen. Julia Roberts als Kunsthistorikerin Katherine Watson verkörpert darin den weiblichen Freigeist, der so sanft wie entschieden sein Befreitsein behauptet, jedoch der Freiheit auch Formen zu geben weiß, zu denen das souveräne Lächeln gehört: *Mona Lisas Lächeln*. So entsteht eine wahre Enzyklopädie des Lächelns, denn alle Formen werden von der großartigen Schauspielerin mit dem charakteristischen Mund durchgespielt, changierend oft in einem Moment: schüchtern, verlegen, angedeutet, abwartend, aufgesetzt, halbherzig, nervös, erstaunt, verschmitzt, ironisch, freundlich, freudig, traurig, vertrauensvoll, zärtlich, kokettierend, lasziv, verschwörerisch, verständnisvoll, einverstanden, nachdenklich, tapfer, herausfordernd, bestimmt, überlegen, überheblich, wissend, besorgt, befreit, verzweifelt, abweisend, missbilligend, nachsichtig, wohlwollend, amüsiert, strahlend, triumphierend. Das Lächeln kann eiskalt und geradezu »bewaffnet« sein, aber auch warmherzig und entwaffnend. So fein kann es sein, dass es kaum mehr wahrnehmbar ist und nicht mit Gewissheit sich sagen lässt, ob es überhaupt ein Lächeln ist: Für einen Moment gelingt Julia Roberts dieser seltsame Ausdruck Mona Lisas, just als sie vor einer Reproduktion des Bildes von Leonardo da Vinci sitzt. Sie lächelt, weil sie frei ist. Ein schmerzliches Lächeln vielleicht, in dem Freude und Wehmut zugleich zum Ausdruck kommen: Freude über die Freiheit, Wehmut über ihre Begrenztheit. Das Lächeln birgt das Traurigsein schon in sich, perfekter Ausdruck der Heiterkeit. Der Gegenpol zum Lachen aber ist das Weinen.

Kunst des Weinens und des Traurigseins

»Es ist so geheimnisvoll, das Land der Tränen«, heißt es in Antoine de Saint-Exupérys Buch, als *der kleine Prinz* bei Einbruch der Dunkelheit plötzlich in ein Schluchzen ausbricht. In diesem geheimnisvollen Land wird das eigenartige Gefühl des Traurigseins empfunden, dem offenbar anthropologische Bedeutung zukommt, wie Poeten längst wissen, aber auch neurobiologische Forschungen ergeben: Während die Hirnstrukturen, die Emotionen auslösen, meist in älteren Regionen unterhalb der Großhirnrinde liegen, scheint die Aktivierung eines Bereichs in der historisch jüngsten Hirnregion, dem präfrontalen Cortex, »eine Besonderheit der Trauer zu sein« (Damasio). Zumindest das profunde Traurigsein darf als spezifisch menschliches Gefühl gelten, ein geradezu *metaphysisch* zu nennendes Gefühl, denn sein Grund ist immer ein Wissen um Begrenztheit, eine *Vergegenwärtigung der Vergänglichkeit*, sei es bezogen auf das gesamte Leben oder auf eine spezifische Lebenssituation. Umso problematischer erscheint der Versuch, um des »Positiven« willen das Traurigsein unmöglich zu machen, ein gedankenloser Verzicht auf die Hälfte des Lebens, sodass der Rest keinen Anspruch auf Fülle mehr machen kann. Bevor Traurigsein und Weinen allzu leichtfertig negiert werden, kommt es darauf an, genauer hinzusehen, worum es sich eigentlich handelt.

Das Gefühl des Traurigseins kann mit dem *Verfehlen einer Situation* zu tun haben, mit einer nicht angemessenen Reaktion des Selbst oder anderer darauf, oder mit einer vergangenen und somit verpassten Gelegenheit. Traurig kann die *Aussichtslosigkeit eines Zustands* machen, in den das Selbst oder andere geraten sind, eines Zustands, der in seiner Begrenztheit enttäuschend ist und nicht beliebig wieder verlassen werden kann. Regelmäßig aber kommt das Traurigsein mit der *Erfahrung eines Abschieds* und dem *Entbehren eines anderen* über das Selbst, beginnend schon mit der scheinbar harmlosen zeitlichen Trennung von einem vertrauten Menschen, von einem Geliebten oder Freund, von Eltern und von Kindern: Ein Schritt in die Einsamkeit nach der Geborgenheit des Zusammenseins ist damit verbunden, ein Schnitt in die Kontinuität der Zeit, die zerteilt wird in ein Davor und Danach. Das Selbst spürt, dass irreversibel etwas zu Ende geht, und es scheint kein Trost zu sein, dass zugleich etwas anderes beginnt. Eine frühe Erinnerung an den ultimativen Abschied geht damit einher, der, wenn auch in ferner Zukunft, unabweisbar ist; eine Erinnerung an den Tod, eine Vorahnung des metaphysischen Schmerzes, den dieser Abschied bereiten wird. Die Vorahnung nimmt jedem »kleinen Abschied« seine Harmlosigkeit; dies dürfte der tiefere Grund für die Verlustängste sein, die Kinder, und nicht nur sie, durchzustehen haben und die zwar zu besänftigen, nicht aber wirklich aufzuheben sind. In gesteigertem Maße treffen alle Phänomene auch auf den »großen Abschied« zu: Erinnerung an den Tod, Gang in die Einsamkeit, Zerteilung der Zeit, Irreversibilität der Entwicklung, dann nämlich, wenn die *unwiderrufliche Trennung* und das *Entbehren von jemandem* oder auch nur von etwas (einem lieb gewordenen Tier, einer Heimat, einer Wohnung, einer Gewohnheit, einem Gegenstand, einer Idee) zu bewältigen ist. Die äußerste Form dieser Trennung und des Entbehrens ist der Tod des anderen, der mit einem hilflosen Wort als »Verlust« bezeichnet wird; verloren wird jedenfalls die physische Gegenwart. Der *seelische* Schmerz, der mit der Trauer darüber einhergeht, wird in manchen Kulturen, wie ethnologische Forschungen zeigen, durch Selbstverletzung *körperlich* erfahrbar gemacht, wohl um ihn fassbarer zu machen.

Die Erfahrung der Erschütterung des Lebens bis in seine Grundbestandteile hinein kann *Traurigkeit* verursachen: zu erfahren, dass nichts Bestand hat, dass alles vergänglich ist, dass der Boden, auf dem Menschen leben, auf Schritt und Tritt brüchig ist, dass überall Abgründe sich auftun. Vom Traurig*sein* zu sprechen soll anzeigen, dass darin nicht etwa ein defizienter oder gar pathologischer Zustand, sondern eine Art und Weise menschlichen *Seins* zum Vorschein kommt: ein Sein, das wohl wesentlich zur Existenz des Menschen gehört, auch wenn anthropologische Aussagen nicht mit dem Anspruch auf eine Wahrheit des Menschseins schlechthin ausgestattet sein können. Eine *Zeit des Traurigseins* eröffnet Möglichkeiten, die Erfahrung subjektiv auf sich wirken zu lassen und sie zu bewahren, während die so genannte »Trauerarbeit« eher objektive Distanz suggeriert, ein Fertigwerden mit der Erfahrung, wenn nur genügend gearbeitet worden ist. Ein *wohlbegründetes Traurigsein* versetzt Menschen angesichts dessen, was jetzt oder künftig nicht mehr zu ändern ist, in traurige Stimmung: Was vergangen ist, lässt sich nicht mehr zurückholen. Dass überhaupt alles vergeht, lässt sich nicht ändern. Weniger zu fassen ist das scheinbar *grundlose Traurigsein*, das mit Aussagen verbunden ist wie: »Eigentlich stimmt bei mir alles, ich weiß gar nicht, was mit mir los ist.« Aber vielleicht gerade daraus, dass »alles stimmt«, geht dieses Traurigsein hervor: Das Leben, das nur noch die Stimmigkeit kennt, verlangt nach einem Gegenpol. Die unentwegte Lebensfreude ist erschöpfend und bedarf einer Erholung, wie sie das Traurigsein darstellt. Moderne Menschen suchen das Glück vorzugsweise in der »guten Stimmung« – kommt es zu einer »traurigen Verstimmung«, sind sie bestrebt, sich von dieser lästigen Störung alsbald zu befreien, statt dem Traurigsein den Raum zu geben, dessen es bedarf.

Kein Zweifel, dass das *Phänomen des Traurigseins* leidvoll ist: Das Selbst wird innerlich entkräftet, sodass es äußerlich den Kopf sinken lässt und die Augen niederschlägt. Aus dem anhaltenden und sich verfestigenden Traurigsein wird Trauer; sie »beugt die Kraft«, erkennbar an der Beugung der äußeren Gestalt, denn die

Trauer zehrt aus; traurige Gedanken und Gefühle beschäftigen das Selbst im Übermaß, vielleicht aufgrund der andauernden Abwesenheit des anderen, mit dem es verwachsen war oder weiterhin ist, mit dem das Leben in gemeinsamen Gewohnheiten eingerichtet wurde und folglich nun allein nicht zu bewältigen ist. Umso schmerzlicher wird er entbehrt, als das Leben seine Spannung eingebüßt hat: Der andere war oder ist der andere Pol des eigenen Lebens, nicht immer nur im positiven, auch im negativen Sinne, als verlässlicher Punkt der Reibung und Auseinandersetzung; aber genau das hat ihn unentbehrlich gemacht. Wenn die Trauer andauert und dennoch keinen lebbaren Platz im Gefüge des Selbst findet, kann sie selbst zur Krankheit werden. So kommt es darauf an, ihr »Sinn«, also Zusammenhang zu geben. Der *Sinn des Traurigseins* könnte darin liegen, der Polarität des Lebens wieder Geltung zu verschaffen und Gefühle empfinden zu lassen, die nicht nur aus Freude, Fröhlichkeit, Liebe und Leidenschaft bestehen. Würden die Gefühle nicht in ihrer ganzen Spannweite ausgeschöpft, fiele das Selbst dem Nihilismus anheim, dem alles gleichgültig, alles geradezu metaphysisch langweilig erscheint. Um das volle Menschsein zu erfahren und das Leben zu erfüllen, bedarf es daher der Gefühle in ihrer ganzen Widersprüchlichkeit. Nicht von ungefähr zieht der Prediger im Alten Testament das Trauern dem Lachen vor (Koheleth 7, 3): Die Begegnung mit der ernsten Abgründigkeit des Lebens lässt das Selbst reifen wie kaum etwas sonst. Das Traurigsein wäre daher, auch wenn es missverständlich klingt, eher kunstvoll auszukosten bis zur Neige.

Wenn es auch immer Formen der Trauer gab, so doch weniger solche des Traurigseins, Ausdruck einer lange währenden Geringschätzung. Eine *Kunst des Traurigseins* könnte darin bestehen, einem tristen Tag sein Recht zuzugestehen: Jetzt kommt es darauf an, Wohnlichkeit nicht in der äußeren Welt, sondern in sich selbst zu suchen, auch Atem zu schöpfen für andere Zeiten, und sich ihres Werts bewusst zu werden. Durch den grau verhangenen Himmel dringt kein Sonnenstrahl, der das Selbst noch wärmen könnte. Gleichgültig gegen die menschliche Befindlichkeit, mit nervtötender Beständigkeit plätschert es von oben herab, kalt und nass. Die inneren Tränen, die das Selbst vielleicht weint, rinnen außen am Fenster herab, als flössen sie über die Wangen. Immer gibt es außer dem lauten, *äußeren* Weinen auch das stille, *innere* eines Menschen in sich selbst, das äußerlich allenfalls die Netzhaut befeuchtet; vielleicht, weil alle Tränen schon geweint sind, oder auch, weil die Traurigkeit nicht vergehen will oder soll. Dem Traurigsein angemessenen Raum im eigenen Leben zuzugestehen heißt, es zu pflegen, sorgsam damit umzugehen, sich ihm gelegentlich sogar ganz hinzugeben. Möglich ist dies mit der Musik, die so viele Stücke kunstvoll komponierten Traurigseins bereithält, insbesondere die Musik der Romantik, die sich der »dunklen« Seiten der Existenz vorsätzlich angenommen hat, so Johannes Brahms in *Ein deutsches Requiem* nach Worten der Heiligen Schrift, mit elegischen Chorsätzen, die seit den ersten Aufführungen 1868/69 Menschen zu ergreifen vermögen: Aus dem Nichts erhebt sich der Chorgesang im ersten Satz, der der Trauer über die Vergänglichkeit des Lebens eine einzige, unendlich lange Melodie gibt, »Selig sind, die da Leid tragen«. Überirdisch melodiös singen die Stimmen im vierten Satz: »Wie lieblich sind deine Wohnungen, Herr Zebaoth!« und münden versöhnt in den folgenden, erst zuletzt vom Komponisten eingefügten fünften Satz nach dem Wort des Johannes-Evangeliums (16, 22): »Ihr habt nun Traurigkeit«. Scheinbar endlos verklingt der Gesang, wie er begonnen hat, in gelassener Ruhe im siebten Satz: eine einzige Inszenierung des Ergriffenseins.

Die Zeit des Traurigseins ist die Zeit der wachsenden Sensibilität, der tieferen Einsichten ins Leben, der Befragung des eigenen Lebens und seiner Neuorientierung. Zur Kunst wird es, Gedanken und Gefühlen des Traurigseins und der Trauer Ausdrucksformen zu geben, die zunächst spontaner Natur sind: *introvertiert* in Form von Insichgekehrtheit, Verschlossenheit, Gleichgültigkeit, *extrovertiert* in Form von Fassungslosigkeit, Entsetzen, Zorn. Der Ausdruck kann kunstvoll gestaltet werden in Bildern, Texten, Gesten, Zeremonien. In althergebrachte Sentenzen, die über die Lippen der Jahrhunderte in immergleicher Form gegangen sind, kann er gegossen werden. Traditionelle Formen der jeweiligen Kultur haben Fragen nach dem Verhalten in Situationen wie diesen, in denen der Einzelne sich nicht mehr zu verhalten weiß, beantwortet. Alles daran wird nach der Auflösung verbindlicher Formen in moderner Zeit allerdings zu einer Frage der *Wahl* und der individuellen Lebenskunst. Das beinhaltet die Möglichkeit der Formlosigkeit ebenso wie ein Beibehalten althergebrachter Formen, wenn auch nicht mehr aufgrund bloßer Konvention und Tradition. Eine neue Kreativität im Leben mit Traurigsein und Trauer geht aus der Unzufriedenheit mit der Formlosigkeit hervor, die dem Empfinden nicht entspricht. Ausschlaggebend dafür ist die Wahl, die angesichts des Geschehenen, das keine Wahl mehr lässt, vom Selbst zu treffen ist. Zu wählen ist vor allem die Haltung, die eingenommen werden soll und die nicht nur eine, wenngleich wirkungslose, Ignoranz oder eine bloße Akzeptanz möglich macht, sondern auch ein Affirmieren, ein Bejahen, ein Einverstandensein, wenn auch unter Tränen.

Als natürlicher Ausdruck des Traurigseins erscheinen *Tränen*; sie überwältigen das Selbst, das zeitweilig auf seine Souveränität verzichten muss, kenntlich an der Mimik, die außer Kontrolle gerät: Benommen ist das Selbst, zu keinem Gedanken mehr fähig. Das Verhältnis der Macht zwischen Denken und Fühlen kehrt sich um: Die Tränen heben die Distanz auf, die zu einem Geschehen gewöhnlich bewahrt werden kann und aus der heraus die Reflexion möglich ist. Wie durch einen Schleier hindurch fällt der Blick auf die Welt, die fremd wird und die doch nach dem Weinen, nach dem Aufruhr aller Organe im Schluchzen, mit einem Mal so still und friedlich erscheint. Die »Schwäche«, die das Weinen angeblich ist, erweist sich als Stärke: Süße Müdigkeit und eine unendliche Erleichterung überkommen das Selbst, das seine Tränen geweint hat. Die Anspannung weicht einer seligen Entspannung, daher die Bitte um die Gabe der Tränen in mancher religiösen Kultur. Eine erstaunlich reinigende Kraft ist den Tränen eigen, die den Mut zum Leben zurückbringen kann; das allein kann schon ein Grund dafür sein, sie zu weinen statt ihnen zu entgehen: *katharische Funktion des Weinens*. Als Alternative bleibt nur, ein Äquivalent an Wasser zu trinken, um Tränen zu ersetzen und deren Heilkraft körperlich und seelisch doch nicht völlig zu erreichen. Auf eine Kompensation des Tränenflusses zielt impulsiv auch die Verflüssigung im übermäßigen Alkoholgenuss. Tränen können selbst eine Art von Kommunikation sein, ein *Wechsel der Diskursebene*, der freilich nötigenden Charakter gewinnt, wenn er eine Reaktion herausfordert, der sich zu entziehen kaum möglich ist. Um den Effekt nicht abzunutzen, gilt es, das rechte Maß zu finden zwischen dem unterschiedslosen Weinen bei jeder Gelegenheit und einer apathischen Gefühlslosigkeit. Zur Geste der Rücksichtnahme gegen andere, nicht nur der Scham, kann es werden, sich zu separieren, um zu weinen und allenfalls nur dem vertrautesten Menschen sich zu offenbaren. Tränen können schließlich die *Bekundung eines Berührtseins* für denjenigen sein, der nicht selbst vom Anlass des Traurigseins betroffen ist: Bekundung eines gemeinschaftlichen Seins, um Schweres gemeinsam zu tragen und auf diese Weise leichter werden zu lassen. Kurios aber erscheint, dass Menschen in größter Bedrängnis zu lachen beginnen, in größter Freude wiederum weinen, wohl unbewusst um der Polarität des Lebens willen. Das Übermaß der Freude mündet unweigerlich in Traurigkeit, neue Freuden folgen auf das überstandene Leid.

Ist es möglich, auch *vorsätzlich*, um der Polarität des Lebens Genüge zu tun, traurig zu sein? Zweifellos, indem schmerzliche Erfahrungen wieder erinnert werden, etwa der Schmerz der Trennung von einem geliebten Menschen, der sich, wie jeder Schmerz, im Grunde nie verliert. Und »Weltschmerz« kann zu jeder Zeit empfunden werden, Schmerz über die Vergänglichkeit des Lebens und aller Dinge, wenn auch nicht wirklich der »Welt« selbst. Im Gegenzug bedarf das übermäßige Traurigsein jedoch eines Ausbalancierens, um es in einem Maß zu halten, das lebbar ist. Auch das gehört noch zur Kunst des Traurigseins: nicht auf die Kunst und Lebenskunst zu verzichten, die ihm gelegentlich die Waage hält, ansonsten läuft das Selbst Gefahr, in der Verzweiflung unterzugehen – sofern es sich nicht gerade *hierfür* entschieden hat. Verschiedene Künste sind in der Lage, die Traurigkeit für eine Weile vergessen zu machen: alle Künste im Umgang mit dem Körper und der Seele, Künste des Singens, Tanzens, Lachens und die Künste, die die Schönheit der Sinnlichkeit zu leben erlauben, vorneweg die Kunst der Erotik. Ausgerechnet dann, wenn die Traurigkeit am größten ist, wird der erotische Gedanke, das erotische Empfinden am stärksten: Das traurige Selbst spürt, welcher Trost in der Erotik zu finden ist. Dass Darstellungen des Traurigseins, auch der Tango als sein tänzerischer Ausdruck, auffällig häufig mit erotischen Attributen ausgestattet sind, ist kein Zufall. Was aber, wenn die Traurigkeit sich nicht mehr trösten lässt, wenn sie nicht mehr einfach nur die »Reaktion auf Belastungssituationen« ist, wie die Wörterbücher des Positivdenkens glauben machen?

Kunst des Unglücklichseins: Sich befreunden mit der Melancholie

Eine besondere Form von Traurigsein ist dasjenige, dessen Gründe kaum zu fassen sind: kein situatives, *spezifisches* Traurigsein, das mit einem Schmerz verbunden ist, der sich grundsätzlich trösten lässt. Sondern ein lang anhaltendes, *unspezifisches* Traurigsein, mit einem »Weltschmerz«, der untröstlich bleibt. Dieses Traurigsein, bezogen auf »das Leben« und »die Welt«, ist *Melancholie*, ein Unglücklichsein, das das Glücklichsein vielleicht für wünschbar, aber nicht wirklich für möglich hält. Melancholie ist die Seinsweise einer Seele, die immerzu schmerzt und sich ängstigt, ohne dass dies in irgendeiner Weise als »pathologisch« gelten könnte. Sie wird begleitet und möglicherweise auch angeleitet von einem höchst reflektierten Bewusstsein, das die Erfahrung einer Grundlosigkeit vermittelt, die von Grund auf nicht bestritten werden kann; von einem tragischen Bewusstsein, das dem Leben womöglich mehr entspricht als jede Leugnung von Tragik; von einem Wissen darüber, wie brüchig all das ist, was Menschen schaffen, wie nichtig die menschliche Existenz selbst sein kann, und dass ihr der Boden jederzeit unter den Füßen weggezogen werden kann.

Handelt es sich nicht um eine »reaktive Depression« als Folge akuter oder chronischer Belastungssituationen? Oder um eine »endogene Depression«, die schicksalhaft aus dem Biologischen herrührt und dem Krankheitswert einer Psychose verwandt ist? Oder um eine »noogene Depression«, die aus einem vermeintlich falschen, negativen Denken hervorgeht und gleichsam als Krankheit, nämlich als »Sinnlosigkeitsleiden« betrachtet wird? Aber der Zustand der *Melancholie* ist zu unterscheiden von der Krankheit der *Depression*, der erstarrten Gefühle und der jeder Reflexion abholden »Niedergedrücktheit«, um deren Heilung sich Therapeuten bemühen. Die gefühlsbewegte und reflektierte Melancholie steht eher für Sensibilität, Besinnung und Selbstbesinnung; das melancholische Selbst ist imstande, reflexive Distanz zu allem zu gewinnen und die Selbstverständlichkeiten zu verlieren, in denen Menschen gewöhnlich leben, ohne es recht zu bemerken; sich selbst sogar fremd zu werden und den Zusammenbruch der eigenen »Identität« zu erleben. Von der *klinischen* Melancholie-Diskussion, die in Wahrheit die Depression meint und dem Phänomen psychopathologisch und neurobiologisch auf die Spur kommen will, ist die *literarische* zu unterscheiden, die die Erfahrung der Melancholie beschreibt, und die *philosophische*, die einige Prämissen dieser Erfahrung klären will, etwa die Frage der Zeitvorstellung und der Identität des Subjekts, jenseits derer diese »unsagbare und schwer zu begreifende, jedoch ganz reale Dimension des menschlichen Geistes« (Toshiaki Kobayashi, *Melancholie und Zeit*, 1998) sich auftut: Menschsein in seiner ganzen abgründigen Fülle. Schwierigkeiten bereitet den Melancholikern vor allem die moderne Zeit, da sie in ihr um ihre Befreiung zu kämpfen haben – Befreiung nämlich von der Demütigung durch den pathologisierenden Befund der »Depression«. Es gibt an dieser »Krankheit« aber nichts zu heilen, eher ist diese Dimension des Menschseins zu pflegen. Die Melancholie wird über »Krankheit« und Erfahrung hinaus für die philosophische Lebenskunst als *Lebensauffassung* denkbar, die es sich angelegen sein lässt, sich der Fragwürdigkeit der Zeitauffassung, der grundlegenden Sinnlosigkeit allen Tuns, der eigentlichen Bedeutungslosigkeit menschlicher Existenz bewusst zu sein, um gerade dies zur Grundlage eines schönen und bejahenswerten Lebens zu machen.

Es ist die jeweilige *Zeit*, und in der Moderne eben die *moderne Zeit*, die Melancholiker irritiert: Jede Zeit ist begrenzt, während ihr Bewusstsein ins Unbegrenzte strebt; alles, was an die Zeit gebunden ist, erscheint ihnen schwer und hat nichts von der Leichtigkeit der Unbegrenztheit an sich. Ur-Trauer empfindet das melancholische Selbst über die Entfremdung von einem zeitlosen Ursprung, über das unmögliche, allenfalls zeitweilige Einssein mit anderen in der Welt, über die mögliche Grundlosigkeit von Leben und Welt. Eine »Störung« des Zeitbewusstseins diagnostizierte Ludwig Binswanger konsequenterweise beim Melancholiker in seiner Studie *Melancholie und Manie* (1960). Der entscheidenden Frage aber, welches Zeitverständnis denn als *Maßstab* angesetzt wird, um von einer Störung des Zeitbewusstseins sprechen zu können, wurde zu wenig Aufmerksamkeit gewidmet; zu gewiss erschien, dass die objektive Zeit eine linear vergehende ist, während der Melancholiker inmitten der Moderne eher das Zeitbewusstsein nichtmoderner Kulturen in sich spürt, für die die Zeit eine zyklisch wiederkehrende ist. Die vehement sich verbreitende Melancholie in der avancierten Moderne könnte als Reaktion auf die Dominanz der linearen Zeitauffassung und die extreme Beschleunigung der modernen Welt zu verstehen sein. Der Melancholiker legt den Finger auf die Wunde des zugrunde liegenden Verständnisses von Zeit, das in keinem Verhältnis zu seiner eigenen Erfahrung steht. Eine melancholische Situation entsteht demnach, wenn die Kluft der Zeiten sich auftut: Dann fühlt das Selbst sich vom Vergehen und all dem Vergangenen überwältigt, wird immer wieder darauf zurückgeworfen und findet in der Gegenwart zu keiner Haltung mehr. Der unüberbrückbare Abgrund zwischen den Zeiten treibt ein »unglückliches Bewusstsein« hervor, das Phänomen des unaufhörlichen »Grübelns« wäre so zu erklären. Wenn das Unglücklichsein aber im Abgründigen angesiedelt ist, kann es wohl nicht darum gehen, es »endgültig« zu überwinden, eher darum, es als Gewinn eines anderen Lebens zu verstehen, aus dessen Sicht das gewöhnlich gelebte Leben oberflächlich und unbedeutend erscheint.

Eine offene Frage ist lediglich die Lebbarkeit des Unglücklichseins, die *Befreundung mit der Melancholie*, vorausgesetzt, sie ist wünschbar. Sich mit der Melancholie zu befreunden heißt, eine *Beziehung* zu ihr herzustellen, sofern sie beziehungslos im Selbst vor sich hin existiert. Um eine Beziehung der *Freundschaft* geht es, da eine starke Bindung damit begründet wird, die dennoch beide Seiten der Bindung frei sein lässt. Eine *Liebesbeziehung* würde eher auf Symbiose abzielen und könnte eine wechselseitige Vereinnahmung zur Folge haben – das eine Extrem gegenüber dem anderen einer *feindschaftlichen* Beziehung, die die Melancholie auszuschließen versuchte. Die Beziehung der Freundschaft ermöglicht, ein Zusammenleben zu begründen, das sowohl dem Selbst als auch seiner Melancholie ein lebbares Leben erlaubt. Zeiten des Selbst und Zeiten der Melancholie lassen sich festlegen: Zeiten des Selbst, in denen der Pragmatik und Gewöhnlichkeit des Alltags Rechnung getragen wird, und Zeiten der Melancholie, die nur ihr gehören, mit Gewohnheiten, in deren Umfeld sie eingebettet und gepflegt werden kann, regelmäßigen Spaziergängen, bei denen das Selbst melancholischen Gedanken nachhängt, einem zelebrierten Hören von Musik, die melancholische Gefühle wachruft; auch mit einem Erlernen des Tanzens, in dem die Melancholie Ausdruck finden kann, und einer Beschäftigung mit Werken der Malerei und Dichtung, in denen sie bereits Ausdruck gefunden hat; ferner einer Pflege der Erotik, die mit sinnlichen Reizen dafür sorgt, dass die Melancholie den Faden des Lebens nicht verliert, und einer Pflege des Gartens, der mit dem zyklischen Werden und Vergehen von Natur eine andere Form von Zeit repräsentiert. Das Quälende, Selbstzerstörerische der Melancholie lässt sich mildern, wenn das Selbst sich um ein pragmatisches Arrangement für seine romantische Melancholie bemüht.

Nach Möglichkeiten der Befreundung mit der Melancholie zu suchen, geschieht keineswegs nur aus Gründen des individuellen Lebensvollzugs, sondern auch, weil eine *Epoche der Melancholie* denkbar ist, eine wachsende Empfindung der Sinnlosigkeit von allem und jedem, die diese Befreundung zur Notwendigkeit macht. Es kann eine Wahrnehmung der modernen Welt geben, die diese Notwendigkeit nahe legt, und es lässt sich nicht mit Gewissheit ausschließen, dass es gerade die »negative« Sichtweise ist, die mit ihrer Interpretation recht behält. Sinnvoll erscheint dennoch, diese Wahrnehmung nicht für die einzig mögliche zu halten, denn die Grundlagen der Melancholie selbst sind wohl relativ, in Relation zum melancholischen Selbst und seiner Deutung der Welt zu sehen. Keinesfalls aber kann es darum gehen, die Melancholie »heilen« zu wollen, denn das hieße, mit säkularen Mitteln jenes »Unheil« zu bekämpfen, das manche christlichen Autoren schon in ihr zu erkennen meinten. Es ist eine offene Frage, ob das abgrundtiefe Unglücklichsein der Melancholie dem Selbstverständnis eines christlichen Lebens entsprechen kann oder ihm widerspricht: Im *östlichen*, orthodoxen Christentum, in dem das melancholische Traurigsein seine Rechtfertigung erfahren hat, wird dazu historisch eine andere Position bezogen als im *westlichen*, römisch-katholischen und protestantischen Christentum, das die Melancholie lange abwies und allenfalls als Durchgangsstation auf dem Weg zur ewigen Freude gewähren ließ. Betonung des gegenwärtigen Traurigseins oder der künftigen Freude: Beide Auslegungen können sich auf die eine Stelle im Johannes-Evangelium berufen, die Brahms vertont hat: »Ihr habt nun Traurigkeit«, heißt es da, »aber ich will euch wiedersehen und euer Herz soll sich freuen und eure Freude soll niemand von euch nehmen.« Wenn es unabhängig davon im Leben um so etwas wie Heiterkeit gehen kann, dann am ehesten in einem durch Melancholie geläuterten Sinne, um zu einer *heiteren Melancholie* zu kommen, für die das Traurigsein und die Freude, wie alle endlichen menschlichen Phänomene, in einem Horizont der Unendlichkeit geborgen ist. Um aber ein Übermaß des Traurigseins etwas zu mäßigen, oder auch einfach nur »aus heiterem Himmel heraus«, kann das Selbst danach trachten, sich und seiner Seele im alltäglich gelebten Leben, wo immer nur möglich, wohl zu tun.

»Was mir gut tut«: Geschenke des Selbst für sich selbst

»Kleine Geschenke erhalten die Freundschaft«, das gilt auch für die Freundschaft mit sich selbst: vor allem sich Achtsamkeit zu schenken, nicht achtlos vorbeizugehen an den eigenen Wünschen und Bedürfnissen, den hochkommenden Ängsten und Befürchtungen. Nicht nur in der Beziehung zu anderen spielen

Geschenke eine wichtige Rolle, sondern auch in der Beziehung zu sich selbst. Geschenke sind eine Möglichkeit, »Seelenarbeit« zu leisten, als die das Schenken interpretiert werden kann; hier aber nicht primär als Arbeit an anderen Seelen, sondern an der eigenen – die letztlich wiederum die Seelenarbeit an anderen erst ermöglicht. Gelegentlich geht es darum, nur für sich selbst da zu sein, in sich hineinzuhören, um wahrzunehmen, welche Stimmen da sprechen, und darauf zu hören, was das eigene Gespür sagt, wozu es rät. Ein Geschenk ist es, »gnädig« mit sich selbst zu sein, sich wohl Exzellenz, aber nicht Perfektion abzuverlangen, wenigstens nicht permanent; zufrieden mit sich zu sein, wenn auch nur gelegentlich, um nicht in Selbstzufriedenheit zu versinken; zuweilen sogar sich zu loben für ein Tun und Lassen, das kritischer Reflexion und Selbstreflexion standhält, und umso mehr sich zu loben, als andere dies vernachlässigen. Nicht nur fordernd und herausfordernd, sondern auch zart und zärtlich mit sich umzugehen; nicht nur sich anzustrengen und zu mühen, sondern die Früchte der Anstrengung auch selbst zu genießen, sich Gutes zu tun zum Ausgleich für eine Anstrengung: Geschenke können eine Anerkennung und Belohnung sein, sie können allerdings auch, ganz wie die Geschenke für andere, aus reiner Sympathie resultieren, in diesem Fall für sich selbst.

Das eigentliche Geschenk ist ein *ideelles*, kein *materielles*, das zu kaufen wäre: eine Atmosphäre für sich zu schaffen, sich selbst Aufmerksamkeit zu widmen, denn aus guten Gründen ist das wahre Geschenk eine »Aufmerksamkeit«. Einige Mühe gilt es darauf zu verwenden, herauszufinden und auszuprobieren, »was mir gut tut«, um es immer genauer kennen zu lernen und gezielter gewähren zu können. So fragt das Selbst danach, wonach der eigene Körper verlangt, und ob es möglich ist, ihm diesen Gefallen zu tun; auch was die Seele betrifft: ob sie Entspannung sucht, sich Schlaf gönnen oder sich an der frischen Luft bewegen will. Um der Entlastung willen lassen Gewohnheiten und Rituale sich pflegen, die »gut tun«, da sie keiner Mühen der Reflexion und der Entscheidung bedürfen. Das Selbst kann sich zuweilen einen Morgen, einen Abend, einen ganzen Tag schenken, ohne »Verpflichtungen«, ohne drängende Arbeit, auch wenn sie drängt, um nur da zu sein für sich selbst. *Ideell* bleibt das Geschenk auch dann, wenn es *materiell* in Erscheinung tritt: Ein Abend im Kino, ein Gespräch mit dem Freund, eine geliebte Musik, eine Stunde der Muße im Café, eine Einladung zum Essen nur für sich selbst, um auf diese Weise sich selbst die Wertschätzung zuteil werden zu lassen, die von anderen vielleicht erhofft worden war. Was für die Geschenke für andere gilt, das gilt jedoch auch für Selbstgeschenke: Nicht zu viel, nicht zu häufig, nicht beliebig und nicht jederzeit zu schenken, vielmehr wählerisch und gezielt, damit die Wirkung erhalten bleibt und nicht durch zu häufigen und unmäßigen Gebrauch abgenutzt wird. Das kann bedeuten, die Erfüllung eines Wunsches, den das Selbst hegt, hinauszuzögern, um nicht zu riskieren, dass das Geschenk als wertlos betrachtet wird, nur weil dem Wunsch die Erfüllung schon auf dem Fuße folgt. Um im rechten Maß schenken zu können, bedarf es der Selbstmächtigkeit, die zur asketischen Verzögerung in der Lage ist und jedes Zuviel, auch jedes Zuwenig, jedes beliebige Geben, auch jedes beliebige Nehmen ausbalanciert.

Nicht dazu, jederzeit nur Gutes zu erfahren, sind die Geschenke des Selbst für sich da, sondern um problematischen Erfahrungen gegenzusteuern und vorsätzlich »Positives« zu suchen, wenn »Negatives« zu sehr bedrückt. Mit der Suche danach, »was mir gut tut«, lassen sich die inneren und äußeren Ressourcen ausfindig machen und freilegen, die es ermöglichen, innere Zerrissenheiten zu überbrücken und äußere Herausforderungen zu bestehen. Ein Geschenk beflügelt, es kann sogar die Wirkung einer Droge haben; eine Stärkung des Wohlbefindens, eine Stimulation des Gehirns kann damit verbunden sein, nach neurobiologischer Lesart auch eine Dopamin-Ausschüttung. Philosophisch betrachtet handelt es sich jedoch vor allem um eine Möglichkeit, die *körperliche* und *seelische* Sorge für sich selbst wahrzunehmen. Und sich darüber hinaus in ausreichendem Maße für die *geistige* Sorge zu rüsten, die ihre eigenen Herausforderungen für das Selbst bereithält.

Von der geistigen Sorge

Denken und Existenz:
Was Begriffe für den Lebensvollzug bedeuten

Von Bedeutung für die bewusste Lebensführung sind letztlich vor allem begriffliche, also *terminologische* Aspekte. Ins Blickfeld kommt die Arbeit des »Geistes«, des *nous*: neben der *Prägung* von Begriffen für das, was an Erfahrungen zu machen ist, auch die *Klärung* von Begriffen, mit denen hantiert wird, als verstünden sie sich von selbst, wie etwa »Leben«, »Kunst«, »Selbst«, »Glück«, »Sinn«… Begriffe können in die Irre führen, sie können krank machen und man kann gesunden an ihnen, je nach ihrer Definition. In Begriffen steckt, über das bloße *Wort* hinaus, ein Vorverständnis, ein Konzept, eine Vorstellung, eine *Idee*, was eine Sache ist oder sein soll und welche Bedeutung ihr zukommt. Entscheidender als die Realität kann diese Idee sein, die von ihr im Umlauf ist, ja die Idee kann ursächlich für die Realität sein, etwa im Falle einer Revolution. Oft ist es die innere Logik von Begriffen, die das individuelle Denken vorstrukturiert und organisiert, und niemand wüsste im Nachhinein zu sagen, wodurch oder durch wen diese Logik ins Werk gesetzt worden ist. So bergen Begriffe Eigenschaften in sich, die ihnen zugeschrieben werden und die vielleicht noch anders zuzuschreiben wären, Wahrheiten, die auch anders wahr oder von Grund auf falsch sein könnten. Der Inhalt von Begriffen ist niemals *normativ*, immer *optativ* zu verstehen: Das jeweils herrschende Verständnis ist eine Option unter anderen. Die Lebenskunst besteht darin, nicht zum Gefangenen von Begriffen mit angeblich »allein gültigen« Bedeutungen zu werden.

Das gilt vor allem für den Begriff des »Lebens«, dem das Selbst beim Vollzug seines Lebens folgt, womöglich unbewusst, ohne die jeweils zugrunde liegende Idee vom Leben selbst gedacht zu haben. Der Begriff wird zunächst gebildet, um das Leben ausgehend von den jeweiligen Erfahrungen in eine kommunizierbare Form zu bringen (*Induktion*). Um nicht von jeder Einzelheit jeder Erfahrung jedes Mal aufs Neue erzählen zu müssen, kommt es zur Verallgemeinerung und Festschreibung: »Leben ist…«, und um nicht stets in vollem Umfang diese *Definition* wiedergeben zu müssen, bleibt nur »Leben« noch übrig, der Rest wird mitgedacht. Das ist die eine Hälfte des Prozesses, die andere besteht darin, dass der definierte Begriff seinerseits auf das Leben zurückwirkt, sodass das Leben zu einer Ableitung des Begriffes wird (*Deduktion*), bis letztlich nicht mehr klar ist, was zuerst da war, Begriff oder Leben. Die Wechselseitigkeit dieses Prozesses ist kaum aufzulösen, und so folgt der Begriff dem Leben, und das Leben dem Begriff. Das Leben ist eine Komödie? Dann entspricht ihm das Lachen am besten. Das Leben ist eine Tragödie? Dann ist das Weinen am ehesten angemessen. Das Leben ist ein Kampf? Dann sollte das Selbst sich dafür rüsten. Das Leben ist ein langer ruhiger Fluss? Dann bietet es sich an, träge mitzufließen. Leben heißt glücklich zu sein? Dann wäre noch zu klären, was unter »Glück« verstanden werden soll. Glück ist das Positive und der Erfolg, die Maximierung von Lust und Eliminierung von Schmerz? Aber Leben heißt auch, unglücklich zu sein, und wenn schon glücklich, dann hat dies mit ausschließlicher Lust und aufgehobenem Schmerz womöglich wenig zu tun. Die jeweiligen Definitionen zeigen nur, wie unterschiedlich die Begriffe ausfallen können und welche Folgen fürs Leben dies jeweils hat. So abstrakt Begriffe auch erscheinen mögen, so konkret können ihre Auswirkungen sein, denn mit ihrer Hilfe wirkt das Denken auf die Existenz ein. Eine bewusste Lebensführung bedarf daher der Aufmerksamkeit auf die innere Logik der Begriffe, um sie aufzuspüren und gegebenenfalls, wenn sie zum Problem wird, umzuformulieren. Es gibt keinen Grund, sich einer herrschenden Auffassung von »Leben« zu unterwerfen, um ihr nur nachzuleben und, wenn ihr nicht Genüge getan werden kann, zu verzweifeln.

Droht damit nicht Beliebigkeit? Sind Begriffe nicht dazu da, eine *Realität* möglichst genau wiederzugeben? Zweifellos, aber sie halten sich nicht daran. Sinnvoll erscheint, jede Begriffsbildung an den Kriterien von *Plausibilität* und Evidenz, Nachvollziehbarkeit und Offensichtlichkeit zu messen, aber auch in diesen Kriterien bleiben subjektive Sichtweisen wirksam. So kommt es, dass unter einem Begriff wie »Leben«, jeder Verallgemeinerung zum Trotz, kaum zwei Menschen genau dasselbe verstehen. Nur das *Wort* bleibt dasselbe und täuscht über die unterschiedlichen Bedeutungen gänzlich hinweg. Missverständnisse und Enttäuschungen sind zu beklagen, könnten jedoch zum Anlass genommen werden, eine Klärung des je eigenen Begriffs in der Auseinandersetzung mit anderen und vor allem mit sich selbst vorzunehmen. »Einen Begriff von etwas zu haben«, heißt dann so viel wie: eine bewusste Auffassung von einer Sache und ihrer Bedeutung gewonnen zu haben und diese Sache von anderen unterscheiden zu können. Etwas wird fassbarer, »greifbarer« auf diese Weise: Ein Begriff vereinfacht das Vielfältige und macht es handhabbar, wenn auch zwangsläufig um den Preis der Kritik, dem Vielfältigen nicht gerecht zu werden. Sich klarer zu werden über den eigenen Begriff etwa des Lebens, ihn für sich selbst zu definieren, ermöglicht, diese Definition anderen mitteilen zu können, um sich über unterschiedliche Auffassungen zu verständigen, sofern es um Verständigung gehen soll.

Die Klärung von Begriffen und die Verständigung darüber mit sich selbst und anderen ist eine Schulung der Aufmerksamkeit und Selbstaufmerksamkeit, trägt zur Klärung des Selbst und seines Verhältnisses zur Welt bei und dient auf diese Weise der *Orientierung des Lebens*. Ein Forum für diese Klärung bietet, da Begriffe das Handwerkszeug der Philosophen sind, traditionell die Philosophie, auch wenn der Zweck der Klärung im Verlaufe des Prozesses gelegentlich aus den Augen verloren wird. Medizin, Psychologie, Soziologie, Biologie haben die somatischen, psychischen, sozialen, ökologischen Strukturen des Menschseins im Blick, die Philosophie aber die *Strukturen des Denkens*, durch die all die Begriffe definiert sind, die ihrerseits das Menschsein prägen. Begriffe sind geformte Gedanken, und Gedanken »erzeugen den Menschen«, so Bettine von Arnim in ihrem Roman *Die Günderode* (1840). Philosophie kann dabei behilflich sein, die »objektive«, heteronome Definition eines Begriffes ausfindig zu machen, sie für sich selbst zu prüfen und gegebenenfalls »subjektiv«, autonom zu modifizieren oder neu zu fassen. So wird das Selbst zum Souverän seiner Begrifflichkeit. Es käme darauf an, die Logik der Begrifflichkeit überhaupt und einzelner Begriffe im Besonderen zu studieren, um sie sich anzueignen und ein bewusstes Verhältnis dazu zu gewinnen. Was zuallererst im Geistigen geschieht, eröffnet Bewegungsspielräume fürs Leben, Anderes wird denkbar und lässt sich in Begriffen konzipieren. Ebenso geht es jedoch darum, das Denken offen zu halten für die Erfahrungen der Existenz, um diese auf die Begriffe zurückwirken zu lassen, Bedingung einer Begrifflichkeit, die den Phänomenen des Lebens nahe bleibt. Die Begrifflichkeit stets im Auge zu behalten, wird in der philosophisch inspirierten Lebenskunst zur Aufgabe des einzelnen Selbst, die über der vordringlich erscheinenden Alltäglichkeit allzu leicht vernachlässigt wird.

Fabricando fabricamur: Das Leben schreiben

Die Arbeit an Worten und Begriffen ist Teil der Arbeit des Selbst an sich und seinem Leben: Es bedarf dieses Äußeren, in dem es sich findet, spiegelt und gestaltet. Insbesondere das geschriebene Wort, die Schrift, erweist sich als vorzügliches Medium dafür, in der Formulierung Form für sich und das Leben zu finden. Das Papier, das beschriftet wird, auch der Bildschirm, auf dem die Buchstaben zu Wörtern und Sätzen gereiht werden, wird zum Spiegel, in den das Selbst blickt, und das Spiegelbild wirkt zurück auf das Selbst. Wer sich in der Schrift mit einer Sache auseinander setzt, setzt sich vor allem mit sich selbst auseinander. Für die Schrift gilt daher der Grundsatz des *fabricando fabricamur*: Durch die Arbeit der Gestaltung wird das Selbst gestaltet, durch das Verfertigen der Schrift wird das Selbst verfertigt. In der Schrift gewinnt das Selbst die erforderliche Distanz zu sich, die ihm erlaubt, sich wie von außen zu sehen und von außen auf sich einzuwirken. Ein Raum der Freiheit entsteht, in dem das Selbst mit sich spielt, sich formt und transformiert, während es auf sich wie auf einen anderen blickt. In jeder Spur, die die Geste der schreibenden Hand hinterlässt, spürt das Selbst sich auf und gibt sich selbst Gestalt, knüpft das Netz einer Struktur und bildet ein Gewebe, in dem es zu leben vermag. In der Schrift erinnert es sich an das, was es war, bringt auf Begriffe, was es gegenwärtig ist, und beginnt davon zu träumen, was aus ihm noch werden kann. Das Erzählen und Aufschreiben wird zum Prozess der Reflexion, in dessen Verlauf die Geschichte des Lebens erst geschrieben wird, die nicht identisch mit der »wirklichen« Geschichte ist. So gewinnt das Kunstwerk des Lebens Konturen, mit all seinen Linien und Brüchen, Facetten und Fragmenten.

Ähnlich wie andere Tätigkeiten ist das Schreiben eine Übung der philosophischen Lebenskunst, eine *Übung des Geistes*, eine Asketik, die in Briefen, Mails, Tagebüchern und in kleinen Texten zur Selbstverständigung vollzogen wird, auch in schriftlichen Arbeiten an Schulen und Hochschulen, die in erster Linie dazu da sind, diese Arbeit an sich selbst zu leisten, auch wenn das nicht immer so vermittelt wird. Es handelt sich um eine Arbeit, die mit Ängsten, Unsicherheiten und Selbstzweifeln verbunden ist, mit einiger Verzweiflung über die tägliche Mühsal der Detailarbeit, die nicht sichtbaren Fortschritte, die wachsenden statt schwindenden Unklarheiten, die Desorientierung und das Misslingen – und ebenso mit einiger Euphorie über den sichtbaren Fortschritt, die endlich erreichte Klarheit, die Orientierung, das Gelingen, keineswegs erst im Ganzen, sondern schon in jedem Detail. Schreiben, das ist die meditative Ruhe und der Schrei der Verzweiflung, der Kampf um jede einzelne Formulierung, jedes Wort, jeden Begriff, um zu prüfen und zu spüren, ob das »so stehen bleiben kann«. Äußerst hilfreich ist das Gegenlesen eines anderen, an dessen Kommentaren das Selbst »sich reiben kann«, um ein Gespür für die eigene Schrift zu gewinnen.

Das Selbst gerät außer sich in der Schrift: eine ekstatische Erfahrung in jeder Hinsicht. Diese Arbeit innig zu lieben und zuweilen mit Abscheu zu hassen, und dies in raschem Wechsel: Das ist die Erfahrung des Schreibens. Es ist überwältigend, am eigenen Leib zu erfahren, wie ein vermeintlich rein geistiges Problem, eine gedankliche und sprachliche Formulierung, auch auf die körperliche und seelische Befindlichkeit durchschlagen kann, bis hin zu alptraumhaften Ausmaßen, wenn »es sich nicht fügt«. Wie befreit ist demgegenüber das Aufatmen, wie beglückend die Hochstimmung im gegenteiligen Fall: »O wie schön, wie die Worte fließen« – ein Glück, das so überwältigend sein kann, dass es den Einsatz jeder Mühe lohnt. Die Auflösung kann vom Geistigen ebenso wie vom Seelischen oder Körperlichen her gelingen; in jedem Fall ist dies eine Erfahrung fürs Leben: am »toten Punkt« anzukommen, zutiefst entzweit mit sich und der Welt, und immer wieder darüber hinwegzukommen, zutiefst einverstanden mit aller Welt und sich selbst. Leben und Tod verschmelzen unterschiedslos für den, der schreibt: nicht mehr zu wissen, was Leben, nicht was Tod ist, nur noch in der Schrift zu leben, die doch scheinbar leblos ist, in Wahrheit aber selbst dann noch weiter leben wird, wenn das Selbst dereinst nicht mehr existiert.

Die Schrift hat Konsequenzen für die Verfassung des Selbst und seine Beziehung zur Welt. Sie fixiert Wahrheit – und stellt sie wieder in Frage. Wer schreibt, gewinnt einen starken Eindruck von der Punktförmigkeit jeder Realität und der *Fragwürdigkeit aller Äußerung.* Die Wirklichkeit eines Phänomens erscheint zum Punkt zusammengeknäuelt, das Schreiben ist dann das Herauswickeln eines Fadens aus diesem Punkt, das Entwickeln einer Abfolge von Wörtern und Sätzen, die den Punkt selbst nicht wiedergeben können – aber könnte deswegen etwa auf das Schreiben und Sprechen verzichtet werden? Aller Ausdruck bleibt hinter der Wirklichkeit zurück, die doch Ausdruck finden soll; was bleibt, ist eine Unruhe über die Dinge und den Aufbau der menschlichen Welt überhaupt, die sprachlich verfasst ist. Und zugleich staunt das Selbst beim Schreiben wie beim Sprechen über die Vielfalt der möglichen Bezüge, die sich herstellen lassen, und die zahllosen Perspektiven, unter denen die Dinge und die Welt zu sehen möglich ist. Das Selbst fühlt sich gedemütigt von der Undurchschaubarkeit der Zusammenhänge – um gelegentlich doch wieder einen Schlüssel zu ihrem Verständnis zu finden, es jedenfalls zu glauben und zu triumphieren.

Ein umfassendes Selbst entsteht in der Schrift, das mit dem jeweils aktuellen Selbst nur noch bedingt zu tun hat. Zum Selbst wird nun die *Summe aller Selbstmomente* durch die Zeit der Schrift hindurch, und die Quantität dieser Ansammlung schlägt um in die neue Qualität eines weiten, reichen, reflektierten, überlegten Selbst, dessen Momente der Verzweiflung nur noch als Farbtupfer im Gesamtbild erscheinen, während sie das je aktuelle Selbst gänzlich dominieren können. Nicht immer entstammt, was da geschrieben steht, den Reflexionen des jeweiligen Selbst. Die Schrift ist keineswegs nur ein Objekt des Selbst, sondern übernimmt selbst die Funktionen eines Subjekts, formuliert Fragen und gibt Antworten, verknüpft und verlagert den Diskurs auf überraschende Weise. Es scheint, als formulierten und fügten die Sätze sich bisweilen von selbst, sodass »der Autor« mit Fug und Recht behaupten kann: »Das habe ich nicht geschrieben.« Wer aber ist es, der schreibt? Vielleicht die Vielheit derer, die im Selbst wohnen und in der Schrift zu ihrer Kohärenz finden – sofern keine Transzendenz angenommen werden soll? Schreibt auch das technische Gerät an den Gedanken mit? Aber ja. Gerade eben bin ich dabei zu formulieren, dass das Leben des *Bejahenswerten* bedarf, da meldet sich ungefragt die programmierte Maschine zu Wort: Der Begriff des Bejahenswerten sei »nicht im Wörterbuch« zu finden, also unbekannt und unschreibbar. Stattdessen wird eine Alternative vorgeschlagen: *Bejammernswertes*, das Leben bedarf des Bejammernswerten. In der Tat, so ist es, warum bin ich nicht gleich selbst darauf gekommen! Die Lebenskunst kann sich nicht in der Suche nach Bejahenswertem erschöpfen, sie bedarf auch des Bejammernswerten, um dem negativen Pol des Lebens Rechnung zu tragen. Ja sagen und jammern können: Nur in dieser Spannweite findet das Leben wirklich zu seiner Erfüllung.

Lesen als Lebenskunst

Die geistige Sorge gilt der Produktion von Worten und Begriffen in der *Schrift*, ebenso ihrer Rezeption in der *Lektüre*. Mit jedem, der auch nur irgendeinen Roman liest, geschehen bemerkenswerte Dinge: Die Lektüre zieht ihn in ihren Bann, er verlässt seine gewohnte Welt, zugleich beginnt eine neue, virtuelle sich zu konstituieren, die nicht weniger Wirklichkeit für sich beansprucht als die wirkliche. Die gesamte umgebende Realität findet sich zur Disposition gestellt, das Selbst tritt in ein neues Leben ein, dem es sich hingibt, wie dies nur bei einem Verhältnis der Leidenschaft möglich ist. Es vertieft sich in die Lektüre ganz so, wie es sich auch verliebt: plötzlich, brüsk, mitten hinein. Es verliert den Kopf dabei und weiß nicht mehr, wie ihm geschieht. Wie jede Lust ist auch die des Lesens gewalttätig und exzessiv: Der Kopf ist nicht mehr von den Seiten weg zu bekommen, eine Genickstarre ist wahrscheinlicher als ein einziges Hochblicken. Eigentlich wollte man der Faszination nur ein paar Schritte weit folgen, aber ehe man sich's versieht, ist man schon zu weit gegangen. Die scheinbar kargen Buchstaben erwecken die überströmenden Leidenschaften zum Leben und schreiben sich dem Leib des Selbst ein, der diese Prägung nicht mehr vergisst. Wenn es in der Lebenskunst um einen maßvollen Gebrauch der Lüste geht, dann zweifellos auch bei dieser Lust, die in maßloser Weise auf die Penetration der unschuldigen, nur leicht mit Druckerfarbe geschwärzten weißen Seiten aus ist. Im zweiten seiner *Briefe an Lucilius über Ethik* warnte Seneca schon davor, es zu übertreiben: »Überfluss an Büchern, Verstimmung des Geistes«.

Die Lektüre ist, wie das Schreiben, wie das Gespräch, eine Form von *geistiger Berührung*, ein Berühren und Berührtwerden von Gedanken, Vorstellungen, Träumen und Ideen, verbunden mit der sinnlichen Berührung beim Zur-Hand-Nehmen des Buches und dem Umblättern der Seiten. Die Berührung macht das Lesen zur Lebenskunst, zur *Kunst des Selbst*, sich selbst herzustellen und zu gestalten. Vom Text, den es berührt und von dem es berührt wird, lässt das Selbst sich subjektivieren. Es glaubt eine Geschichte zu lesen und findet und erfindet dabei in Wahrheit sich selbst. In ihm lebt die Geschichte auf, die erzählte und die eigene, die es auf dem Umweg über die Erzählung selbst zu erzählen beginnt, die Geschichte des Lebens, die sich in der Lektüre zu fügen vermag. Die Schrift regiert und dirigiert ihren Leser, indem sie ihn mit der verführerischen Klarheit der Buchstaben durch den unabsehbar weiten, weißen Raum der Möglichkeiten führt. Der Buchstabe in seiner nackten Existenz, von der sich noch nicht sicher sagen lässt, ob ein Zeichen mit Bedeutung daraus wird, ist der Schatten, der sich in einer Welt aus Licht abzeichnet und die Konturen hervorbringt, an denen das Selbst sich orientieren kann. Man mag skeptisch sein, ob das Lesen die wahre Bedeutung der Zeichen zu entziffern vermag und ob es so etwas wie »wahre Bedeutung« überhaupt gibt, aber das ist jetzt unerheblich. Lesen findet statt, die Zeichen werden gedeutet, und in ihrer Konstellation findet und erfindet das Subjekt sich und seinen Weg. Es wird allmählich selbst zu einer Ansammlung von Zeichen, die es in sich aufgenommen hat und deren Anordnung es ständig revidiert und reformuliert. Das übliche Drama der Beziehungen spielt sich auch in der Beziehung zwischen Selbst und Zeichen ab: Das chaotische Spiel der ersten Begegnung, der Entfremdung, des Wiedererkennens, der Trennung, der Erinnerung, des Träumens von einer erneuten Begegnung. Die Splitter der Lektüre formen das Selbst, setzen es zusammen wie ein Mosaik, das bunteste Gebilde entsteht auf diese Weise.

Legere heißt aufnehmen, pflücken, ernten: Seit seiner Erfindung ist Lesen das Aufnehmen von Zeichen, die ein anderer an anderen Orten, zu anderen Zeiten, gesetzt hat; es bedeutet, eine Spur zu lesen und zu bedenken, was sie anrät. Im Zeichen verbirgt sich ein anderer, und Lesen heißt, dessen Stimme in sich sprechen zu lassen, über Raum und Zeit hinweg. Der andere spricht mit mir und lässt sich von mir Fragen stellen, antwortet ausweichend oder direkt, tanzt aufdringlich auf der Bühne der Buchseite oder versteckt sich verschämt zwischen den Zeilen. Was er in den Text niedergelegt und ihm eingeschrieben hat, sodass es ganz und gar vom Körper der Buchstaben repräsentiert wird, wird durch den Akt des Lesens vom Selbst als Zeichen wahrgenommen. Das Lesen ist ein Leben mit anderen, deren Stimmen im Text sprechen, und es kann bedeuten, eine Vielzahl anderer Stimmen in sich aufzunehmen. Die Stimmen beginnen im Selbst zu sprechen, und es muss nur Sorge dafür tragen, in ihrer Vielstimmigkeit nicht zu zerspringen. Ohnehin erreicht es den Punkt, an dem es nicht mehr zu unterscheiden weiß zwischen Zeichen und ganzen Sentenzen, die ihm selbst entstammen, und jenen, die es bei anderen gelesen und von ihnen übernommen hat. Nimmt es das Buch später wieder zur Hand, ist es überrascht, die »eigenen Sätze« darin zu finden. Und zugleich wird das Subjekt selbst zum Buch, das vielleicht ein anderer nun wiederum zu lesen versucht.

Nach außen hin erweckt das Lesen den trügerischen Eindruck, eine *Passivität* zu sein. Aber es handelt sich, ebenso unscheinbar wie wirkungsvoll, um eine *Aktivität*, eine Praxis der Freiheit, sowohl im Sinne einer *Befreiung* von Gegebenem als auch einer *Formgebung* der Freiheit: Gleichsam beiläufig gewinnt das Selbst im Laufe der Lektüre Möglichkeiten zu seiner Gestaltung und nutzt sie unmerklich: Die Buchstaben und Zeichen sagen, was das Selbst längst schon sagen wollte, und sagen zugleich noch etwas anderes – etwas, das das Selbst in Berührung mit dem Anderen bringt, sei die Erfahrung enttäuschend oder verheißungsvoll. Ein immenser *Raum der Reflexion* wird damit gewonnen: Angeregt durch die Lektüre, verweilt das Selbst im offenen Raum des Denkens auch dann noch, wenn das Buch längst schon auf seinen Schoß niedergesunken ist. Die gewonnene Distanz zu sich und zur umgebenden Welt erlaubt ihm das Nachdenken über sich und seine Verhältnisse, deren Kritik, ein Erträumen anderer Möglichkeiten, eine Veränderung seiner selbst. Darin liegt die Bedeutung der *Belesenheit*: Möglichkeiten des Lebens durch das Lesen erschließen und einen weiten Horizont des Denkens und Existierens gewinnen zu können, in dem Fragen und Antworten, Probleme und Lösungen sich erörtern lassen; in keinem Fall aber der Selbstverständlichkeit der Gegenwart verhaftet zu bleiben. Das Lesen knüpft ein weitläufiges Netz von Zusammenhängen, ein weit verzweigtes Wurzelwerk von Vorstellungen, innerhalb derer das Selbst sich frei bewegen, vielfältige Beziehungen zu anderen und Anderem herstellen und Antworten auf seine Fragen finden kann. Auf diese Weise wird das Selbst beeindruckt, geprägt, *geschrieben* von dem, was es liest: indem es sich darin wiederfindet oder sich fremd darin wird. Vom »Einfluss« ist dann die Rede, den ein Buch auf das Selbst und sein Leben ausgeübt hat. Von anderswoher kehrt das Selbst zu sich zurück und ist doch nicht mehr dasselbe. In der Einsamkeit oder Gemeinsamkeit, in der sie stattfindet, formt die Lektüre die gesamte Seinsweise des Selbst neu. Montaigne sieht daher im 16. Jahrhundert den Gewinn der Lektüre in der Übung, die eine Arbeit des Selbst an sich ist: »Die Bücher haben mir weniger zur Belehrung denn zur Übung gedient« (*Essais* III, 12).

Die Geschichte des Lesens verdeutlicht, auf welche Arten diese Übung vollzogen werden kann. Lesen meinte lange Zeit das *gemeinsame, äußerliche Lesen*, das aus der Antike stammt und durch die Zeiten hindurch in Klöstern gepflegt worden ist: ein lautes Lesen mit sichtbarer Bewegung der Lippen und sinnlicher Erfahrung der Stimme, durch die der Text spricht und von außen auf das Selbst einwirkt. Die integrale Gesamtheit der Erfahrung scheint bei dieser leiblichen Lektüre auch eine nachhaltige geistige Berührung zu vermitteln. Leidenschaftlich involviert ist das Selbst jedoch bei der alternativen Form des *individuellen, innerlichen Lesens*, bei der es den Text geradezu inkarniert, sich darin formt und transformiert. Die Tätigkeit des Lesens richtet sich hier nicht nach außen und von dort auf das Selbst zurück, sondern wird im Inneren selbst umgewendet, eine Verinnerlichung und Vereinzelung des Lesens nur für sich selbst, in der stillen Stube und vielleicht noch in der Einsamkeit der Nacht. Auf schweigsame Weise ist dieses Lesen, bei dem das Selbst allein ist mit dem Text, über den es sich beugt, ein Schwelgen im Garten der Sinnlichkeit, mag es auch kognitiver bestimmt sein als die gemeinsame, äußerlich erfahrbare Lektüre. Historisch ist die Möglichkeit dazu eröffnet worden durch die Erfindung der Leerräume in der Schrift zwischen den ursprünglich nahtlos aneinander gereihten Wörtern, die gebetsmühlenartig wie eine Litanei heruntergeleiert werden konnten: Seither residiert das Schweigen im Raum zwischen den Wörtern und erlaubt dem Selbst, Wort für Wort still in sich aufzunehmen. Im Raum dazwischen kann das eigene Denken und Vorstellen, die eigene Interpretation des Geschriebenen sich entfalten. Möglicherweise ist dies der Spalt, in dem der Intellekt aufblüht, der dem *intellegere*, dem »Dazwischenlesen«, seinen Namen verdankt.

So wird das Lesen zum stummen Murmeln, mit dem das Selbst die Zeichen verinnerlicht. Und doch meldet, wenn das Innerliche dermaßen privilegiert wird, das Äußerliche sich wieder zu Wort: Der Körper fordert sein Recht, verlangt nach Berührung, vorzugsweise im Modus der Selbstberührung. Die Hand fährt über die Stirn und durch die Haare, gedankenverloren zerkratzt sie die Haut. Der Blick schweift ab. Die Sinne wollen mitlesen:

Eine Formulierung zergeht auf der Zunge, eine andere ist unverdaulich und verdient wieder ausgespuckt zu werden. Es hat keinen Sinn, still zu sitzen, man muss aufstehen, hin- und hergehen, das Gelesene wiederkäuen, es überdenken und inkorporieren. Die *lectio* ist nur die Grundlage der *meditatio*, die über das Gelesene hinausgeht, um zu ihm zurückzukommen und es auf vielfache Weise in Bezug zum Selbst zu setzen. Ein Spaziergang kann die geistige Berührung in körperliche Bewegung umsetzen, andernfalls geht der Text verloren, da er nirgendwo Halt findet und den Körper durchquert wie ein Reigen flüchtiger Teilchen. Die Bewegung im Rhythmus der Worte aber prägt sich der gesamten Gestalt ein und wird zum Bestandteil des Selbst, das sich davon nicht mehr zu unterscheiden weiß.

Das individuelle, innerliche Lesen tritt in der Neuzeit und Moderne seine Vorherrschaft an; seine allgemeine Verbreitung ist zwar eine neue Form des gemeinsamen Lesens, aber in individualisierter Form. Von der massenhaften Berührung der Subjekte mit der virtuellen Welt der Buchstaben erhoffen Aufklärer sich den Anstoß zu einer Veränderung der realen Welt, die Arbeit des Selbst an sich in der Lektüre wird zur Grundlage für die Erneuerung der Gesellschaft. Zugleich spaltet sich die innerliche Form der Lektüre jedoch auf in eine *subjektive*, die das Lesen weiterhin als Übung zur Formung des Subjekts begreift, diese Auswirkungen der Lektüre zumindest noch geschehen lässt, sowie eine *objektive*, für die das Buch nunmehr ein bloßes Objekt darstellt, von dem das Selbst nicht weiter berührt wird und zu dem es keinerlei engere Beziehung eingeht. Der Text wird zu einem Gegenstand, der analysiert, zerlegt und neu zusammengesetzt werden kann; er dient dem Abruf eines in ihm aufbewahrten Wissens, das kein Lebenswissen mehr, sondern ein objektives Wissen ist. Es handelt sich wohl um eine Fortentwicklung des *scholastischen* Lesens, das sich schon vom *monastischen* Lesen abgehoben hatte; daraus wird nun die distanzierte wissenschaftliche Lektüre, deren Bedeutung in der Zeit der Moderne inflationär anschwillt. Das Lesen ist kein Schritt mehr auf dem Weg zu Gott, kein Fenster mehr zur Welt, kein Schlüssel zum Anderen, keine Bildung mehr des Subjekts selbst. Aber eine Lektüre, die für das

Selbst nichts bedeutet, es nicht berührt und nicht formiert, ist in jedem Sinne des Wortes sinnlos. Nietzsche spottete über diese Entwicklung und zog in *Also sprach Zarathustra*, »Vom Lesen und Schreiben«, sein eigenes Fazit: »Noch ein Jahrhundert Leser – und der Geist selber wird stinken.«

Im Zuge der objektiven Art des Lesens verbreiten sich Techniken der punktuellen und kursorischen Lektüre, einzelne Stellen werden herausgegriffen, ohne auf den Fortgang des Textes zu achten; eine große Zahl von Texten kann auf diese Weise »verarbeitet« werden. Die *intensive, wiederholende Lektüre* ein und desselben Textes, wie sie für andere Zeiten typisch war, wird durch die *extensive, fortschreitende Lektüre* immer neuer und anderer Texte abgelöst: eine Widerspiegelung des Übergangs von der zyklischen zur linearen Zeitvorstellung, wie sie die Moderne auszeichnet. Einige Versuche, sich den Text doch wieder subjektiv anzueignen, sind in Angewohnheiten des Unterstreichens einzelner Sätze, des Glossierens und Marginalisierens noch kenntlich. Im ausgehenden 20. Jahrhundert bildet sich allerdings eine Technik aus, die es erlaubt, der Mühe der Lektüre gänzlich zu entgehen: das *Kopieren*, das dem Selbst das Gefühl vermittelt, den ersten Schritt bereits getan zu haben, die »restliche« Arbeit der sorgfältigen Lektüre würde jederzeit folgen können, faktisch bleibt dafür jedoch meist keine Zeit. Das ist die objektivste Art des Lesens, weder das Buch noch das Selbst werden dabei wirklich berührt, und doch bleibt der selbstgewisse Eindruck zurück, eine enorme Arbeit geleistet zu haben, denn schon nach einer halben Stunde am Kopiergerät ist das Selbst der Erschöpfung nahe, eine eindrucksvolle Kompensation der eigentlichen Arbeit an sich selbst.

Die objektive Art des Lesens dominiert auch noch den Gebrauch elektronischer Medien, denn deren virtueller Raum geht hervor aus dem Raum, in dem das lesende Subjekt sich schon seit langem bewegt. Vielleicht sollte man nicht so sehr vom befürchteten Tod des Buches, eher vom Problem der extensiven Art des Lesens sprechen, denn das bloße Aufnehmen und Verarbeiten von Zeichen, das nicht mehr als Arbeit an sich selbst verstanden wird, ist keineswegs ans Buch gebunden. In jedem Fall bleibt offen, ob und wie eine subjektive Art des Lesens, eine neuerliche *existenzielle Lektüre* wieder gewonnen werden kann, bei der das Selbst eine innige Beziehung zum geschriebenen Text eingeht. Welche Bedeutung dessen sinnlich-geistige Berührung hat und ob diese in der visuell-virtuellen Welt elektronischer Medien ersetzbar oder unverzichtbar ist, lässt sich am besten experimentell in Erfahrung bringen: Jedes Selbst kann die Probe darauf machen und Schlüsse für sich daraus ziehen. Gerade in der Zeit seiner Infragestellung kann das Lesen, und vielleicht auch das laute Lesen, wieder zur unerhörten Erfahrung werden. Und erneut braucht man, wie Foucault sagt, »um zu träumen, nicht mehr die Augen zu schließen, man muss lesen« (Nachwort, 1966, zu Gustave Flaubert, *Die Versuchung des heiligen Antonius*, 1874).

Dem Absurden begegnen. Von der Macht des Geistes

Das Lesen führt in fremde, ferne Welten. Die Macht des Geistes, dessen Material die Buchstaben sind, macht sie vorstellbar, lässt das eigene Leben in anderem Licht erscheinen. Unvorstellbar aber ist eigentlich die Situation, in der Salim lebt, dessen einzige Hoffnung darin besteht, »für eine lange und ewige Minute einen Lichtstrahl zu erhaschen«. Keineswegs ist Salim blind, obwohl er sich dessen nicht sicher sein kann, denn er hat keine Möglichkeit mehr, es in Erfahrung zu bringen. Salim lebt in einem Grab, in ewiger Nacht, in einem Erdloch, das ihm gerade noch genug Platz zum Atmen lässt. Die Nacht, die keinen Tag mehr kennt, wird zu seiner Welt, nicht nur im Umfeld seiner selbst, sondern auch inmitten seines Seins, das nunmehr Nacht ist. Ohne Sterne. Ohne jeden Fixstern. Ein Leben in »äußerster Entsagung«. Die Luft ist feucht, es riecht verschimmelt, es stinkt nach Urin. Die Haut ist unter einer Dreckschicht verschwunden, die nur ertastet werden kann. Wenn Salim langgestreckt am Boden liegt, mit dem Gesicht nach unten, drückt er die Stirn auf den Steinboden, um sie kühlen zu lassen und sich ein wenig zu spüren. Ansonsten ist die ganze Anlage so erdacht, dass er leiden muss, dass das Leiden endlos in die Länge gezogen wird, dass das Leben gerade noch erhalten wird, um möglichst lange Leiden zu bleiben; ein

Entzug der Existenz bei lebendigem Leib. Wer hat sich das ausgedacht?

Salim hat an einem Putsch gegen den König teilgenommen. Er war Soldat, 20 Jahre alt, und seine Vorgesetzten hatten diesen Aufstand geplant, dessen Ausführung blutig scheiterte. Unterschiedslos wurden Tote und Verwundete auf einen Lastwagen geworfen und abtransportiert. Die Phantasie einiger kreativer Köpfe blühte, um bis ins architektonische, medizinische, psychologische Detail hinein die perfideste Strafe zu ersinnen. Herkömmliche Gefängnisse eigneten sich dafür nicht, ein neues musste gebaut werden, kein Gefängnis, ein Kerker, unterirdisch im Nirgendwo der Wüste. Jede Zelle drei Meter lang, anderthalb Meter breit und hoch: unmöglich, aufrecht zu stehen; der aufrechte Gang ist denjenigen vorbehalten, die sich dem Herrscher beugen. In ein Loch in der Ecke fallen die Exkremente, von einem verborgenen Loch in der Decke her weht etwas frische Luft, kein Blick ins Freie. Zur Macht des Geistes gehört die Konzeption und Realisierung solcher Demütigungen, unmenschlicher Verletzungen, bestialischer Entwürdigungen. Jetzt aber kann Salim davon erzählen, und Tahar Ben Jelloun verleiht der Erzählung alle arabische und französische Wortmächtigkeit, deren er fähig ist, um das Unsagbare zu sagen: *Das Schweigen des Lichts* (2001). Der Roman beruht auf dem Bericht eines Überlebenden, der 1971 am Putsch gegen den marokkanischen König Hassan II. teilnahm. 1991 gab die Regierung Marokkos dem internationalen Druck nach und schloss das geheime Straflager Tazmamart im Süden des Landes.

Der Bericht ist ein Dokument für die Macht des Geistes in noch ganz anderem Sinne. Denn Salim beschließt, die Tortur als »Übung« und »Prüfung« zu begreifen, würde sie auch in den Tod münden. Leben zu können, das ist nun abhängig davon, sich gänzlich aufs reine Denken zurückzuziehen, allen Sinnen zu entsagen, die dem Selbst nur Übelkeit, Schmerz und Leid zu vermitteln vermögen und damit seine Existenz verunmöglichen. Der Lebensinstinkt ist bereits zerstört, auf ihn lässt sich nicht länger setzen. »Sehr schnell entschied ich mich, mir mit allen Mitteln meinen Geist, das Bewusstsein zu bewahren.« Ohne je davon gehört zu haben, stellt Salim das cartesianische Experiment aus dem 17. Jahrhundert noch einmal an, jedoch nicht in gedachter, sondern in wirklich gelebter Form: »ein von allem losgelöstes Denken«, Loslösung vor allem von jeder Körperlichkeit und Sinnlichkeit. »Ich litt so große Schmerzen, so heftige Qualen, dass ich mich langsam aus meinem Körper herauslöste und mir beim Kampf gegen die Skorpione in der Grube zusah. Ich stand darüber. Ich war auf der anderen Seite der Nacht.« Das Denken allein bleibt übrig und muss gestärkt werden durch gedachte und gesprochene Worte, durch rezitierte Gedichte, memorierte Geschichten, erfundene Erzählungen. Eine »absolute und furchtbare Klarsicht« soll das Denken erlangen, keine Illusionen hegen, keine Hoffnungen, die tödlich sein können, da Enttäuschungen das Selbst letztlich in Verzweiflung stürzen.

Unwillkürlich kommen dem Leser die Versuchungen des heiligen Antonius in der ägyptischen Wüste wieder in den Sinn, der allerdings *willentlich* den Kampf mit der »Hölle« aufnahm. Denn die Hölle, das sind nicht wirklich »die anderen«, sondern die inneren Dämonen und Chimären des Selbst. Salim gerät *unwillentlich* in diese Situation, die Mittel seines Kampfes aber sind dieselben: Machtmittel des Geistes. Sie setzen beim Körper an: »Um den Geist zu erreichen, muss man zuerst den Körper vorbereiten, tief bis in den Bauch hinein atmen, sich auf die Atemarbeit achtend konzentrieren.« Sodann: keine Gefühle mehr, vor allem keine Wut, keinen Hass, auch keine Trauer; keine Erinnerungen an Beziehungen oder gar Umarmungen: »Sich erinnern heißt sterben.« Am schlimmsten sind die Erinnerungen an die Gerüche des »alltäglichen kleinen Glücks«: den Kaffeeduft, den Duft von frischem Brot... Die Wehmut bricht das Herz. Keine Sehnsüchte mehr, sondern nur noch ein rein geistiges Sein, das in der Lage ist, das Selbst aus sich heraus zu katapultieren, um erhaben zu sein über dieses Leben. In Gedanken sich durch einen anderen zu ersetzen und den eigenen Namen zu bewahren »wie ein Testament«. »Die Dinge im Geist wieder aufbauen«: einen Garten einrichten *in Gedanken*, ein Haus, ein alltägliches Leben, und das Selbst kann jederzeit unbemerkt dorthin entfliehen.

Da ist keine Zeit mehr, die vergeht. Für Salim wird erfahrbar, dass es Zeit nur gibt, wenn es Bewegung und Veränderung gibt. Völlig zeitlos, alterslos, versucht er, ganz im »erstarrten Augenblick« zu leben und »mit dem Nichts zu verschmelzen«. Die verschiedensten Arten von Stille lernt er kennen und vermag sie mit feinem Gespür voneinander zu unterscheiden, auch die unterschiedlichsten Gesänge eines einzigen Vogels vor seinem Luftloch. Eine irrwitzige Kreativität bricht sich Bahn, die aus dem Metall eines Besens Rasierklingen und Nadeln zu fabrizieren versteht, Strategien der Bewegung gegen die Erstarrung des Körpers in der engen Grube entwirft, Schmerzen durch die Vorstellung noch größerer Schmerzen besiegt, einen Hund erfindet, der von Zelle zu Zelle zieht und Kommunikation vermittelt. Zum beständigen Gefährten aber wird der Tod, der in jeder Ritze lauert. Merkwürdigerweise ist es ausgerechnet der Tod, der das Licht wiederbringt, wenigstens für einen Moment. Es ist der Tod der Mithäftlinge, den sie erleiden, einer nach dem anderen, oder den einer sich selbst gibt, der seinen Kopf gegen die Wand schlägt; die Verbliebenen dürfen den Toten unter freiem Himmel begraben: »Der Tod verwandelte sich in einen prächtigen Sonnenstrahl.« Als auch dieses Privileg noch eliminiert wird, wird das Licht zu einer Frage der Vorstellungskraft.

An das Licht und den Frühling zu denken ermöglicht, sogar den Gestank von Exkrementen und Erbrochenem auszuhalten. So viel Kraft spendet ein einziger Lichtstrahl, dass alles erträglich erscheint, und erst recht gilt dies für das innere Licht, dessen Metapher das äußere nur ist: Die Transzendenz, die Überschreitung des Selbst hin zum ganz Anderen wird zu einer Leistung des Geistes, der sich einen Begriff von dem allumfassenden Zusammenhang macht, in dessen Rahmen das Selbst sich aufgehoben fühlen kann. Diese Vorstellung gewinnt für den vormals wenig gläubigen Salim mehr und mehr an Plausibilität, verbunden mit der Überzeugung, niemandem zu gehören, letztlich auch nicht sich selbst: »Ich gehörte nur Gott.« Um am Ende den einzigen Traum wahr zu machen: den Schwarzen Stein in Mekka zu berühren und den Nachweis zu erbringen, dass ein Mensch zwanzig Jahre lang in einem üblen Loch von Gott, Worten, Bohnen, trockenem Brot und Wasser leben kann, ausgestattet nur mit der

Macht des Geistes. Zuletzt gelingt es, rudimentäre Nachrichten über das Straflager in die Außenwelt zu schmuggeln; eine Menschenrechtsaktivistin setzt alle Hebel in Bewegung, Journalisten informieren die Öffentlichkeit anderer Länder, noch eine Macht des Geistes…

Mühelos lässt der Geist Mauern hinter sich. Offenbar gibt es ein Leben des Geistes, das vom Tod nicht tangiert werden kann; ein Fluidum von unabsehbarer Reichweite im Hinblick auf Raum, Zeit und Möglichkeit, an dem Individuen teilhaben und »geistige Weite« erfahren können. Aber woraus besteht »das Geistige«, das solche Macht entfalten kann? Worauf kann sich die Sorge des Selbst richten, um Selbstmächtigkeit im Geistigen zu erreichen? Unfassbar scheint der Geist zu sein, aber eine Möglichkeit, das Phänomen besser zu verstehen, stellt neben philosophischen, soziologischen, psychologischen Herangehensweisen auch seine physiologische Erklärung dar. Solange sie nicht für die einzig mögliche gehalten wird. Ein Wissen darüber kann dem besseren Verständnis seiner selbst dienen, auch, soweit möglich, der besseren Vorsorge gegen mögliche Manipulationen des Selbst. Dem Selbst obliegt die Wahl, sich Wissen über diese Zusammenhänge anzueignen und eigenes Erfahrungswissen in Bezug dazu zu setzen, um Überlegungen zur Plausibilität anzustellen und selbst darüber zu entscheiden, welches Wissen auf welche Weise berücksichtigt werden soll.

Kortex und Amygdala: Die Suche nach dem Sitz der Klugheit

Dass nicht nur *mithilfe* des Geistes geforscht wird, sondern auch der Geist selbst zum *Gegenstand* der Forschung wird, geht auf eine lange Tradition der Philosophie und Wissenschaft zurück. Erst mit dem Aufkommen der Neurologie im 19., erst recht mit dem Aufblühen der Neurobiologie im ausgehenden 20. Jahrhundert werden Leistungen des Bewusstseins jedoch immer ausschließlicher mit einem »neuronalen Substrat des Geistes«, das heißt mit den Funktionen von Nervenzellen im Gehirn identifiziert. Nicht alle Forscher lassen sich dabei so viel Vorsicht angelegen sein wie Antonio R. Damasio, der sich von jedem Reduktionismus fern hält und lediglich von »Korrelaten des Geistes« spricht, um zu betonen: »wir dürfen die Korrelate nicht mit dem Geist verwechseln« (*Ich fühle, also bin ich. Die Entschlüsselung des Bewusstseins*, 1999). Neuronale Grundlage des Geistes ist in dieser Sicht ein *grundlegendes Bewusstsein* von großer Robustheit, mit einer momentanen, »basalen« Aufmerksamkeit und einem punktuellen Selbstgefühl, das nur ein Hier und Jetzt kennt und von unbewussten Emotionen, nicht von Denken und Sprache abhängig ist. Aus diesem Grundbewusstsein erst geht eine anhaltende, »gerichtete« Aufmerksamkeit hervor, mit einem *erweiterten Bewusstsein*, das einem Selbst zugehört, das sich, »wach und alert«, kontinuierlich seiner selbst bewusst ist und zwischen einer Vergangenheit und einer Zukunft zeitlich sich ansiedelt, ausgestattet mit einer weit ausgreifenden räumlichen Vorstellungskraft, sowie einem gedanklichen und sprachlichen Vermögen, das sich im Laufe des jeweiligen Lebens als enorm entwicklungsfähig erweist.

Im gesamten Bewusstsein sind *neuronale Muster* wirksam, die sich ihrerseits auf *mentale Muster* auswirken, also die Art des Denkens, Fühlens und Verhaltens eines Selbst beeinflussen. *Geist* aber heißt, dass es bei vorgegebenen neuronalen Mustern nicht bleibt, dass vielmehr das Selbst, das selbst als eine Art von neuronaler Metastruktur erscheint, auch in den Prozess eingreifen kann, um neue und andere Muster auszubilden. Über die gegebenen Schaltkreise hinaus lassen sich *individuell* und, im Verbund mit anderen, *kulturell* enorm weitläufige und vielfältige neuronale Strukturen entwickeln. Durch das Herstellen von Zusammenhängen, durch Lesen, Lernen, Bildung und Weiterbildung kann die Vernetzung erheblich gesteigert werden, mit einer bemerkenswerten Konsequenz: Je reicher das neuronale Netz ausgebildet ist, desto umfangreicher sind die »Ausweichmöglichkeiten« bei der Blockade eines Areals. Das ist der Grund dafür, dass mit wachsendem Bildungsstand die Gefahr eines Hirnabbaus abzunehmen scheint. Nicht dass der Grad der Vernetzung die Heilung einer Erkrankung bewirken könnte, sehr wohl aber kann sie deren Folgen mildern: Schädigungen neuronaler Funktionen etwa durch Alzheimer-Plaques können offenkundig bis zu einem gewissen Grad »überbrückt« werden. Voraussetzung dafür ist die individuelle Sorge, abhängig vom erweiterten Bewusstsein, sich um vielfältige Vernetzungen zu bemühen und nicht mit vereinzelten Spezialisierungen des Denkens sich zufrieden zu geben. Von der »geistigen *Sorge* um das eigene Leben bestimmt« sein zu können: darin liegt für Damasio die Errungenschaft der bewussten Lebensführung eines Selbst im Unterschied zu seiner angeborenen biologischen Lebensfähigkeit.

Die geistige Leistung, neuronal verankert, ist eine doppelte: sich Vorstellungen zu bilden vom *Gegebenen* des Körpers, der Seele, des Geistes selbst, des engeren und weiteren sozialen und ökologischen Umfeldes, der »Welt«. Ist die individuelle Repräsentation und Verknüpfung des Wirklichen bereits eine kreative Leistung (denn es handelt sich nicht um eine bloße Abbildung), so erst recht, sich Vorstellungen zu machen vom *Möglichen*, eine andere Wirklichkeit zu entwerfen, eine künftige Realität im Voraus zu bedenken. Kreativität ist so gesehen das Experimentieren mit anderen und neuen Verknüpfungen, anderen als den bereits gegebenen neuronalen Mustern. Sie ist weit mehr als nur ein interessantes Spiel, denn gerade unter schwierigen und bedrohlichen Bedingungen des Lebens trägt sie wesentlich zu seiner Erhaltung und Gestaltung bei. Salim, der unter schrecklichen Bedingungen lebte, war neurologisch gesehen in der Lage, mit kreativen Verknüpfungen das neuronale Muster zu finden, das ihm ein Überleben ermöglichte. Das Leiden setzt Überlebenschancen frei, sofern es zum Anlass für neuronale Veränderungen genommen wird, zu denen unter angenehmeren Bedingungen kaum ein Anreiz besteht. Daher wohl auch die Rede vom »Leidensdruck«, der erst zu Veränderungen befähigt. Allerdings ist die Kreativität, die dann entfaltet wird, nicht von vornherein schon irgendworauf gerichtet; daher kann die Macht des Geistes, die sich in ihr manifestiert, eine destruktive und inhumane ebenso wie eine konstruktive und humane sein. So sehr ein Zurückdrängen der »negativen« Seite wünschenswert erscheint – ihr gänzlicher Ausschluss kann kaum gelingen, ohne die Kreativität selbst in Frage zu stellen. Deren Nutzen für das Selbst liegt offenkundig darin, auf immer wieder andere und überraschende

Weise das Leben führen und Schwierigkeiten bewältigen zu können. Auf diese Weise scheint sie von Nutzen auch für den Menschen als Gattung zu sein, denn anders als mit ihrer Hilfe wäre die Ausbreitung des Tieres Mensch auf dem Planeten kaum zu erklären.

Um im Hinblick auf das Gegebene wie das Mögliche zur bewussten Lebensführung in der Lage zu sein, bedarf das Selbst jedoch des Geistes nicht nur im Sinne des Verstandes, sondern auch der Gefühle: Beide sind konstitutive Bestandteile des erweiterten Bewusstseins, das einerseits vom Gedankenstrom und Sprachfluss, andererseits von einem Strom unbewusster Emotionen und bewusster Gefühle bestimmt ist. Mit der Verbindung von Verstand und Gefühlen erst kann die *Klugheit* entstehen, die so umsichtig wie möglich Realität repräsentiert, so umfangreich wie möglich Kreativität entfaltet, und weder das eine noch das andere zu irgendeinem Zeitpunkt für einen abgeschlossenen Prozess hält; mit deren Hilfe das Selbst vielmehr immer aufs Neue prüft und lernt, versucht und experimentiert, plant und vorsorgt. Sämtliche Empfindungen fließen wortlos in diesen Prozess ein; sie sind unverzichtbar, um Dinge, Situationen und Personen zu beurteilen: Ohne diese Informationen stünde dem Selbst nur der logisch operierende Verstand ohne jede Sensibilität zur Verfügung. Umgekehrt würden ohne Beteiligung des Verstandes nur Gefühle toben, deren Intensität und schneller Wechsel kein überlegtes, umsichtiges Verhalten und Handeln mehr erlaubte. Die Klugheit ist abhängig von einer Beteiligung sowohl der Gefühle und Empfindungen als auch des nüchternen, besonnenen Denkens im jeweils richtigen Maß, um so gefühlvoll wie überlegt Rücksicht, Umsicht, Vorsicht und Voraussicht praktizieren zu können.

Schon dem antiken griechischen Denken erschien *phrónēsis*, die Klugheit, als zentrale Leistung des menschlichen Geistes, ursprünglich verbunden mit der Vorstellung, »untere« und »obere« Vermögen des Menschen würden sich im Zwerchfell, *phrēn*, begegnen. Ein erneuertes Verständnis könnte die Klugheit mit der Kooperation zweier spezifischer Hirnareale in Verbindung bringen: Da ist einerseits *Amygdala*, ein doppelt vorhandenes mandelförmiges Gebilde unterhalb der Großhirnrinde (subkortikal), etwa in der Kopfmitte, mit der Funktion eines Gefühlszentrums, in dem Informationen »emotional eingefärbt«, somit fühlbar und erlebbar werden, Aufmerksamkeit erregen und Reaktionen ermöglichen. Ein Vorhaben und seine Ausführung werden hier insbesondere nach Kriterien von Angst und Furcht »bewertet«; die Einschätzung, ob etwas oder jemand dem Selbst zuträglich ist oder nicht, beruht hierauf. Doppelseitige Schädigungen der Amygdala aber haben eine »affektive Unausgewogenheit« zur Folge. Eine enge Abstimmung mit Amygdala wiederum ist lokalisierbar im Stirnhirn (den kortikalen Schaltkreisen des bewussten Denkens zugehörig), insbesondere im orbitofrontalen Bereich des *präfrontalen Kortex*, der für das erweiterte Bewusstsein von größter Bedeutung ist: Hier wird die Geschichte des Selbst aufbewahrt, hier werden detaillierte zeitliche und räumliche Zusammenhänge gespeichert, soziale Zusammenhänge berücksichtigt und strategische Konzepte gemacht. Klugheitsabwägungen finden wohl vorzugsweise hier statt, Informationen der Gefühle fließen dabei mit ein, werden von hier aus jedoch auch gehemmt, um Affekte, Leidenschaften, Aggressionen nicht beliebig auszuleben, sondern Gründe zu prüfen und mögliche Konsequenzen zu bedenken. Ein evolutionärer Grund für die Entstehung des nüchternen Denkens könnte die Mäßigung überbordender Gefühle gewesen sein. Aber das Tückische der Gefühle liegt auch darin, nicht allein von einer Wirklichkeit, sondern ebenso von der Vorstellung einer Wirklichkeit ausgelöst zu werden, die eine Chimäre sein kann.

Das integrale Selbst ist, um operieren zu können, auf diese Struktur angewiesen, in der die Fähigkeit zur Abwägung, zur Zusammenfassung des Denkens und Fühlens beheimatet ist. Als derjenige Teil des Selbst, der *kognitiv* wie *emotiv* all das erfasst, was geschieht, und selbst wiederum gefühlte und gedachte Impulse gibt, was geschehen sollte, dürfte das integrale Selbst wohl dort angesiedelt sein, wo *Denken* und *Fühlen* zusammentreffen, und als innerer Moderator kann es darauf achten, dass beide Seiten angemessen am Selbst beteiligt werden. Die gelegentliche Forderung, »die Gefühle ernst zu nehmen«, zielt darauf, die von

Amygdala herströmenden Informationen wahrzunehmen, sie nicht zu blockieren oder ganz zu negieren. »Nicht jedem Gefühl zu folgen« heißt demgegenüber, diesen Informationsstrom nicht unentwegt und ungeprüft auf alle Verhaltensweisen durchschlagen zu lassen. Unverzichtbar ist die Zusammenarbeit beider Ebenen, der *kortikalen* und *subkortikalen*, zu der die im präfrontalen Kortex verankerte Kognition die Fähigkeit zur *Reflexion*, die in Amygdala gespeicherte Emotion die Fähigkeit zur *Motivation* des Selbst beisteuert. Welche der beiden Ebenen hat im Zweifelsfall den Vorrang? Eine Emotion wie die Angst ist in der Tat im Zweifelsfall mächtiger, die von Amygdala ausgelöste körperliche Reaktion darauf schneller als das Bewusstsein. Der bewusste Zugriff auf Amygdala ist zwar möglich, bedarf jedoch einer länger währenden Umstrukturierung der neuronalen Muster, erfahrbar als eine Umgewöhnung des Selbst. Sofern dies für den Erwerb von Klugheit nötig erscheint, für den das Selbst sich eigentlich noch anderer Mittel bedienen kann.

Dummheit ist die List der Klugheit

Denn das Selbst bedarf nicht zwangsläufig der Bewusstheit, um zur Klugheit zu kommen. Auch die unbewusste Dummheit kann auf dem Weg zu ihr behilflich sein; nicht Verstand, sondern Unverstand, der ohne großen wissenschaftlichen Aufwand frei zur Verfügung steht. Dummheit tritt im Wesentlichen in zwei Formen auf: en gros als *Gesamtdummheit*, oder mehr oder weniger fein portioniert als *Einzeldummheit*; beide Formen sind in gesamtgesellschaftlicher oder aber individueller Ausprägung vorzufinden, sodass niemand wirklich Mangel leiden muss. Zuweilen drängt sich sogar der Eindruck auf, die Lebenskunst bestünde zu einem guten Teil darin, das Potenzial an Dummheit abzuarbeiten, das die persönliche Mitgift eines jeden fürs Leben ist. Vorzugsweise scheint diese Arbeit in jugendlicher Zeit geleistet zu werden, aber auch das erwachsene Selbst kann sich gleich von dem Gedanken verabschieden, das Potenzial jemals erschöpfen zu können; nicht einmal wünschbar kann dies sein: Das Leben verlöre eine Inspirationsquelle ersten Ranges, und das Selbst geriete womöglich »aus dem Bereich der Dummheit, der selbst theoretisch noch abwechslungsreich ist, in das Reich der Weisheit, eine öde und im allgemeinen gemiedene Gegend« (Robert Musil, *Über die Dummheit*, Vortrag von 1937).

Staunenswert am Menschen (und das heißt im Zweifelsfall: an mir selbst) ist nicht die potenzielle Klugheit oder Weisheit, staunenswert ist die reale Dummheit. Das Selbst sollte sich nicht länger scheuen, ihr zu frönen, ihr zumindest im Diskurs die Aufmerksamkeit zu schenken, die ihr zukommt; keine Angst also vor dem dummen Geschwätz. Schwachgeistiges ist ohnehin erholsamer als Hochgeistiges, das allenfalls wie Hochprozentiges genossen werden sollte: nur aus kleinsten Gläsern. Den tiefen Blick in ein bodenloses Fass aber erlaubt die *Enzyklopädie der Dummheit* (Matthijs van Boxsel, 1999); sie lehrt das Staunen über dieses Faszinosum der menschlichen Existenz. Dem ungläubig Zweifelnden führt sie die Kreativität, Kontinuität und Beharrlichkeit der Dummheit vor Augen, zweifellos auch ihr Ausmaß, sollten jemals jemandem Zweifel daran in den Sinn gekommen sein. Alles lässt sich in Bezug zur Dummheit setzen – was den Verdacht nahe legt, in ihr könnte der einzige Fixstern im Kosmos der Ungewissheit menschlicher Existenz zu finden sein. Zu ihr fähig zu sein, gegen alle Widerstände immer zu ihr gehalten zu haben, darf als eigentliche Leistung aller Kultur gelten, auch wenn es an Versuchen nie gefehlt hat, sie als kulturfremd zu diffamieren und gar zu eliminieren.

Die wahre Herausforderung auf dem Weg zur Klugheit besteht in der *Befreundung mit der Dummheit*, der eigenen wie der von anderen, und in der *Anerkennung ihrer Bedeutung* für den praktischen Lebensvollzug. Wie unumgänglich dies ist, zeigt sich an der Häufigkeit des Umstands, dass »etwas Dummes dazwischenkommt«, und zwar gerade dann, wenn eine Sache sorgfältig vorbereitet worden ist. »Dumm gelaufen«, ist dann das einzige Fazit, das noch zu ziehen übrig bleibt – in Wahrheit aber steht der dumme Lauf der Dinge im Dienste des Erreichens selbst der fernsten Ziele, und sei es auf unmöglichen Um- und Abwegen. Aus guten Gründen preist Nietzsche (Nachlassfragment über »Die neue Rangordnung« vom Sommer/Herbst 1884) die »Dionysische Weisheit« als eine, die »die übermütigsten schwersten Wege wählt«: Er sieht darin ein vorsätzliches »Prinzip der größtmöglichsten Dummheit« am Werk. Hinter- statt vordergründig klug und weise wird das Selbst, so lässt sich daraus schließen, nicht auf nahe liegenden und geraden Wegen. Dummheit ist die List der Klugheit, mit der letztlich die ins Auge gefassten Vorstellungen trotz allem realisiert werden, denn neben allen Abgründen tun sich auch interessante Alternativen auf, an die zunächst gar nicht zu denken war.

Eine vorsätzlich eingesetzte List der Klugheit als umfassender Form von Intelligenz aber bestünde darin, *Dummheit vorzuschützen*, um all das in Erfahrung zu bringen, was intelligenten Menschen gewöhnlich vorenthalten wird, da sie immer schon »alles wissen« müssen. Erstaunlich ist, wie bereitwillig und häufig der umgekehrte Weg gewählt wird: *Intelligenz vorzuschützen*, um nicht der Dummheit geziehen zu werden. Angesichts der Unverzichtbarkeit der Dummheit lässt sich das blinde Vertrauen in die Intelligenz nur mit einem gewissen Amüsement betrachten, da es ja verkennt, worauf alle Erkenntnis beruht, in solchem Maße sogar, dass es wünschenswert erscheint, sich der unbewussten Dummheit auch bewusst bedienen zu können. Leider scheint der intelligente Zugriff auf die Dummheit von vornherein zum Scheitern verurteilt zu sein: Keine Intelligenz reicht aus, die eigene Dummheit, den Mangel an Einsicht in die wirklichen Verhältnisse seiner selbst und der Welt zu begreifen, denn wie sind die Verhältnisse »wirklich«? Zu erreichen ist allenfalls ein wenig Klugheit, eine begrenzte Intelligenz, die um ihre eigene Begrenztheit weiß. Zu begreifen ist am ehesten noch die Dummheit der anderen, denen sie aus diesem Grund auch gerne vorgehalten wird, etwa den Straßenarbeitern von Schilda, die alle Wegweiser demontieren (oder soll man sagen: »dekonstruieren«?), und die dennoch nicht verlegen sind um eine Antwort auf die Frage, wie sie denn nun selbst noch ihren Weg finden sollen: Kein Problem, schließlich haben sie ja alle Schilder bei sich.

Überzeugend an der Dummheit ist, zu welchen Anstrengungen der Intelligenz Menschen in der Auseinandersetzung mit ihr fähig sind. In den performativen Selbstwiderspruch, etwas zu behaupten und zugleich zu unterlaufen, gerät dabei der, der auf höchst intelligente Weise das Loblied der Dummheit singt (Erasmus von Rotterdam, *Laus stultitiae*, 1511): Die geistreiche, kenntnisreiche Plauderei über sie lacht jeder Dummheit Hohn. Die Anstrengungen der Intelligenz vor Augen, sollte die Dummheit vielleicht sogar noch ganz anders als durch Hymnen in ihr Recht gesetzt werden, um der alten Vermutung neue Nahrung zu geben: »dumm, aber glücklich«. Die Sache hat nur einen Haken: Eine von 1932 bis 2002 unternommene englische Langzeitstudie an mehr als zweitausend Probanden hat das klare Resultat erbracht, dass intelligente Menschen länger leben. Was bleibt, ist also die übliche Tragik des Lebens: Legt das Selbst Wert auf Dummheit, verkürzt es sein Leben. Will es länger leben, kommt es nicht umhin, auch mal auf eine Dummheit zu verzichten, auch wenn es schwer fällt. Wünschenswert wäre zu wissen, wann es an der Zeit ist, mal der Klugheit, mal der Dummheit Raum zu geben. Dazu aber bedürfte das Selbst eines Gespürs.

Erfahrung und Besinnung, Ausarbeitung des Gespürs

Auf das Gespür ist das Selbst ohnehin existenziell angewiesen. Denn nicht wirklich lässt sich das Leben immer in voller Bewusstheit leben, um zuletzt noch die unbewusste Dummheit bewusst gewähren zu lassen. Das Gespür, nicht bewusst, nicht unbewusst, vielmehr unterbewusst und halb bewusst, ist in der Lage, eine Vielzahl von Aspekten und Zusammenhängen zu erfassen, ja mehr noch: sie in ihrem Zusammenwirken zu sehen und vorauszusehen, und dies, wenn es Not tut, in einem einzigen Moment – um die einzig richtige Wahl nahe zu legen, die das Selbst treffen sollte. Das Gespür besteht darin, *Spuren*, Indizien, Hinweise, Zeichen aufzunehmen, ihren Grund auszumachen und ihren Weg zu verfolgen: *Spuren im Selbst*, seinem Fühlen und Denken, *Spuren in der Welt*, zwischen Selbst und Welt, Selbst und anderen, *Spuren in anderen*, in Wesen und Dingen. Ob die Linien konvergieren oder divergieren, kooperieren oder konfligieren, parallel laufen, ohne sich zu berühren, frontal aufeinander zulaufen oder Gefahr laufen, sich aufzulösen: Welche Entwicklung in inneren oder äußeren Verhältnissen angelegt ist, lässt sich frühzeitig *erspüren*; eine Reaktion darauf ist möglich, auch wenn sie schwierig ist, wenn die Spuren sich schon zu tief eingegraben haben. Oft wird der wirkliche oder mögliche Verlauf von Spuren auch in Traumbildern durchgespielt – eine Projektion, aus der keineswegs folgt, dass die wirklichen Verhältnisse den Träumen entsprechen: Ob die Spuren richtig erfasst und ihre Zusammenhänge richtig gedeutet werden, ob eine Hochrechnung aus den Indizien stichhaltig ist, erweist sich erst im Nachhinein. Auch Indizien können trügen.

Alle Klugheit hängt jedoch ab vom Gespür, das dafür sorgt, dass sie mehr sein kann als eine bloß kognitive Intelligenz. Ihre Sensibilität geht aus dem *Spürsinn* hervor, der im Selbstgespür, dem Gespür für sich, für andere, für Dinge, für Situationen, für Sprache und selbst für Werte wie etwa Freiheit und Gerechtigkeit zum Vorschein kommt. Jeder Aspekt der bewussten Lebensführung bedarf im Grunde eines *eigenen Gespürs*: soziales Gespür, Gespür für Lüste und ihr Maß, Gespür für Zeit, für die unscheinbaren Kleinigkeiten, die so große Bedeutung haben, und für vieles mehr; nie aber ist das Gespür in allen Aspekten in gleichem Maße zu erreichen. Auch jede Tätigkeit und Berufsausübung verlangt ein je spezifisches Gespür: Das Gespür des Gärtners ist ein anderes als das des Telefonisten oder des Schreiners, das des Lehrers ein anderes als das des Mediziners oder des Richters. Und wie lässt sich das jeweilige Gespür und das Gespür im Ganzen erreichen?

Die Anlage zum Gespür dürfte angeboren sein, die bewusste Ausbildung und Einübung aber geschieht durch Erfahrung und ihre Reflexion. Zuallererst ist das Gespür eine Frage der *Erfahrung*, dessen also, was dem Individuum im praktischen Lebensvollzug begegnet und widerfährt. Das lässt sich an Menschen beobachten, denen »viel Gespür« nachgesagt wird: Sie sind *reich an Erfahrung*, ihrer eigenen wie der von anderen, für die sie sich interessieren. Das Selbst kann umso mehr auf sein Gespür vertrauen, je mehr Erfahrung es mit ihm gewinnt; und je reicher seine Erfahrung ist, desto feiner ausgearbeitet ist das Gespür. Die Erfahrung muss nicht etwa nur passiv erwartet, sondern kann auch aktiv gesucht werden, um aus den unterschiedlichsten Perspektiven zu blicken, in den verschiedensten Situationen zu leben und den Horizont denkbarer und möglicher Erfahrungen zu erkunden. Selbst wenn eine Dummheit gemacht wird, und sogar dann, wenn es sich um eine schlechte oder gar schlimme Erfahrung handelt, ist letztlich das Gespür damit zu bestücken, das dem weiteren Umgang des Selbst mit sich und anderen, mit Dingen und Situationen zugute kommt.

Der Prozess wird intensiviert durch die *Besinnung*, die auf die Erfahrung folgt und sie »konsolidiert«, nämlich durch die Bereitschaft, die Erfahrung aufmerksam wahrzunehmen, sie zu überdenken, zu deuten und zu interpretieren und sie auf diese Weise sich anzueignen. Sinnliche Aufmerksamkeit ist die Grundlage für die Besinnung: Über *alle Sinne* werden dabei Spuren aufgenommen: *sensorische* Informationen der »äußeren Sinne«, die das erfassen, was am Körper und in seinem Umfeld von Bedeutung sein kann; auch das, was in den Augen eines anderen »schimmert«; auch das, was in seiner Stimme »mitschwingt« und das Gesagte umspielt, die »Prosodie«; auch die Mimik und Gestik, und schließlich das »Zusammenstimmen« aller dieser Informationen, oder aber, dass etwas »nicht stimmt« im Vergleich zum Gewöhnlichen und Bekannten oder zum Gewünschten und Vorgestellten. Ferner *somatosensorische* Informationen des »inneren Sinns« für all das, was im Körper geschieht und wie er auf Äußeres reagiert, und *sensomotorische* Informationen eines eigenen Sinns für die Bewegungen des Körpers in Relation zu Bewegungen in seinem Umfeld.

Sodann meint Besinnung die Frage nach einem *umfassenderen Sinn*, das heißt nach strukturellen Zusammenhängen sämtlicher Spuren und Informationen. Insbesondere fragt sie danach, welche Konsequenzen sich nun ergeben und welche Schlüsse zu ziehen sind, um das Gespür dort zu korrigieren, wo es sich getäuscht hat, und dort zu bestärken, wo es sich als verlässlich erwiesen hat. Dies ist die Ebene der *Theoriebildung*, mit der das Selbst Distanz zu gewinnen und einen Blick von außen auf das Geschehene zu werfen versucht. Erfahrungen und die Schlüsse, die daraus gezogen werden, werden daraufhin erst abgelagert im

Gespür, sodass etwa schmerzliche Erfahrungen in vergleichbaren Situationen das Selbst künftig zurückzucken lassen, Erfahrungen der überschwänglichen Freude es nicht mehr zu allzu großem Leichtsinn verführen. Nur wenn beides zusammentrifft, der Reichtum gemachter Erfahrungen und die Bereitschaft zur Besinnung, lassen sich die unterschiedlichsten Aspekte einer Sache, Situation oder Person erfassen, besondere Details ebenso wie allgemeine Strukturen, deren Kenntnisse das Selbst mit feinem Gespür ausstatten. Sinnlos erscheint angesichts dessen, »immer nur nach vorne zu blicken« und nie zur Besinnung zu kommen. Umgekehrt kann selbst ein sicheres Gespür nicht gänzlich davor bewahren, von aller gemachten und bedachten Erfahrung auch in die Irre geführt zu werden: Das Gespür bleibt subjektiv bestimmt, es ist eine menschliche und keine maschinelle Angelegenheit.

Aus demselben Grund bietet das Gespür jedoch Gewähr dafür, dass all das, was in einer Situation von Bedeutung ist, im Moment der Wahl präsent sein kann. Es kann die lebendigen Zusammenhänge und vielfältigen Wechselwirkungen erspüren, die einer theoretischen Analyse und maschinellen Messung leicht entgehen. Es vermag die gesamten Erkenntnisfähigkeiten des Subjekts zu nutzen, auch die nicht-kognitiven und nicht-diskursiven: Das Gespür spürt grundsätzlich mehr, als das Wissen wissen kann. Es entsteht über den doppelten Weg der Bewusstheit und des Gefühls und bleibt weder dem einen noch dem anderen allein verpflichtet. Es ist in der Lage, eine *Atmosphäre zu erfassen*, die so wenig fassbar ist, wie sie für den Umgang zwischen Menschen oft entscheidend ist. Und es legt das eine Wort, den einen Blick, die eine Geste nahe, die geeignet sein können, eine *Atmosphäre zu schaffen*. Denn darin liegt eine bedeutende Macht jedes Einzelnen: auf die »herrschende Atmosphäre« Einfluss zu nehmen, die einen Menschen, seine Sinne, seinen Mund verschließt oder aber öffnet. Dem Gespür eignet ein Sensorium für die feinen »Schwingungen« zwischen Menschen, die offenkundig nicht nur im Nahbereich, sondern auch über weite Entfernungen hinweg wirksam sind. Es ist nicht »nachgewiesen«, dass es diese Schwingungen »gibt«, aber eine Lebenswahrheit sind sie doch, denn derjenige, an den im Moment gedacht wird, tritt gerade in diesem Moment in irgendeiner Weise in Erscheinung.

Ein *neuronales Korrelat* des Gespürs aufzuspüren, wäre ein Desiderat der Forschung; das »Bereitschaftspotenzial«, das einem bewussten Akt vorausgeht, ließe sich damit womöglich erklären. Neuronale Netze des Gespürs könnten geknüpft sein zwischen Arealen, die evolutionär angelegt und kulturell ausgefüllt wurden, erweitert um all die Verbindungen, die durch individuelle »Neurogenese« neu geschaffen werden, angeregt vom sozialen und ökologischen Umfeld. Nicht in einer spezifischen Hirnregion allein beheimatet, beruht das Gespür vermutlich auf einem Zusammenspiel auch zwischen sprachlichem und nichtsprachlichem Bewusstsein, ergänzt um ein außergewöhnlich reichhaltiges Gedächtnis, in dem endlos viele Situationen detailliert abgespeichert werden können. Seine Grundmuster könnten im *grundlegenden Bewusstsein* zu finden sein, das still, effizient und völlig unverzichtbar vor sich hin arbeitet, und zwar auch dann, wenn das bewusste Selbst schläft. Und alles, was im *erweiterten Bewusstsein* an Reflexion von Erfahrungen unternommen wird, könnte letztlich wieder dem grundlegenden Bewusstsein anvertraut werden, das nicht der bewussten Steuerung bedarf, Grundelement jeder Gelassenheit.

Gefühle sind daran beteiligt und gehen damit einher, aber das Gespür geht über Gefühle weit hinaus und bezieht auch nichtemotionale Informationen mit ein; es handelt sich um ein *implizites Wissen* (man hat etwas »immer so gespürt«), das jedoch intelligibel ist und zumindest im Nachhinein explizit gemacht werden kann. *Intuition* mag ein Bestandteil oder gar eine Grundlage des Gespürs sein; sie scheint jedoch gegeben zu sein oder auch nicht, auszuarbeiten jedenfalls ist sie nicht. Erlebt wird das Gespür oft als »innere Stimme«, und dies schon seit den Zeiten des Sokrates und dessen *daimónion*. Diese Stimme, verbal oder non-verbal, warnt oder spornt an, beruhigt oder beunruhigt, kündet von Möglichkeiten oder deren Fehlen, von Bedürfnissen oder Befürchtungen, von Ideen und Sehnsüchten (*virtuelles Gespür*). Sie nimmt Spuren im Gegenwärtigen wahr und erzählt von dem, was wirklich ist, auch wenn es kontrafaktisch erscheint, und von dem, was zu realisieren ist, also wirklich werden soll (*reales Gespür*). Sie berichtet von komplexen, vitalen Wechselwirkungen, die nur mit ausgeprägtem Spürsinn für die Feinheiten zu erfassen sind, und flüstert dem Selbst die präzise bemessene Antwort darauf zu (*exzellentes Gespür*). Und schließlich erspürt sie die »Leerstellen« des Selbst, spürt zu Unrecht Vergessenes wieder auf und hält das Selbst auf seinem Weg, dessen Markierungen im Kern-Selbst verankert sind – ohne Scheu vor Um- und Abwegen, denn die innere Stimme führt stets zuverlässig auf den Hauptweg zurück (*poristisches Gespür*).

Auf das Gespür *vertrauen* zu können, sorgt dafür, mit wachsender Gelassenheit das Leben führen und auf Herausforderungen rasch antworten zu können. Es kann Orientierung bieten selbst in größter Komplexität, daher ist es unverzichtbar bei der Bewältigung der Grundsituation der Moderne. Allerdings kann das Gespür auch außerordentlich *belastend* sein, etwa wenn Schwierigkeiten, Engpässe und Unvereinbarkeiten vorausgespürt werden. Daher erscheint es klug, dem Gespür nicht alleinige Macht im Selbst zuzugestehen, nicht um es »auszuschalten« zu wollen, sondern auf jener Distanz halten zu können, die es aushaltbar macht: *Maß des Gespürs*. Der Kunstgriff der Relativierung ist von Bedeutung, um all das, was von drückender Absolutheit zu sein scheint, wieder in eine menschliche Perspektive zu rücken. Die Relativierung ist eine Frage der Perspektive, die gewählt wird, vor allem in der Form des Blicks von außen auf sich selbst, auf die jeweilige Situation und die gesamte eigene Existenz. Dieser Blick ist zugleich unverzichtbar für das, was »Gewissen« genannt wird.

Von der Herstellung des Gewissens

Endlose Bemühungen in der Geschichte waren davon getragen, so etwas wie »Gewissen« zur Grundausstattung aller Menschen zu machen. Durch Erziehung und soziale Umwelt sollte es in die Heranwachsenden hineinwachsen, ihnen zur Selbstverständlichkeit einer Gewohnheit (zum neuronalen Muster) werden. Diejenigen, die ihm nicht folgten, sollten vom »schlechten Gewissen«

geplagt sein, soll heißen: Die mangelnde Übereinstimmung mit vorgegebenen Normen des Denkens, Fühlens und Verhaltens sollte ihnen zu schaffen machen. Ein nüchterner Beobachter wie Michel de Montaigne aber war sich im 16. Jahrhundert, als das Gewissen noch für eine gewisse Zeit als gottgegeben, zumindest aber als naturgegeben gelten konnte, völlig klar über dessen Herkunft: »Die Gesetze des Gewissens, von denen wir behaupten, sie entsprängen der Natur, entspringen der Gewohnheit« (*Essais* I, 23). Wie jede Bindung an Gott, Natur und Konvention erlebte zuletzt auch das Gewissen im Verlauf der Moderne seine Infragestellung und seinen Prozess der Befreiung: Mit der *Gewissensfreiheit* wurden die Individuen frei vom Zugriff der äußeren, verinnerlichten religiösen, politischen und familiären Autoritäten, deren moralbeladenen Ratschläge in zunehmendem Maße als lästig und lächerlich empfunden wurden. Stattdessen konnte beansprucht werden, nur noch eigenen Überzeugungen zu folgen, bis die Dynamik der Befreiung erwartungsgemäß auch noch diese Überzeugungen mit sich riss und das Gewissen von Grund auf verschwand.

Was war das Gewissen? Was fehlt, wenn es kein Gewissen mehr gibt? Seit der Entstehung des Begriffs bezeichnet Gewissen ein Sein, Tun oder Lassen »mit Wissen«: *syneídēsis* im Griechischen etwa bei Epikur, *conscientia* im Lateinischen etwa bei Seneca – mit Wissen um sich selbst, um die Gründe für ein Tun oder Lassen, um die möglichen oder wahrscheinlichen Folgen, um das »eigentlich« Richtige, die Werte, die Normen. Sollte sich das Gewissen als unverzichtbar erweisen, wird es aber zu einer Frage der Herstellung oder Wiederherstellung *per Autonomie*, durch Selbstgesetzgebung, und zwar in Form und Inhalt, um »sich ein Gewissen zu machen«. Ergänzend zur Befreiung lässt sich auf diese Weise der anderen Seite der Gewissensfreiheit, nämlich ihrer *Formgebung*, Rechnung tragen. Wichtiger als der Streit darüber, ob die Gewissensbildung auf individuelle und säkulare Weise überhaupt möglich ist, dürfte die Bereitschaft dazu sein, es zumindest zu versuchen, denn auf andere und transzendente Instanzen könnte lange und vergeblich zu warten sein, und was dann?

337

Vor allem der *Inhalt*, das Konglomerat der *Gewissheiten*, die das Gewissen ausmachen, wäre autonom zu erneuern, denn ohne Gewissheit droht die unablässige Zerrissenheit des Selbst in allen Fragen des Umgangs mit sich selbst, mit anderen und der Welt. Weiterhin geht in das Gewissen ein, was andere, »die Gesellschaft«, »die Kultur« für gewiss halten, gefiltert jedoch durch das, was vom Individuum bewusst anerkannt wird und womit es selbst aufgrund eigener Besinnung sein Gewissen ausstatten möchte. Das Gewissen beruht auf einer Selbst-Vergewisserung, einer Klärung dessen, was das Selbst für sich als gewiss gelten lassen kann, eng verbunden mit einer Auffassung davon, was »Selbst« ist und was nicht. Zwangsläufig geht das Gewissen mit der Festigung des Selbst zu einer Integrität einher und wird konstituiert von den Erfahrungen, aus denen das Selbst lernen will, von dem Schönen, an dem es sein Leben orientieren möchte, von den Ideen, die nicht »verraten« werden sollen, von der Disposition der Werte, deren primärer Sinn nicht sein kann, andere, sondern sich selbst daran zu messen. Die Technik, derer das Selbst sich bedienen kann, um Gewissheit für sich zu finden, ist das Gespräch mit sich und anderen, wirklich oder virtuell; die Meditation und Reflexion von Texten, die für grundlegend gehalten werden, religiös oder säkular. Nur so lässt sich auch die Entscheidung im Gewissenskonflikt zwischen gleich wertvoll erscheinenden Werten vorbereiten. Entscheidend aber ist, nicht allzu frühzeitig an einer Gewissheit festzuhalten und das Gewissen nicht als völlig statisch zu verstehen, um es mit Gründen, mit Erfahrung und Besinnung immer neu befragen und überprüfen zu können.

Die *Form* des Gewissens aber wird wesentlich vom vorgestellten *Blick von außen* geprägt, den das Selbst einübt, um sich und sein Leben, das eigene Tun und Lassen beobachten zu können. Lange Zeit in der christlichen Kultur erschien dieser äußere Blick *heteronom*, von außen bestimmt, als außermenschliche Instanz, versinnbildlicht durch das Auge Gottes, das ohne Unterlass auf dem Selbst ruhte. Da der Blick unverzichtbar ist, wäre er *autonom* wieder herzustellen, schon aus reiner Selbstsorge, um über ein Korrektiv für die Regierung seiner selbst und die eigene

Lebensführung zu verfügen; verzichtbar und kaum mehr wünschbar ist lediglich die Heteronomie des Vorgangs. Es ist ein Anliegen der geistigen Sorge, das Gewissen zu installieren, das über das Selbst wacht wie ein Freund, mit demselben wohlwollenden Blick von außen, mit dem Freunde sich wechselseitig im Auge behalten; mit einer wie von außen kommenden »inneren Stimme«, die der inneren Stimme des Gespürs begegnet und doch nicht mit ihr identisch ist: Das Gespür hat seine Verankerung im Grundbewusstsein, das Gewissen im erweiterten Bewusstsein, auch wenn es häufig im »guten« oder »schlechten Gefühl«, das mit einem Tun oder Lassen einhergeht, fühlbar wird.

Somit lässt das *Gewissen* sich verstehen als ein Blick von außen auf das *Gegebene*, das geschehen ist, oder das *Mögliche*, das beabsichtigt wird, im Verhältnis zu den *Gewissheiten* des Selbst. Und dies keinesfalls erst bei anspruchsvollen moralischen Fragen des Umgangs mit anderen: Ist das eigene Tun oder Lassen gerecht; beeinträchtigt es andere in ihrer Freiheit, verletzt es sie sogar? Sondern bereits bei sämtlichen Fragen des Umgangs mit sich, der Selbstachtung und der Gerechtigkeit gegenüber sich selbst, beginnend bei harmlos erscheinenden alltäglichen Situationen, in denen das Gewissen am besten einzuüben ist, denn auch das Gewissen ist eine Frage der Asketik: Eine Ablenkung lockt, aber in welcher Relation steht sie zur Arbeit, die tun zu sollen das Selbst zu seinen Gewissheiten zählt? Zur *Gewissensfrage* wird jede Frage, die an die Gewissheiten des Selbst rührt und seine Integrität in Frage zu stellen droht: Das Selbst steht dabei auf dem Spiel. Die Gewissensfrage ist eine »Sinnfrage«, insofern das Gewissen die Gesamtheit der für wesentlich erachteten Zusammenhänge repräsentiert, die das Selbst charakterisieren und die von ihm selbst für gewiss gehalten werden, jedenfalls für ausreichend plausibel, um das eigene Leben, die Haltung und das Verhalten darauf zu gründen.

Gewissenlos und »ohne Gewissen« ist derjenige, der über keine Gewissheiten verfügt, oder sie hat, aber sich nicht an sie hält. *Gewissenhaft* hingegen ist der, der all diese Zusammenhänge berücksichtigt, wenn es um ein Tun oder Lassen geht. Gewissenhaftigkeit ist somit in erster Linie die *Aufrichtigkeit gegenüber sich selbst*, das Wachen über Abweichungen von all dem, was das Selbst für sich selbst als gewiss erachtet. Diese Selbstehrlichkeit ist nicht ersetzbar durch die Ehrlichkeit gegenüber anderen, die lobenswert ist, im Zweifelsfall aber verzichtbar erscheint, denn in erster Linie lebt das Selbst mit sich selbst: Mit anderen kann es sich, mit sich selbst muss es sich verstehen. Auf sich selbst vertrauen und »zu sich selbst stehen« zu können, ist seine stärkste Basis. Und dies nicht nur für den Umgang mit sich, sondern auch mit anderen, denn nur das Selbst, das die Integrität seiner selbst bewahrt, kann auch anderen gegenüber integer sein. Die Selbstehrlichkeit beruht nicht auf moralischen Gründen: Ihre amoralische, lebenspraktische Bedeutung liegt darin, dass das Selbst in die Irre gehen kann, wenn es sich zu sehr über sich täuscht; es könnte die Orientierung verlieren, würde es sich nicht immer wieder kritisch selbst befragen, um eine realistische Einschätzung seiner selbst zu gewinnen. Jegliche Orientierung ginge verloren, wenn sie nicht aus dem Inneren des Selbst bezogen werden könnte. Typischerweise ist Redlichkeit, in erster Linie gegen sich selbst, »die letzte Tugend«, auf der auch Nietzsche noch beharrt (Nachlassfragment von 1885/86).

Mit der Sorge um sich selbst wird das Gewissen hergestellt, mithilfe des Gewissens wiederum die *Ästhetik der Existenz*, für die es darauf ankommt, mit Blick auf das Selbst und mit dem Überblick über sein Leben, sein Leben mit anderen und in der Welt danach zu fragen, ob dieses Leben ein schönes, sinnvolles und erfülltes ist oder dazu wird. *Gewissenserforschung* und *Gewissensprüfung* sind unverzichtbar für die bewusste Führung des Lebens, um dem Selbst zu ermöglichen, immer aufs Neue sich zu prüfen und gegebenenfalls zu korrigieren; eine Instanz der Kohärenz des Selbst und seiner Existenz. Neben dem Blick zurück auf die Gesamtheit gemachter Erfahrungen, individuell wie gesellschaftlich, und den daraus gezogenen Schlüssen gehört dazu vor allem der Blick voraus auf den Horizont des Künftigen, vor allem auf die Grenze des Lebens, auch auf ein mögliches Darüberhinaus oder eine potenzielle »Ewige Wiederkehr«. Gewissen heißt vor allem: *mit Wissen um die Begrenztheit dieses Lebens,* die jede Beliebigkeit der Lebensführung relativiert und auf diesem Weg die Gewissheiten zu finden erlaubt, denen das Leben anvertraut werden kann. Diese Erfahrung forciert wie nichts sonst die Gewissensbildung und Neuorientierung des Lebens: mitten im Leben die Erfahrung vom Sterben und Tod anderer zu machen, durch die der Gedanke an den eigenen Tod unabweisbar wird. Der Verzicht auf die Konfrontation mit dem Tod aber wird mit dem Verlust der Orientierung fürs Leben bezahlt.

Ist es möglich, zu einem gänzlich »reinen« Gewissen zu kommen, soll heißen: zur völligen Übereinstimmung von Verfassung und Verhalten des Selbst mit seinen Gewissheiten? Das ist die unwahrscheinliche Ausnahme, die Regel ist ihre »Verfehlung«, und dies scheint seit der Erfindung des Gewissens so zu sein, der griechische Begriff der *hamartía* (Verfehlung) steht dafür. Wenn aber die Folgen der Verfehlung für das Selbst wie auch für andere problematisch oder gar verhängnisvoll sind, wenn das Selbst sich als Urheber, zumindest als Veranlasser dafür erkennt, dann kann von »Schuld« die Rede sein. Sie kann auf der Meta-Ebene des Denkens zu einer »Sinnesänderung« führen, griechisch *metánoia*, einer Reue und Buße, moralisch neutraler eine Neuorientierung des Selbst und seines Lebens. Die grundsätzliche Bereitschaft zur Schuldübernahme mündet in die konkrete Konzeption einer zugehörigen Konsequenz. Unabhängig von anderen setzt das Selbst für sich die Bedingungen fest, die die jeweilige Schwere der Schuld mit einem Gegengewicht aufwiegen können. Diese Selbstvergebung und Selbstverzeihung sich zu verweigern, wäre eine ebensolche Gnadenlosigkeit wie die Gewissenlosigkeit einer Nichtübernahme von Schuld. In mancherlei Hinsicht geht es also darum, »sich ein Gewissen zu machen«. Allerdings bedarf das Selbst dafür der Muße, die die Selbstbesinnung ermöglicht. Misslich, dass es daran gerade in moderner Zeit zu mangeln scheint, während Langeweile das Leben zu dominieren beginnt.

Zu den Schattenseiten des Lebens in der Moderne zählt dieses beim ersten Hinsehen harmlos erscheinende Phänomen. Vielleicht ist die Langeweile keine Erfindung der Moderne, aber in ihr grassiert sie. Die Sache und das Wort gab es längst, aber in der Moderne wird die Langeweile zum Begriff. Es handelt sich keineswegs um ein »geschichtsübergreifendes Phänomen«, das alle Menschen zu allen Zeiten gleichermaßen betreffen würde, aber der »Mittagsdämon«, als der die lähmende Langeweile einst in den Schriften des Mönchtums bezeichnet wurde, sucht viele Menschen in der Moderne auch morgens und abends heim und wird zum Problem der Existenz schlechthin. Die Langeweile kann jeden einholen, jederzeit, beim Warten an der Bushaltestelle, beim Alleinsein zu Hause, in der Schule, mitten im Konzert, am Arbeitsplatz, beim Freizeitvergnügen; manche streckt sie sogar nieder, wenn sie miteinander im Bett liegen. Ein Film vertreibt für zwei, drei Stunden die Zeit, aber was dann? Das Ausmaß, das die *Event-Kultur* angenommen hat, vermittelt einen zuverlässigen Eindruck davon, wie gefürchtet die Langeweile sein muss. Fatalerweise wird die Langeweile umso gravierender, je intensiver die Erlebnisse sind, die sie töten sollen: Rache des Lebens, das sich weigert, ausschließlich zu dem angenehmen, lustvollen, kompakt intensiven Block zu werden, den moderne Menschen gerne als »das Leben« hätten. Die Langeweile gerät zum Sabotageakt des Lebens am Versuch zu seiner Reduktion auf die reine Lust.

Im 17. Jahrhundert wurde *l'ennui*, die Langeweile, in den posthum erschienenen *Pensées* von Blaise Pascal noch auf das Leben der aristokratischen Müßiggänger bezogen, denen das Privileg dieser Erfahrung vorbehalten war. In moderner demokratischer Zeit aber wird ein Massenphänomen daraus, ein unangenehmer Preis für wachsende Annehmlichkeiten des Lebens. Langeweile wird zur charakteristischen Erfahrung einer Gesellschaft, in der für das Lebensnotwendige gesorgt ist, sodass die existenzielle Spannung abflaut. In ihr kommt die Nacktheit des Daseins zum Vorschein, die bloße Tatsächlichkeit des Lebens, die als leer und öde erfahren wird. Für viele gewinnt sie eine geradezu metaphysische Dimension und wird zur Empfindung der Nichtigkeit des Daseins und der gesamten Welt. So bedrohlich, ja tödlich kann die Langeweile sein, dass das bloße Handeln um seiner selbst willen schon zum Akt des Lebens wird. Alles ertragen Menschen, nur nicht ihre Nichtexistenz schon zu Lebzeiten; alles, auch Übles, tun sie, um sich und anderen ihre Existenz spürbar zu machen. Langeweile entpuppt sich daher als ebenso mächtiger Beweggrund fürs Handeln wie Liebe, Ehrgeiz oder Streben nach Macht. Tragisch ist der Versuch, sie durch Aktivismus zu überwinden, der die Dynamik der Moderne und damit die Langeweile selbst noch befördert. Den Verdacht, die ganze moderne Gesellschaft sei nichts anderes als der Versuch, »sich die entsetzlichste Langeweile zu vertreiben«, hegte Georg Büchner, Dramatiker der Langeweile, bereits 1836 in einem Brief.

Um eine Antwort auf sie zu finden, ist es hilfreich, sich das Phänomen genauer anzusehen. Denn im Kontrast zum Eindruck der Einförmigkeit, den sie vermittelt, kann die Langeweile verschiedene Formen annehmen: gelegentlich auftretende oder das ganze Leben umfassende, lässliche oder unerlässliche, gewollte oder ungewollte. Ihre harmlose, gelegentliche, *okkasionelle* Form geht aus einer momentanen Situation und Konstellation hervor, Zeichen einer Zeit, in der nichts geschieht, Signum einer Sache, derer das Selbst überdrüssig geworden ist, da jede Anregung und Erregung, wenn sie andauert, sich abnutzt. Die Zeit zerdehnt sich ins Unendliche und will nicht vergehen; jetzt erst wird sie als Zeit überhaupt wahrgenommen – und ebenso rasch vergessen, sobald die Kurzweil einer spannenden Tätigkeit wieder die Oberhand gewinnt. Als ungleich größeres Problem erscheint stattdessen die *existenzielle* Form der Langeweile, die das ganze Leben umfasst und die Existenz von Grund auf in Frage stellt: Langweilig, morgens aufzustehen, langweilig zu arbeiten oder nicht zu arbeiten, langweilig, ins Bett zu gehen, langweilig, dies alles immer wieder von vorne zu erleben; nichts mehr ist spannend, nie wird es etwas Neues, nie Überraschungen geben. Das ist das Nichts, das diejenigen empfinden, die alles schon erlebt haben; die eigentlich moderne Langeweile, die vor allem jungen

Menschen den Gedanken an Selbsttötung nahe legt: keinen Grund fürs Leben zu finden, keinen, was noch schlimmer ist, dagegen; sich schlaff zu fühlen, zu nichts sich aufraffen zu können, absolute Gleichgültigkeit, tödlich ohne wirklichen Tod.

Diese *lässliche* Langeweile, die verzichtbar wäre, ist jedoch zu unterscheiden von einer *unerlässlichen*, auf die nicht verzichtet werden kann. Mit welcher Form das Selbst jeweils zu tun hat, ist eine Frage seiner Haltung, diese wiederum eine Frage seiner Wahl. Lässlich ist die Langeweile, die nur mit größter Angespanntheit erduldet wird, um sie bei erstbester Gelegenheit wieder zu eliminieren. Unerlässlich ist die Langeweile, die das Selbst bewusst gewähren lässt, um eine Quelle der Inspiration daraus zu beziehen. Denn *unmittelbar* mag die Langeweile unfruchtbar und unkreativ sein, *mittelbar* jedoch wird sie zum Hort der Fruchtbarkeit und Kreativität. Gerade weil sie eine Leere ist, weil sie ein Vakuum bildet, kann vieles in sie eindringen und sie zieht es auf sich: ungedachte Gedanken, unvorhergesehene Begegnungen, überraschende Erfahrungen, neue Vorstellungen, kühne Ideen, Verknüpfungen, Zusammenhänge, die plötzlich »Sinn machen«. So kommt es, dass all das, was lange und langsam einströmt in die Leere, unvermutet aus ihr wieder hervorquillt. Voraussetzung dafür ist lediglich, die Leere wirklich leer zu halten, sie nicht voreilig und vorzeitig zu füllen mit schon Bekanntem, mit Ablenkung und mit all den Angeboten, die die Langeweiletötungsindustrie bereithält und zu denen bereitwillig gegriffen wird, aus Angst vor der Leere, jenem *horror vacui*, der die Langeweile als Affekt begleitet.

Grundsätzlich stehen diese beiden Optionen für den Umgang mit ihr zur Verfügung: *Negation* und Bekämpfung ebenso wie *Affirmation* und Anerkennung. Während Erstere darauf zielt, sie auszulöschen (und in Gefahr steht, sie damit erst recht zu bestärken), ist Letztere in der Lage, ihr Sinn und Bedeutung zuzugestehen und Gerechtigkeit widerfahren zu lassen. Wenn die Erfahrung der Langeweile schon nicht mehr zu umgehen ist, so lässt sie sich doch umdeuten und umwenden, beginnend bei der *okkasionellen* Langeweile: Bedarf das Selbst nicht gerade in moderner Zeit einer Pflege der Leere, um nicht überfüllt, ja sogar »zugemüllt« zu werden von Informationen, nichtssagenden Worten, überflüssigen Eindrücken? Die leere Zeit, die die Langeweile bereithält, die Leere im Selbst wird zum Gegenpol der unerwünschten Fülle, um in ihr eine andere Fülle, eine Ausgefülltheit und Erfüllung wieder zu finden. Die Langeweile muss nur ausgehalten werden, um sie produktiv zu wenden und sie sogar zu genießen, statt sich mit medial und konsumtiv angebotenen Techniken der Zerstreuung noch mehr zu langweilen. Das ist kein Plädoyer gegen Zerstreuung, lediglich für ihre Mäßigung und Begrenzung: *begrenzte Zerstreuung* als pragmatischer Kompromiss im Umgang mit der Langeweile, um das Leiden an ihr zu lindern. Es ist klug, der Zerstreuung Grenzen zu ziehen, denn ihre Möglichkeiten selbst sind begrenzt: Werden ihre Ressourcen vorzeitig vergeudet, fällt sie selbst der Langeweile anheim.

Ebenso kann die *existenzielle* Langeweile, statt sie abzuweisen, aufgenommen werden: Das Selbst kann sich auf den Gedanken einlassen, dass das Dasein im Grunde nichtig, nackt und leer ist. Gelassen kann es ertragen, dass nichts über seine grandiose, erbärmliche Nichtigkeit hinwegtröstet; dass es wohl kein zwingendes metaphysisches Argument für, allerdings auch nicht gegen einen *Sinn des Daseins* gibt. Warum aber sollte die mutmaßliche Nichtigkeit zu Trübsinn und Verzweiflung führen? Wenn »der Mensch« ihr ausgeliefert ist, steht dies lediglich in schmerzlichem Widerspruch zu seinen stolzen Ansprüchen. Die Nichtigkeit des Daseins kann nur denjenigen erschrecken, der sich allzu anspruchsvolle Vorstellungen von dessen Sinn gemacht hat. Für eine Stillstellung des Lebens, als die die Langeweile gerne in Erscheinung tritt, ist dies kein zureichender Grund, erst recht keiner dafür, aus freien Stücken aus dem Leben zu scheiden, nur um die quälend stehende Zeit, diesen schleichenden Tod nicht länger ertragen zu müssen. Nicht dass dies keine Option wäre, aber der Entschluss dazu könnte auf einer perspektivischen Täuschung beruhen, und es wäre schade, auf so unzureichender Grundlage so weit reichende Konsequenzen zu ziehen.

Gewöhnlich handelt es sich bei der Langeweile um eine *ungewollte*, die das Selbst überkommt. Daraus eine *gewollte* zu machen heißt, die lange Weile der *Muße* wieder zu gewinnen: lange verweilen zu können an einem Ort, bei einem Menschen, einer Sache, einem Gedanken – auch bei einem Nichts. Langeweile ist nicht identisch mit Muße, aber sie ist ihr benachbart: Muße, das ist die gehegte und gepflegte Langeweile, die willkommen geheißen und nicht etwa ausgeschlossen wird. Das Selbst muss die Langeweile aussitzen können, bis sie sich von selbst in den Zustand der Muße verwandelt; etwas anderes, als darauf zu hoffen, bleibt ihm ohnehin kaum übrig. Die Muße will erworben sein, nur durch die Ödnis der Langeweile hindurch führt der Weg zu ihr. Unweigerlich führt er zum *otium* der antiken Kultur zurück, für die jede Aktivität als eine Negation der Passivität, als *negotium* im Unterschied zum *otium*, der Passivität der Muße, galt. Die Kultur der Moderne hingegen legitimiert allein die Aktivität, deren Negation verwerflich ist; sie nobilitiert den *Aktivismus* eines Handelns um des Handelns willen. Schon um in den Besitz einer anderen Option zu kommen, erscheint es sinnvoll, die Langeweile aushalten zu lernen, sich versuchsweise auf den *Passivismus* einzulassen, und sei es nur für eine Stunde oder Viertelstunde jeden Tag; nicht um den Aktivismus abzulösen, sondern um ihn auszubalancieren.

Wenigstens spätabends also noch sich zurückzulehnen, die Füße hochzulegen, die Zeitung flüchtig durchzublättern, die morgen schon von gestern sein wird, und die Gedanken und Gefühle schweifen zu lassen. Nur für sich und, in dieser Zeit, nicht für andere da zu sein: Das ist die Zeit einer selbst gewählten *blauen Stunde*, Zeit der Selbstaufmerksamkeit und Selbstliebe, in der die Ressourcen für die Zuwendung zu anderen erst gewonnen werden; Zeit, um die verschiedensten Stimmen in sich zu hören und sie diskurrieren zu lassen, bis sie sich von selbst wieder zur inneren Gesellschaft organisieren. Es ist die leere Zeit, in der das Selbst »sich wiederfindet«, das heißt seine Zusammenfügung, seine *Kohärenz*, diese körperlich-seelisch-geistige Integrität reflektiert und reorganisiert. Eindrücke sortieren sich, finden ihren Platz im Selbst oder verfliegen wieder. Das Selbst wird zum Betrachter der eigenen Existenz und des Umfelds, des Lebens überhaupt, und nimmt sich Zeit, um nachzudenken und vorauszudenken. Die Kultivierung und Umwandlung der Langeweile in Muße ist Reflexion, Meditation und Exerzitium zugleich; aber nicht »ich« denke nach, sondern das Denken verselbstständigt sich und denkt, was es will, wild queerbeet und manchmal konzentriert, allerlei »Sinnloses«, und manches davon »macht Sinn«. Der Sinn, jeder Sinn, füllt die Leere der Langeweile. So werden die Zeiten der Muße zu Zeiten des Nachdenkens über den Sinn der Erfahrungen des Tages wie auch »den Sinn« weit darüber hinaus. Es sind die Zeiten der *Hermeneutik der Existenz* als der Kunst, das Leben, die Dinge und Ereignisse, sich selbst und andere zu deuten und zu interpretieren, um »Sinn zu finden«. Neben dem reflexiven Sinn, der nur durch Nachdenklichkeit zu erschließen ist, bietet die Muße den Vorteil, zugleich dem unmittelbaren Sinn der Sinnlichkeit frönen zu können: So lässt sich das Leben doppelt genießen, wenigstens für diesen Moment.

Sinnvollerweise geht eine *Kultur der Anstrengung* aller Kunst der Muße voraus, denn ohne Anstrengung ist die Muße nichts wert. Nicht dass sie ohne Anstrengung verwerflich wäre – sie stellt sich nur einfach nicht ein: Das ist das Problem all derer, die ihr Leben ohne alle Anstrengung nur noch auf Muße abzustellen gedenken. Zum Problem wird jedoch ebenso die Kultur der Anstrengung *ohne alle Muße*, ohne Vorbereitung eines Vorgehens auf überlegte Weise, ohne Regeneration und Reflexion. Die Muße ist, ergänzend zum tätigen Leben, die geistige Lebensform, in der sich das Denken und schließlich ein anderes Denken entfalten kann, nicht zielorientiert, nicht »nützlich«, gerade dasjenige Denken, das als unerschöpfliche Ressource des Überdenkens, Nachdenkens, Andersdenkens, Neudenkens den Raum von Kunst und Kultur von Grund auf prägt. Im Raum der Muße lässt sich den unterschiedlichen Amplituden von Gedanken Rechnung tragen, vor allem den langwelligen, deren Reichweite über den Moment weit hinausweist. Die Meditation in aller Muße drängt zurück, was dringlich erscheint, und weitet unwillkürlich den Blick, nicht nur von heute auf morgen, sondern auf lange Zeit. Das Recht auf Muße in Anspruch zu nehmen wird zur Pflicht, wenn es darum geht, sich um eine bewusste Lebensführung zu bemühen. Darauf zu verzichten, könnte bitter zu bereuen sein. Besser, die Muße wird noch etwas ausgedehnt.

Wie anders die Welt plötzlich aussieht! Eine kleine Reise, und schon ist von oben, vom Berg herab, zu beobachten, wie eine Wolke heranweht, von Schleiern umwirbelt, die in alle Richtungen fliegen. Durch die Lücken im Nebel hindurch geht der Blick in die Tiefe: Stoisch ruhig, spiegelglatt liegt der See, gesäumt von Ansammlungen von Klötzchen, Orten, verbunden durch schmale Bänder, auf denen in der Dunkelheit helle Punkte entlanghuschen, Autos. Jetzt wird nachvollziehbar, was der Blick von oben, der einst nur eine Frage der Vorstellung war, für Philosophen wie Platon und Marc Aurel bedeuten konnte: Distanz zu gewinnen und Dinge und Verhältnisse in ihrer »wahren« Relation zu sehen. Die gewöhnliche Enge des Alltags lässt sich sprengen, um eine ungewöhnliche Weite zu erfahren, über die Wirklichkeit hinaus Möglichkeiten zu sehen und, ganz im Sinne der Romantik, das depotenzierte Leben wieder zu potenzieren. Es genügt, in die Berge zu reisen, um wenigstens für einen Moment ganz »über den Dingen zu stehen«, auch über manchem Ärger, und erhaben von oben auf das Gezänk herab zu blicken, wie einst schon Nietzsche: »6000 Fuß über Bayreuth« (*Ecce homo*, »Warum ich so weise bin«). Der Blick von oben zeigt viel Wasserdampf, oder poetischer: Wolken und ihre stets veränderlichen Formationen. Zu hören ist das vielstimmige Bimmeln von Kuhglocken.

Eine stets wiederkehrende Möglichkeit zur Einübung in den Blick von oben, von außen, von ferne auf die Dinge und Verhältnisse, jedoch auch auf sich selbst bietet der »Urlaub«: Ein Teil des Selbst bleibt zurück im gewohnten, alltäglichen Leben und lässt sich nun wie von außen betrachten. Wie oben auf dem Berg, so wird auch unten auf dem See bei einer Fahrt mit dem Schiff dieser Blick zur Erfahrung; selbst auf dem Wasser wird auf erstaunliche Weise ein Blick von oben daraus. Eine Schiffsreise, die noch keine Urlaubsreise war, geriet für Johann Gottfried Herder (*Journal meiner Reise im Jahr* 1769) auf dem Weg von Riga nach Paris zur Metapher für die Reise durch die Existenz, bei der das Selbst von einem Punkt »außer der Welt« auf sein gelebtes Leben zurückblickt, während es zu neuen Ufern aufbricht. Die frische Brise, das rhythmische Schaukeln, das gleichmäßige Dahingleiten, das Rauschen der Wellen, die der Schiffskörper selbst erzeugt oder die gegen den Bug schlagen, die Ruhe, die über der weiten Fläche liegt, der unbestimmte eigene Ort, der immer derselbe zu sein scheint und doch stets ein anderer ist: Diese Situation ist dem distanzierten Blick auf sich selbst und die Welt förderlich, auf all die Begrenztheit, die zurückgeblieben ist und sich dort am Ufer, am Festland, das hinter dem Dunst verschwindet, aufgereiht findet. Dort lebt jedes Selbst Tag für Tag an seinem genau umgrenzten Ort, hier aber herrschen Weite und Offenheit, und nur für einen Moment gilt ein Gedanke jener Abgründigkeit, die sich auftun würde, käme es zum Schiffbruch: Die »Zurückgebliebenen« könnten dann die interessierten Zuschauer sein.

Der Blick von außen auf sich selbst, auf den so viel ankommt, der sonst jedoch abstrakt bleibt, wird hier konkret erfahrbar, wenn die Muße eine Chance erhält. So lässt sich dem Urlaub etwas abgewinnen, wenn er sich schon nicht mehr vermeiden lässt. Denn eigentlich ist »Urlaub« eine merkwürdige Anomalie des Lebens in der Moderne. Die Merkwürdigkeit träte deutlich hervor, würde man sich einen Sioux-Indianer vorstellen, der während der Jagd plötzlich auf die Uhr sehen, Pfeil und Bogen beiseite legen und verkünden würde, seine Arbeitszeit sei nun um, er werde jetzt mal »ein paar Tage ausspannen«. Da der industrielle Verschleiß an Arbeitskraft eine regelmäßige Erholung erzwingt, ist in moderner Zeit der Urlaub jedoch zum Standard geworden. Seine machtgeschichtliche Herkunft kann er dennoch nicht verleugnen: Die *Erlaubnis*, sich vom Dienst zu entfernen, gab ihm (im Deutschen) seinen Namen; »Urlaub« ist die Erlaubnis einer dazu befugten Autorität, die Aktivität zu unterbrechen und dem Nichtstun zu frönen. Was sich daraus entwickelt hat, ist die Möglichkeit, für begrenzte Zeit aus dem modernen Leben »auszutreten«, zuweilen auch auszutreten aus jeglicher Kultur; anders sind jedenfalls diverse Erscheinungsformen des Urlaubs nicht zu erklären. Urlaub ist die Auszeit in der modernen Welt des Aktivismus, die dem Passivismus allenfalls

Reservate zugesteht. Politisch, kulturhistorisch ist darin der Versuch zu sehen, die Muße in eine abgelegene Ecke des Jahres zu drängen, um den großen Rest der Zeit der Unmuße opfern zu können.

Das betrifft die *Form*, dem *Inhalt* nach aber ist Urlaub die Einlösung des Traums vom Glück in der Moderne: die Mühsal des Lebens einmal abzuschütteln und »das größte Glück der größten Zahl«, wie die Utilitaristen dies nannten, zumindest zeitweilig zu realisieren; ein Vorschein des künftigen Reiches der Verstetigung und Universalisierung des modernen Glücks. Jetzt endlich ist es soweit, jetzt im Urlaub! Wie schade, dass es ausgerechnet jetzt für viele ganz anders kommt: Mit dem Ortswechsel bricht das haltende Umfeld weg, das Nichts ist zu erfahren anstelle von Vertrautheit und Geborgenheit. Polarisierung bricht auf zwischen zweien, die sonst keine Zeit dafür haben. Die gewohnte Anspannung bricht plötzlich ab, anstelle des Lärms muss das Selbst sich der Stille erwehren. Blauer Himmel, weißer Sand, blaugrünes Wasser Tag für Tag: Kein Mensch hält es im Paradies lange aus. Der Muße entwöhnt, wird doch nur wieder Langeweile und Aktivismus daraus; dankbar werden daher Aktivurlaub, Animation, Reanimation gebucht, *all inclusive*, außer irgendwelcher Reflexion. Wichtig wäre, diese Probleme vorweg zu kennen, um nicht von ihnen überwältigt zu werden; zu vermeiden sind sie nicht. Selbst hoch oben auf dem Berg, wo in absoluter Ruhe der kühle Wind über die Wangen streicht, klingelt nun, wie zu erwarten war, irgendein Handy: Die Moderne bietet eben noch ganz andere Herausforderungen für eine philosophische Haltung als die Antike. Das ultimative Problem aber steht noch bevor: Irgendwann kommt der Abstieg vom Berg. Dann beginnen unweigerlich wieder die Mühen der Ebene. Die Lebenskunst besteht, wenigstens in der Vorstellung, im Hin- und Hergehen dazwischen: Immer ein wenig Berg im Alltag, um nicht in Enge und Ängsten unterzugehen.

Aber dem Lebenskünstler fällt ja ohnehin alles von selbst zu…
Wie kommt es zu diesem Eindruck? Manches scheint ihm leicht
zu fallen, vieles kommt ihm zupass, gerade zur rechten Zeit begegnet ihm das Richtige. Das Geheimnis dieses Lebens ist jedoch
die Bereitschaft zu einer Anstrengung, das *Bemühen um Gelassenheit*, mit all den Varianten aus der Familie des Lassens, die verfügbar sind: offen lassen, zulassen, geschehen lassen, wachsen lassen,
jemandem etwas überlassen, sich auf jemanden verlassen etc.
Gelassenheit ist der Gegenbegriff zum modernen Voluntarismus
und Aktivismus und besteht darin, lassen zu können statt immer
wollen zu müssen, gelegentlich passiv zu bleiben statt immerzu
nur aktiv zu sein. Die notwendige Voraussetzung hierfür ist, zur
Passivität als einer *Option* der Lebensgestaltung neben der Aktivität überhaupt in der Lage zu sein. Dann wird das Selbst des wirklichen Lassens mächtig, der passiven Wahl, die getroffen wird,
um auf einen aktiven Zugriff oder ein Eingreifen zu verzichten,
dies aber sehr bewusst zu tun: Dinge und Verhältnisse nicht stets
beeinflussen zu wollen, sondern auch auf sich beruhen lassen zu
können; gelegentlich etwas Muße zu pflegen statt immer nur der
Unmuße anheim zu fallen.

Das Selbst, das sich um Gelassenheit bemüht, lernt zu unterscheiden zwischen dem, was in seiner Macht steht, und dem,
was sich seinem Zugriff gänzlich entzieht, um sich auf Ersteres
zu konzentrieren und die *Fähigkeit zur Hinnahme* des Letzteren
zu entwickeln. Keineswegs im Sinne einer unterschiedslosen
Hinnahme von allem, sondern ganz so, wie dies im »Gelassen-
heits-Gebet« von 1943 des deutsch-amerikanischen Theologen
Reinhold Niebuhr zum Ausdruck kommt: »Gott, gib mir die
Gelassenheit, Dinge hinzunehmen, die ich nicht ändern kann,
den Mut, Dinge zu ändern, die ich ändern kann, und die Weisheit, das eine vom anderen zu unterscheiden.« Die Möglichkeit
zur Hinnahme ist das, was dem Selbst bleibt, wenn seine Selbstbestimmung außer Kraft gesetzt ist, wie etwa im Schmerz. Es übt
sich in der Hinnahme im Umgang mit all dem, was ihm nicht
zupass kommt (und immer gibt es etwas, das »nicht passt«), ist zu

Umwegen bereit, wenn etwas oder jemand im Weg steht, und lernt, sich willentlich dem zu fügen, was sich als notwendig erweist, sogar zu lieben, was es muss, und auch aus Dingen, die nicht mehr zu ändern sind, noch etwas zu machen. Selbst im Ärgernis tut sich vielleicht eine Möglichkeit auf, die nicht zu erahnen war; eine unverhoffte Begegnung, eine zauberhafte Zeit geht möglicherweise daraus hervor. Zumindest aber verausgabt das Selbst sich nicht in Ressentiments, in Vorwürfen gegen sich und andere, die doch nichts mehr daran ändern können, dass etwas »schief lief« oder versäumt worden ist.

Ebenso prägend für die Gelassenheit ist die *Fähigkeit zur Hingabe*, an andere, denen die Hingabe anvertraut werden kann, an Dinge, Ideen, Aufgaben, an das Leben überhaupt. Der Lebenskünstler leistet Verzicht darauf, offenkundige Bedingungen menschlichen Lebens ändern zu wollen, etwa dessen Unstetheit, Widersprüchlichkeit, Schicksalhaftigkeit, Sterblichkeit. Er fügt sich dem *Wellengangprinzip des Lebens*, diesem steten »Auf und Ab«, statt seine Kräfte wirkungslos im Widerstand dagegen zu vergeuden. Er erarbeitet verschiedene Alternativen und überlässt es dem Leben zu entscheiden, welche davon Realität werden soll. Er hat nicht nur Ideen, sondern lässt sich vom Zufall auf Ideen bringen; und selbst der misslichen Erfahrung weiß er noch einen Platz in seinem Leben zu geben, statt sie daraus verdrängen zu müssen. So wird alles zu Wasser auf seinen Mühlen: Er gestaltet sein Leben, indem er es vom Leben selbst gestalten lässt. Bei allem eigenen Tun kann er auch anderen und der Geschichte überlassen, was werden soll, was nicht. Er ist in der Lage, sich führen zu lassen – von Ideen und Gedanken, die ihn überzeugen; von Situationen, denen er sich anvertraut; von Kindern, die dem Erwachsenen eine vergessene Welt wieder nahe bringen; von Geliebten, Freunden, vertrauten Menschen, Lebenden wie auch Toten, deren Stimme er in sich vernimmt. Es geht nicht darum, so verfahren zu müssen, aber über diese Optionen verfügen zu können, um sie dort einzusetzen, wo es geeignet erscheint.

Und zuletzt bedarf der Lebenskünstler der Option einer *ultimativen Gelassenheit*, über die er dort verfügt, wo vielleicht seine Existenz und mehr noch die Existenz des Menschen überhaupt in Frage steht. Eine umfassende Dimension wird damit eröffnet, die ihm erlaubt, von sehr weit außen auf die menschlichen Dinge und sich selbst zu blicken und sich sagen zu können, wie Seneca im 91. seiner *Briefe an Lucilius über Ethik,* »welch ein geringer Teil des Alls sind wir!« Die Existenz des Menschen, ausgebreitet auf dem Planeten, reduziert sich auf eine Punktförmigkeit, die in kosmischer Sicht faszinierend, aber nicht ersichtlich von Belang ist. Die eigene Existenz erscheint eingebettet in größere Zusammenhänge, denen das Selbst sich überlassen kann, auch wenn es sie nicht wirklich durchschaut. Darüber nicht allzu viel zu sprechen, lässt nicht auf Ignoranz schließen, sondern resultiert nur aus dem Schweigen, das angesichts solcher Zusammenhänge angemessen erscheint: Jedes bestimmte Wort würde sie in ihrer Unbestimmtheit beeinträchtigen. Diese Zusammenhänge bilden den abgründigen Grund, aus dem heraus die Heiterkeit als Haltung möglich wird, die mit der Gelassenheit zur »heiteren Gelassenheit« verschmilzt.

Heiterkeit erscheint beim ersten Hinsehen als *Leichtigkeit des Seins* im Kontrast zu dessen Schwere, zu Angst, Schmerz, Leid und Tod. »Unerträglich« wird die Leichtigkeit des Seins nur für denjenigen, der die Schwere und Schwerkraft des Lebens nicht mehr kennen will. Die *erträgliche* Leichtigkeit des Seins resultiert aus der Konfrontation mit der Schwere; sie beruht auf einer Haltung, die sich der Existenz der Schwere stets bewusst ist und sie nicht zu negieren versucht, sich allerdings von ihr auch nicht niederdrücken lässt. Der Lebenskünstler weiß um die Schwere, er weiß, wie abgründig, brüchig, widersprüchlich, zerbrechlich und fragwürdig von Grund auf alles Sein ist, und er akzeptiert es; das macht ihm das Leben »leichter«. Heiterkeit kündet von der Integrität desjenigen, der mit sich »im Reinen ist«. Mit schweren Belastungen hat auch er fertig zu werden, aber er versucht sie zu erleichtern durch die anhaltende Beschäftigung damit, zu obsessiv vielleicht in den Augen anderer, die er daher aus diesem Prozess herauszuhalten versucht. Er selbst leistet eine Arbeit an sich selbst, bis die Belastung ihr drückendes Gewicht verliert und leichter zu tragen ist. Ob sie je gänzlich aufgehoben werden kann, ist ungewiss. Gewiss ist nur die Möglichkeit ihrer Einbeziehung in die Integrität des Selbst, die Gewöhnung an ihr Gewicht und die Ausbildung einer Konstitution, die sie trotz allem zu tragen vermag, sodass, was schwer ist, letzten Endes leicht erscheint. Im Gegenzug kann Lebenskunst auch bedeuten, ein leichtes, allzu leichtes Leben schwerer zu machen; und sollte zwischen zwei Wegen zu wählen sein, so »wähle stets den schwierigeren«, rät eine tibetische Weisheit: »Er wird die besten Seiten in Dir wecken!«

Die Betonung des Lassens in der *Gelassenheit* ermöglicht schließlich das Gewährenlassen auch des Abgründigen und Widersprüchlichen. Das gilt für die Angst im Kontrast zum Freisein von ihr, für den Schmerz im Kontrast zur Lust, für das Leid im Kontrast zur Freude, für den Tod im Kontrast zum Leben. Dieses Gewährenlassen bildet die Grundlage der *Heiterkeit*, die sich als Kunst der Balance nun darum bemühen kann, die negativen Erfahrungen wieder auszubalancieren, um sie lebbar zu machen. Zuweilen nutzt das Selbst hierfür das »Positivdenken«, tariert es aber durch ein »Negativdenken« wieder aus, mit dessen Hilfe drohendes Ungemach frühzeitig in den Blick kommt. Die Heiterkeit ist eine geistige Haltung, kein Affekt. Wenn sie in Affekten zum Ausdruck kommt, dann nicht nur in Fröhlichkeit, sondern auch in Traurigkeit. Sie ist eine Haltung, die die Melancholie mit einbezieht, sie lediglich nicht allein herrschend werden lässt. Dass eine Stadt wie Venedig *serenissima*, »die Heiterste« genannt werden kann, liegt in der Eigentümlichkeit der Heiterkeit begründet, die die Abgründigkeit menschlicher Existenz anerkennt und ausbalanciert. Wenn Heiterkeit ein Weg ist, das Leben leichter zu machen, dann deshalb, weil sie sich der grundlegenden Tragik von Leben und Welt nicht entzieht, darin jedoch auch nicht untergeht. Sie versucht sich in der Gratwanderung zwischen unversöhnlichen Widersprüchen und am Rande von Abgründen, und gerade dort, wo deren Unaufhebbarkeit bewusst ist, kann sie sich entfalten. Die »reine Heiterkeit«, die Goethe Shakespeare zusprach, bezieht sich zweifellos auf das gelassene Bewusstsein des Tragischen, das aus dessen Dramen spricht. Und wenn Eckermann an Goethe selbst ein »erhabenheiteres Wesen« beobachtet, so ist damit wohl die Haltung gemeint, die vieles überblickt, zeitlich, räumlich, sachlich, und vieles gelten lassen kann, auch Abgründiges und Widersprüchliches, im vollen Bewusstsein der Winzigkeit des jeweils Wirklichen im unabsehbaren Meer des Möglichen.

Heiterkeit ist das Signum eines »schönen Geistes«, ein Leben in der Balance, ein Leben im Gleichmaß, ein »symmetrisches Leben«, wie Demokrit, der Begründer des philosophischen Begriffs der Heiterkeit (*euthymía*) im 5./4. Jahrhundert v. Chr. dies nannte. Gemeint ist zum einen die Ausgewogenheit im Denken, das den äußeren Bedingungen von Leben und Welt Rechnung trägt, zum anderen die Ausgewogenheit im Fühlen, das die innere Balance im Empfinden der Zustände des Subjekts selbst versucht; schließlich aber die Ausgewogenheit zwischen Denken und Fühlen. Neurobiologisch kann dies als gleichmäßiger Austausch zwischen unterschiedlichen Hirnregionen verstanden werden, der für ein »ausgeglichenes Selbst« sorgt, ein Prozess der homöodynamischen Regulation. Die Symmetrie, die Balance, die Ausgeglichenheit und Ausgewogenheit lässt sich jedoch in aller Regel nicht *synchron*, nicht im Moment, sondern eher *diachron*, durch die Zeit hindurch erreichen. Sehr wohl kennt sie Ausschläge der Waage nach der einen oder anderen Seite hin, die jedoch mit der Zeit gegeneinander aufgewogen werden, sodass die Polarität des Lebens zu ihrem Recht kommt. Wer aber einen Pol abstreicht, darf sich nicht wundern, wenn er den anderen Pol nicht mehr erfährt: Woher könnte er beispielsweise überhaupt wissen, was »Wohlsein« ist, wenn er das »Übelsein« nicht mehr kennt? Niemand muss nach üblen Erfahrungen suchen, sie stellen sich erfahrungsgemäß von selbst ein; vorsätzlich auszubalancieren ist hingegen das Zuviel an übler Erfahrung durch das Angenehme, das gesucht wird. Die Heiterkeit als geistige Haltung ist zudem vorbereitet auf den möglichen Umschlag der Dinge in ihr Gegenteil, der bewirkt, dass das Angenehme, das andauert, *in sich* ins Unangenehme umschlagen kann. Oft wissen Menschen dann nicht mehr, wie ihnen geschieht, denn »es hat doch eigentlich alles gestimmt«, nur das Leben fordert die Balance ein. Gerade der glückliche Augenblick kann traurig machen, denn das Selbst ahnt, dass er nicht von Dauer ist; daher die Melancholie inmitten des Glücks. Eine schlimme Erfahrung, die andauert, kann ebenso *in sich* umschlagen in eine freudige; daher die Freude inmitten von Tragik: Das Selbst verliert die Angst vor dem Abgrund, denn es lebt in ihm und kann nicht tiefer fallen; der Schmerz vermittelt ihm eine abgrundtiefe Erfahrung von Selbst und Welt, die es fortan nicht mehr missen will.

Einsicht in diese Zusammenhänge hat die Heiterkeit. Die Grundhaltung, die dem Spiel der Widersprüche Raum gibt, ist die Gelassenheit. *Gelassene Heiterkeit* ist das Bewusstsein davon, dass in allem, was ist, auch noch anderes möglich ist; dass Höhen und Tiefen sich abwechseln wie Tag und Nacht, wie Ein- und Ausatmen; dass dies der Takt des Lebens ist, das aus der Polarität in allen Dingen seine Spannung bezieht. So kann es zum symmetrischen Leben kommen, dessen Ausdruck *Harmonie* sein mag, jedoch eine, die voller Spannung ist, bis hin zu einem *Oxymoron*, das unvereinbare Gegensätze in sich zusammenspannt, in der Poetik und Rhetorik ebenso wie in der Ästhetik der Existenz. Wie jede Kunst, so bezieht auch die Lebenskunst ihre Kreativität und Produktivität aus dem Leben mit Widersprüchen, sehr bewusst eingesetzt von Romantikern wie Novalis. Die Aufhebung dieser Spannung öffnet nur den Raum für Bagatellen, die die Polarität des Lebens wieder herzustellen versuchen, individuell wie auch gesellschaftlich. Heiterkeit und Gelassenheit waren nie Begriffe der Moderne, eine andere Moderne aber wird ohne sie kaum denkbar sein: Nur das symmetrische Leben ermöglicht, Beschleunigung durch Verlangsamung auszutarieren, Unduldsamkeit durch eine neue Geduld, Veränderung durch Beharrung, anonyme Funktionalität durch persönliche Zuwendung. Und wenn das nur eine Illusion sein sollte?

Vom Leben mit und ohne Illusionen. Resignation als Lebensform

Vielleicht empfiehlt es sich, grundsätzlich ein illusionsloses Leben zu führen, ohne jede Illusion über sich selbst, andere, das Leben, die Welt. Vorausgesetzt, dies wäre möglich – denn es fehlt ein verlässlicher Maßstab dafür, was genau Illusion ist und was nicht; ansetzbar ist allenfalls der Maßstab der Plausibilität –, so wäre dies wohl ein Leben in größtmöglicher Klarheit über die Verhältnisse, wie sie wirklich sind. Voraussetzung dafür wäre eine Arbeit der Klärung und Aufklärung, Selbstklärung und Selbstaufklärung, bei der es jedoch kaum bleiben könnte, denn der Zustand der Klarheit und *Aufgeklärtheit* sagt noch nichts aus über die Möglichkeit seiner *Lebbarkeit*. Nicht lebbar könnte sein, schlimme Verhältnisse, wie sie wirklich sind, ständig vor Augen zu haben; oder Klarheit darüber zu haben, dass ich mich stets selbst belüge, dass ich immerzu belogen werde von anderen, dass die ganze Welt durchzogen ist von Strukturen der Konspiration, der Korruption, des Nepotismus, die der Entfaltung des Selbst entgegenstehen – Klarheit hierüber macht die Welt zur Wüste, in deren Weiten das Selbst zugrunde geht.

Illusion ist, wie die lateinische Herkunft des Wortes verrät, ein Spiel, nämlich das *Spiel der Täuschung*, das sich dem Potenzial der Vorstellungskraft verdankt. Neurobiologisch scheint es möglich zu werden aufgrund von Hirnarealen, in denen die Neuronen mit sich selbst beschäftigt sind, mit internen Projektionen des Denkens und Empfindens statt mit Repräsentationen der Körperzustände und externer Objekte, sodass es möglich wird, ganz und gar »in Gedanken zu sein«. Es wäre schade, davon keinen Gebrauch zu machen, denn Illusionen erlauben visionäre Projektionen aus dem Gegebenen heraus ins Mögliche, aber auch den völligen Rückzug in sich selbst, um in einer eigenen Wirklichkeit zu leben, sein Inneres abzuschotten und nahezu unantastbar für Äußeres zu werden: Akt einer Selbstsuggestion, die in äußerster Bedrängnis und aussichtsloser Lage, wie Salim sie erfahren hat, lebenserhaltend sein kann. Selbst auf eine Realität, die unerträglich und doch nicht zu ändern ist, lässt sich so noch antworten. Eine Fassade lässt sich errichten, hinter der eine innere Welt entfaltet wird, von deren Reichtum andere nichts ahnen können. Aber nicht nur, wenn es *Not tut*, ist die Macht der Illusion nutzbar, sondern auch, wenn es *Freude macht*, etwa eine Rolle zu übernehmen, sich gänzlich in sie hineinzudenken und zu fühlen und darin aufzugehen. Illusionär ist diese Welt, insofern sie nichts mit einer äußeren Wirklichkeit zu tun hat; daher kann von einem »Wirklichkeitsverlust« die Rede sein. Problematisch wird diese Welt, wenn sie mit einer äußeren Wirklichkeit in einer Weise kollidiert, die auf das Selbst zurückschlägt; dann kann vom »pathologischen« Wirklichkeitsverlust die Rede sein. Die kluge Begrenzung von Illusionen ist daher ein Element der geistigen Sorge des Selbst.

Eine notwendige Voraussetzung hierfür ist das bewusste Verhältnis des Selbst zu seinen Illusionen. Eine Lebenslüge wird erst zum Problem, wenn das Selbst nicht mehr um sie weiß, eine Täuschung dann zur Enttäuschung, eine Selbsttäuschung zur Selbstenttäuschung, wenn unüberlegte, unbegründete Erwartungen damit verbunden sind. Symmetrisches Leben heißt auch, Illusionen und ein illusionsloses Leben *ausbalancieren* zu können. So kann das Selbst, im vollen Bewusstsein, dass es sich um Illusionen handelt, diejenigen fürs Leben wählen, mit denen es sich leben lässt. Im Unterschied zu naiven Illusionen handelt es sich nun jedoch um *aufgeklärte Illusionen*, Produkte einer aufgeklärten Aufklärung, die die pauschale Abwertung aller Illusionen, wie sie durch Philosophie und Aufklärung geschah, pragmatisch revidiert. Illusionen sind ein Instrument des Selbst, wählbar, einsetzbar und, wenn es erforderlich erscheint, abwählbar und absetzbar. Illusionen, die sich als unlebbar erweisen, werden durch Illusionslosigkeit begraben; umgekehrt ist mit Illusionen das Leben zu retten: Das Selbst kann das Leben erotisieren und schmücken, kann ihm Oberfläche geben und Normalität herstellen, kann vieles nicht wissen wollen, bestärkende Erfahrungen suchen und allzu irritierenden Erfahrungen zumindest zeitweilig aus dem Weg gehen. Nichts spricht auch gegen die Illusion einer Freiheit der Wahl, denn die Unfreiheit könnte ebenso gut nur eine Illusion sein; entscheidend ist, welche Illusion das Leben befördert, das als bejahenswert erscheint.

Jedes Kunstwerk ist eine Illusion, so auch das Kunstwerk des Selbst und seines Lebens. Zur Lebenskunst gehört die *Kunst der Illusion*, die Arbeit an der Illusion des Lebens: Sie fügt zusammen, was nicht zusammengehört und lässt als Einheit erscheinen, was nicht unbedingt eine ist. Nur so lässt sich leben, bei jedem Blick dahinter tun Abgründe sich auf. Illusionen bilden Formen und gestalten aus Möglichkeiten weiche Wirklichkeiten, um harte

Wirklichkeiten abzumildern und lebbar zu machen. Nähe ist ihnen nicht förderlich; sich nicht mehr auf die Gipfel der Fernsicht im Gebirge nackter Fakten retten zu können, hieße, die Illusionen gänzlich zu verlieren. Daher wäre Sorge dafür zu tragen, sie nicht zu sehr der Verlegenheit auszusetzen, Wirklichkeit werden zu müssen, denn die Wirklichkeit ist ihr Tod – es sei denn, gerade er erschiene erforderlich, um sich nicht völlig von Illusionen beherrschen zu lassen. Die Regel der Kunst formuliert, wie so oft in Fragen des Maßes, Balthasar Gracián in seinem *Handorakel* (Aphorismus 24): »*Die Einbildungskraft zügeln*, indem man bald sie zurechtweist, bald ihr nachhilft: denn sie vermag alles über unser Glück, und sogar unser Verstand erhält Berichtigung von ihr. Sie kann eine tyrannische Gewalt erlangen und begnügt sich nicht mit müßiger Beschauung, sondern wird tätig, bemächtigt sich sogar oft unseres ganzen Daseins, welches sie mit Lust oder Traurigkeit erfüllt, je nachdem die Torheit ist, auf die sie verfiel: denn sie macht uns mit uns selbst zufrieden oder unzufrieden, spiegelt einigen beständige Leiden vor und wird der häusliche Henker dieser Toren; andern zeigt sie nichts als Seligkeiten und Glücksfälle, unter lustigem Schwindeln des Kopfs. Alles dieses vermag sie, wenn nicht die vernünftige Obhut unserer selbst ihr den Zaum anlegt.«

Trotz aller Klugheit, die im kunstvollen Gebrauch der Illusionen zu liegen scheint, bleibt es eine mögliche Option und legitime Operation im Rahmen der Lebenskunst, gänzlich illusionslos zu leben. Ein Leben ohne Illusionen steht der Resignation nicht fern, aber selbst in diesem Fall stellt sich die Frage, ob nicht auch aus ihr, von der viele Menschen ohne ihr Zutun überfallen werden, eine vorsätzliche und bewusste *Kunst der Resignation* zu machen wäre. Jedenfalls in moderner Zeit könnte dies attraktiv erscheinen, um einem hemmungslosen Optimismus und manischen Perfektionismus frontal zu widersprechen, denn es gibt Gründe dafür, das Leben anders als nur »positiv« zu sehen, ja eine »negative« Sichtweise für die ehrlichere zu halten. Ist es nicht so, dass zur Resignation bisweilen mehr Anlass besteht als zur zukunftsfrohen Schönfärberei? Zum Anlass für Resignation auf der ganzen Linie wird freilich unwillentlich der moderne

Mensch selbst, der vieles zu wissen glaubt und doch zu realisieren hat, wie wenig er im Grunde wissen kann; der absoluten Sinn erwartet und an der kleinsten Sinnlosigkeit verzweifelt; der universelles Verständnis zwischen allen erstrebt und mit dem kleinsten Missverständnis nicht mehr zu leben versteht; der außer dem perfekten Gelingen nichts gelten lässt und schon an einem krummen Nagel scheitert.

Zu unterscheiden wäre zwischen einer *selektiven Resignation*, wie sie gelegentlich angebracht erscheint, bezogen auf eine bestimmte Lebenssituation, auf die Beziehung zu einem anderen Menschen oder zu einer Sache; sowie einer *totalen Resignation*, bezogen auf das Ganze des eigenen Lebens, das menschliche Leben überhaupt oder gar die Gesamtheit der Welt. Selektiv oder total: Das sind die Optionen, zwischen denen eine Wahl zu treffen ist. Resignation in einer dieser Varianten steht immerhin auch dann noch zur Verfügung, wenn es sonst nichts mehr zu wählen gibt und ein misslicher Zustand einfach hinzunehmen ist. Ihre »Kunst« zielt darauf, die Resignation zur bewussten Haltung zu machen und sie in vielen Details bis zum Raffinement zu verfeinern. Jede Arbeit an einem Gelingen wird nun wissentlich und willentlich eingestellt, denn sie entzöge der Resignation den Boden. Nur noch sparsamer Gebrauch wird vom Lachen gemacht, dessen tröstende Kraft das Selbst daran hindern könnte, völlig in der Resignation aufzugehen. Selbst die Haltung der Skepsis erscheint noch problematisch, denn sie erhebt allzu maßvolle Ansprüche an Wissen und Sinn, die möglicherweise die Resignation überflüssig erscheinen lassen könnten. Wenn es denn aber sein muss, sich im Unvollkommenen, Vergänglichen und Fragmentarischen wirklich einzurichten, dann wenigstens ohne jede innere Überzeugung.

Lebensmüdigkeit, Lebensüberdruss, Lebensekel

Die Kunst der Resignation ist der Beweis dafür, dass das Leben keineswegs geliebt werden muss, um Lebenskunst entfalten zu können. Lebenskunst kann vielmehr heißen, das Leben, aus welchen Gründen auch immer, zu hassen, zu verabscheuen und trotz allem nicht verlassen zu wollen: Beispiel Schopenhauer, der den Willen zum Leben verneinte und keinen Sinn mehr in irgendwelchem Tun und Lassen sah, bevor er sich nach seiner Übersetzung des *Handorakels* von Gracián doch noch zu einer Art von griesgrämigem Lebensmut hinreißen ließ. Es gibt keine Norm, der zufolge das Leben zu bejahen wäre, und es kann gute Gründe dafür geben, das Leben nicht für schön zu halten, zeitweilig oder auch im Ganzen. Selbst eine implizit normative, ontologische Grundvoraussetzung, wonach es »gut sei für den Menschen zu sein«, ist nicht für jeden nachvollziehbar. Die zugehörige »Grundwerterfahrung« ist zwar möglich, aber nicht verbindlich; vielen bleibt sie trotz aller Deklamation und Proklamation verstellt, und die anderen machen sie auch nicht alle Tage. Wenn überhaupt irgendwo, dann liegt das Bewusstsein für den *möglichen Wert* des Lebens darin begründet, dass es ohne weiteres auch nicht sein kann. Das Leben *kann* schön erscheinen – notwendigerweise kann jedoch auch das Gegenteil der Fall sein; die Abkehr vom Schönen ist eine reale Möglichkeit. Und ist es nicht wirklich unerträglich, ja nachgerade ekelhaft, immerzu nur Schönes, Bejahenswertes vor sich zu sehen? Wie sollte man sich dessen erwehren, wenn nicht durch Überdruss? Ist die gute, schöne Welt nicht gelegentlich einer profunden Übelkeit würdig?

Zuweilen ist es einfach nur *Lebensmüdigkeit*, die sich einstellt, und sie hat ihren Grund vielleicht nur darin, dass die chemischen Stoffe für neuronale Aktivitäten im Gehirn aufgebraucht sind und Zeit zur Regeneration brauchen, die sie nur im Schlaf finden können. Fraglich ist, ob es sich um eine *temporäre* Lebensmüdigkeit handelt, auf die sich reagieren lässt mit etwas Muße und Erholung und eben »einer Mütze voll Schlaf«. Oder ob eine *dauerhafte* Erscheinung daraus wird, die als solche ernst zu nehmen ist: das Leben nicht mehr leben zu wollen, es nicht mehr zu können, am Ende angekommen zu sein. Vielleicht ist dies ja ein schönes Ende: müde zu sein wie am Abend eines langen und erfüllten Tages, die Müdigkeit selbst noch eine Weile zu genießen und zurückzublicken, bevor definitiv klar ist, dass es nun Zeit ist zu schlafen, in welcher Form auch immer. Das Leben ist abgelebt und verliert von selbst seinen Sinn, nicht jedes Leben, sondern nur dieses eine, das am Ende ist.

Etwas anderes als Lebensmüdigkeit ist der *Lebensüberdruss*, wie er sich in der Langeweile bereits angekündigt hat. Früheren Zeiten schon geläufig (*taedium vitae*), wird er zum Problem insbesondere moderner Gesellschaften des Wohlstands, in denen alles schon gemacht ist, nichts mehr zu bewältigen, nichts zu überwinden, nichts zu tun übrig bleibt. Alle Möglichkeiten stehen zur Verfügung, nur die eine nicht, die in weiter Ferne läge und die Faszination des Selbst auf sich ziehen würde, das alles dafür tun könnte, sie trotz allem zu realisieren. So aber kann das Leben »nichts Neues« mehr bieten, alles schon mal da gewesen, alles schon erlebt: Moderne Menschen, gänzlich auf Neues fixiert, als läge darin allein das Leben, können sich der Konsequenz ihrer Haltung schwerlich entziehen. Letztlich geraten sie in ein Ressentiment gegen das Leben, mit dem sie zutiefst unzufrieden sind und an dem sie Rache nehmen wollen dafür, dass es zu intensiv, zu wenig intensiv oder »immer nur dasselbe« ist: Ganz wie bei einem Essen, das zu viel, zu wenig und zu eintönig sein kann, ist davon die Rede, das Leben »satt zu haben«. Wer Lebensüberdruss empfindet, kann keinen Sinn mehr im Leben sehen, nicht im eigenen, nicht im Leben überhaupt; das »Große Umsonst« besetzt Denken und Fühlen, und wenn es andauert, steigert sich der Lebensüberdruss bis zum Ekel.

Ekelhaft ist das, was man in keiner Weise mag, nicht liebt, vielmehr hasst, nicht schön findet, sondern hässlich, nicht nur sinnlos, sondern sinnwidrig, widersinnig, widerlich. Es stinkt, es ist »zum Kotzen«, nicht zu ertragen, eben »ekelhaft«. *Lebensekel* bezieht sich auf das Leben als Ganzes: nicht etwa nur keinen Sinn, sondern Widersinn in ihm zu sehen, nicht nur im eigenen, sondern in jedem Leben. Wenn der Ekel aber auf das Dasein als Ganzes gerichtet ist, stellt sich die Frage, ob das Leben überhaupt, nicht nur jetzt, sondern auf Dauer noch bejaht werden kann. Vergeblich, noch davor zu warnen, allzu weit reichende Konsequenzen aus dem Drama zu ziehen, das mit verlässlicher Regelmäßigkeit wiederkehrt; oder daran zu erinnern, dass das Leben noch andere Erfahrungen bereithält. Am Horizont zeichnet sich schon die Fäulnis des Todes ab, und er erscheint als absolutes Nichts, als Nichtexistenz und Nichtsein von allem. Alles, was ist, trägt den Tod schon in sich, und so ist alles nur ein Dahinsiechen, Leben selbst nur ein unbedeutender Moment, einsam und bemitleidenswert, kaum wert, gelebt zu werden. Da die Konfrontation mit dem Tod so grausam ist, erscheint das Leben nur noch möglich als ein Vergessen des Todes.

Ist dies aber nicht die »eigentliche Wahrheit«, dass das Leben überhaupt ekelhaft ist? Ob es die *eigentliche* ist, könnte zweifelhaft sein; unzweifelhaft ist nur, dass der Ekel *eine Wahrheit* zum Ausdruck bringen kann und dass Nietzsche ihr Prophet ist: »Ekel, Ekel, Ekel« (*Also sprach Zarathustra*, »Der Genesende«). Kaum ein Mensch hat den Ekel am Leben, am Menschen, an der Welt so nachhaltig aufgespürt und so gründlich im Selbstexperiment erprobt wie Nietzsche, angewidert und angeekelt von allem, worin er Lebensverneinung vermutete, bevor er selbst aus dem rabiaten Nein zur Lebensverneinung das emphatische Ja zu einem anderen Leben zu ziehen verstand. Der Ekel, der herrschend wird, zwingt diese Wahl herbei: *Ja zum Leben oder Nein*. Für eine Weile lässt sich noch auf die Lust setzen, die über die Macht verfügt, den Ekel vergessen zu machen, zumindest zeitweilig; was aber ist, wenn sie die erforderliche Intensität nicht mehr zu gewinnen vermag? Ist der Ekel dann die Quelle einer letzten, freilich im Wortsinn perversen, verkehrten Lust? Menschlicher Erfindungskraft, was die Freilegung von Quellen angeht, aus denen sich noch leben lässt, ist das Äußerste zuzutrauen, und eben auch dies. Die Grundfrage des Lebens stellt sich aber mit unabweisbarer Dringlichkeit, sobald keinerlei Einbettung in lustvolle Beziehungen, welcher Art auch immer, mehr zur Verfügung steht; ohne jede Einbettung wiederum erscheint das Leben selbst in wachsendem Maße widerlich. Der Ekel wächst, weh dem, der Ekel birgt…

Ekel ist so abstoßend, dass er auf eine starke Anziehungskraft schließen lässt, an die er rührt. Wenn sonst nichts bleibt, dann bleibt noch dies, um ins Verhältnis zum Leben zu kommen und wenigstens auf negative Weise den Wert des Lebens neu zu entdecken: Ekel ist ein Element des Gespürs, ein *Indikator für das*

Leben, das nicht mehr gelebt werden kann, sei es das eigene Leben, das als ekelhaft empfunden wird, oder das Zusammenleben mit anderen in dieser oder jener Form. Es handelt sich um ein absolutes Nein von solcher Durchschlagskraft auf alle Sinne und alles Denken, dass die starke, wenngleich negative Orientierungsleistung des Ekelhaften nicht übersehen werden kann und nicht übergangen werden sollte. Alle Ekelhaftigkeit verweist auf eine mögliche Zärtlichkeit, und allerdings auch umgekehrt. Wo Ekel ist, dort ist noch eine große Leidenschaft verborgen. Selbst der Ekel am Menschen kündet noch von der Leidenschaft für ihn. Daher die Wut des Misanthropen gegen diejenigen, die den Menschen durchschauen und gar glücklich machen wollen, noch dazu mithilfe von Logik und Technik. Selbst Neid, Hass, Bosheit, Hässlichkeit, Krankheit bergen in seinen Augen weit mehr Leben in sich als die Rationalität dieser Entwürdigung; davon handeln Dostojewskis *Aufzeichnungen aus dem Kellerloch* (1864). Glücklich, wer sich auf solche Misanthropie ebenso wie auf Philanthropie versteht, denn so gut oder schlecht kann es um die Menschheit nicht bestellt sein, dass die eine oder andere Haltung allein fürs Leben ausreichen würde. Balancierend zwischen Ekel und Emphase lässt sich schließlich besser über Sinn und Sinnlosigkeit von Mensch und Welt nachdenken.

Sinn oder Sinnlosigkeit? Vom Sinn des Lebens

Ist das Leben sinnvoll? Ist es sinnlos? Ist »alles« sinnvoll oder sinnlos? Kaum eine Frage beschäftigt moderne Menschen so sehr wie diese. Die Behauptung von Sinn, umgekehrt die Klage über die Sinnlosigkeit von Existenz und Welt ist ein modernes Dauerthema. Für die einen ist alles voller Sinn, während in den Augen anderer von Grund auf alles in Frage steht, »alles gleich«, »alles Unsinn« ist. »Und der Sinn?« »Der Sinn…«: Das ist kein populäres Zitat aus dem Jahr, sagen wir, 2001, sondern stammt aus Antonin Tschechows *Drei Schwestern* von 1901. Alles nur Schein, sagt da der Doktor: »Vielleicht scheint es uns bloß, dass wir existieren, aber in Wirklichkeit gibt es uns gar nicht«, daher macht es auch nichts, praktische Konsequenz, wenn einer vielleicht aufgrund eines kleinen ärztlichen Versehens zu existieren aufhört. Über das Leben, über dessen Sinn und Sinnlosigkeit nachzudenken, das gilt hier jedenfalls als »Philosophieren«. Das sinnvolle Leben, das menschenwürdige Leben, das Leben in Freiheit voll von lebendiger Spannung wird als das »schöne Leben« bezeichnet, als dessen Gegenbild das sinnlose, graue, langweilige Leben erscheint. Das Leben der drei Schwestern aber krankt daran, dass es sich vom sinnvollen, »wirklichen, herrlichen Leben« weiter und weiter entfernt – und dabei bräuchte es vielleicht »nur wenig, um zu wissen, warum wir leben, warum wir leiden… Wenn man nur wüsste, wenn man nur wüsste!«

Die Frage nach Sinn auf neutrale, objektive Weise beantworten zu wollen, würde die Gottesposition eines absoluten, universellen Überblicks voraussetzen. Da ein solcher Blick Menschen nicht gegeben ist, wird die Frage, ob es Sinn »gibt« oder »nicht gibt«, wohl ohne Antwort bleiben. Für die Lebenskunst kommt es aber weniger auf diese als vielmehr auf die anders gestellte Frage an, was denn unter »Sinn«, wo noch fraglos von ihm die Rede sein kann, verstanden wird, primär *formal*, sodann *material*, und wie er, falls er unverzichtbar sein sollte, wieder herzustellen wäre. Davon, dass etwas »Sinn macht«, ist immer dann die Rede, wenn Zusammenhänge erkennbar sind, wenn also einzelne Dinge, Menschen, Begebenheiten, Erfahrungen nicht isoliert für sich stehen, sondern aufeinander bezogen sind. So lässt sich sagen: *Sinn, das ist Zusammenhang*, Sinnlosigkeit demzufolge *Zusammenhanglosigkeit*. Das gilt in verschiedenster Hinsicht: Jede Beziehung, die Menschen zueinander pflegen und die einen starken Zusammenhang zwischen ihnen stiftet, erfüllt sie offenkundig mit »Sinn«. Als »sinnlos« kann empfunden werden, wenn Menschen ihr Tun nicht aufeinander abstimmen und somit zusammenhanglos agieren. Als »unsinnige« Idee erscheint eine, die keine oder falsche Zusammenhänge herstellt. Zusammenhänge, die fehlen, führen zwangsläufig dazu, in einer Sache »keinen Sinn zu sehen«. Ob dies einer Realität entspricht oder nur Einbildung ist, lässt sich, soweit zu sehen ist, nur subjektiv nach dem Maßstab der Plausibilität, nicht aber objektiv entscheiden. »Kein Sinn« heißt nicht, dass da kein Sinn »ist« – es scheint vielleicht nur so.

Etwas anderes als Sinnlosigkeit (die vermutete Unmöglichkeit von Sinn) ist zudem der Unsinn (die Negation von Sinn), und auch der Wahnsinn (die Explosion von Sinn).

Menschen sind *existenziell* mit der Frage nach Sinn konfrontiert, wenn das Geflecht der Zusammenhänge, die Wirklichkeit konstituieren, zerreißt; wenn sie abgründige Erfahrungen machen, Erfahrungen der Fragwürdigkeit, der schieren Unfassbarkeit und Unvorstellbarkeit, *subjektivierend* bezogen auf eigene, körperliche, seelische, geistige Abgründe, *objektivierend* bezogen auf allgemeine, zwischenmenschliche, gesellschaftliche, weltgesellschaftliche Abgründe. Gemeint ist zunächst die Sinnlosigkeit dessen, was geschieht oder geschehen ist, insbesondere beim Zerbrechen einer Beziehung, erst recht beim »Verlust« eines Menschen, der ein wesentlicher Teil des Sinns des eigenen Lebens war; sodann die Sinnlosigkeit des gesamten eigenen Lebens, darüber hinaus des menschlichen Lebens überhaupt; ja mehr noch: die Sinnlosigkeit der Welt. Sinnvoll erscheint, schon um die subjektive Situation von innen heraus besser zu verstehen, sich bei der Begegnung mit dieser Erfahrung auf den abgründigen Grund einzulassen, dass das Leben, das Leben des Menschen, die Welt überhaupt, ohne Sinn sein könnten. Um auf dieser Grundlage vielleicht eine Neugründung von Sinn zu versuchen.

Nicht dass Sinnlosigkeit um jeden Preis überwunden werden müsste. Ein Problem ist lediglich, dass mit ihr schwerlich, wenn nicht unmöglich zu leben ist, denn der Lebenszusammenhang, der Zusammenhang eines Selbst, einer Institution, einer Gesellschaft wird porös und löst sich auf. Menschen können mit vielem leben, aber nicht mit dem Nichts, das bei der Auflösung von Zusammenhängen zurückbleibt. Ein Leben, in dem die Erfahrung der Sinnlosigkeit überhand nimmt, da es keine Zusammenhänge mehr kennt, könnte zum Scheitern verurteilt sein. Verwunderlich ist daher, dass die Frage nach Sinn zwar viele Menschen insgeheim umtreibt, aber nicht sehr viele ihr nachgehen. Ist es pathologisch, die Frage nach dem Sinn zu stellen? Eher dürfte es pathologisch sein, dies nicht zu tun, und zwar in einem sehr direkten Sinne: Die nicht gestellte, erst recht die nicht beantwortete Frage kann ein *Leiden an Sinnlosigkeit* hervortreiben, das wiederum Krankheiten nach sich ziehen kann, die zwar mehr oder weniger konventionell zu behandeln sind, deren eigentliche Ursache jedoch weiterwirkt, wenn sie nicht erkannt wird. Das Fehlen von Sinn, häufig als »Ausgebranntsein« (*Burnout-Syndrom*) erfahren, ist ein Versiegen der Quellen des Lebens, verursacht davon, dass die Zusammenhänge des Tuns und des Lebens nicht mehr sichtbar sind, nicht individuell, nicht gesellschaftlich. Sinn hingegen stellt eine *unendliche Ressource* an Kräften dar, deren Bedeutung darin liegt, wie ein umfassendes Immunsystem zu wirken, das Schwierigkeiten und Bedrohungen aller Art zu parieren erlaubt. Sinn begeistert. Sinn nährt. Nur diese Erfahrung setzt ausreichende Kräfte für die Bewältigung des gesamten Lebens und einzelner Lebenssituationen frei. Das Sinnbedürfnis ist gesättigt, wenn alles ineinander greift, wenn dies jedenfalls so wahrgenommen wird. Gibt es also etwas Wichtigeres als Sinn?

Nicht immer hat sich die Sinnfrage in solchem Maße gestellt, und nicht überall greift sie um sich; sie bricht dort auf, wo viele Zusammenhänge fragwürdig werden, die lange Zeit Selbstverständlichkeit für sich beanspruchen konnten. Das aber ist eine *Folge der Moderne*, der endlich erlangten Freiheit als Befreiung, der Fragmentierung und Auflösung vormals fester Zusammenhänge. Ihre neurobiologische Grundlage könnte in den Möglichkeiten des erweiterten Bewusstseins zu sehen sein, mithilfe eines neuronalen Metamusters bestehende Muster zu prüfen und in Frage zu stellen; die Disponibilität mentaler und kultureller Zusammenhänge in der Moderne findet im Zerbrechen neuronaler Zusammenhänge ihr Korrelat. Zusammenhänge der *Religion*, des Bezugs zu Gott, der so lange in der Geschichte einen »Gesamtsinn« verbürgte, werden aufgelöst. Zusammenhänge der *Politik*, der verbindlichen und verpflichtenden Hierarchien, in die Individuen eingebunden waren, verlieren an Macht. In der *Ökologie* verschwindet die enge Gebundenheit an Zusammenhänge der Natur in der vermeintlichen »Befreiung« von ihnen. Die Einbindung der *Ökonomie* in Zusammenhänge der gesellschaftlichen Zwecksetzung geht in der Behauptung ihrer Selbstzweckhaftigkeit unter. Soziale Zusammenhänge der *Gesellschaft*, in vor- und nichtmodernen Gemeinschaften schier unauflöslich, oft zwanghaft, zersplittern und lassen vereinzelte Individuen zurück. Zusammenhänge althergebrachter Tradition, allgemeingültiger Konvention, wertgebundener Ethik, verpflichtender Moral werden Geschichte. Die moderne Anonymisierung und Funktionalisierung vieler Zusammenhänge hat zur Folge, den Sinn buchstäblich »nicht mehr zu sehen«, sodass der Eindruck sinnloser Einzelphänomene, sodann existenzieller Sinnlosigkeit entsteht. All die Beziehungen, in deren Netzen Zusammenhänge geknüpft waren, die die Menschen vormals leben ließen, zerbrechen, zuletzt auch die Zusammenhänge der Beziehung des Einzelnen zu sich selbst. So entsteht die innere Leere und äußere Kälte, die so viele beklagen und gegen die kaum einer ankommt.

Sinngebend konnte für einige Zeit in der Moderne, bis ins 21. Jahrhundert hinein, die Befreiung als Selbstzweck sein. Im fortgeschrittenen Stadium der Befreiung tritt jedoch die Sinnlosigkeit der steten Aufhebung von Zusammenhängen immer deutlicher hervor, und die Moderne wird zur Zeit der Frage nach Sinn. Die Antwort darauf kann nur sein, Sinn neu zu gründen und Sinnzusammenhänge wieder herzustellen, wenngleich auf wählerische Weise, um nicht Zwangsverhältnisse zu rekonstruieren, sondern der Freiheit Formen zu geben: Aufgabe einer *anderen Moderne*. Für die Lebenskunst bedeutet dies, nicht mehr, wie zu anderen Zeiten, mit der Einrichtung des Lebens in vorgegebenen Zusammenhängen oder mit deren Auflösung sich zu begnügen, sondern Zusammenhänge selbst erst wieder zu schaffen, in deren Rahmen das Leben sich einrichten lässt. Wie für jede Kunst, kann für die Lebenskunst die Arbeit am Sinn grundsätzlich eine zweifache sein: Sinn zu *destruieren* und zu dekonstruieren, dann nämlich, wenn bestehende Zusammenhänge zu starr, zu dominierend, womöglich tyrannisch geworden sind. Oder Sinn zu *konstruieren* und zu rekonstruieren, wenn das Selbst seiner bedarf. Keineswegs gibt es nur ein *Zuwenig*, sondern auch ein *Zuviel* an Sinn, einen bedrückend und erdrückend feststehenden, nicht hinterfragbaren Sinn, gegen den die Dadaisten die

Waffen eines unnachsichtigen »Unsinns« in Stellung brachten. Aber die Arbeit der Destruktion und *Dekonstruktion* ist, so scheint es, auf profunde Weise getan: Wo immer die Behauptung von Sinn noch zu hören ist, schlägt ihr schon Gelächter entgegen. Die Situation des Selbst in der fortgeschrittenen Moderne hat wohl eher mit einem Zuwenig als einem Zuviel, also eher mit der Notwendigkeit einer Konstruktion und *Rekonstruktion* von Sinn zu tun, um nicht endlos an der Destruktion und Dekonstruktion dessen zu arbeiten, was es ohnehin nicht mehr gibt. Mithilfe von Plausibilität und Evidenz wäre dabei auf das rechte *Maß an Sinn* zu achten, um ein Zuwenig aufzufangen, ein Zuviel aber zu vermeiden und vor allem, biographisch wie historisch, eine Unterwerfung des individuellen Sinns unter einen allgemeinen nicht zuzulassen: Dem Glauben an einen umfassenden Sinn wird allzu leicht der Sinn individueller Erfahrungen, selbst der Sinn eigener Beziehungen zu anderen, auch zu geliebten Menschen geopfert; sogar ein Menschenleben ist dann nichts mehr wert.

Wenn Sinn nicht mehr von selbst zur Verfügung steht, dann beginnt die Arbeit des Selbst an den Zusammenhängen des eigenen Lebens, soll es trotz allem sinnvoll gelebt werden. Die Konstruktion und Rekonstruktion wird zur individuellen hermeneutischen Tätigkeit, kritisch fragend, schöpferisch gestaltend, um eine *Autonomie des Sinns* anstelle einer alten oder neuen Heteronomie zu praktizieren. Sinn für sich selbst zu begründen, zielt zuallererst auf das Zusammenfügen der *inneren* Zusammenhänge des Selbst. Es bedeutet, die Zusammenhänge zu sehen, zu finden und herzustellen, die prägend für das Selbst sind; hierfür ist grundlegend, die *Kohärenz des Selbst* und insbesondere die Eckpunkte des Kern-Selbst zu definieren. Mithilfe von Selbstmächtigkeit sind die Zusammenhänge zu verwirklichen, die aus der Gestalt des Selbst ein »Sinnfeld« machen. Der am stärksten empfundene Sinn des Selbst aber liegt in der Selbstfreundschaft. In seiner Lebensführung bemüht das Selbst sich sodann um die *Zusammenhänge des Lebens* und verknüpft dessen unterschiedliche und widersprüchliche Bestandteile, um dem Ganzen Gestalt zu geben. Es behält die *großen Linien* im Blick, in denen sich der individuelle Sinn des Lebens manifestiert: die Ideen, die über Jahre und Jahrzehnte hinweg mit großer Nachhaltigkeit in mühsamer Kleinarbeit realisiert werden; aber auch die Abfolge der Geschehnisse, mit all den Zufällen und schicksalhaften Begegnungen, aufgrund derer das Leben sich im Laufe der Zeit von selbst findet – auf diesen Wegen konstituieren sich die Zusammenhänge, die zum *Sinn des Lebens* werden. Dabei ist Sinn nicht gleich Sinn, sondern lässt sich unterscheiden nach Graden des Zusammenhangs, nach zeitlicher Reichweite, nach den verschiedenen Ebenen des Menschseins, die jeweils für sich oder alle gemeinsam die Erfahrung einer Fülle von Sinn zu vermitteln vermögen:

1. *Sinnlicher Sinn des Körpers:* Sinn setzt mit der Erfahrung von Sinnlichkeit ein, vermittelt über die fünf Sinne des Sehens, Hörens, Riechens, Schmeckens, Tastens, sowie über einen sechsten Bewegungssinn und einen siebten »inneren Sinn«. Es handelt sich dabei um *Sinn im momentanen Leben*, den Sinn des Augenblicks, situativ, aber vollkommen erfüllend, wenn auch von begrenzter Reichweite; etwas, das im Alltag, nur für den Tag »Sinn macht« und zu genießen ist, *carpe diem*, etwa ein gutes Essen, ein angenehmes Gespräch, ein Musikstück, ein Tanz, ein Sportereignis – all das, was die Fülle der Sinne und des Fühlens anspricht. Wer die Sinne voll entfaltet, nimmt das tausendfältige Leben und sämtliche Erscheinungsformen der Welt wahr, sieht die Gesichter, die Gebäude, die Bäume und Gräser, hört die Stimmen, die Geräusche und den Lärm, riecht Blüten und allerlei Düfte, schmeckt Wasser und all das, was sich essen lässt, betastet Oberflächen, findet Sinn in der Bewegung des Körpers und in dessen innerer Wahrnehmung. Das Problem des modernen Verlustes an Sinn erweist sich bereits hier: Der Verfall der Sinne in der technischen Welt zieht ein Verschwinden von sinnlichem Sinn nach sich, wie dies nur im Klima moderner Abstraktion möglich ist und schließlich ein abstraktes, aus allen Zusammenhängen gelöstes Leben zur Folge hat. Für den jedoch, der mit allen Sinnen wahrnimmt, stellt sich die Frage nach »dem Sinn« kaum mehr. In der Erfahrung sinnlicher Schönheit kann sogar der Sinn des Lebens zu finden sein.

2. *Gefühlter Sinn der Seele:* Tief innerlich berührt ist das Selbst nicht etwa nur momentan, sondern über eine ganze Zeitspanne hinweg und vielleicht das gesamte Leben hindurch vom *Sinn im gesamten Leben*, gebunden an das, was von herausgehobener Bedeutung für das jeweilige Selbst ist: Liebe, Freundschaft, Familie, Heimat, Geselligkeit und Zusammenarbeit, Beruf, Tätigkeit, Arbeit an einem Werk, Musik als Lebensform, falls das Leben ohne Musik ein »Irrtum« sein sollte, wie Nietzsche meinte (*Götzen-Dämmerung*, »Sprüche und Pfeile«, 33). Zentral für den gefühlten Sinn ist die Gründung und Pflege *sozialer Zusammenhänge*, deren Selbstverständlichkeit in der Moderne geschwunden ist, sodass die bewusste Sorge um sie zur Aufgabe wird. Beziehungen »machen Sinn«, insofern sie Zusammenhänge begründen, beginnend zwischen zweien, erfahrbar in Begegnungen, die gesucht werden, in Gesprächen, die geführt werden, in Umgangsformen, die beachtet werden. Jedes Gespräch knüpft, unabhängig von seinem Gegenstand, einen Faden des Zusammenhangs und verkörpert Sinn durch sein bloßes Geschehen. Im Zusammenleben mit dem geliebten Menschen, in der starken Beziehung zwischen Eltern und Kindern, im Leben mit Freunden entfaltet sich die Fülle des Sinns; sogar noch in der Negation von Beziehungen in Form von Streit und Auseinandersetzung, die negativen Halt vermitteln und einen starken Sinnzusammenhang stiften. Eine signifikante Rolle spielen, ein Problem für sich, Zusammenhänge der *Macht*, die für den, der über sie verfügt, ein solches Maß an Sinn repräsentieren, dass ein Leben ohne sie kaum mehr vorstellbar ist. *Auxiliatorische* Zusammenhänge einer Hilfestellung für andere, bis hin zum altruistischen Dasein für sie, stellen wiederum auf ihre Weise eine nie versiegende Quelle von Sinn dar, keineswegs gebunden an eine »Aufopferung«, denn es ist das Selbst, das dabei inneren Reichtum gewinnt: Die Sorge um andere relativiert eigene Sorgen, balanciert die Beziehung zu sich aus, führt den Reichtum der Möglichkeiten des Lebens vor Augen und erlaubt, in all den Regelmäßigkeiten und Unregelmäßigkeiten von Schicksalen sehr viel über das Leben zu lernen. Neben den sozialen aber sind es *ökologische Zusammenhänge*, die sinnstiftend wirken: Die gefühlte Ver-

bindung mit der Natur, deren Sichtbarkeit und Erfahrbarkeit birgt seit jeher sehr viel Sinn in sich. Menschen suchen Trost in der Natur, um wieder »Kraft zu schöpfen«, und es ist in der Tat die sinnlich erfahrbare Natur, die die Erfahrung von Sinn vermitteln kann, da in ihr offenkundig alles mit allem zusammenhängt.

3. *Gedachter Sinn des Geistes:* Gedanklich beschäftigt ist das Selbst jedoch mit dem Sinn im umfassenden Sinne, gebunden an den Intellekt, der Zusammenhänge des Lebens zu analysieren ermöglicht und wieder zu synthetisieren hat. Der *Sinn des Lebens* im Einzelnen und im Ganzen wird zum Gegenstand des Denkens und der Diskurse und ist eine Frage der Deutung und Interpretation (*hermeneutische* Zusammenhänge). Das »Dazwischentreten« der Interpretation sorgt dafür, dass auseinander liegende Bruchstücke einer Sache, eines Geschehens oder des gesamten Lebens denjenigen Zusammenhang gewinnen, mit dem sich leben lässt; dass zudem eine Perspektive eröffnet wird, die sinnvoll erscheint: Aller Sinn scheint perspektivisch gebunden zu sein und aus einer bestimmten Sicht, nicht aus einer anderen, »Sinn zu machen«. Viele Zusammenhänge sind denkbar, die ein Geschehen oder das Ganze des Lebens plausibel erklären können, sodass das Selbst Sinn darin finden kann: Ob etwas beabsichtigt ist (*intentionale* Zusammenhänge), wie etwas gedacht ist (*konzeptionelle* Zusammenhänge), welche Sicht der Einzelne darauf hat (*subjektive* Zusammenhänge), wie es sich aus allgemeiner Sicht ausnimmt (*objektive* Zusammenhänge), wie es begründet wird (*argumentative* Zusammenhänge), welcher Regel etwas folgt (*logische* Zusammenhänge), wie es dann zufällig kommt (*kontingente* Zusammenhänge), wie es dazu gekommen ist (*situative* Zusammenhänge), warum das geschehen ist (*kausale* Zusammenhänge), dass auch scheinbar Widersinniges zusammengeht (*paradoxe* Zusammenhänge), dass dies dann geschieht, wenn jenes gegeben ist (*konditionale* Zusammenhänge), dass jemand die Verantwortung trägt (*responsive* Zusammenhänge); auch dass es ein von niemandem gewolltes oder ein einseitig gewolltes, in jedem Fall verhängnisvolles Geschehen gibt, das irreversibel wird (*tragi-*

sche Zusammenhänge), auch ein letztlich unerklärliches, unauf-
lösbares Geschehen, mit dessen Rätselhaftigkeit menschliches
Sein sich zu bescheiden hat (*enigmatische* Zusammenhänge).

4. *Gefühlter und gedachter Sinn der Transzendenz:* »Transzendenz«
meint dem Wortsinn nach das Überschreiten einer Schwelle,
hier die des Selbst, des Menschen und seiner Endlichkeit. Zweifellos zielt die Frage nach Sinn letztlich über intra- und intersub-
jektive Zusammenhänge hinaus auf transsubjektive. Dieser *Sinn
über das Leben hinaus* ist eine Frage der gefühlten Gewissheit oder
der gedachten Annahme, die aus einer Deutung und Interpretation hervorgeht. Der übergreifende Zusammenhang, der hier in
den Blick kommt, ist der weitestmögliche Horizont, in den das
eigene Leben eingebettet werden kann, oft mit »Spiritualität«
und »Religiosität« in Verbindung gebracht, deren objektive
Wahrheit jedoch nicht behauptet werden muss. In jedem Fall
geht es darum, jenseits jeder Begrenztheit ins Offene hinein zu
leben, mit der Fülle einer *möglichen* Unendlichkeit die Armut
einer *wirklichen* Endlichkeit zu kompensieren und die Leere des
Daseins mit einer metaphysischen Sinnannahme zu füllen, und
sei es beim nächtlichen Staunen über die unendlichen Räume
und Zeiten der Sterne. Jeder Bezug über die Endlichkeit des
Eigenen hinaus kann zur Quelle eines sinnerfüllten Lebens werden, und ein Problem der modernen Freiheit besteht darin, eine
Sinnstiftung durch die Dimension der Transzendenz nicht mehr
für denkbar zu halten, zugleich aber die Kräfte, die in der Beziehung des Menschen zu einer Dimension über sich hinaus uner-
schöpflich zur Verfügung stehen, bitter zu entbehren. Kaum be-
antwortbare Fragen nach dem Woher und Wohin des Menschen
(*anthropologische* Zusammenhänge), dem Woher und Wohin der
Welt (*kosmische* Zusammenhänge), der Schicksalhaftigkeit (*fata-
listische* Zusammenhänge) und Vorherbestimmtheit (*deterministi-
sche* Zusammenhänge) finden hier zumindest ihren Ort.

Unter all den Sinnzusammenhängen scheinen einige jedoch
von besonderer Bedeutung zu sein: Als enorm sinnstiftend werden von Kindesbeinen an *narrative Zusammenhänge* erfahren:
Alles macht Sinn, was sich nur erzählen lässt. Das deckt sich mit

dem neurobiologischen Befund, dass das Erzählen von Geschichten eine »Obsession des Gehirns« ist (Damasio). Indem die Geschichte, die »Story«, entwickelt wird, erzeugt sie Sinn, denn sie fügt, oft in »Sinnbildern«, divergente Geschehnisse und Informationen zu Zusammenhängen, die lediglich halbwegs plausibel sein müssen, um als sinnvoll akzeptiert zu werden. Daher sind Menschen begeistert davon, Geschichten zu erzählen und sie umgekehrt auch zu hören, ohne dass gänzlich auseinander zu halten wäre, ob es sich um reale oder erfundene handelt – in jedem Fall bewahren sie vor der abgründigen Erfahrung der Sinnlosigkeit. Entscheidend ist die Zusammenfügung des Auseinanderstrebenden, die Konvergenz des Divergenten, die Rettung der Schiffbrüchigen auf die Insel der Zusammenhänge im Meer ihrer Auflösung. Die zugehörige Tätigkeit der Deutung und Interpretation ist potenziell unabschließbar; stets aufs Neue steht sie offen für weitere, andere, noch nicht gesehene, unerhörte Zusammenhänge: Die hermeneutische Fülle ist Bestandteil der Fülle des Sinns. Selbst dann, wenn eine Sache, ein Geschehen, das Leben aktuell sinnlos erscheinen, kann Sinn im Nachhinein noch im Rahmen einer Erzählung, biographisch oder historisch, gefunden und zugeschrieben werden.

Von herausragender Bedeutung für die Sinngebung aber sind *teleologische Zusammenhänge*, mit denen das Wort »Sinn« sogar verschmelzen kann: wozu etwas gut ist, auf welches Ziel es zusteuert, welchem Zweck es dient – Fragen des Woraufhin und Wozu, Antworten des »um zu«, deren Ausbleiben das Empfinden von »Aussichtslosigkeit« erzeugt. Insbesondere in schwierigen Zeiten erweisen sich Ziel- und Zwecksetzungen als starke Sinngebungen, sei es in Form eines von außen, von anderen oder anonymen Instanzen formulierten Sollens und Müssens, Gebrauchtwerdens, »Rufens« und einer Pflicht (*deontologische* Zusammenhänge); sei es in Form einer von innen, vom Selbst sich selbst auferlegten Pflicht oder eines Wollens um nahezu jeden Preis (*voluntaristische* Zusammenhänge); sei es in Form eines selbst oder fremd bestimmten Strebens nach dem Nützlichen (*utilitaristische* Zusammenhänge). Aus der heteronomen Teleologie, die lange Zeit in der Geschichte vorherrschte, wird nach der modernen Befreiung von ihr eine autonome: Ziel und Zweck sich selbst zu geben, sich etwas vorzunehmen und es selbst zu verwirklichen. Nicht nur die Zweckgebundenheit, sondern auch die Zweckfreiheit kann jedoch als sinnvoll erfahren werden: Sinnvoll kann das Leben sein, das seinen Zweck darin findet, frei zu sein von einer allzu engen Zwecksetzung. Als sinnvoll für die Lebenskunst erscheint, über beide Optionen zu verfügen und eine *Zweckwelt*, die sich in Zwecksetzungen verstrickt, durch die Etablierung einer *zweckfreien Welt* ausbalancieren zu können, etwa durch die zweckfreie Arbeit an Dingen, die faszinierend erscheinen; auch durch den Verzicht auf die ständige Frage, wozu etwas gut sein soll: An die Stelle des »um zu« (»Ich mache das, um Geld zu verdienen«) tritt ein »weil« (»Ich mache das, weil es mir gefällt«).

Es scheint so, als könnte das Selbst auf ein Mindestmaß an Zweckfreiheit nicht verzichten, will es die Selbstachtung nicht verlieren. Aus demselben Grund ist die *ideelle Zielsetzung* einer Realisierung von Ideen, Träumen, Werten nicht zu ersetzen durch eine *materielle Zielsetzung*, die notwendig, nicht jedoch erfüllend sein kann. Wie sonst wäre zu erklären, dass materieller Wohlstand eine Erfahrung von Sinnlosigkeit produziert? Dass mit dem Überfluss an Gütern ein Mangel an Sinn einhergeht, hat Gründe: Mit der Verfügung über aktuelle materielle Ressourcen entfällt die Orientierung auf künftige bessere Verhältnisse; die Arbeit über sich hinaus für andere wie auch für kommende Generationen wird fragwürdig; soziale Zusammenhänge zerbrechen im wechselseitigen Vergleich der Verhältnisse; die existenzielle Spannung schwindet, denn die Existenz steht nicht auf dem Spiel und nichts scheint ihr mehr entgegenzustehen; im Exzess der »Sensationen« guten Essens, teurer Reisen schwindet der Sinn der Sinnlichkeit. Jede Tätigkeit aber, und sei sie noch so unscheinbar, kann Sinn begründen, wenn das Selbst sich ihr aus *ideellen* und nicht nur *materiellen* Gründen widmet, und sie vermittelt eine starke Erfahrung von Sinn, wenn sie ideelle Zusammenhänge herstellt. Als wichtigstes ideelles Ziel des Lebens wiederum, im Alltag wie auf dem gesamten Lebensweg, erscheint »das Schöne«, diese nie versiegende Quelle von Sinn (*ästhetische*

Zusammenhänge). Sich um ein schönes, bejahenswertes Leben zu bemühen begründet zudem eine Orientierung an Werten und erweitert den Sinn auch hierauf (*ethische* Zusammenhänge). Schön ist das, was voll und ganz, mit all den zugehörigen Aspekten und »Begleiterscheinungen« bejaht werden kann. Aber ist das wahre Lebensziel nicht »Glück«, liegt nicht in *eudämonistischen* Zusammenhängen der eigentliche Sinn des Lebens? Was ist Glück?

Glück ist erfülltes Leben

Der kleine Weg führt, bevor er in den Wald eintaucht, an einem Friedhof vorbei. Ein wundervoll stiller Ort, erträglich erscheint hier der Gedanke an den Tod. Aber Fragen drängen sich auf: Wie viele Hoffnungen auf Glück liegen hier begraben? Wie viel Glück selbst? Wie viele dieser Menschen haben in ihrem Leben nach Glück gesucht und darüber das Leben vergessen? Wäre es nicht besser, den Begriff des Glücks selbst zu begraben? Zumindest eine Zeit des Schweigens darüber könnte dem Glück förderlich sein. Aber alle Menschen streben nach einem höchsten Gut, hieß es schon zu Beginn der *Nikomachischen Ethik* von Aristoteles, und als dieses höchste Gut erscheint nun mal das Glück. So ist die Frage nach dem Glück ein zentrales Anliegen der philosophischen Lebenskunst seit jeher; unmöglich, darauf nicht zu antworten. Dabei ist »Glück« zunächst nichts als ein Begriff, und gerade mit diesem Begriff kann ganz Verschiedenes gemeint sein. Was darunter zu verstehen sein soll, legt letztlich das jeweilige Individuum für sich selbst fest; eine verbindliche, einheitliche Definition gibt es nicht. Dass das Glück individuell bestimmt ist, heißt nicht zwangsläufig, dass es ein einsames sein muss, vielmehr kann, wie schon bei Aristoteles, ein »Leben in der Verflochtenheit« dazu gehören. Eine Auseinanderlegung des Begriffs kann aber zur je eigenen Klärung beitragen, um die Frage zu beantworten: Was bedeutet Glück für mich? Beim genaueren Hinsehen zeigt sich, dass drei Ebenen im Spiel sind, die auseinander zu halten sinnvoll sein könnte:

1. *Das Zufallsglück:* Das deutsche Wort »Glück« rührt vom althochdeutschen *gelücke* her, das ein Schicksal bezeichnet, das so oder auch anders ausfallen kann. Im Griechischen war die Zufälligkeit dieses Glücks einst *týchē*, im Lateinischen *fortuna*, erhalten als *fortune*, französisch oder englisch ausgesprochen, im Laufe der Zeit jedoch immer mehr mit dem günstigen Zufall und der erwünschten Fügung in Verbindung gebracht: Jemandem »Glück« zu wünschen, ist meist mit einer solchen Hoffnung verbunden. Offen ist die Frage und wird es wohl auch bleiben, ob glückliche oder unglückliche Zufälle »Sinn haben«, ob sie einer Vorsehung oder Vorherbestimmung folgen. Immerhin weisen sie erstaunliche Regelmäßigkeiten auf, als würden sie einem »Masterplan« folgen, sowohl auf glücklicher wie auf unglücklicher Seite; den Philosophen der Lebenskunst ist das nicht verborgen geblieben und sie haben ihre Schlüsse daraus gezogen: »*Die Unglückstage kennen*; denn es gibt dergleichen: an solchen geht nichts gut, und ändert sich auch das Spiel, (so) doch nicht das Missgeschick. Auf zwei Würfen muss man die Probe gemacht haben und sich zurückziehen, je nachdem man merkt, ob man seinen Tag hat oder nicht« (Gracián, *Handorakel*, Aphorismus 139). Dass ein, zwei Glücksfälle Eigendynamik gewinnen und weitere anziehen können; dass umgekehrt, wenn man kein Glück hat, »auch noch Pech dazukommt«, lässt auf ein *Aufschaukelungsgesetz* schließen, dem das Zufallsglück folgt. Wesentlich an diesem Glück ist jedenfalls seine Unverfügbarkeit; verfügbar ist lediglich die Haltung, die das Selbst einnehmen kann: Es kann sich verschließen oder öffnen dafür; im Inneren seiner selbst wie im Äußeren seiner Lebensführung kann es die Konstellation präparieren, in der ein Zufall sich verfangen kann oder von vornherein abgewiesen wird. Erforderlich für dessen Aufnahme ist die Haltung der Duldsamkeit, des Wartenkönnens, bis etwas »sich fügt«, des Hinnehmenkönnens, falls nichts sich fügt oder anders als erwartet ausfällt; vor allem aber die Haltung der Offenheit, die »Spontaneität«, verbunden mit der Aufmerksamkeit, den rechten Augenblick zu erkennen und zu ergreifen. Es scheint so, als würde die Offenheit des Selbst das quantenhafte Zufallsglück beflügeln: Gerne macht es dort Station, wo es sich gut aufgeho-

ben fühlt und nicht noch Vorwürfe zu hören bekommt, dass es »momentan nicht passt«.

2. *Das Wohlfühlglück:* In moderner Zeit ist der Begriff des Glücks in wachsendem Maße über das so genannte »Positive« definiert worden: das Wohlfühlen, das Angenehme, die Lüste, die guten Empfindungen auf körperlicher und seelischer Ebene. Moderne Menschen suchen das Glück vorzugsweise in der »guten Stimmung« – kommt es zu einer »traurigen Verstimmung«, müssen sie sich von dieser lästigen Störung alsbald wieder »befreien«. Meist ohne es zu wissen, folgen sie der Definition von Utilitaristen wie Jeremy Bentham (*Einführung in die Prinzipien der Moral und der Gesetzgebung,* 1789): Glück ist Maximierung von Lust und Minimierung von Schmerz. Kaum eine philosophische Auffassung hat sich je dermaßen durchgesetzt wie diese. Die moderne Spaß- und Erlebnisgesellschaft ist ohne das Streben nach Glück in diesem Sinne kaum denkbar, bis hin zu der *Glückshysterie,* die im beginnenden 21. Jahrhundert um sich greift, als würden die Tore des Himmelreichs gleich zugeschlagen. Nicht dass das Wohlfühl-glück verwerflich wäre, es hat sehr wohl seine Zeit, es hält glück-liche Augenblicke bereit, für die das Individuum sich offen hal-ten und die es auch selbst präparieren kann: Augenblicke, um derentwillen das Leben sich lohnt und die sich nahezu jeden Tag finden lassen. Das Selbst kann die Ingredenzien dieses Glücks kennen lernen, sie selbst suchen und an ihrer Bereitstellung arbeiten, sie asketisch einüben, um sie gelegentlich ekstatisch genießen zu können. Auch Gracián weiß von der »*Kunst, Glück zu haben.* Es gibt Regeln für das Glück: denn für den Klugen ist nicht alles Zufall. Die Bemühung kann dem Glücke nachhelfen« (*Handorakel,* Aphorismus 21). Wenn umgangssprachlich davon die Rede ist, »sein Glück zu machen«, dann ist dies damit ge-meint: die Besorgung günstiger und angenehmer Lebensum-stände. Man kann sich wohlfühlen aufgrund eines Gelingens, eines Erfolges, deren Vollgefühl sich steigert, wenn eine große Anstrengung vorausgegangen ist. Und doch bewahrt die philo-sophische Lebenskunst davor, das gesamte Leben mit einem ein-zigen Wohlfühlglück zu verwechseln; sie stellt das Selbst beizei-

ten darauf ein, dass es noch andere Zeiten geben wird, dass nicht alles jederzeit lustvoll sein kann und völlige physische und psychische Schmerzfreiheit kaum zu erreichen ist. Das Glück allein in der Lust zu suchen, erscheint vielmehr als der sicherste Weg, unglücklich zu werden, denn die Lust dauert nicht; sie ist ein schöner Moment, eine selige Erfahrung, aber sie hält nicht vor, und das gehört zu ihrem Wesen. Schmerzen ausschalten zu wollen, führt nicht nur zum Verlust der Kontrasterfahrung, die die Lust erst fühlbar macht, sondern zum Verlust der Orientierung im Leben – denn der Schmerz ist der Stachel, der zum Nachdenken über das Leben nötigt. Dass das Leben Höhen und Tiefen kennt, weiß auch der moderne Mensch, aber Geltung haben eigentlich nur die Höhen, die Tiefen sind des Teufels. Lassen Ängste und andere Anlässe für Tiefen sich nicht verdrängen, so ist dieser Auffassung zufolge alles dafür zu tun, wieder »aus dem Tief herauszukommen« – wenn nötig, mit Hilfe von Medikamenten, denn fehlendes Glück ist in der Moderne nur als Krankheit denkbar, Diagnose *anhedonía*, Abwesenheit von Lust. Aber es gibt noch andere, ältere Auffassungen vom Glück.

3. *Das Glück der Fülle:* Es besteht nicht so sehr darin, dass alles in Erfüllung geht, was wünschbar ist. »*Etwas zu wünschen übrig zu haben*, um nicht vor lauter Glück unglücklich zu sein. Der Leib will atmen und der Geist streben. Wer alles besäße, wäre über alles enttäuscht und missvergnügt« (Gracián, *Handorakel*, Aphorimus 200). Vielmehr ist das Glück der Fülle eine Frage der bewusst eingenommenen Haltung, die in Heiterkeit und Gelassenheit zum Ausdruck kommt und zum »guten Geist« wird, von dem die griechische *eudaimonía* ihren Namen hat. Dieses Glück ist wählbar, nämlich in Gestalt der Lebensform, und erlernbar, mithilfe von Sorge, theoretischer Klärung und praktischer Einübung, wie sich bei Aristoteles lernen lässt. Mit »Fülle« ist gemeint, dass dieses Glück nicht darin aufgeht, nur die Seite des Angenehmen, des Lustvollen und »Positiven« zu repräsentieren. Glück als Fülle des Lebens umfasst auch die Seite des Unangenehmen, Schmerzlichen und »Negativen«. Das erfüllte Leben ist dann die Oszillation zwischen beiden Polen, die gesamte Weite

der Erfahrungen überhaupt zwischen Gegensätzen und Widersprüchen, durch die hindurch der profunde Eindruck entsteht, wirklich zu leben und das Leben voll und ganz zu spüren. Wodurch sollte dieses Glück noch in Frage gestellt werden? Was zur Fülle des Lebens beiträgt, bestärkt das Glück, geschwächt wird es nur durch die Vereinseitigung der Erfahrung, meist nach der Seite des Angenehmen hin, die am ehesten festzuhalten versucht wird.

Menschen, die verzweifelt danach suchen, was ihnen noch Spaß machen könnte, mögen noch so lange Listen »angenehmer Tätigkeiten« erstellen – um sich zu helfen, bedürften sie eher einer Negativliste »unangenehmer Tätigkeiten«, zu denen sie bereit sein müssten, um Angenehmes überhaupt wieder empfinden zu können. Dass das Glück der Fülle nicht in »Fröhlichkeit« aufgeht, wissen diejenigen am besten, die darauf beharren, sich auch ihre »Leidensfähigkeit« zu bewahren. Dieses Glück ist umfassender und dauerhafter als alles Zufallsglück und Wohlfühlglück; es ist das eigentlich philosophische Glück, nicht abhängig von bloßen Zufällen und momentanen Empfindungen, vielmehr eine immer aufs Neue zu findende Balance in aller Polarität des Lebens, nicht unbedingt im jeweiligen Augenblick, sondern durch das gesamte Leben hindurch: nicht nur Gelingen, auch Misslingen; nicht nur Erfolg, auch Misserfolg; nicht nur Lust, auch Schmerz. *Paradoxie dieses Glücks:* Es umfasst keineswegs nur das Glücklichsein, sondern ebenso das Unglücklichsein; zu seiner Fülle gehört stets das Bewusstsein der Abgründigkeit, ansonsten steht es in der Gefahr bloßer Oberflächlichkeit. Dieses Glück fordert, einverstanden zu sein mit der Tragik, in anderer Sichtweise der Komik, dass der Stein des Lebens nur hinaufgerollt wird, um ihn wieder herunterrollen zu sehen, und dennoch immer wieder von vorne zu beginnen, wie Sisyphos, den man sich, wie Albert Camus meinte, »als einen glücklichen Menschen vorstellen muss« (*Der Mythos von Sisyphos. Ein Versuch über das Absurde*, 1942); und auf jedes Wort kommt es hier an: Dass es sich um ein »Vorstellen« handelt und nicht unbedingt um ein wirkliches Sein, und dass diese Vorstellung ein »Muss« ist, nämlich um leben zu können.

Keine der genannten Ebenen, Zufallsebene, Gefühlsebene, geistige Ebene, ist verzichtbar, das dritte Glück aber gilt es für die Lebenskunst in einer anderen Moderne erst wieder zu entdekken. Sowohl Zufallsglück wie auch Wohlfühlglück beruhen auf vereinzelten Erfahrungen, kleinen und größeren Episoden, sodass von einem *episodischen Glück* die Rede sein kann, einem Glück *im engeren Sinne*, wie es zufällig geschieht und sich gelegentlich zeigt, abhängig davon, dass das Selbst offen ist für diesen Moment, um für einen Augenblick wie ein Hauch »die Spuren Gottes im Garten« wahrzunehmen. Es ist ein Augenblick, von dem das Selbst sich wünschen würde, er möge verweilen, ohne doch böse sein zu dürfen darüber, dass er vergeht – denn umso lieber kehrt er wieder, und zum Bleiben zu zwingen ist er ohnehin nicht. Den Moment des Glücks festhalten zu wollen, liefe rasch auf eine Überforderung der eigenen Kräfte hinaus und wäre erfahrbar als »Stress«. Das Glück der Fülle ist demgegenüber ein anhaltendes, auch ein zurückhaltendes, das die Zeiten übergreift und von Dauer ist, ein *epochales Glück*, ein Glück *im weiteren Sinne*, möglich nur durch die Einbeziehung aller Polarität, die die Fülle des Lebens ausmacht. Aus diesem Grunde galt Glück schon in der stoischen Philosophie als *eúroia bíou*, als »guter Fluss des Lebens« (*flow* in einer populär gewordenen Psychologie des Glücks im ausgehenden 20. Jahrhundert): nicht so sehr im Sinne des Fortfließens wie bei einem Fluss, sondern eher des Hin- und Herfließens wie bei einem Meer und seinen Gezeiten.

Dieses Glück ist nichts Besonderes, nichts Spektakuläres; verunmöglicht wird es am ehesten dadurch, immerzu nur nach dem Besonderen und Spektakulären zu fahnden. Das Glück der Fülle erfordert nicht, dass jeder Tag die Fülle bringt; seine Fülle wird nicht nach *Quantität* bemessen. Seine *Qualität* aber ist geprägt von der *Intensität der Erfahrung*, und doch bedarf die Fülle dieses Glücks auch einer *Erfahrung der Leere*: Viele leere Tage sind gerechtfertigt für einen einzigen der Fülle, lange Phasen der Leere für eine einzige der Fülle. Vor allem aber ist das erfüllte Leben ein Leben in der *Fülle des Sinns* auf allen geschilderten Ebenen, um des vollen Menschseins willen. Fülle des Sinns bedeutet für das Selbst, sich voll entfalten zu können und auf diese Weise Glück

zu erfahren; gemeint ist auch die hermeneutische Fülle, die verhindert, sich in einen allzu engen Zirkel der Lebensdeutung oder
in die Überzeugung allgemeiner Sinnlosigkeit einzuschließen.
Die Vielzahl möglicher Deutungen legt sogar den Schluss nahe,
dass alles voller Sinn ist, voller Zusammenhänge; entscheidend
wäre dann nur, dies auch so wahrzunehmen, und die äußerste
Erfüllung bestünde darin, absoluten Sinn im eigenen Leben,
vielleicht im Leben überhaupt zu sehen. Nicht immer ist das
zugehörige Bewusstsein im jeweiligen Moment präsent, daher
ist das Glück der Fülle zuweilen erst in der *Erinnerung* erfahrbar:
mit dem Blick aus der Distanz, dem sich das gesamte Leben zur
Kohärenz fügt, mit all den lichten Stellen und Schattierungen,
die den Reichtum des erfüllten Lebens zwischen Geburt und
Tod ausmachen.

Vom Kindsein und vom Älterwerden.
Über Anfang und Ende der Lebenskunst

Lernen von der Lebenskunst der Kinder

Angst ist, wenn sonst nichts, der Anfang der Lebenskunst, Anlass zur Sorge um sich selbst. Das Selbst, das diesen Anstoß aufnimmt, begibt sich auf die Suche nach der Lebenskunst, die mit der Kindheit entschwunden ist. Denn das ist das Verblüffende an Kindern: dass sie offenkundig über sehr viel Lebenskunst verfügen. Merkwürdig ist nur, dass bei einigen die Lebenskunst nicht oder nicht voll zur Entfaltung kommt, vielleicht weil sie zu früh schon zu viel von schrecklichen Seiten des Lebens wissen müssen. Und geradezu mysteriös ist, dass nahezu alle Lebenskunst mit dem Erwachsenwerden vergessen wird und nur mühsam, wenn überhaupt, wieder zu erlernen ist. Kann denn aber für die kindliche Lebenskunst gelten, dass sie eine bewusste Lebensführung ist, mit der ein Selbst sich und sein Leben gestaltet; ein Ausdruck der Sorge für sich? Ist ein Kind dazu in der Lage?

Es wäre unsinnig, das durchweg behaupten zu wollen, und ebenso unsinnig, es rundweg zu bestreiten. Die kindliche Situation ist eine des *Übergangs*, und die kindliche Lebenskunst antwortet darauf. Ausgangspunkt ist die vollkommene *Sorglosigkeit* des werdenden Kindes im Mutterleib; ein erster Akt seiner Sorge, eine erste Selbstbehauptung, ist der erste Schrei, aber das Kind bleibt für einige Zeit abhängig von der Fürsorge anderer, ohne die es nicht leben könnte. Zielpunkt ist die Fähigkeit zur Übernahme der *Selbstsorge*: Wie immer der Weg des Heranwachsens verläuft, er läuft darauf hinaus, den Umgang mit sich selbst zu erlernen und zur Sorge für sich in der Lage zu sein, soll das eigene Leben nicht auf Dauer von der Fürsorge anderer abhängig bleiben. Nur über die Selbstsorge wird das Leben zu einem eigenen, und nur dort, wo es Selbstaneignung gibt, kann es Selbstverantwortung geben. Wie sehr Kinder das selbst im Blick haben und bewundern, lässt sich aus ihrer frühen und anhaltenden Begeisterung für Pippi Langstrumpf schließen, genauer: für Pippilotta Viktualia Rollgardina Pfefferminz Efraimstochter Langstrumpf. Diese Romanfigur Astrid Lindgrens von 1945 ist die Inkarnation des vollkommen freien Kindes, das unbekümmert, aber in keiner Weise gleichgültig gegen sich sein Leben bewältigt, mit außerordentlichem Lebensmut selbst schwere Verletzungen des Lebens mühelos übertrumpft, sodass Pippi ihre verstorbene Mutter trösten kann: »Hab keine Angst um mich! Ich komme schon zurecht.«

Der Übergang vollzieht sich, indem die *Wahl des Lebens* nachgeholt wird. Denn an der Entscheidung, ins Leben zu kommen, war das Kind zunächst – so weit sich dies wissen lässt – nicht beteiligt. Die nachgeholte Wahl fällt leicht, wenn das Kind eine Wahl der Eltern in Bezug auf sein Leben klar erkennen und für sich übernehmen kann, sich also nicht der Frage ausgesetzt fühlt: Warum bin ich überhaupt hier? Leicht fällt sie auch, wenn die Wahl der Eltern in Bezug auf deren eigenes Leben ein Beispiel gibt. Die eigene Lebenswahl wird stillschweigend getroffen mit der wachsenden Bereitschaft, sich um sich zu *kümmern* und dabei doch die *Unbekümmertheit* nicht zu verlieren, die das dynamische Zentrum der kindlichen Lebenskunst darstellt: die Selbstverständlichkeit des Eingebettetseins in die Welt, das nicht endende Staunen bei jedem Schritt in sie hinein, die Hingabe an die Erfahrungen mit ihr, die immer neue Bereitschaft zum Versuch, zum Wagnis, die große Offenheit und Neugierde, das Leben mit Widersprüchen, das Verrücktsein als Eröffnung neuer Spielräume des Denkens und Fühlens, die Unbefangenheit, nicht verstrickt zu sein in alte Geschichten, nicht eingegraben in irgendwelche Schützengräben, vielmehr in jedem Menschen, jedem Wesen einen möglichen Ansprechpartner zu sehen, immer nur zu spielen und die Gegenwart auszukosten, im jeweiligen Moment ganz und gar bei sich zu sein und alles um sich herum zu vergessen, auch einem momentan aufwallenden Impuls oder Interesse zu folgen und nicht allzu viele Gedanken an mögliche Konsequenzen zu verschwenden.

Der Übergang von der Sorglosigkeit zur Übernahme der Selbstsorge ist geprägt von der wachsenden Bewusstheit, mit der Kinder ihr Leben selbst in die Hand nehmen, es sich aneignen und es einrichten, wie sie es für schön und bejahenswert halten.

Erziehung lässt sich verstehen als Sorge, die der Selbstsorge dort, wo der Drang zu ihr erkennbar ist, Raum gibt, sie ermutigt und unterstützt; wo aber nicht, sie anreizt und anstößt. Sie ist eine *Anleitung zur Freiheit*, die den Freiraum gewährt, sich auszuprobieren und sich dort zu entfalten, wo die Faszination am größten ist; eine ausufernde Beliebigkeit des Verhaltens jedoch begrenzt sie, um der Freiheit lebbare Formen zu geben. Sie ist eine Heranführung an die Autonomie und zugleich ein allmählicher Rückzug, um die Arbeit daran in zunehmendem Maße in die Hände der Heranwachsenden zu legen. Die Erziehenden machen zunächst Vorgaben und nehmen sie im Laufe der Zeit wieder zurück – auch um den Preis, nicht alles gut finden zu können, was ein Heranwachsender dann denkt und tut. Entscheidend ist, unabhängig von »gesetzlichen Erfordernissen«, was Erziehende ihrem Gespür, ihrer Erfahrung und Überlegung nach für richtig halten, »nach bestem Wissen und Gewissen« – und was sie selbst leben, denn nicht die wohlfeile *Proklamation*, sondern allein die *Exemplifikation* dessen, was richtig erscheint, akzeptieren Heranwachsende als Maßstab ihres Verhaltens. Der große »Rest« kann und muss ihrer eigenen Erfahrung anvertraut werden: Erfahrung erzieht, mehr als irgendetwas sonst. Den Erziehenden steht es umgekehrt gut an, nicht nur zu erziehen, sondern auch *sich erziehen zu lassen* und den Prozess der Erziehung somit zu einem wechselseitigen zu machen: nicht nur zu lehren, sondern auch selbst von der Lebenskunst der Kinder zu lernen. So wachsen sie selbst noch einmal heran, erschließen sich das Leben und die Welt erneut und lernen vielleicht jetzt erst zu leben: Diese Möglichkeit gehört zum unerhört Schönen des Lebens mit Kindern und ist ein üppiger Ausgleich für zahllose Mühen und Entbehrungen.

Wie jede Lebenskunst beruht auch die kindliche auf einem Erwerb von *Können*. Jedes noch so unscheinbare Können vermittelt eine Erfahrung von *Selbstmächtigkeit* und ist die Bedingung dafür, dass Lebensmut und nicht Verzagtheit entsteht. Jedes Spiel wird zur Übung, um ein Können fürs Leben zu erwerben; daher ist die Liebe zum Spiel so ausgeprägt beim Kind. Ums Können geht es auf den drei Stufen der Möglichkeit, Wirklichkeit und Gekonntheit: Möglichkeiten überhaupt erst zu erschließen, sie sodann in Wirklichkeit umsetzen zu können, und dies zuletzt sehr gekonnt zu tun, auf jeder Stufe verbunden mit endloser Übung und unverdrossener Anstrengung. Die Übung um des Könnens willen beginnt von klein auf; beispielhaft dafür ist, wie das kleine Wesen angestrengt versucht, den Kopf zu heben und oben zu behalten. Wie es etwas in den Blick nimmt und lange betrachtet. Wie es greift und immer gezielter nach etwas greifen lernt. Wie es Geräusche und Töne sammelt, die mit dem ausströmenden Atem zu erzeugen sind, um mit diesem Material schließlich Sprache nachzuformen. Wie es sich hochstemmt, sitzen lernt, dann zu stehen beginnt, um geradezu ekstatisch die ersten Schritte zu setzen: Der Enthusiasmus, der dabei aus ihm herausbricht, die leuchtenden Augen bei diesem Sieg über die Schwerkraft zeugen vom Hochgefühl einer eigenen Macht, die mit dem Können stets verbunden ist. Was anfänglich bewusst und doch noch nicht selbstreflexiv geschieht, wird im Laufe der Zeit zu einem immer reflektierteren Prozess, der tausendfältig von neuem beginnt, denn so vieles will gekonnt sein: Spielen, Schaukeln, Fahrradfahren, Schwimmen, Schreiben, Rechnen, Freunde gewinnen, Streiten, Versöhnen, Singen, Tanzen… Ganze Kataloge des Könnens für Kinder werden bereits entworfen (Donata Elschenbroich, *Weltwissen der Siebenjährigen*, 2001), ein untrügliches Zeichen dafür, dass die Zeiten seiner Selbstverständlichkeit zu Ende gehen.

Das *Können des Lebens* ist zusammengesetzt aus einer großen Zahl von *einzelnem Können*. Jedes Einzelkönnen muss erst erlernt und eingeübt werden; das *Lachen* zum Beispiel: hinreißend, mit welcher Ernsthaftigkeit früh schon dieses »Ziel« verfolgt wird, denn Lachen will gekonnt sein. Es ist zunächst nichts als ein Reflex, ein Zucken der Muskeln, die die Stellung der Mundwinkel regulieren. Das kleine Wesen lernt rasch, welchen Effekt ein solches Zucken in den Gesichtern der Eltern erzeugt, und ahmt selbst nach, was an Muskelarbeit des Lachens in deren Mimik erkennbar ist. So blitzt das Lachen bald in bestimmten Situationen auf und wird schließlich verfügbar. Schon das Wickelkind eignet sich verschiedene Varianten des Lachens an, bis hin zum vollkommen gewollten Lachen, das mit größter Begeisterung eingeübt und abgespult wird. Darauf kommt es fürs Leben an: Lachen zu lernen – im Weinen ist das Kind ein Meister ganz von selbst. In der Fähigkeit aber, beides voll und ganz leben zu können, liegt ein Grund für die *Heiterkeit* der kindlichen Lebenskunst, denn in beiden Äußerungen kommt die Heiterkeit als Haltung am stärksten zum Ausdruck, als geradezu philosophische Haltung, die die Bedeutung des Lachens wie des Weinens anerkennt, das eine wie das andere geschehen lässt, und damit der Polarität des Lebens Rechnung trägt. Das kindliche *Glück* ist so am ehesten zu verstehen, denn über das bloße Zufallsglück, auch über das Wohlfühlglück hinaus ist es ein umfassendes Glück der Fülle, das noch Gegensätze und Widersprüche in sich zu integrieren weiß: Glücklichsein und Unglücklichsein, unbändige Freude und Todtraurigkeit, Hellwachheit und Verträumtheit; ein Glück, das sich im Laufe des Erwachsenwerdens zu verlieren scheint und nur mit Mühe wieder zu erlangen ist.

Eine wichtige Rolle beim Übergang zur Selbstsorge kommt dem Erlernen des Könnens im Umgang mit den *Dingen der Alltäglichkeit* zu. Nur zu einem gewissen Teil werden Kinder dabei vom eigenen Interesse angetrieben, zum anderen Teil angeleitet von denen, die daran interessiert sind, diese Dinge nicht allein bewältigen zu müssen. Es handelt sich um all die Arbeiten, die das banale und triviale alltägliche Leben prägen und doch das ganze Leben hindurch sich nicht von selbst erledigen: Einkaufen gehen, Essen zubereiten, Tisch decken, Gäste bewirten, Geschirr abräumen, Waschen, Bügeln, Wäsche einräumen, Schubladen aufräumen, Risse vernähen, Bett beziehen und so vieles mehr. In jedem einzelnen Fall geht es um ein handwerkliches und technisches Können, und es kommt darauf an, gezeigt zu bekommen, »wie man's macht«, um welche Handgriffe es sich handelt, welche Kunstgriffe es gibt, worauf besonders zu achten ist. Das Können im Umgang mit den alltäglichen Dingen, so trivial es erscheint, stellt die Grundlage für die Aneignung des Lebens dar: Es trägt das Leben auch dann, wenn die anspruchsvolleren Dinge schwierig werden. Und es verhindert, dass die Wogen eines nicht bewältigten Alltags irgendwann über dem Selbst zusammenschlagen.

Auf vielfältige Weise arbeiten Kinder selbst an den Zusammenhängen, in denen sie leben können. Lange bevor sie darüber reflektieren, spüren sie, dass das Leben eines tragenden Rahmens bedarf. Vom ersten Tag an richten sie sich daher in *Gewohnheiten* ein und lieben die Regelmäßigkeit des immergleichen Vollzugs, das zuverlässige Ritual, das die Bewältigung des Lebens erleichtert, ja überhaupt erst ermöglicht. Durch Nachahmung und indem sie ihren eigenen Rhythmus finden, vor allem durch endlose Wiederholung üben sie Gewohnheiten ein und machen sie zu ihrem Eigentum. Das gewohnte Leben läuft wie von selbst ab, sodass die Kräfte auf Ungewohntes und Ungewöhnliches konzentriert werden können. Aufgrund ihrer steten Gegenwart und zuverlässigen Wiederkehr vermitteln die Gewohnheiten ein Gefühl von Vertrautheit und Geborgenheit. Die Fremdheit, die das Leben in reichem Maße bereithält, und die damit verbundene Beängstigung lassen sich mit diesem Rückhalt besser bewältigen. Aufgabe der Erziehung ist lediglich, die Abhängigkeit von dieser Verfestigung des Lebens nicht zu groß werden zu lassen, damit ihr gelegentliches Durchbrechen nicht schon zum Zusammenbruch des Lebens führt. Eine Entwöhnung von Gewohnheiten können Kinder, sehr im Unterschied zu Erwachsenen, noch leicht meistern: Umstandslos machen sie sich an die Kreation neuer Gewohnheiten. Nur ganz ohne Gewohnheit können sie nicht leben.

Signifikant für die Lebenskunst der Kinder ist ihre Sicherheit beim Aufspüren der Dinge, derer sie existenziell bedürfen; *Aufmerksamkeit* vor allem: Sie spüren, wie sie aufblühen in ihr, bei ihrem Ausbleiben aber verkümmern. Dem Entstehen ihrer eigenen Aufmerksamkeit und *Selbstaufmerksamkeit* ist die Aufmerksamkeit der Erwachsenen in Worten, Blicken, Gesten, Gehör, Zuwendung förderlich, also versuchen sie, sie auf sich zu ziehen. Notfalls auch mit »Hyperaktivität«, die den doppelten Vorteil hat, Aufmerksamkeit mit Macht zu erzwingen und zugleich das Maß an *Bewegung* sicherzustellen, dessen der eigene Körper bedarf. Denn der Körper macht seinerseits ein Recht auf Aufmerksamkeit geltend, noch bevor diese eine geistige werden kann, und dafür scheint es neuronale Gründe zu geben: Die körperliche Bewegung stimuliert die Synapsenbildung im Gehirn, die dann der geistigen Konzentration zur Verfügung steht. Ein »Aufmerksamkeits-Defizit« und, damit verbunden, eine Hyperaktivität medikamentös kurieren zu wollen, statt Aufmerksamkeit und Anreize zur Bewegung zur Verfügung zu stellen, erscheint wenig sinnvoll. Ohnehin laufen die Kinder Gefahr, zwischen den Fronten eines neuen Kampfes um Aufmerksamkeit zerrieben zu werden: Zu viele Möglichkeiten der Zerstreuung ziehen ihre Aufmerksamkeit ab, und ihr immenser Bewegungsdrang wird durch Mediatisierung und Motorisierung lahm gelegt. Die fehlende Aufmerksamkeit anderer wird abgebildet in fehlender Selbstaufmerksamkeit, die das Bedürfnis nach Aufmerksamkeit anderer noch mehr verstärkt. Die aber brennen aus beim Versuch, ständige Aufmerksamkeit zu gewähren, denn über unbegrenzt sprudelnde Quellen der Aufmerksamkeit verfügt niemand, erst recht nicht die Erziehenden, deren Energien im Übermaß beansprucht werden. Für die Regeneration ihrer Aufmerksamkeit wäre ihre eigene Selbstaufmerksamkeit vonnöten, sodann die Wechselseitigkeit, die zu erlernen und einzuüben wäre: Aufmerksamkeit zu schenken, sie selbst wiederum geschenkt zu bekommen.

Vielleicht gründet schon die kindliche Lebenskunst in der *Angst*. Kinder kennen Ängste nur zu gut: vor dem Alleinsein, vor Geistern und Gespenstern, vor Blitz und Donner, all die altbekannten Ängste, zwischenzeitlich noch um moderne Ängste ergänzt. Nicht zuletzt aufgrund von Ängsten suchen sie nach *Berührung*, die als Form von Aufmerksamkeit und Trost erfahren wird. Sie suchen nach ihr, wenn sie ihrer bedürfen, und fliehen sie, wenn sie ihnen zu viel wird. Gänzlich zu entbehren ist sie, wie schon die Aufmerksamkeit, nur um den Preis, körperlich und seelisch auszudörren und zu verwelken. Bereits von Geburt an ist sie von solcher Bedeutung, dass Säuglinge mit viel Hautkontakt wacher und physisch aktiver sind und schneller an Gewicht zunehmen. In amerikanischen »Findelhäusern« wurde zu Anfang des 20. Jahrhunderts die schreckliche Erfahrung gemacht, dass ein Mangel an Berührung, der damals aus Gründen der Sterilität und Hygiene (und wohl auch aus Körperfeindlichkeit) für geboten gehalten wurde, für Kleinkinder tödlich sein kann. Dies nicht nur aus psychischen, sondern, wie am Ende des Jahrhunderts zu entdecken war, auch aus somatischen Gründen, denn Berührung, Streicheln, Kuscheln trägt über komplexe biochemische Wirkungsketten maßgeblich zum Aufbau des Immunsystems bei. Psychische und somatische Gründe sind daher hinter der Magie der Berührung zu vermuten, die in der gesamten Kulturgeschichte bekannt ist und noch immer heilsame Wirkungen zeitigt beim Auflegen einer Hand, auch beim »Pusten« zur Heilung einer kleinen Verletzung, wonach Kinder so oft verlangen. Der Berührung mehr Bedeutung zuzumessen, können Erwachsene von Kindern wieder lernen.

Von selbst suchen Kinder danach, auch ein *soziales Können* zu erwerben, über die gegebenen familiären Beziehungen hinaus selbst Netze der Beziehungen zu anderen zu knüpfen und zu pflegen, in erster Linie Beziehungen der Freundschaft zu Gleichaltrigen. Ein ganzes *Pathos der Freundschaft* kann sehr früh entstehen und die gesamte Kindheit prägen. In der Freundschaft wird der Umgang mit anderen aus eigenem Interesse und aufgrund freier Wahl erlernt, mit starker Rückwirkung auf den Umgang mit sich selbst, denn im Umgang mit anderen gestaltet das kleine Selbst sich selbst und wird fähig auch zur *Selbstfreundschaft*. Zugleich hindert die Freundschaft die natürliche Selbstliebe daran, zum bloßen Narzissmus zu werden. Alle Aspekte und Affekte, das gesamte Spektrum des gegebenen wie des möglichen Selbst kommen dabei zum Vorschein. Mit dem Freund kann vieles besprochen und können die lustvollen wie die schmerzlichen Erfahrungen geteilt werden; er steht nicht unter Erziehungsverdacht: Umso mehr erziehen die kleinen Freunde sich wechselseitig, eine wertvolle Ergänzung und Korrektur der Arbeit der Erziehenden. Von selbst verstehen sie sich auch auf die gelegentlich nötige *Polarisierung*, die immer wieder das Spannungsfeld erzeugt, in dem sie leben können; jede Auflösung einer Symbiose verweist sie wieder auf sich selbst.

Wie sehr Kinder selbst Schaffende sind, zeigt sich erst recht in hermeneutischer Hinsicht: Mit dem Können der *Deutung und Interpretation* gelingt ihnen die Herstellung einer ganzen Welt der

Bedeutung, in der sie zu Hause sein können. Das ist der Grund ihrer Begeisterung für Geschichten, die sie vorgelesen bekommen, dann selbst lesen, in Filmen sehen und vielleicht auch selbst erfinden: Geschichten bieten hermeneutischen Stoff; vieles, das das kindliche Denken und Fühlen bewegt, lässt sich in sie hineindeuten und aus ihnen herauslesen. Alles bekommt Sinn und Bedeutung durch Geschichten, durch die sich die Fäden der Vernetzung von allem mit allem spielerisch knüpfen lassen. Exemplarisch sind Zusammenhänge auf diese Weise herzustellen, ist ein Geschehen zu deuten und die Arbeit der Hermeneutik einzuüben. Alle denkbaren und undenkbaren Zusammenhänge schöpfen Kinder in ihrer Phantasie aus, spielen sie durch und erproben sie. Neurobiologisch gesehen steigert dies das synaptische Können, künstlerisch gesehen das kreative Vermögen, eine Ausbildung vor allem des Möglichkeitssinns und eine wirkliche *Potenzierung* des Lebens. Die Aufgabe der Erziehenden besteht lediglich darin, Material für umfangreiche Möglichkeiten der Deutung bereitzustellen und einem möglichen Einschluss des kleinen Selbst in seine hermeneutische Welt entgegenzuwirken, von dem es sich noch nicht selbst befreien könnte. Dazu dient, sich stetig von der kindlichen Welt der Bedeutung erzählen zu lassen, sie auf diese Weise offen zu halten und selbst an ihrem Reichtum teilzuhaben.

Die hermeneutische Arbeit ist eine Suche nach Antwort auf die *Sinnfragen*, die Kinder noch stellen, bevor sie später in den Hintergrund gedrängt werden. Sie fragen danach, wie alles zusammenhängt, im Kleinsten wie im Größten, vom Alltäglichen bis ins Metaphysische, um plausible Antworten zu finden, die in ihren Augen etwas erklären und mit deren Hilfe sie sich in der Welt zurechtfinden können. In diesem Sinne philosophieren sie, halten von selbst gerne inne, denken nach, fragen beharrlich nach, argumentieren, hören Argumenten zu, nehmen Perspektivwechsel vor: Was ist das? Wie funktioniert das? Warum ist das so und nicht anders? Was wäre, wenn... Sie wollen wissen, woher sie kommen, wie ein Kind entsteht, wie ihre eigene Geburt verlief, wie sie gehen und sprechen gelernt haben, was ihre ersten Worte und Sätze waren. Und wie ist die Welt zur Welt gekommen? Wie ist sie entstanden? Wie groß ist sie? Wo ist sie zu Ende und was ist darüber hinaus? Und schließlich der Tod: Warum müssen Menschen sterben? Wo ist der Opa, der gestorben ist, jetzt? Gerne und unbefangen sprechen Kinder über den Tod, der so viele Fragen aufwirft, für die es nicht entscheidend ist, dass sie abschließend beantwortet, sondern dass sie gestellt und besprochen werden – schon um zu bemerken, dass es Rätsel im Leben gibt, auch für Erwachsene. Entscheidend fürs Leben ist, den Tod als dessen Grenze zu begreifen, was immer über die Grenze hinaus sein mag. Im Wissen um den Tod wird deutlicher, was Leben ist; dort aber, wo er verdrängt wird, wird auch das Leben aus den Augen verloren.

Eine eigene hermeneutische Leistung der Kinder ist es, das *Schöne* zu finden, für das es sich zu leben lohnt und in dem der subjektive Sinn des Lebens liegt: Schönes, das als Bejahenswertes verstanden wird und in kleinen wie in großen Dingen zu finden ist, wie etwa Freunde zu haben, spielen zu können, etwas besonders gerne zu mögen, ein Leibgericht, ein Lieblingsspielzeug, einen Lieblingsort, ein bestimmtes Ritual, den Umgang mit bestimmten Menschen. Der Prozess kann forciert werden durch die Frage nach Schönem, die den Kindern von Erziehenden, von diesen bei Gelegenheit aber immer wieder auch sich selbst gestellt wird: »Was ist für dich schön?« Mag die Bestimmung des Schönen auch von all dem beeinflusst sein, was Kinder in der Welt der Erwachsenen vorfinden, so sind sie doch in wachsendem Maße in der Lage, ihre eigene Wertschätzung zu formulieren und zu behaupten. Kinder tun alles dafür, sich ein Leben einzurichten, das in ihren Augen schön und bejahenswert ist, auch unter sehr schwierigen Bedingungen. Im Laufe der Zeit werden sie von selbst damit vertraut, dass nicht immer alles im Leben im subjektiven Sinne »schön« sein kann, schon um der Polarität des Lebens willen nicht.

Heranwachsen: Von den Mühen der »Selbstfindung«
in der Moderne

Kinder möchten gerne alles gleichzeitig machen. Kein Problem, sie müssen sich nur zerteilen, ein Kinderspiel: Die Augen, keine Frage, bleiben ganz alleine vor dem Fernseher sitzen, sie sind voll beschäftigt. Die Zunge hängt sich unverzüglich an ein Eis und leckt daran hingebungsvoll, endlich geht es um ihren Willen ganz allein. Der Kopf, aus dem die Augen herausgeschraubt sind, sitzt vor den Rechenaufgaben; das kann er alleine besser, als wenn Augen und Zunge ihn dabei stören. Die Ohren sind gefesselt von einem Hörspiel. Die Füße sind schon unterwegs zum Spielplatz; sie freuen sich darüber, so unbeschwert losmarschieren zu können, während der Hintern noch auf dem Klo sitzt und lediglich die Hände vermisst, die ihn abputzen sollten, jetzt aber gerade mit voller Konzentration den komplizierten Bausatz eines Legomobils zusammenmontieren. Die Zehen befinden sich währenddessen einzeln in den Händen der Eltern, die sie endlich einmal gründlich reinigen können, hinterher allerdings aufpassen müssen, sie nicht in umgekehrter Reihenfolge wieder anzuschrauben. Das größte Glück aber widerfährt dem Mund, der ohne Rücksicht auf andere Teile munter drauflosplappern kann, ohne noch irgendeine lästige Pause machen zu müssen.

»Aber ich«, sagt plötzlich das Kind, das der Zerlegung seiner selbst fasziniert beiwohnt, »wo bin da noch ich?« In der Tat, das ist das einzige Problem: Von einem integrierten Ich lässt sich nicht mehr sprechen, jedes Ich-Teil geht seinen eigenen Weg. Das aber ist die kindliche Erfahrung: Das »Ich« wandert und springt und schlägt Purzelbäume. Es durchwandert alle möglichen Schwerpunkte, die zur Grundlage des werdenden Selbst werden könnten, und probiert sie aus. Ein Affekt, eine Laune, ein Ziel, eine Beziehung allein besetzt jeweils das gesamte Ich für sich, eine Stunde, einen Tag, ein halbes Jahr. Der Ich-Punkt springt herum und bleibt in aller Instabilität recht stabil. Erst allmählich lässt sich im kraftvollsten Impuls der Ansatz zu einem integralen Selbst erkennen, das die herumspringenden Ich-Punkte zu organisieren vermag. Das Ich, das Wert darauf legt, *ein*

Ich zu sein, kommt nicht umhin, seine Teile so zusammenzufügen, dass *alle* Ichs zu ihrem Recht kommen, aber nicht unbedingt alle zugleich. Das ist die Arbeit an sich selbst, an der eigenen »Kohärenz«, kein Kinderspiel, sondern ein Prozess schmerzlicher Entscheidungen: Was soll Vorrang haben, was kann später kommen? Gebunden ist dies an die Fähigkeit zur Selbstreflexion, wie sie von Erziehung und Selbsterziehung, Kritik und Selbstkritik, Bestärkung und Erfahrung befördert wird. Eine hilfreiche Asketik auf dem Weg zur Selbstfindung bietet die *Theaterpädagogik*: Übungen, um die verschiedensten, auch abgründigen Aspekte seiner selbst kennen zu lernen und spielerisch ins Verhältnis zueinander zu setzen, sie zu präsentieren und ihre Wirkung zu erproben.

Die Frage nach dem Selbst bricht im Moment des Verlustes seiner Selbstverständlichkeit auf. Mit der anfänglichen Erfahrung einer inneren Vielheit setzt die *Selbstreflexion* ein, ein Wissenwollen: »Wer bin ich?« Auf dem Weg der *Selbstvergewisserung* bemüht das Ich sich um eine Vergegenwärtigung des Vergangenen, um sich darin wiederzufinden, und es findet sich in der Begegnung mit anderen, die es in seinem Selbstsein bestärken. Andere aber sind es auch, die die Erfahrung der Einsamkeit des Ich hervortreiben, wenn es auf seine Frage, wer es selbst denn sei, nur zur Antwort erhält: »Du bist nicht ich.« So fühlt das Selbst sich allein mit sich in der Welt und seine Seele schmerzt, da sie sich vor Sehnsucht nach dem Einssein mit anderen verzehrt. Es sind diese Begegnungen mit anderen und die schmerzlichen Erfahrungen mit sich selbst, die Täuschungen und Enttäuschungen, die Faszination des Lebens und dann wieder die Verzweiflung darüber, durch die hindurch das Selbst definiert wird, auch wider seinen Willen. Die Selbstverständigung und Selbstvergewisserung ist nicht etwa ein Weg, der irgendwann zu Ende wäre, die Arbeit an der Integrität des Selbst ist nie abgeschlossen. Der Weg durch die irritierende Welt der Erfahrungen *ist* vielmehr die Definition des Selbst, das durch die bloße Deklaration (»*das* bin ich«) die Frage nach sich nicht schon beantworten kann. Könnte das Selbst nicht einfach nur der Traum eines anderen sein? Aber nur um den Preis, wie eine Kerze zu verlöschen, wenn dieser Traum ausgeträumt ist.

Die Arbeit an einer ersten Zusammenfügung des Selbst nimmt die gesamte Kindheit in Anspruch. Im selben Maße, in dem es sich festigt, kann es Verabredungen mit sich selbst und anderen treffen und einhalten; Verlässlichkeit entsteht auf diese Weise. Ist diese Arbeit getan, zerbricht das Selbst wieder und muss in einem schwierigen Prozess neu »gefunden« werden; auch das soziale Können, kaum erworben, schwindet nahezu vollständig dahin und ist über lange Zeit hinweg erst wieder zu gewinnen. Einzelne Eckpunkte, die den künftigen Kern des Selbst markieren könnten, werden versuchsweise festgelegt und für eine gewisse Zeit zur uneinnehmbaren Festung ausgebaut, um nur irgendwelche Gewissheit und Festigkeit in der Zeit völliger Ungewissheit zu gewinnen: daher die Verehrung eines Popidols, die Wertschätzung des Zuhause, der Rückzug ins eigene Zimmer, die laute Musik, in deren Geräuschkulisse sich das Selbst geborgen fühlt. Alles am Selbst und seinem Leben wird in der *Pubertät* zum Versuch und Experiment, alles steht von Grund auf in Frage, und mühsam ist neu zu finden, was vormals einfach gegeben war; zu finden nun vom Selbst allein, da die Arbeit anderer keinerlei Anerkennung mehr erfährt. Nach einer ersten Wachstumsphase in den ersten Jahren ist dies in neurobiologischer Sicht der zweite große Entwicklungsschub des Gehirns im zweiten Lebensjahrzehnt, der viele Jahre in Anspruch nehmen kann: Ein großer Überschuss an Synapsen entsteht, jugendlicher »Überschwang« (*exuberance*), wie der von Romantikern und Neurobiologen gleichermaßen gebrauchte Begriff heißt; eine »geballte Masse von Möglichkeiten«, von denen übrig bleibt, was sich als nutzbar erweist, und verfeinert wird, was häufigen Gebrauch findet, entsprechend den Erfahrungen, die an der Formbarkeit des Gehirns, seiner »Plastizität«, entscheidenden Anteil haben. Besonders langsam aber reift die evolutionsgeschichtlich jüngste Hirnregion, die bei Menschen im Vergleich zu anderen Lebewesen die stärkste Ausprägung erfahren hat: der präfrontale Kortex. Solange die hier angelegte Urteilskraft nicht ausgebildet ist, schlagen die Impulse des Gefühlszentrums Amygdala ungehindert aufs Verhalten durch, Grund dessen, was bei Kindern noch als Unbefangenheit, nun jedoch als jugendliche Unverschämtheit erscheint (von den Anfängen der Forschung hierzu erzählt Barbara Strauch, *Warum sie so seltsam sind*, 2003).

Das Erwachsenwerden vollzieht sich in jeder Kultur, in modernen Gesellschaften jedoch mit unvergleichlicher Heftigkeit und zeitlicher Erstreckung: Je fortgeschrittener die Moderne ist, desto länger scheint es zu dauern, sie einzuholen. Ein Transitraum bildet sich aus, der nicht mehr durch punktuelle *Initiationsrituale*, sondern durch das lange *Ritual der Befreiung* definiert ist: Pubertät ist das Drama der Befreiung, aber auch die Tragödie der Erfahrung des Nichts, das auf die Befreiung folgt und in dem sich nicht leben lässt. So geschieht die *Modernisierung des Kindes*: Das gesamte Programm der negativen Freiheit als Befreiung von aller Bindung, als Ablehnung und Verneinung von allem und jedem, wird durchgespielt. Jetzt noch an Formen festhalten und Grenzen setzen zu wollen, setzt nur weitere Befreiungswut frei. Die Pubertät schleudert den Heranwachsenden in die Modernität und erweist sich zugleich als deren Treibsatz, denn immer wieder in der Geschichte verdanken sich Modernisierungsschübe einer alles hinterfragenden Jugendbewegung. Vielleicht ist die Modernität selbst nichts anderes als eine kollektive Pubertät, die von nichtmodernen Formen, erwachsen zu werden, nichts mehr wissen will. Mit dem Übergang zur negativen Freiheit als Befreiung schwindet nun auch die kindliche Lebenskunst: In der voll erwachten Reflexion und Selbstreflexion, in der Hinterfragung von allem geht sie unter; tragischerweise ist es die bohrende Neugierde, der Wille zum Wissen des Kindes selbst, durch den seine Lebenskunst unterminiert wird. Dabei geht sie nicht wirklich verloren, das gesamte Leben hindurch ließe sie sich im Grunde wieder erinnern und zumindest selektiv wieder herstellen. Nicht nur das künstlerische Subjekt, sondern auch das Subjekt der bewussten Lebensführung wäre dazu in der Lage, sich zu erinnern, wie das Leben als Kind bewältigt worden ist, um ausgewählte Elemente mit einer neuerlichen Anstrengung der Bewusstheit und der Askese wieder einzuüben, vielleicht unterstützt von therapeutischen Techniken, für die diese Arbeit bedeutsamer sein könnte als die Aufdeckung mutmaßlicher Kindheitstraumata.

Einige Grundzüge der modernen Kultur lassen sich benennen, aus denen die spezifischen Probleme des kindlichen und jugendlichen Heranwachsens in ihr resultieren: Auffassung von *Zeit*, Begriff der *Freiheit*, Verständnis des *Glücks*. Die kindliche Lebenskunst ist geprägt von einer vormodernen Kultur des Raumes, die zwar eine Zeit kennt, aber eine *zyklische, wiederkehrende Zeit*, in der es auf Sekunde und Stunde nicht ankommt. Die Zeit der Kinder ist die zuverlässige Wiederkehr von Jahreszeiten, von Geburtstagen, von Ferien, von Ritualen wie Ostern und Weihnachten: Das ist der Rahmen, in dem sie sich einrichten. Sie kommen aus einer zyklischen Welt, und erst mit der Pubertät wird der Wechsel der Welten vollzogen, der einem Fall aus dem Raum in die Zeit gleichkommt. Die Moderne wird erfahrbar als Kultur der Zeit, der *linearen, vergehenden Zeit*, in der jede Sekunde zählt. Ein strukturelles Problem für das Leben moderner Menschen mit Kindern ergibt sich daraus: Regelmäßig kollidieren die Welten dort, wo es um die Auffassung von Zeit geht, etwa beim »Trödeln« des Kindes. Um den ökonomisch gebotenen, beschleunigten Lebensstil nicht zu sehr von Kindern aufhalten zu lassen, auch um ihre Kollision mit schnell beweglichen modernen Techniken, etwa dem Auto, zu verhindern, wurden exterritoriale Räume für sie geschaffen, die vormoderne Zeiten so nicht kannten: Kinderspielplätze, Kinderhorte, Kindergärten. Eine wachsende Zahl moderner Menschen verzichtet, um der Kollision der Welten zu entgehen, überhaupt aufs Kinderkriegen. Andere Lösungen ermöglicht vielleicht die *Raumzeitkultur* einer anderen Moderne, die neben der linearen auch einer zyklischen Zeitauffassung wieder mehr Raum zu geben versucht. Hilfreich erscheint jedenfalls ein Bewusstsein dieser Problematik, um sie zu kennen und nicht darüber zu verzweifeln.

Kinder und Jugendliche wachsen in moderner Zeit in eine *Freiheit* hinein, für die sie selbst *Formen* zu finden haben. Häufig haben sie selbst eine *Wahl* zu treffen, auf die sie jedoch nicht vorbereitet sind, auch viele Erwachsene nicht. Es bedürfte einer Heranführung an die Zeit der Wahl, einer Ausbildung und Einübung des entsprechenden Könnens, einer Stärkung der *Sensibilität*, um wahrnehmen zu können, wann und wo eine konkrete

Wahl ansteht und wie dabei vorgegangen werden kann: sich kundig zu machen über mögliche Alternativen, sich zu informieren, abzuwägen, die möglichen Konsequenzen zu bedenken und sie in Gedanken vielleicht durchzuspielen; die nach der Wahl gemachten Erfahrungen wiederum ernst zu nehmen und zu überdenken, Schlüsse daraus zu ziehen, um damit das *Gespür* auszustatten, das im Laufe der Zeit erlaubt, nicht immer völlig bewusst und doch sehr treffsicher zu wählen. Schließlich aber erschiene es sinnvoll, eine Stärke der kindlichen Lebenskunst ins Erwachsenendasein hinüberzuretten, die sich in vielen Situationen einsetzen ließe, in denen dies angemessen erschiene: die Fähigkeit des *Hinnehmens*, Lassens und Geschehenlassens. Wenn Lebensgestaltung nicht nur ein aktives Tun, sondern ebenso ein passives Lassen ist, dann sind Kinder natürliche Meister darin; das versetzt sie in die Lage, eine Situation, wie sie nun mal gegeben ist, zu akzeptieren und das Beste aus ihr zu machen – eine vormoderne Eigenschaft, die wieder zu erlernen für moderne Menschen hier und da hilfreich wäre.

Probleme bringt jedoch der Umstand mit sich, dass Kinder und Jugendliche in moderner Zeit in eine Welt der Jagd nach *Glück* hineinwachsen, für die das *Wohlfühlglück* die einzig denkbare Form des Glücks darstellt, meist als angenehmer Dauerzustand vorgestellt, voller Lust, ohne Schmerz, ein immer währender Spaß, eine einzige Abfolge von Events. Nicht dass es darum ginge, irgendjemandem den Spaß rauben zu wollen: Der Genuss von Lüsten ist ein grundlegender Bestandteil von Lebenskunst, so sehr sogar, dass sie damit gänzlich verwechselt werden kann. Das Problem ist nur, dass die moderne Vorgabe einer Maximierung von Lust kontraproduktiv für die Lust selbst ist, und dass Heranwachsende dies auch erfahren, ohne jedoch zu wissen, wie ihnen geschieht. Ein Können des maßvollen Umgangs mit Lüsten, auch durch gelegentliche Exzesse hindurch, vermittelt die moderne Umgebung nicht. So treten den Heranwachsenden allenfalls unverständliche Einschränkungen entgegen, die sie glauben machen, das richtige Maß sei eine Angelegenheit der Moral, und Moral sei eine Sache für ältere Leute. Das richtige Maß aber ist eine Frage der Lebenskunst, um die Lüste nicht auf

einmal aufzuzehren und dann mit ihrer Abwesenheit nicht zurechtzukommen. Dass außer Lüsten auch Schmerzen irgendwelche Bedeutung fürs Leben zukommen kann, und dass bereits
dieses Gegensatzpaar auf eine grundlegende Polarität des Lebens
verweist, gehört nicht unbedingt zu den Einsichten, die junge
Menschen in der Moderne gewinnen können. So bleiben sie
allein mit den Herausforderungen, die das Leben in moderner
Zeit ihnen bietet.

Warum junge Menschen nach Traumwelten suchen

Mit dem Leben, mit sich selbst und anderen in der modernen
Welt zurechtkommen zu müssen und es doch nicht zu können,
und dies nicht nur nicht im Moment, sondern auf lange Sicht;
keine Autorität in dieser Zeit zu Hilfe nehmen zu dürfen, da es
doch um die Befreiung von allem geht; einer Festigkeit zu bedürfen, sie aber ablehnen zu müssen, wo immer sie sich zeigt; nichts
so sehr zu ersehnen wie eine liebevolle Berührung und sie
zugleich zu fliehen: Das ist der Zwiespalt junger Menschen in
der Moderne, Zeit der Verzweiflung vieler Eltern, die ihre Kinder »nicht mehr erreichen« und sich der Mittel indirekter An-
näherung etwa mit einer Geste oft nicht zu bedienen wissen.
Ausgerechnet die anbrechende Zeit der Selbstbestimmung wird
zu der am meisten fremdbestimmten: bestimmt von *kulturellen
Gegebenheiten*, insofern alle Beteiligten den Vorgaben moderner
Kultur zu folgen haben, die sie nicht selbst wählten und deren
Normen sie als solche kaum wahrnehmen; bestimmt auch von
physiologischen Gegebenheiten, die dazu nötigen, einen wild gewordenen Hormonhaushalt, ein »Drunter und Drüber« im Gehirn und »blank liegende«, noch nicht von Myelin umhüllte
Nerven zu ertragen. Dass eine immense *Selbstbezogenheit* in dieser Zeit entsteht, geschieht nicht wirklich aus Egoismus, sondern
aus Notwendigkeit, um all das zu bewältigen, was allein schon
körperlich, hormonell, sexuell, aber auch seelisch und geistig im
Selbst nun ohne sein Zutun geschieht.

Es sieht sich den Ansprüchen anderer ausgesetzt und zugleich
konfrontiert mit der Fluktuation und Komplexität der moder-

nen Welt, in der es seinen Ort nicht finden kann. Gegensätzliche Gefühle wallen auf, widersprüchliche innere Stimmen schreien sich gegenseitig an; unmöglich, in diesem Chaos Ordnung zu schaffen, nicht innerhalb, nicht außerhalb seiner selbst; nach welchen Maßstäben denn? Parallel zur äußeren Unordnung tut eine *innere Unendlichkeit* sich auf, beglückend und bedrohlich zugleich. Es ist die Zeit, in der Heranwachsende in Traumwelten zu leben beginnen. Mag ein Phänomen menschlichen Lebens überhaupt darin zu sehen sein, über die real erfahrbare Welt hinaus nach *Welten der Möglichkeit* zu suchen, so tun dies jüngere Menschen in höherem Maße als ältere, und die Moderne in höherem Maße als andere Zeiten; die jugendliche Bewegung der Romantik hat dies mit Beginn der Moderne schon zu ihrem Anliegen gemacht. Für diese Suche scheinen unverzichtbare, überzeitliche ebenso wie situative, zeitgebundene Gründe ausschlaggebend zu sein, vorweg aber *ontologische Gründe*, hier die Seinsweise des Menschen betreffend, der, wie jedes Lebewesen, aus einer anderen Welt »zur Welt kommt«, ontologisch gesehen aus einem anderen Seinsmodus, nämlich dem Modus der Möglichkeit, um nun mit einer Wirklichkeit konfrontiert zu sein, die zu seiner eigenen wird. Aus völliger Unbestimmtheit kommend, beschreitet der heranwachsende Mensch einen ungewissen Lebensweg, der im Laufe der Zeit zu immer größerer Gewissheit führt, der Gewissheit nämlich, dass alles, was geschieht, immer weniger revidierbar ist.

Wenn es zutrifft, dass alles heranwachsende Leben aus dem Raum der Möglichkeiten kommt, so muss dies für junge Menschen der Raum sein, in dem sie sich zu Hause fühlen. Diese Heimat in der *Freiheit der Möglichkeit* behaupten sie gegen die *Notwendigkeit des Wirklichwerdens*, das, wie sie richtig erspüren, eine sukzessive Verabschiedung vom Möglichen bedeutet. Daher erscheint ihnen gut, was ihr ontologisches Zuhause bewahrt, vor allem die Erfahrung der Liebe, die den Eindruck unendlicher, unbegrenzter Möglichkeit vermittelt; auch ein rätselhaftes Phänomen wie das Bedürfnis, stets »online« zu sein, ist so noch erklärbar: Der virtuelle Raum gewährt den Aufenthalt im verführerischen Raum der Möglichkeiten, gegen den keine Wirklichkeit je ankommen wird. Reinheit, Absolutheit, Unendlichkeit: Ideale wie diese sind nur in der Welt der Möglichkeit erfahrbar; mit jeder Realisierung beginnt eine Relativierung, die in Endlichkeit mündet – notwendigerweise, auch ohne jede Verschwörung, denn jede *realisierte* Möglichkeit ist im Vergleich zur Fülle *potenzieller* Möglichkeiten relativ und endlich. Zudem stößt jede individuelle Realisierung auf die Realisierungen anderer und stößt sich an ihnen; erst recht steht die Trägheit des Alltäglichen der Realisierung des Möglichen entgegen. Aber alle Erklärung ändert nichts an der Bitterkeit dieser Erfahrung, wie sie individuell und auch gesellschaftlich zu machen ist; Alptraum jeder Revolution. Gegen die Erfahrung der Begrenztheit und Endlichkeit, die im Laufe des Lebens immer stärker ins Bewusstsein rückt, setzen junge Menschen die Erfahrung des Darüberhinaus, der Utopie, der Transzendenz, der Überschreitung, wie sie in Traumwelten aller Art möglich ist.

Wenn die verlorene Welt der Möglichkeit ihre *Herkunft* ist, so sollte ihre *Zukunft*, so ihre Überzeugung, diese Welt wiederherstellen; und dafür können sie gute Gründe geltend machen: Denn ein Verfügen über Möglichkeiten ist die Voraussetzung allen Lebenkönnens. Für die Intimität junger Menschen mit Traumwelten sprechen daher auch *Gründe der Lebenskunst*: Als Kunst im Sinne des Könnens erfordert sie zuallererst Möglichkeiten, und die Suche nach Traumwelten erschließt diesen Raum. Daher kommt es darauf an, träumen zu lernen und das Träumen vielleicht noch zu forcieren, wie dies die Bewegung des Surrealismus vorgeführt hat; aber träumen macht auch der gesamte Reichtum der Literatur, der Musik, des Films. Mögliche Übungen zielen auf die Freisetzung eigener Phantasie und Kreativität: Geschichten zu sehen, zu lesen und zu erzählen, Bilder und Traumbilder zu malen, neben surrealistischen auch dadaistische Techniken sich anzueignen, zu denen das bloße »Spintisieren« ohne weiteren Anspruch auf Sinn gehört. Über diese kunstvollen Übungen hinaus stehen allerdings noch künstliche Möglichkeiten in anderem Sinne bereit, und vielleicht gerade dann, wenn ein Mensch nicht auf andere Weise träumen gelernt hat, widmet er sich dem »*Stoff*, aus dem die *Träume* sind«: Drogen öffnen den Raum der Möglichkeit weit und erscheinen als Ausweg aus einer allzu engen Wirklichkeit. Dass sie womöglich auch alle Möglichkeiten verschließen, wird lange nicht wahrgenommen. Parallel zum Allmachtsgefühl, über Möglichkeiten zu verfügen, verstärken sie verhängnisvollerweise das Ohnmachtsgefühl fehlender Wirklichkeit und mangelnden Könnens: *potenziell* alles zu können, *real* aber nichts, schon gar nichts *exzellent*; zutiefst frustrierend, denn die schmerzlich empfundene Diskrepanz verweist zurück auf die Differenz der Ebenen des Könnens, aber das Lebenkönnen hängt davon ab, Übergänge zwischen Möglichkeit und Wirklichkeit zu finden.

Zuletzt geht die zuweilen verzweifelte Suche nach Traumwelten in moderner Zeit schließlich auf Gründe zurück, die mit den Bedingungen dieser Zeit zu tun haben: *Gründe der Moderne.* Denn das aus moderner Befreiung hervorgehende, zusammenhanglose, fragmentierte Leben wird als Leben im Nichts erfahren und macht die Suche nach Traumwelten mit kunstvollen und künstlichen Mitteln zur *Suche nach Sinn*, zum verzweifelten Versuch, Zusammenhänge im Wortsinne zu »spinnen«, also Netze zu knüpfen, in deren Geflecht sich wieder leben ließe. Die Phantasie spielt alle nur denkbaren Kombinationen durch, die »Sinn machen könnten«, und die Erfahrung, die etwa die elektronische »Vernetzung« vermittelt, nämlich dass alles mit allem in Zusammenhang steht, dürfte ein Grund für die Sinnerfahrung im virtuellen Raum für viele junge Menschen sein. Mag die momentane Sinnerfahrung auch überwältigend sein, so stehen diese Gespinste dennoch in Gefahr, vom leisesten Windhauch der Wirklichkeit weggepustet zu werden. Und so geschieht es auch mit den Traumwelten, die der modernen *Suche nach Glück* entstammen und sich an der Maximierung von Lust und der Minimierung von Schmerz versuchen, neurobiologisch gesehen eine Frage des Serotonin- und Dopamin-Spiegels. Sämtliche Genussmittel lassen sich hierfür aufbieten: Sex, Süßigkeiten, Koffein, Nikotin, Kokain, Alkohol und das Durchdrücken des Gaspedals. Nicht dass irgendetwas davon in irgendeiner Weise verwerflich wäre, zum Problem kann lediglich die Überzeugung werden, es handle sich dabei um das »wahre Leben«. Obwohl dieses Glück nur punktuell und situativ erfahrbar ist, wird seine Begrenztheit jedoch nie seinem Begriff, immer der unzulänglichen Wirklichkeit angelastet, und wenn die Lüste dieses Glücks sich erschöpfen, ist der Einsatz eben zu steigern, die Dosis zu erhöhen: So wird die Schwelle zur Sucht überschritten und die Maximierung der Lust endet in der Unlust größten Unglücks.

Wichtig wäre die frühzeitige Klärung und Aufklärung solcher Zusammenhänge, um das Leben besser verstehen und bewusster führen zu können; sich auch, wo es erforderlich erscheint, gemeinsam mit anderen um eine Modifikation misslicher Grundstrukturen der Moderne zugunsten einer anderen Moderne zu bemühen. Wenn die Lebenskunst diese Bedeutung hat, stellt sich jedoch die Frage, wo sie denn zu erlernen wäre. Hilfreich auf dem *Weg des Lebenlernens* könnte die Schule sein, und dies nicht nur für Heranwachsende: In Bildung, Weiterbildung, künstlerischer Bildung und Erwachsenenbildung käme es darauf an, ein Forum für Themen des Lebens zu schaffen und jüngeren wie älteren Menschen zu ermöglichen, Lebenszusammenhänge zu erörtern, eine eigene Lebenshaltung zu finden und Künste des Umgangs mit sich selbst und anderen zu erlernen. Wie könnte eine Schule der Lebenskunst aussehen? Zumindest die folgenden Punkte lassen sich nennen.

Schule der Lebenskunst

1. An die Zeit der Wahl, die für moderne Zeiten so entscheidend ist, führt die Schule der Lebenskunst durch ein *Erlernen von Sensibilität* und, damit einhergehend, durch eine Ausbildung des Gespürs heran; sie vermittelt somit Grundlagen der Klugheit, und zwar auf den drei Ebenen, die dafür von Belang sind: Ebene der *sinnlichen Sensibilität*, um Gegebenheiten und Situationen sensitiv erfassen zu können; diese Sensibilität lässt sich üben im aufmerksamen Umgang mit sich und anderen, mit Kunst und Natur, um intensiv und differenziert auch flüchtige, veränderliche und unscheinbare Einzelheiten wahrzunehmen, auf deren Kenntnis es für eine sensibel zu treffende Wahl ankommt. Ebene der *strukturellen Sensibilität*, die auf theoretische Kenntnisse und ein Wissen

von Strukturen angewiesen ist, um »unterschwellige« Zusammenhänge zu erfassen, Machtstrukturen zum Beispiel, die unterhalb der Schwelle sinnlicher Wahrnehmbarkeit wirksam sind und sichtbare Phänomene erst hervortreiben; und eine strukturelle Sensibilität muss vor allem auf mediale Strukturen antworten und darf sich vom visuellen Eindruck einer »Benutzeroberfläche« nicht täuschen lassen. Ebene schließlich der *virtuellen Sensibilität*, die den Möglichkeiten neuer Technologien Rechnung trägt, den Sinn für virtuelle Wirklichkeiten verfeinert und ein Gespür für die Bewegung im virtuellen Raum vermittelt; gemeint ist aber auch die Aufmerksamkeit auf Möglichkeiten überhaupt, bestehender wie neu zu erfindender, um sich nicht in einer herrschenden Wirklichkeit einzuschließen, sondern den Horizont des Möglichen in den Blick zu bekommen.

2. Sensibilität ist die Voraussetzung dafür, Interesse an Wissen zu gewinnen, und zweifellos ist die Schule der Lebenskunst ein Ort der *Aneignung von Wissen*. Aber dieses Wissen ist kein Selbstzweck, sondern ein Mittel zum Zweck der *Bildung*, der Erschließung und Gestaltung von Selbst und Welt. Das so verstandene Wissen formt und stärkt die Persönlichkeit und ihre Fähigkeiten im Umgang mit sich und anderen; es fördert die Kreativität und ermuntert dazu, selbst die Initiative zu ergreifen, zu wählen, zu handeln und für vieles selbst Sorge zu tragen. In der Schule der Lebenskunst sind die »Wissensfächer« dieselben wie ehedem, nun jedoch mit anderen Vorzeichen ausgestattet: Nicht Wissen um des Wissens, sondern um des *Lebenwissens* willen, um Einblick in Grundstrukturen des Lebens und der Welt, der geschichtlichen Herkunft und gesellschaftlichen Gegenwart zu gewinnen. Wichtig erscheint, die Liebe zum Wissen ebenso zu pflegen wie die mögliche Distanz dazu, die das Selbst nicht zum Spielball des Wissens werden lässt; eine Fähigkeit zur Relativierung des *wissenschaftlichen Wissens* zu kultivieren, das allzu oft den Eindruck erweckt, die endlich gewonnene letzte Wahrheit zu sein. Das Wissen, selbst im Wissen keine absolute Gewissheit finden zu können, ist Bestandteil des Lebenwissens und führt dazu, mit Ungewissheit leben zu lernen und nicht über trügerische

Gewissheiten sich zu definieren. Bildung bedarf des theoretischen Wissens, vor allem jedoch, wo immer dies möglich ist, des praktischen *Erfahrungswissens*, das zu unterscheiden lehrt, welches Wissen hilfreich ist, welches nicht, und die Brücke vom virtuellen Können des Wissens zum realen Können des Lebens schlägt. Jede Praxis vermittelt Erfahrungswissen, das sich wiederum durch theoretische Reflexion besser verstehen lässt. Wichtig ist darüber hinaus das *Metawissen*: Wo finde ich welches Wissen, wenn ich es brauche? Wissen veraltet schnell, neues Wissen ist leicht zu beschaffen, entscheidend ist zu wissen, wie und woher; so ist der Kopf frei zu halten und das Denken zu entlasten, das seine vornehmste Funktion nicht darin hat, Datenbank zu sein.

3. Ein gestalterisches Selbst- und Weltverhältnis trägt dazu bei, Selbstmächtigkeit zu erlangen und die Widerstandskräfte gegen Versuche zur Selbstenteignung zu stärken. Das setzt jedoch ein kreatives Können voraus, wie es in der Schule der Lebenskunst durch die *Vermittlung der Kunst* zu erwerben ist: Mit der Übung des Zeichnens, Malens, Musizierens, Singens, Tanzens, Theaterspielens, auch im Umgang mit Technik im engeren Sinne sind Möglichkeiten der Formgebung zu entdecken und zu erlernen; Gefühle werden lebbar und gestaltbar. Die Ausbildung der Phantasie und die Einübung von künstlerischer Arbeit setzt gestalterische Potenziale frei; sie ermöglicht, eigene Ideen davon zu entwickeln, was sich aus einem Material machen lässt, statt vorgefundene Formen nur zu übernehmen. Die Dreistufigkeit des *Könnens* lässt sich in der Kunst erfahren und aufs Leben übertragen: Das Erschließen von Möglichkeiten, die Arbeit an ihrer Verwirklichung und ihre Verwirklichung schließlich auf gekonnte Weise. Die Arbeit am äußeren Material ist zugleich eine Arbeit des Selbst an sich und dem eigenen Leben; die dabei gemachten Erfahrungen bestärken und erweitern das Selbst. Zu erlernen ist jedoch nicht nur die aktive Gestaltung, sondern auch das passive Sich-Gestalten*lassen*, nicht nur aktiv zu wählen, sondern auch passiv sich wählen zu *lassen* – vom Material, von der Idee eines künftigen Werks, von einer Farbe, einer Faszination,

einer Inspiration. Eine besondere Rolle kommt der Schrift zu: Im Umgang mit diesem äußerlichen Gewebe, an dem Individuen durch die Zeiten hindurch gestrickt haben, findet das Selbst seine eigene Struktur, und je mehr es sich auf das kreative Spiel mit diesem Material einlässt, desto mehr weiß es aus sich selbst zu machen, sich zu üben in autonomer Formgebung, die eine Grenzziehung seiner selbst bedeutet, um sich nicht in Möglichkeiten zu verlieren.

4. Zur Kunst gehört in der Schule der Lebenskunst die Arbeit am eigenen Körper, der insbesondere durch die *Kunst der Bewegung* zu kultivieren ist. In der körperlichen Bewegung gewinnt das Selbst ganz von selbst einige Aufmerksamkeit auf sich, ein Bewusstsein von sich, eine Verfügung über sich; es macht die Erfahrung des Könnens auf elementarer Ebene und kann in der eigenen Körperlichkeit geradezu schwelgen. Die Macht dieses Könnens nicht zu erfahren, würde das Selbst der Gefahr aussetzen, sich dem Leben ohnmächtig ausgeliefert zu fühlen. Von Bedeutung sind daher sämtliche Formen der Körperbildung, des Wissens vom Körper und der Praxis im Umgang mit ihm, der Bewegungserziehung und der Kultivierung von Bewegung im Gehen, Laufen, Rennen, Schwimmen, Tanzen, in der Gymnastik und im Sport. Von Bedeutung erst recht in einer Zeit, in der die körperliche Bewegung von Kindheit an sich nicht mehr von selbst versteht und doch entscheidend ist für das integrale Selbst- und Weltverhältnis, für die körperliche Erfahrung im Umgang mit sich, für den Gewinn seelischer Erfahrung in der Koordination der Bewegung mit anderen, für den Gewinn geistiger Beweglichkeit in der Koordination komplexer Bewegungsabläufe in Raum und Zeit. Gerade ein »Sich-Austoben« schafft mit der körperlichen Bewegung erst die Basis für die geistige Beweglichkeit, und jede geistige Anstrengung lässt sich umgekehrt durch eine Anstrengung des Körpers wieder austarieren.

5. Die Übernahme der Selbstsorge, körperlich, seelisch, geistig, ist grundlegend für jede Lebenskunst. Sie ermöglicht die bewusste Lebensführung und kommt in Formen des *Umgangs mit*

sich selbst zum Ausdruck, die das jeweilige Selbst aus sich heraus und mithilfe von Anregungen und Anstößen anderer entwickelt. Damit durchbricht es die Gleichgültigkeit gegen sich, die nur aufrechtzuerhalten wäre um den Preis eines nicht gelebten Lebens, einer Verbitterung gegenüber anderen, bei denen das Leben vermutet würde, das dem Selbst entgeht. Die Selbstaufmerksamkeit im Umgang mit sich wird aber wesentlich befördert von der Aufmerksamkeit anderer – in der Schule der Lebenskunst lässt sich dieser Prozess auf Wechselseitigkeit hin anlegen. Anregung und Anleitung erfährt das Selbst ferner für die Beratung mit sich, für die Aufrichtigkeit und Gerechtigkeit gegen sich, für die Stärkung der Selbstmächtigkeit, für das gesamte »Selbstmanagement« mit dem Ziel der Selbstfreundschaft, um mit sich zusammenleben zu können und auf diese Weise nie allein zu sein. Und zugleich erlernt es all dies nicht allein um seiner selbst willen, sondern in gesellschaftlicher Absicht, denn in der Entwicklung einer »subjektiven Vollmacht« wird die »*nicht-belichtete Seite*« des gesellschaftlichen Prozesses sichtbar: Schon Hans-Jochen Gamm beharrte in seinem pädagogischen Entwurf *Umgang mit sich selbst* (1977) darauf, »dass erst humaner Umgang mit sich selbst Humanität im gesellschaftlichen Maßstab aufbaufähig macht«.

6. Die kluge Selbstsorge mündet von Grund auf in die Sorge für andere, da ein eigenes Leben der Einrichtung des Lebens mit anderen bedarf. Alles Zusammenleben, alle Gestaltung von Geselligkeit und somit von Gesellschaft im Kleinen wie im Großen verdankt sich aber nicht in erster Linie rechtlichen Formen, sondern Formen des *Umgangs mit anderen*, denen in der Schule der Lebenskunst die gebührende Aufmerksamkeit gewidmet wird. »Umgangsformen« sind etwa die Rücksichtnahme auf andere und die eigene Zurückhaltung, Zuhörenkönnen und Ausredenlassen, Aufmerksamkeit auf andere und Anerkennung ihrer Eigenheit, Toleranz und Unvoreingenommenheit, Erweisen von Gefälligkeiten und Dankbarkeit für deren Erhalt, Zuverlässigkeit bei Verabredungen, Nachsicht für Schwächen anderer, Einstehen für andere, Hilfsbereitschaft, Zivilcourage. Als Frage

der Gestaltung in der Begegnung mit anderen erscheinen Formen der Höflichkeit ebenso wie solche der Streitbarkeit. Es sind diese Formen, die dazu geeignet sind, Bürgersinn zu erlernen; »bürgerlich« sind sie im besten Sinne. Dass ihre Thematisierung zunächst vielleicht auf Vorbehalte stößt, ist nicht von Bedeutung; bedeutsam für das Selbst ist lediglich, »schon mal was davon gehört« zu haben, verstärken lässt sich der Eindruck noch durch die praktische Einübung in Rollenspielen. Im Vollzug des Lebens wird dann letztlich doch Gebrauch davon gemacht, schon weil andere Formen im fraglichen Moment nicht zur Hand sind.

7. »Es hat alles keinen Sinn«, sagte der jugendliche Täter und erhielt von seiner Mutter nach ihrem eigenen Bekunden nur zur Antwort, »was redest du für einen Quatsch«, bevor er am 26. April 2002 in Erfurt 16 Menschen und sich selbst in seinem Gymnasium erschoss. Wenn die empfundene Sinnlosigkeit ein möglicher Grund für eine solch sinnlose Tat sein kann, kommt es darauf an, die Sinngebung zu erlernen, die einst Sache der Tradition, Konvention, Religion war. Die *Kunst der Hermeneutik* wird mit der Deutung und Interpretation von Texten eingeübt, wie herkömmlich, in der Schule der Lebenskunst jedoch als Grundelement der Selbstsorge verstanden, um das Wohnen im hermeneutischen Raum zu ermöglichen, das grundlegender ist als jedes Wohnen sonst. Mithilfe von Interpretationen sind Zusammenhänge herzustellen, die einem Text, auch einer Beziehung, schließlich dem Leben überhaupt Sinn geben, sinnlichen, gefühlten und gedachten Sinn. Dabei geht es um Sinn nicht nur dort, wo ausdrücklich nach ihm gefragt wird, sondern überall dort, wo nach Zusammenhängen gesucht wird: inneren des Selbst, äußeren der Beziehungen zu anderen, teleologischen des Zwecks, zu dem etwas dient, und vieles mehr. Alles Lernen und Erkennen vermittelt Sinn, wenn Einzelheiten sich zu einem Ganzen fügen und Verknüpfungen sichtbar werden. Sollte die Frage nach Sinn, neuronal gesehen, aus einem Mangel an neuronaler Vernetzung resultieren, so ist die gesteigerte Synapsenbildung durch Hermeneutik eine sinnvolle Antwort darauf, einhergehend vielleicht mit einer Ausschüttung von Dopamin, für das

Selbst erfahrbar als Freude. Die Fülle des Sinns ist zu erahnen im Reichtum der Möglichkeiten, Zusammenhänge ausfindig zu machen. Die Schule der Lebenskunst zielt daher darauf ab, dem Selbst alle hermeneutische Kompetenz in die Hände zu spielen, die Sinnzusammenhänge zu sehen und zu bilden erlaubt, in deren Netz es sich leben lässt – auch wenn nicht alles im Leben stets »sinnvoll« sein kann.

8. Eine mögliche Sinngebung für das Selbst besteht darin, »Schönes« im Sinne von Bejahenswertem kennen zu lernen. Die Schule der Lebenskunst kann dazu anregen, einen individuellen *Begriff des Schönen* zu gewinnen, indem die verschiedenen Möglichkeiten des Schönen theoretisch wie praktisch zum Lerngegenstand gemacht werden: Kunstschönes, Naturschönes, menschlich Schönes, Charakterschönes, Beziehungsschönes, Verhältnisschönes, Erlebnisschönes, sinnlich Schönes, Dingschönes, Phantasieschönes, Abstraktschönes, Negativschönes. Das Schöne wird dabei nicht normativ festgelegt, sondern optativ offen gehalten; von Bedeutung ist, Alternativen zur Vorprägung des Schönen durch kulturell und medial vermittelte Muster, Alternativen auch zum Denken in bloßen Kategorien der Nützlichkeit zu gewinnen. Dass nicht unentwegt alles »schön« sein kann, führt zum Gespür für ein richtiges Maß auch des Schönen. Dass ein unreflektierter Alltagsbegriff des Schönen Probleme aufwerfen kann, macht den Sinn eines Reflexionsbegriffes deutlich und präpariert den Übergang von der Ästhetik zur Ethik, vom Bejahenswerten zur Wertsetzung, um Haltung und Verhalten daran zu orientieren. In den Blick kommt, dass die Frage des Schönen nicht nur auf das eigene Leben, sondern auch auf das Zusammenleben mit anderen und die gesellschaftlichen Verhältnisse projiziert werden kann. Der existenzielle Imperativ der Lebenskunst, das Leben so zu gestalten, dass es bejahenswert ist, wird auf diese Weise zum kritischen Impuls, immer aufs Neue das, was ist, zu beurteilen, nicht nur individuell, sondern auch gesellschaftlich, und an künftigen Verhältnissen zu arbeiten, die bejahenswerter sein könnten als die gegenwärtigen; denn »schön« ist nicht zwangsläufig das Bestehende.

9. Schließlich aber liegt der Sinn einer Schule der Lebenskunst in der *Befähigung zum Glück*. Dass das Glück etwas ist, das man lernen kann – »allen steht die Möglichkeit dazu offen« – ist eine Überzeugung, die bereits Aristoteles in der *Nikomachischen Ethik* vertrat. Grundlegend dafür ist die *Sorge*, mit der ein Selbst der Gleichgültigkeit ein Ende macht und sich um den Weg zum Glück, um ein Können bis hin zur Vortrefflichkeit und Exzellenz bemüht. Die Sorge ist zu konkretisieren durch das *theoretische Lernen*, die Aneignung von Wissen, das Durchschauen von Zusammenhängen, die Auseinanderlegung von Begriffen wie etwa »Glück«, um nicht unbedachten Auffassungen davon ausgeliefert zu bleiben. Das *praktische Einüben* geschieht durch Wahl und Gewöhnung: Wahl der Lebensform, Einübung des Tätigseins auf exzellente Weise, »Leben in der Verflochtenheit« mit anderen, Achtsamkeit auf materielle, körperliche, seelische Güter, Leben auch »mit dem Widrigsten auf die schönste Weise«. Einüben lässt sich eine Haltung, die sich für das Zufallsglück offen hält und das »Lustprinzip« nutzt, aber auch dessen Möglichkeiten und Grenzen im Blick behält: Lüste einerseits vorsätzlich suchen und genießen zu können, eine Ausbildung der Genussfähigkeit des Selbst; andererseits einer Reduktion des Glücks auf bloße Lust aber gegenzusteuern, um nicht zu erwarten, dass alles stets nur Lust zu machen habe. Mit der Einübung seiner Haltung bereitet das Selbst sich darauf vor, dass das Leben nicht immer »leicht« sein kann, sondern Schwierigkeiten umfasst, die zu bewältigen sind, Widerstände, Komplikationen, Entbehrungen, Konflikte, die ausgefochten oder ausgehalten werden können und eine umfassende Erfahrung von Fülle erst ermöglichen. So rückt ein Glück in den Blick, das darin besteht, das Leben zwischen gegensätzlichen Erfahrungen auszubalancieren und der Polarität des Lebens zwischen Lust und Schmerz, Geburt und Tod Rechnung zu tragen.

10. Schon bei Aristoteles ist Glück etwas Göttliches: Es ist »göttlicher« als irgendetwas sonst; nicht von ungefähr trägt das Wort *eudaimonía* den »Daimon« in sich, der im Menschen weit über den Menschen hinausweist. Sinnvoll erscheint, in der Schule der

Lebenskunst einige Auffassungen dieses »Darüberhinaus« kennen zu lernen und einen *Begriff der Transzendenz* zu entwickeln, zumindest einen Eindruck von der *Möglichkeit* zu gewinnen, sich als integralen Bestandteil übergreifender Zusammenhänge zu verstehen. Vielleicht begegnet dem Selbst das Phänomen der Religiosität und Spiritualität erstmals hier, oder es findet hier eine Form für sein Bedürfnis danach. Eine Ausgangsbasis dafür könnten Überlegungen von Novalis zu den drei Ebenen von *Religiosität* sein: Auf einer ersten Ebene ist sie an keinerlei Organisationsform gebunden, sondern wird als individuelle Angelegenheit und persönlicher Bezug zu einer Dimension der Transzendenz gelebt, als »Freude an aller Religion«. Auf einer zweiten Ebene befasst sich das Selbst mit dem »Mittlertum« von Religion, den Religionsgemeinschaften, in denen eine erste, wenngleich noch lose Organisation der Religiosität in Gemeinschaften des Glaubens geschieht. Auf einer dritten Ebene erst tritt, jedenfalls in der abendländischen Kultur, das Christentum als Organisation von Gläubigen, für die der »Glaube an Christus« zentral ist, in Erscheinung. Dem jeweiligen Selbst obliegt die Wahl, ob überhaupt und, wenn ja, auf welcher Ebene es einer eigenen Religiosität nachgehen will (*Die Christenheit oder Europa*, 1799): Das ist der am weitesten reichende Horizont, den die Schule der Lebenskunst eröffnen kann, um ein erfülltes Leben zu ermöglichen.

Horizonte malen, dem Leben Raum geben

Horizonte eröffnen Räume des Lebens. Die Grunderfahrung des Übergangs von einem Innen- in einen Außenraum, die ein Kind mit seiner Geburt macht, bleibt ihm eingeschrieben fürs gesamte Leben: sich immer wieder aufzumachen in ein Außen, zu neuen Horizonten, räumlichen wie zeitlichen, Horizonten des Denkens und Fühlens, um immer wieder neu geboren zu werden und eine ganze Welt sich zu erschließen. Horizonte ermöglichen das Leben, sie begrenzen es allerdings auch; darin besteht ihr Doppelcharakter. Von einer »Grenzlinie« spricht das griechische Wort *horízōn* selbst, und diese Grenzlinie zu ziehen, den Horizont also herzustellen, ist die Tätigkeit des *horízein*: etwas zu bestimmen und festzusetzen, einen Entschluss zu fassen, auch einen Begriff zu definieren. Es handelt sich um eine Tätigkeit des Gründens, durch die ein Feld abgesteckt wird, innerhalb dessen sich etwas entfalten kann, außerhalb dessen aber Anderes, Unbestimmtes sich findet. Über Grenzen hinaus verweist der Horizont auf die mögliche Erfahrung der Grenzenlosigkeit, aber in ihr wirklich zu leben, scheint schwierig zu sein: Begrenzungen erscheinen unverzichtbar, um das Leben einzurichten und ihm Formen zu geben; daher das Bemühen, Grenzen ausfindig zu machen, in der Moderne zwangsläufig per Experiment, da kaum eine Grenze noch zwingend kulturell vorgegeben ist. Für die Lebenskunst wird die Herstellung des Horizonts zum bewussten Akt: Wie beim künstlerischen Akt des Malens wird der Horizont ausgeführt oder nur angedeutet, vor dessen Hintergrund sich das Leben dann abspielen kann. Eine einzige Wahl kann den Horizont des Lebens öffnen oder verschließen.

Horizonte können visueller oder imaginärer Natur sein. *Visuell* erfahrbar ist der Horizont der unmittelbaren Umgebung eines Ortes, insbesondere eines Platzes, der von Gebäuden umrahmt, von Bäumen umstanden und auf diese Weise definiert wird, sodass Individuen sich in diesem begrenzten Raum »wohl fühlen« können, ohne die Bedingungen hierfür zu kennen. *Imaginär* ist der Horizont, der als Denkmuster in Erscheinung tritt, das Anderes undenkbar erscheinen lässt, als Bedeutungsmuster, das andere Bedeutungen ausschließt, jedoch um einer »Horizonterweiterung« willen sich auch öffnen lässt für Anderes. Im selben Maße, in dem das Selbst Klarheit über diese Zusammenhänge gewinnt, wird der Horizont gestaltbar, um die Räume zu finden, in denen es sich bewegen kann: sinnliche, strukturelle, virtuelle Räume. Als *sinnliche* Räume erscheinen solche der Natur, der Kultur, der Architektur, vorgefundene wie auch zu gestaltende Räume, von Biotopen bis zur Biosphäre, von der intimen Vertrautheit mit einem Ort, einem Zimmer oder Haus, einer Straße oder Stadt, einer Region oder einem Land bis hin zur Faszination maßloser Weite mit aller Freiheit und Verlorenheit in ihr. *Strukturelle* Räume sind diejenigen, die von unsichtbarer Hand eröffnet und verschlossen werden: meist verborgen, kaum je offen definierte Räume des Möglichen und Unmöglichen, geschaffen von ökologischen Strukturen der Natur, ökonomischen des Geldes, sozialen des Zusammenlebens, hermeneutischen der Bedeutung, insbesondere aber von Machtstrukturen. Um strukturelle Räume zu kennen, bedarf das Selbst des Wissens und des Gespürs; auch eine Veränderung ihrer Strukturen ist möglich, nimmt jedoch Zeit und Kraft in Anspruch und bedarf vielleicht mehr als nur eines Selbst. *Virtuell* sind die Räume des Träumens und Wünschens, des Ahnens und der Phantasie, jedoch auch technologische und mediale Räume ohne reale Ausdehnung. Entscheidend fürs Leben ist, Horizonte voller Möglichkeiten zu erschließen, um darin die eine zu finden, die dem Selbst ermöglicht, sich voll zu entfalten und doch keinem anderen den Horizont zu verstellen.

Sich in den verschiedensten, von Horizonten eröffneten Räumen bewegen zu lernen, darin besteht die *Weltgewandtheit* des Selbst in einer Lebenskunst. Der visuelle und imaginäre, sinnliche, strukturelle und virtuelle Horizont bildet den Rahmen, innerhalb dessen es sein Leben einrichten kann: Alles gewinnt Nähe, Ferne und Verhältnis in Relation zu diesem Rahmen; die Landschaft des Lebens entsteht auf diese Weise. Der Horizont kann verengt oder erweitert werden: Die *Enge* reduziert Komplexität, und das geschieht durch die individuelle Wahl, die »Eines wählt« und vieles lässt; sie ermöglicht eine Einrichtung des Lebens in Einfachheit und vermittelt die Erfahrung von Geborgenheit, wenngleich stets bedroht von Erfahrungen der Andersheit. Die *Weite* vermag weitaus mehr Komplexität zu umfassen und einen außerordentlichen Reichtum des Lebens in sich aufzunehmen; das geschieht im Leben des Einzelnen durch reale oder virtuelle Reisen, durch eine Vielzahl von Begegnungen mit anderen Menschen und anderen Kulturen, wenngleich um den Preis eines möglichen Verlustes an Orientierung im Dickicht der Anforderungen des alltäglichen Lebens. Leben bedarf sinnlich erfahrbarer Räume der Enge, in denen es sich finden kann, und einiger Räume der Weite, in denen es sich verlieren kann. Enger Horizonte kann das Selbst sich für den Alltagsgebrauch bedienen, jenseits derer wiederum weite Horizonte sich eröffnen lassen. So trägt es Sorge für die Lebbarkeit, jedoch auch dafür, nicht in der Enge eines Horizonts sich einzuschließen, der kein Darüberhinaus mehr zulassen würde.

Dass jeder Horizont nicht nur eine Begrenzung, sondern zugleich eine Öffnung zum Anderen hin darstellt, ist von Bedeutung, wenn es für das Selbst darauf ankommt, nicht vor der Zeit sich selbst zu begrenzen. Die äußerste Horizontlinie seines Lebens ist jedoch in jedem Fall die Grenze des Todes, die im Laufe des Lebens immer sichtbarer wird. Wenn der zeitliche Horizont nach vorne immer enger wird und sogar unmittelbar davorsteht zu verschwinden, richtet sich der Blick immer häufiger zurück: Konnte das heranwachsende Selbst einst die Landschaft des Lebens nur in unklaren Umrissen im Nebel vor sich sehen, in dem jeder Weg sich im Dunst verlor – eine beängstigend ungewisse und doch faszinierend offene Situation –, so sieht das älter werdende Selbst die Landschaft des Lebens klar umrissen hinter sich, und es erkennt die Wege, die teils mit, teils ohne sein Zutun gebahnt wurden und die es mit Abertausenden von Schritten zurückgelegt hat. Erstaunlich erscheint ihm, wie sich die Wege, die zunächst nur erahnbar waren, mit all den vielfach verzweigten Um- und Abwegen, die sich im Laufe der Zeit erst ergaben, schließlich entschieden zu einer Richtung formierten. Nun erst, vom Rande des Lebens her, ist zu erkennen, wohin sie geführt haben. Und doch gilt auch für diesen Horizont, dass er nach innen hin zwar zur Begrenzung, nach außen hin jedoch zur Öffnung wird. Erneut wird die Unwägbarkeit erfahrbar, wie der Weg am Horizont weiter verläuft. Der Blick richtet sich daher erneut nicht nur zurück, sondern auch nach vorne – und über das Leben hinaus: Dies wird zur prägenden Erfahrung im Laufe des Älterwerdens.

Alte Meister? Vom Glück und Ärgernis des Älterwerdens

Das Ganze des Lebens hat Ähnlichkeiten mit dem Ablauf eines Tages: Mühsam ist das Aufstehen am Morgen. Dann aber wird das Selbst von der Euphorie über den noch jungen Tag überwältigt: Unendlich viel Zeit steht zur Verfügung, alle Möglichkeiten stehen offen. Gleichsam beiläufig sind ein paar alltägliche Geschäfte zu erledigen, ein opulentes Essen zwischendurch zieht ein wenig Trägheit nach sich und treibt eine Müdigkeit hervor, gegen die kaum anzukommen ist. Kaum ist das Selbst wieder auf den Beinen, verläuft es sich in der großen Leere eines endlosen Nachmittags und erreicht den Nullpunkt des Tages – bis es von der plötzlichen Erkenntnis aufgeschreckt wird, dass noch viel zu tun wäre, während doch der Tag sich schon neigt. Vielleicht lässt sich ja am Abend noch einiges erledigen. Am Abend sind freilich einige familiäre und freundschaftliche Gespräche zu führen, dann obsiegt endgültig die Müdigkeit, die Kräfte schwinden dramatisch und das Selbst ergibt sich dem Schlaf, dankbar, ihn überhaupt zu finden. Ganz ähnlich die Phasen des Lebens, mögen sie individuell auch höchst unterschiedlich ausfallen, anders eingeteilt und vor allem stark binnendifferenziert werden können. Charakteristisch ist, dass das Älterwerden, wie das Heranwachsen, nicht kontinuierlich, sondern in Schüben geschieht, die so rasch, wie sie kommen, nicht sogleich zu bewältigen sind, sodass die Lebenskunst darin besteht, sich die Zeit zu lassen, die dafür erforderlich erscheint. Das *erste Drittel des Lebens* entspricht dem Morgen: In den ersten drei Jahrzehnten ihres Lebens können Menschen im Vollgefühl des offenen Horizontes leben, charakterisiert vom *virtuellen Können* der bloßen Möglichkeit: Sie leben in Möglichkeiten und können sich nahezu unsterblich fühlen im unendlichen Raum, der den Möglichkeiten eigen ist; sie erschließen sich Lebenschancen mithilfe von Bildung und Ausbildung, die ersten Erfahrungen mit Versuchen zur Verwirklichung von Möglichkeiten werden gesammelt.

Dann aber, etwa mit dem Überschreiten des 30. Lebensjahres, ist zusehends zu bemerken, dass der Horizont keineswegs auf Dauer so offen bleibt, wie es zunächst den Anschein hatte. Das Selbst nimmt wahr, dass im *zweiten Drittel des Lebens*, sozusagen am späten Vormittag, über Mittag und am Nachmittag einige der Möglichkeiten, etwa eine Familie zu gründen und berufliche Ziele zu erreichen, definitiv zu realisieren sind, sofern sie überhaupt jemals verwirklicht werden sollen. Kennzeichnend für diese Phase ist das *reale Können*, das Können der Wirklichkeit. Es ist die Zeit der Festlegungen und Umsetzungen im Umgang mit sich, mit anderen und der Welt. Weiterhin lässt sich experimentieren, jedoch nicht mehr beliebig lange. Aufgrund wachsender Erfahrung ist einige Gekonntheit zu erreichen, die des Gespürs bedarf. In der Mitte der zweiten Phase, inmitten der endlosen Weite des Nachmittags, überschreitet das Selbst die *Hälfte des Lebens*, gemessen daran, dass eine Lebensdauer von achtzig oder neunzig Jahren nicht gänzlich unwahrscheinlich ist. Unabweisbar stellt sich damit nun aber die Einsicht ein, dass sich die Möglichkeiten des Lebens allmählich zu verschließen beginnen. Ein radikaler Wechsel der Perspektive aufs Leben vollzieht sich: Ging bis dahin der Blick meist nach vorne (»Wie wird mein Leben sein? Was möchte ich tun und was kann ich erreichen?«), so richtet er sich jetzt immer häufiger zurück (»Wie verlief mein Leben? Was habe ich bisher gemacht und erreicht?«). Das Selbst erinnert sich in wachsendem Maße an das, was war, an verpasste Möglichkeiten und schmerzliche Verluste, auch an herrliche Erfahrungen, die nun heller glänzen als einst. Die Perspektivumkehr bringt ein anderes Leben ins Spiel, nicht mehr nur ein *prospektives*, sondern auch ein *retrospektives*, befördert vom wachsenden Bewusstsein der Begrenztheit des Lebens. Die Neuorientierung im Geistigen antwortet auf veränderte Erfahrungen im Körperlichen und Seelischen: Über Kräfte kann nicht mehr beliebig und jederzeit verfügt werden, es wächst die Anfälligkeit für Schmerzen und Krankheiten. Die Gesundheit, die lange im Leben als Selbstverständlichkeit erschien, wird zu einer Art von Arbeit. Die einst so heftigen und wechselhaften Gefühlsaufwallungen mäßigen sich und werden an sich selbst und anderen mit wachsender Distanz wahrgenommen. Freundschaften werden bewusster gepflegt. Selbstfreundschaft heißt nun, sich zu befreunden auch mit den Phänomenen des Alterungsprozesses.

Etwa ab dem 60. Lebensjahr markiert das *dritte Drittel des Lebens* den »Lebensabend«, wie dies einst so einfach hieß. Die Möglichkeiten, die noch bleiben, werden entschiedener selektiert, ihre Verwirklichung konzentrierter betrieben, realisiert aufgrund großer Erfahrung und sicheren Gespürs mit dem *exzel-*

lenten Können der Gekonntheit. Ist im Alter nicht sogar die Meisterschaft zu erreichen und das Werk zu vollenden, zu dem die Strategien der Lebenskunst zuverlässig führen? Liegt darin nicht die Macht des Alters? Aber zum Meister wird nur, wer »ausgelernt« hat; in der Lebenskunst kann es keine wirkliche Meisterschaft geben, denn das Leben bleibt eine anhaltende Abfolge von Herausforderungen bis zuletzt. Immer neuen Erfahrungen und Veränderungen ist Rechnung zu tragen, nie kann das Lebenwissen zu einem definitiven Wissen werden. So bleibt das Selbst immer nur ein Lehrling in der Lebenskunst, und dies nicht erst in moderner Zeit: »Leben muss man das ganze Leben lang lernen« (*vivere tota vita discendum est*), so Seneca schon in seinem Buch *Von der Kürze des Lebens*. Jetzt ist noch zu lernen, langsamer zu werden, die Kräfte ökonomischer einzuteilen, mit sich allein zu sein, das ganze Leben zu durchdenken und den Tod vor Augen zu haben. Und es ist nicht nur die Zeit exzellenten Könnens, sondern auch der *Erosion* allen Könnens: Die Gekonntheit schwindet, die Möglichkeiten reduzieren sich, bis letztlich nur die eine übrig bleibt, die die bloße Wirklichkeit dieses Lebens ist, bevor auch sie verloren geht.

Aber vielleicht ist die Befassung mit dem Älterwerden nur eine historische Reminiszenz ans Alter im Moment seines Verschwindens. Den Eindruck, dass das Altern eine zu besiegende Krankheit sei, vermitteln jedenfalls »Anti-Aging-Ratgeber«, die gegen den Alterungsprozess vorzugehen versprechen und Strategien, ironiefrei, für ein »erfolgreiches Altern« entwerfen. »Zeitlos schön« zu sein ist das Ziel, mag sich der verbissene Kampf gegen das Älterwerden in den Gesichtszügen auch weniger schön abzeichnen. Statt alle Kräfte im Kampf gegen das Altern zu verausgaben, ließe sich das in die Falten eingegrabene Leben besser stolz vor sich hertragen. Sinnvoll erscheint, schmerzliche Begleiterscheinungen des Älterwerdens zu mildern, nicht aber, ohnehin vergebens, sie auslöschen zu wollen. Dies dennoch zu versuchen, macht das Individuum nur zum Vollstrecker der *Moderne*, die das immer Neue privilegiert. Wie die Kinder, so stehen auch die Älteren und Alten der modernen Befreiung und schnellen Bewegung letztlich im Wege. Leben die Kinder noch nicht, so die Älteren nicht mehr in der linearen Zeit der Moderne, also gleichsam »außerhalb der Menschheit« (Simone de Beauvoir, *Das Alter*, 1970). Exterritoriale Räume sind daher auch für sie geschaffen worden, Altersheime, Pflegeheime, Seniorenresidenzen, bis hin zu komfortablen »Sun Cities«, Altersparadiesen hinter hohen Mauern etwa in Arizona, Texas, Florida. Es kann viel Klugheit darin liegen, die Räume fürs Älterwerden beizeiten für sich selbst bereitzustellen, sich in ältere Menschen und ihre Bedürfnisse frühzeitig einzufühlen, um sie besser zu verstehen und sich selbst zu fragen: In welchem Umfeld würde ich gerne alt werden, in Form eines eigenständigen und allenfalls ambulant betreuten Wohnens zu Hause; in der Obhut der Familie, die gegebenenfalls eine Pflegehilfe in Anspruch nimmt; in einer Wohngemeinschaft mit anderen in ähnlicher Lebenssituation; oder in einem Heim für alte Menschen, und in welchem genau? Und wie lassen sich die jeweiligen Voraussetzungen dafür rechtzeitig schaffen? Wem lässt sich nötigenfalls die Herausführung aus der Autonomie anvertrauen, zu deren Schwinden das Altwerden ohne jedes eigene Zutun führen kann?

In vielerlei Hinsicht wird die Entwicklung vom Anfang des Lebens noch einmal durchlaufen, allerdings in umgekehrter Richtung. War die Kindheit der Prozess des Übergangs von der Fürsorge anderer zur Sorge für sich selbst, so ist das Alter nun der *umgekehrte Übergang* von der Sorge für sich zur Fürsorge anderer, auf die das Selbst existenziell angewiesen ist. Zentral ist erneut die »Mobilität«, die Bewegungsfähigkeit, die körperliche Verfügung über sich selbst; anders als bei der anfänglichen triumphalen Erfahrung, sich aufzurichten und aufrecht zu gehen, selbstständig den eigenen Ort verändern und so unabhängig werden zu können, wird der ältere Mensch nun jedoch schmerzlich gebeugt, eine Ortsveränderung kann er nicht mehr beliebig vollziehen. Die Schwerkraft, gegen die er einst stolz aufbegehrt hat, zieht ihn unnachsichtig nieder. Die Kräfte, die in so reichem Maße selbstverständlich zur Verfügung standen, spürt er versiegen; alles, was leicht war, wird beschwerlich. Das Älterwerden kennt Anstrengungen, von denen Jüngere sich nichts träumen lassen: einzelne Stufen zu überwinden, die zu anderen Zeiten

einfach übersprungen worden sind; in eine Badewanne hinein-
und wieder aus ihr herauszusteigen; die immer komplexer werdende Bedienung technischer Geräte noch zu durchschauen.
Zur Notwendigkeit wird der Umgang mit Schmerzen, und diese
bedürfen neben den Möglichkeiten zur Intervention auch einer
Fähigkeit des Selbst zur Integration, wie sie im chronischen Fall
ohnehin unverzichtbar ist.

Am besten wäre wohl, das älter werdende Leben nicht noch
einmal zu verpflanzen, sondern in seinen Gewohnheiten an Ort
und Stelle zu belassen. Denn von Bedeutung für die Lebenskunst
beim Älterwerden ist, mehr als je zuvor, die *Einrichtung von Gewohnheiten*, in denen das Leben verweilen kann. Die Tatsache,
dass die Moderne gewohnheitsfeindlich ist, trifft ältere Menschen in besonderem Maße, denn auf Gewohnheiten sind sie
existenziell angewiesen, um nicht unentwegt mühsame Entscheidungen treffen zu müssen. Ihr Leben kann sich nur einrichten, wenn Geborgenheit durch Gewohnheiten entsteht, die in
ihrer regelmäßigen Wiederkehr Ausdruck eines Lebens in zyklischer Zeit sind. Die innige Verflochtenheit von Gewohnheit und
Wohnung prägt nun fast vollständig den Raum, der bewohnt
wird und an dem das Wesentliche nicht die »vier Wände« sind,
sondern eben die Gewohnheiten, die sich in diesem Umfeld entfalten. Jeder Wechsel einer gewohnten Umgebung, in der das
Leben lange verbracht worden ist, jeder Verlust eines persönlichen Umgangs, jede Auflösung einer Beziehung entwurzelt die
Menschen, und so käme es darauf an, gemeinsam mit ihnen
erneut am Netz der Gewohnheiten zu stricken, es zu hegen und
zu pflegen.

Neben allen Beschwernissen ermöglicht jedoch auch das
Älterwerden noch eine *Erfahrung von Lüsten*, »oder es tritt gerade
das an die Stelle der Lüste, sich nach keinen zu sehnen«, wie
Seneca im 12. seiner *Briefe an Lucilius* meint. In spezifischen Lüsten liegt das Potenzial des Alters und auch ein Grund dafür, es
»anzunehmen und zu lieben«, es zu umarmen und zu genießen,
denn, so Seneca, »es ist voller Freude, wenn man es zu nützen
versteht«. Es ist vor allem die *Lust des Gesprächs* und die damit verbundene geistige Berührung, die sich im Alter noch intensiviert,

da die Zeit dafür nun zur Verfügung steht und mannigfache Erfahrungen und Reflexionen auszutauschen sind. Die *Lust der Erinnerung*, die eine begrenzte Rolle spielte, solange der Blick des Selbst »nach vorne« gerichtet war, gewinnt eine unbegrenzte Bedeutung, sobald der Blick sich umkehrt; und vielleicht ist das Leben jetzt sogar ganz der Rückschau gewidmet: Im milden Abendlicht, in dem vieles anders aussieht als zuvor, wird eine Revision des Selbst und seiner Existenz möglich. Selbst die melancholische Erinnerung kann nicht nur schmerzlich und bitter, sondern auch lustvoll und süß sein. Pflegen lässt sich die *Lust der Muße*, die Zeit des bloßen Seins, gewidmet der Gedankenlosigkeit oder dem philosophischen Nachdenken über das Leben, das womöglich das ganze Leben über zurückstehen musste. Neben die Aktivität tritt endlich die in der Kultur der Moderne nicht geliebte und nicht legitimierte *Passivität*: Wenigstens im Alter kann das Menschenrecht, passiv zu bleiben, noch in Anspruch genommen werden; ohnehin drängt das Leben dazu, denn vieles ist hinzunehmen, was nicht mehr geändert werden kann, und die Haltung der »Demut« liegt näher als die Haltung des Aufbegehrens. Die Lebenskunst beim Älterwerden verfügt über beide Optionen, um das Leben auf erfüllte Weise zu leben: noch aktiv zu sein, sich weiterzubilden, sich zu engagieren und Geselligkeit zu pflegen – oder ganz im Gegenteil passiv zu sein, sich zurückzuziehen, nur für sich und die Familie da zu sein und das gesellschaftliche Leben mit dem Blick von außen zu betrachten, mit der gelassenen Distanz, die in der alltäglichen Aufgeregtheit allzu oft fehlt.

Von besonderer Bedeutung beim Älterwerden ist die *Lust der Berührung*, wenn andere Sinne wie Sehen und Hören vielleicht schwächer werden, die Basiskommunikation über den Tastsinn jedoch ebenso gut möglich ist wie einst am Lebensanfang. Ein rasender Puls kann beruhigt, ein steigender Blutdruck gesenkt werden von einer einzigen Hand, die zu spüren ist, von einem beiläufigen, leichten Berührtwerden am Arm, das unmittelbar und nachhaltig Vertrauen erweckt. Das Drama aber ist, dass ausgerechnet beim Älterwerden, wenn das Bedürfnis nach Berührung wächst, die Bereitschaft anderer dazu deutlich sinkt. Die

Haut zieht nicht mehr von selbst, wie bei einem Baby, die körperliche Berührung auf sich. Es ist, als würde ein Schild *Noli me tangere*, »Rühr mich nicht an« über dem Alter zu sehen sein, aber nicht die Älteren haben es ausgehängt, sondern eine Jugendlichkeit propagierende Kultur, die aus den Älteren »Unberührbare« macht; denn infiziert zu werden vom Älterwerden, das wäre der Tod. Je weniger Berührung Menschen im Alter jedoch erfahren, desto fremder werden sie sich selbst und anderen und schließlich der Welt; sie fühlen sich ausgeschlossen und »losgelöst«. Wenn Berührung so große Bedeutung hat, wenn es zutrifft, dass über den Körper auch die Seele zu berühren ist, dann wäre Sorge dafür zu tragen, im Alter noch die »Grundversorgung« sicherzustellen: Zunächst als *physische* Berührung, vermittelt durch eine Umarmung oder die Hand, die in der Hand eines anderen liegt, durch eine regelmäßige Massage und Körpertherapie, durch die Berührung des Wassers beim Baden und Schwimmen, oder wenigstens durch die Möglichkeit des Betastens von Materialien, Stoffen, Gegenständen. Von ebensolcher Bedeutung fürs Älterwerden ist die *psychische* Berührung, wie sie durch Beziehungen der Liebe und Freundschaft vermittelt wird und wechselseitige Zuwendung und Zuneigung gewährt; sowie die *geistige* Berührung, vermittelt durch eine Lektüre und ein Gespräch, in deren Verlauf das Selbst von Gedanken und Ideen anderer berührt wird und diese selbst wiederum berührt. Möglicherweise lernt das Selbst jetzt erst die *metaphysische* Berührung kennen, die den Bezug zu einer Dimension der Transzendenz herstellt: Aufgrund der wachsenden Nähe zum Tod, und wohl auch aufgrund der zunehmenden Abwesenheit anderer, von denen das Selbst sich berührt fühlen könnte, gewinnt im Alter diese Art von Berührung an Bedeutung.

Unwiderruflich ist die Grenze des Lebens nun der Horizont, die Schwelle zur »Nacht« dieses Tages, die vielleicht nur die Nacht vor einem neuen Morgen ist. Die Konfrontation mit dem Tod wird zum Anlass der Deutung des eigenen Lebens: Mehr als jemals zuvor machen Menschen sich beim Älterwerden daran, das Leben zu deuten und zu interpretieren und die *Hermeneutik der Existenz* zu betreiben. Im Gespräch oder Selbstgespräch, oft in Form von Erzählungen knüpfen sie Beziehungen zwischen den Bestandteilen, Ereignissen und Erfahrungen ihres Lebens, um den Zusammenhang zu finden, der für sie »Sinn macht«. Ein Leben lang repräsentierte den Sinn vielleicht ein Ziel, das nun aber nicht mehr zur Verfügung steht. Stattdessen kommt das gelebte Leben als Ganzes in den Blick: Die Zeit der Fülle und Erfüllung ist gekommen, in der es zu überblicken ist, und es wird gedeutet, gewogen und bewertet als Ganzes in dem Moment, in dem nicht mehr viel zu tun übrig bleibt. Diese Deutung ist der oberste Gerichtshof der eigenen Existenz, denn nur vor sich selbst, vor niemandem sonst hat das Selbst für sein Leben geradezustehen, und keineswegs ist ihm am Ende »egal«, wie dieses Leben gelebt worden ist. Nicht etwa die objektive Wahrheit des eigenen Lebens kann bei der Deutung in Frage stehen, sondern der subjektive Sinn, der plausibel erscheint und sich als tragfähig für das Leben angesichts des Todes erweist. Die Arbeit, dem Leben Sinn zu geben, ist teils eine retrospektive und bezieht sich auf das gelebte Leben, verbunden mit der Neuordnung dessen, was für wichtig und unwichtig gehalten wird: War es ein erfülltes Leben, ein schönes Leben, eine bejahenswerte Existenz? Was war daran schön, was nicht? Welche Träume gingen in Erfüllung, welche nicht? Teils aber handelt es sich um eine prospektive Arbeit, nun jedoch im Sinne einer möglichen Perspektive über das Leben hinaus: Was ist darüber hinaus? Und was bleibt von diesem Leben zurück?

Im besten Fall überwiegt die Dankbarkeit für das Leben alle Beschwerlichkeiten des Alters. Sie kann ursächlich für die gelöste *Heiterkeit* des Alters sein, vergleichbar der Heiterkeit des Kindes, nun aber aufgrund eines umfänglichen Blicks auf das Leben, der vom Reichtum der Erfahrungen erst ermöglicht wird: Blick auf die Zeiten, in denen das Selbst sich entwickeln und entfalten konnte; Blick auf die Räume, die durchmessen worden sind; Blick auf die Wege, vor allem die Um- und Abwege, die sich rückblickend womöglich als das Spannendste am Leben erweisen. Der weite Blick begründet die *Weisheit*, die das Privileg des Alters ist, mit einer Besonnenheit, die den Aufgeregtheiten des Alltags nicht mehr verfällt; mit einem Blick für die gesamte Fülle der menschlichen Möglichkeiten und Unmöglichkeiten; mit einiger Kenntnis der Zusammenhänge und immer wiederkehrenden Regelmäßigkeiten des Lebens; mit einem umfangreichen Lebenwissen, auf dem die Abgeklärtheit der Weisheit beruht. Die Heiterkeit wird begleitet von einer Erfahrung der *Schönheit*, wenn das gesamte eigene Leben, das Leben überhaupt als bejahenswert erscheint, alle positiven und negativen, angenehmen und unangenehmen, oberflächlichen und abgründigen Erfahrungen umfassend; mit Blick auf die übergreifenden Strukturen und nachhaltigen Entwicklungen über das eigene Leben hinaus, im Hinblick auf das Leben künftiger Generationen. Das Glück des Alters ist, wie das des Kindes, ein *Glück der Fülle*. Die Fülle beruht jetzt jedoch auf der Grundlage des gelebten Lebens, auf der Erfahrung des gesamten Spektrums von Leben. Herbstlich reiche, reife Fülle also, die nur auf dem langen Weg, der zurückgelegt worden ist, erlangt werden konnte, durch mannigfache Schwierigkeiten hindurch. Nur einer letzten Balance bedarf das Selbst nun noch: Die Zeit der ultimativen Freude, das Werk des Lebens vollendet zu haben, ist aufzuwiegen gegen die Zeit der ultimativen Trauer, irgendwann davon Abschied nehmen zu müssen: Im Zusammenspannen beider Erfahrungen erst wird das Leben zum Kunstwerk.

»Euthanasie«? Sterben und Tod als Teil der Lebenskunst

Der Mensch wird geboren, lebt sein Leben und stirbt. Geburt und Leben sind nun mehr oder weniger bewältigt. Aber das Sterben? Dass zur *ars vivendi* eine *ars moriendi* gehört, wussten die Philosophen seit antiker Zeit: »Dasselbe ist die Sorge um das schöne Leben (*kalōs zēn*) wie um das schöne Sterben (*kalōs apothnēskein*)«, so Epikur im *Brief an Menoikeus*. Das Denken an den Tod, die Befassung mit ihm, die Vorbereitung auf ihn zeichnet in dieser Sicht das Menschsein aus, das ohne Bewusstsein des Todes animalisch bliebe. Erneut geht es um Selbstmächtigkeit und Selbstgestaltung, aber ein letztes Mal ist das Gestalten nicht so sehr ein Tun, eher ein Lassen. Der Prozess des Sterbens ist vor allem eine Frage der *passiven Wahl*: den Tod ohne Widerstand geschehen zu lassen, wie er nun mal geschieht. Sorge lässt sich vielleicht noch tragen für die Bedingungen, die bei der Begegnung mit dem absolut Abgründigen, als das der Tod erscheint, bejahenswert und in diesem Sinne schön sein können. Denn wenn nichts mehr bleibt, wenn »nichts mehr zu machen ist«, bleibt immer noch die Lebenskunst: sich um sich zu sorgen und *palliativ* (von lateinisch *pallium*, Mantel) umsorgt zu werden von anderen; die Rahmenbedingungen zu gestalten oder sie gestaltet zu bekommen, die äußerlich (Gestaltung des Raumes, Einteilung der Zeit) der innerlichen Ruhe und Gelassenheit förderlich sind; das Wohnen in Gewohnheiten bis zuletzt zu ermöglichen, um möglichst keine Entwurzelung durch einen brüsken Ortswechsel mehr erleben zu müssen; aus diesem Grund vielleicht Verzicht zu leisten auf letzte Therapien und Eingriffe im Krankenhaus; und nicht zuletzt festzulegen, zu welchen Menschen welche Nähe oder Distanz angemessen ist. Berührung ist das, was bleibt, wenn nicht mehr viel zu sagen ist: Schon die unscheinbarste Berührung durch eine Hand, die über den Handrücken streicht, die Arme oder Schultern anfasst, an der Wange oder auf der Stirn liegt, kann für den Sterbenden eine Wohltat sein; unendlich tröstlich wäre vielleicht der Arm, in dem der Kopf ruhen kann, überhaupt im Arm eines anderen für immer einzuschlafen. Den Zeitpunkt seines Todes vermag der Sterbende zu erahnen oder gar auf offene oder verschwiegene Weise festzulegen, keine Aktivität, sondern eine innere Verabredung des Selbst mit sich selbst, wie sie von denen, die Sterbeprozesse miterleben, nicht selten zu beobachten ist. Wenn das Umfeld des Sterbens zu gestalten ist, bleiben nur wenige, die ihrem Leben aktiv ein Ende setzen wollen.

Und doch ist eine Option der Lebenskunst auch der Tod aufgrund eigener Wahl, etwa der *passive Akt* einer Selbsttötung, wie ihn der norwegische Abenteurer Thor Heyerdahl 2002 im Alter von 87 Jahren praktizierte: Er nahm keine Nahrung, kein Wasser, keine Medikamente mehr zu sich, nachdem bei ihm Krebs diagnostiziert worden war, und starb auf diese Weise in kurzer Zeit in seinem Haus. Über passive Wahl und passiven Akt hinaus stellt sich sodann die Frage der Selbsttötung aufgrund *aktiver Wahl*:

Diese Frage gilt es offensiv aufzunehmen, statt sie, ohnehin unwirksam, mit »Verboten« und Tabuisierungen abzuweisen. Muß nicht nach der Legitimation eines solchen Sterbens gefragt werden? Die Frage ist theoretisch. Praktisch ist zuzugeben: Ja, grundsätzlich ist dies eine mögliche Wahl, und es handelt sich um eine Selbsttötung, nicht um »Selbstmord«. Zu bedenken wäre allenfalls: Die Freiheit der möglichen *Befreiung vom Leben* könnte eingeschränkt sein, etwa aufgrund perspektivischer Täuschung, die den Blick auf das Leben verzerrt, es mal schwarz färbt und mal rosa wie bei Liebeskummer und Liebeseuphorie. So perspektivisch wie die Erfahrung von Sinn erscheint auch die der Sinnlosigkeit: Darauf eine ultimative Wahl zu gründen, ist möglich, aber nicht plausibel; es birgt den Charakter einer Willkür in sich, über die eine angebliche Ausweglosigkeit nicht hinwegtäuschen kann. Sinnvoll erscheint ein Freitod letztlich nur als Antwort auf eine Unausweichlichkeit, bei unheilbarer Krankheit, bei unerträglichem Terror. Nie nur spontan, nur nach reiflicher Überlegung: Dazu rät die Erfahrung derer, die durch Situationen hindurchgegangen sind, in denen sie den Tod für die einzige Lösung hielten, dies jedoch rückblickend als kurzschlüssig bewerten, froh, die letzte Konsequenz nicht gezogen zu haben. Die Rücksicht auf sich selbst, im selben Maße die Rücksicht auf andere, die durch den Tod des Selbst in eine üble Lage, sei es seelisch oder materiell, geraten können, erscheint als sinnvolles Kriterium für die zu treffende Wahl – sollte nicht gerade dies die Absicht sein: andere zu verletzen, sie für lange Zeit zu zeichnen, sie zur Hermeneutik des vollzogenen Todes zu nötigen, denn vor allem dieser Tod treibt nicht enden wollende Deutungen hervor.

Probleme eigener Art wirft die Wahl auf, die das Selbst trifft, ohne sie selbst vollziehen zu können, sodass es *aktiver Sterbehilfe* bedarf: Sie zieht andere in die Verantwortung und bedarf aus Gründen der Vorsicht und Rücksicht einiger Regelungen. Für alle Fälle der Selbsttötung lässt sich mit guten Argumenten bezweifeln, ob in der äußersten Situation eine wirkliche Wahl zu treffen ist. Aber die entscheidenden Fragen lassen sich ebenso gut den Lebenden stellen: Wissen sie wirklich, was sie tun? Haben sie es sich gut überlegt? Haben sie, frei von allen Zwängen, eine bewusste Wahl getroffen, ihr Leben wirklich zu leben? Der Mensch ist nun mal das Lebewesen, das das Leben auch verweigern kann. Ein Zwang zum Leben, eine Verpflichtung, leben zu müssen, ist nicht erkennbar; es handelt sich beim Leben nicht von selbst um einen »Wert an sich«. Die Wahl, ihm gleichwohl einen solchen Wert zuzumessen, ist eine *Formgebung der Freiheit* vor dem Hintergrund einer möglichen Abwahl des Lebens. Wird diese Wertsetzung nicht vorgenommen, bleibt das Leben allerdings unbestimmt, äußerlich, gleichgültig, und wird nicht wirklich angeeignet. Erst in der Auseinandersetzung mit dem Tod gewinnt das Leben Sinn und Wert, sodass es gerade die Frage des Todes ist, die entschieden zum Leben führt. Ist dieses Denken gefährlich? Zweifellos birgt schon der bloße Gedanke an Selbsttötung die Gefahr in sich, diesen Weg im Zweifelsfall auch zu gehen. Aber ist das Leben ohne Gefahren wie diese etwa zu haben?

»Ich bin nicht krank, ich weiß nur, dass das Leben nicht wert ist, gelebt zu werden«, schreit Frau C im Theaterstück *Crave* (»Gier«, eigentlich jedoch: Ersehnen, Erflehen) der englischen Dramatikerin Sarah Kane, die im Jahr nach diesem Stück von 1998 die Selbsttötung vollzog. Genau dies aber, dass das Leben nicht wert ist, gelebt zu werden, kann Frau C nicht wirklich wissen, nicht definitiv und nicht objektiv, denn dazu bedürfte sie eines Blicks über das gesamte wirkliche und mögliche Leben, wie er allenfalls einem Gott vorbehalten ist. In ihrem hinterlassenen Stück *4.48 Psychosis* schreibt Sarah Kane fest, dass nichts auf Erden dem Leben noch »irgendeinen Sinn geben« könnte, sodass der Freitod auf 4 Uhr 48 programmiert wird, »wenn die Verzweiflung mich überkommt«. Aber wie viele Erfahrungen auch immer sie schon gemacht haben mochte, die Vielzahl möglicher Erfahrungen vermochte sie doch nicht zu erschöpfen; ihre Perspektive auf Leben, Selbst und Welt konnte sie so wenig wie irgendein anderer Mensch einfach hinter sich lassen. Ist diese Sichtweise etwa selbst nur eine Frage der Perspektive, die absolute »Wahrheit« für sich beansprucht? Aber alle Erfahrung spricht dafür, dass Leben nie nur das ist, was es aktuell zu sein scheint; dass immer noch eine andere Perspektive möglich ist und keine

Perspektive die Fülle der Möglichkeiten erschöpfen kann, die durch Deutung und Erfahrung immer wieder neu zu eröffnen sind.

Welche Wahl jedoch auch immer getroffen wird, um die Kunst des Sterbens geht es in jedem Fall. Ihretwegen ist dem Begriff der *Euthanasie* die eigentliche Bedeutung als »gutes Sterben« und »schöner Tod« (*eu-thánatos*) zurückzugeben, ohne allzu romantische Vorstellungen damit zu verbinden, denn das Sterben kann dennoch unendlich leidvoll, der Tod elend und hässlich sein. Zur Kunst kann Sterben in zweifacher Hinsicht werden: im Umgang des Selbst mit sich in der Stunde seiner größten Not (der absoluten Notwendigkeit); jedoch auch im Umgang des Selbst mit anderen, die sterben, um sie in der Stunde ihrer Not nicht zu verlassen. Individuell ließe sich die Kultur der Moderne modifizieren, die im Versuch, den Tod zu negieren, den Einzelnen entsetzlich allein lässt mit ihm. Eine andere Moderne wird eine andere Kultur des Lebens mit dem Tod sein. Keine Rückkehr zu prämodernen Umgangsweisen mit dem Tod steht dabei in Frage, nur eine Modifikation der modernen Haltung, um die Sterbenden nicht allein zu lassen, die Lebenden aber davor zu bewahren, vor Sterbenden zu fliehen in panischer Furcht, bevor sie selbst eingeholt werden vom Tod. Die Bindung zwischen Menschen, die auf diese Weise bestärkt wird oder erst neu entsteht, bleibt bestehen weit über den Tod hinaus. Der Gestorbene mag sein Leben in Gestalt einer Person beendet haben, sein Wesen aber lebt weiter in den Lebenden, bleibt ihr treuer Begleiter, trägt zu ihrem inneren Reichtum bei und erhält sich selbst durch sie hindurch am Leben. Das ist wohl der starke Trost, den jede Bindung über den Tod hinaus zu vermitteln vermag: die Gewissheit, nicht wirklich zu sterben, auch wenn der Körper und wohl das gesamte Subjekt in dieser Gestalt verfällt.

Über sich hinaus: Gibt es ein Leben nach dem Tod?

Für die Lebenden ist der Tod erfahrbar als der Tod anderer. Er ist erfahrbar als der Augenblick, in dem jeglicher Schleier zerreißt und das Leben nackt dasteht. Alles Leben erscheint nur noch als

Tod und nichts sonst. Eine metaphysische Erschütterung ist spürbar, wenn ein Mensch ins Leben tritt – und wenn er es verlässt, wenn die Reise durch die Zeit, die das Leben ist, zu Ende geht. Die Spannung und Spannweite des Lebens zwischen Geburt und Tod, all die Ängste, Hoffnungen, Enttäuschungen, Lüste, Schmerzen, Aufbrüche, Abbrüche, Bindungen, Trennungen, endlosen Diskurse, Überlegungen, Entscheidungen, Rechtfertigungen, Entschuldigungen, Schönheiten, Hässlichkeiten, die ganze »Katastrophe« – schrumpft letztlich zum Bindestrich zwischen Geburts- und Todesjahr. Und das soll alles gewesen sein? Aber dass der Tod das definitive Ende des Lebens ist, ist nur ein Glaube und kann keineswegs ein Wissen sein. Möglich ist ebenso der Glaube, dass es sich anders verhält. Entscheidend ist die eigene Überlegung, die Wahl und Haltung des Selbst hierzu. Ontologisch lässt sich der Tod verstehen als ein Verlassen der einzigen Wirklichkeit, zu der dieses Leben geworden ist, als Rückkehr in den unendlichen Raum der Möglichkeit, als ein »Heimgehen« in diesem Sinne, da das Selbst ursprünglich von dort gekommen ist.

Jedenfalls ist eine solche Vorstellung von Transzendenz ein *möglicher* Gedanke des Selbst, unabhängig davon, ob dem eine Wirklichkeit entspricht – immerhin lässt sich die *Möglichkeit*, dass es sich so verhält, schwerlich leugnen. Wichtiger als der Begriff erscheint, ein Bewusstsein über sich hinaus zu gewinnen; letztlich handelt es sich nicht um eine Frage des Wissens, sondern der Haltung: So wird die Lebenskunst zum »strukturell unendlichen Spiel«. Die Vorstellung eines »Darüberhinaus« führt dazu, sich nicht in sich und die eigene Endlichkeit einzuschließen, und sie ist eine mögliche Antwort auf die Frage nach dem Sinn des Lebens. Das Bewusstsein, als endlicher Mensch inmitten unendlicher Güter zu leben, kann dazu führen, wie Epikur meinte, »wie ein Gott unter den Menschen« zu leben (*Brief an Menoikeus*, 135). Es sorgt zu Lebzeiten schon für ein Leben, das seinen umfassendsten Zusammenhang nicht mehr innerhalb seiner selbst sucht, und für ein Selbst, das sich nicht mehr metaphysisch einsam fühlt. Im Moment der Schwäche, wenn spürbar wird, dass die Arbeit am Sinn einen Aufwand an Kraft erfordert, der nicht mehr zu erbringen ist, kann das Selbst sich eingebettet fühlen in einen Zusammenhang von Endlichkeit und Unendlichkeit, der die Erfahrung von Sinnlosigkeit fern hält. Nicht allein der Blick zurück auf ein schönes Leben erfüllt letztlich das Selbst, sondern die Erfahrung einer Fülle über das gelebte Leben hinaus, die Erfahrung der Geborgenheit in einer Unendlichkeit auch auf weltliche Weise, in völlig *nüchterner Mystik*. Wurde das wirkliche Leben einst in ein Jenseits projiziert, gefolgt von einer Entwertung des irdischen Daseins, so verlegte die moderne Gegenreaktion das Leben gänzlich ins Diesseits, mit der Folge einer Art von Lebensstress, da nun innerhalb enger zeitlicher und räumlicher Grenzen dieses »eine Leben« zu leben war. Das mögliche andere Leben hingegen eröffnet im Diesseits ein Jenseits der Möglichkeit nach; das Selbst kultiviert die Fähigkeit einer Distanz zu sich, die ihm jede Enge des gelebten Lebens zu transzendieren erlaubt. Einem möglichen anderen Leben lässt sich jetzt anvertrauen, was in diesem Leben nicht zu realisieren war. Eine Konsequenz dieser Haltung ist Gelassenheit anstelle der verzweifelten Lebensgier, die in der Moderne um sich gegriffen hat.

Als Übergang zu einem anderen Leben, als Möglichkeit zu neuem Leben: In diesem Sinne kann auch der Tod schön und bejahenswert sein, jedenfalls kann er so verstanden werden. Eine antike philosophische Auffassung ließe sich wieder entdecken, wie sie in Epiktets Unterredungen zu finden ist: Geboren, »als die Welt seiner bedurfte«, wird der Mensch mit seinem Tod »ein andres Ding, dessen die Welt nun bedarf« (*Diatriben* III, 24). Der Mensch wird wieder vermischt mit den Elementen und geht in anderer Form wieder daraus hervor: Vorstellung einer Metamorphose, vielleicht einer Art von »Wiedergeburt«. In subjektiver Sicht mag zweifelhaft erscheinen, ob es ein Fortleben in solcher Form gibt, aber wohin sollten die Bestandteile des Selbst, die körperlichen wie die seelischen und geistigen, denn entschwinden? In nichts auflösen können sie sich nicht, jedenfalls erscheint dies nicht plausibel, also ergibt sich die *Möglichkeit* einer neuerlichen Zusammensetzung und eines Wiederauflebens. So wird in der Tat denkbar, dass »wir« es sind, die selbst in hundert oder tausend Jahren noch leben und dabei das Leben vorfinden, das *wir* in der Gegenwart selbst präpariert haben: Unter diesem Aspekt wäre jede Gedankenlosigkeit etwa des ökologischen Verhaltens allerdings verhängnisvoll. Nicht alles Leben wäre dann mit dem Tod zu Ende, nur das gelebte in dieser Gestalt. Und selbst dann, wenn ein Fortleben in anderer Gestalt undenkbar erscheint, gehört zum Leben doch die Wirksamkeit; die aber endet nicht mit dem gelebten Leben: Jeder Atemzug jedes Menschen hinterlässt eine Spur. In irgendeiner Weise wirkt jedes Leben nach, auch dort, wo das Nachwirken verborgen bleiben mag: Das Leben eines Menschen wird zum Stern am Firmament der anderen, und von der Ahnung, dass dies so sein wird, wird das Selbst vielleicht begleitet in seinem Lebensvollzug.

Einen Eindruck von Transzendenz vermittelt letztlich auch das *mögliche* Gefühl, das ganze Leben hindurch geführt zu werden und nicht etwa nur sich selbst zu führen: Von wem aber, wenn nicht aus einer Dimension heraus, die das Selbst unendlich weit übersteigt, einer Dimension, in der die Toten beheimatet sind, oder vielmehr dasjenige, was »Geist« an ihnen ist? Dieser Dimension im alltäglich gelebten Leben Ort und Zeit zu geben, empfiehlt Gracián in seinem *Handorakel*: »Die erste Tagereise des schönen Lebens verwende man zur Unterhaltung mit den Toten« (Aphorismus 229). Ein Element der Lebenskunst kann das Leben mit den Toten sein, denen das Selbst Wohnung bietet: Sie bewahren Vergangenes, bereichern ungemein die Gegenwart und bestärken das Gespür für Künftiges. Im Geistigen gibt es keine Einbuße an Verbundenheit mit einem Menschen, der gestorben ist. Der Tod erscheint in dieser Sicht nur als Verschwinden der äußeren Erscheinung, der *aktualisierten* Gestalt des Geistigen, das in *anders aktualisierter* Gestalt wieder geboren wird: Zyklus des Lebens im Geistigen, analog zur Metamorphose im Körperlichen. Das Geistige erscheint als das, was im Verlauf des Lebens durch Individuen hindurch spricht, ihnen jedoch nicht wirklich zugehört, sodass es sich auch nicht verliert mit ihrem Tod. Als einer Form des Geistigen ist wohl jedem Gedanken eine andere Zeit eigen als dem Menschen, der ihn denkt. Die unendliche Weite des Möglichen, die im Geistigen erfahrbar ist, dessen Unabhängigkeit von Grenzen des Raumes und der Zeit, über die hinweg das Gespräch zu Lebzeiten und darüber hinaus über große Entfernungen und Jahrtausende hinweg möglich ist – zeugt dies nicht davon, dass Menschen in einer Dimension der Transzendenz beheimatet sind, deren Ausdruck das Geistige ist?

Vielleicht ist vor diesem Hintergrund nun auch die merkwürdige Erfahrung ängstlicher Sorge hoch oben auf dem Riesenrad besser zu verstehen: Die Angst vor der möglichen Auflösung des Selbst vermischt sich mit einer Faszination gerade hierfür. Es handelt sich um die fremdartige Begegnung des Selbst mit seinen eigenen Grenzen, jedoch auch um die eigenartige Wahrnehmung der Anlagen zu ihrer Überschreitung, zur Selbstauflösung am äußersten Punkt des Lebens. Jedes Selbst trägt, jederzeit prekär, schon vom Beginn seines Lebens an, zumindest in physiologischer Hinsicht, diese Anlagen in sich, die mit dem physischen Tod ohne Verzug wirksam werden: Das ist das Andere und Fremde, ja Feindliche, das dem Selbst als solches erscheint und das dennoch in ihm wohnt und unweigerlich ihm zugehört. Daher das beängstigende Gefühl, »sich aufzulösen«, die Vorahnung des lauernden Prozesses, der das Selbst dereinst tatsächlich auflösen wird, wenn auch zugunsten einer Metamorphose, einer Umwandlung in andere Zusammenhänge, eines anderen und weiteren Lebens: Ahnung eines anderen Selbst. Durch das gewöhnlich gelebte Leben hindurch wird ein anderes, »eigentliches«, transzendentes Selbst spürbar, das nicht in derselben Weise verletzlich und hinfällig ist wie das *gegebene Ich*, nicht in gleicher Weise eingebunden in Raum und Zeit, vielleicht nur eine Fiktion des *vorgestellten Ich*, jedoch eine, die den Blick von ferne auf das gegebene Ich erlaubt. Vor dem Hintergrund dieses Verständnisses erschiene es sinnlos, das Andere und Fremde in sich, die profunde Angst davor »besiegen« zu wollen – denn es hieße, das Leben selbst zu besiegen, das Leben über den Tod hinaus. Mag das Andere und Fremde beängstigend sein, so kann es doch, wenn seine Deutung plausibel erscheint, als konstitutiver Bestandteil des Lebens verstanden werden.

Aber kein Zweifel: Dies ist ein Bereich der Spekulation und des Fürwahrhaltens, nicht der Wahrheit in einem nachprüfbaren und nachweisbaren Sinne. Entscheidend für die Lebenskunst ist, worauf das jeweilige Selbst sein Leben und Sterben zu gründen

431

wagt. Darauf liegt das größte Schwergewicht, das jede Beliebigkeit fürs Leben auszuschließen vermag und zugleich eine existenzielle Wahrheit begründet, für eine Existenz, die in jeder Hinsicht zum Anderen hin geöffnet ist: eine neuerliche Öffnung des Lebens der *Möglichkeit* nach, eine *mögliche* Erfahrung der Transzendenz, die die Überschreitung allzu enger Grenzen des Selbst ermöglicht. So ist am äußersten Punkt der bedrückende, ausschließliche Bezug eines Selbst auf sich zu überwinden, der ihm selbst am meisten die Luft zu atmen raubt.

»Ist dies nun der äußerste Umgang mit sich selbst?«
»Vielleicht.«
»Wir sind weit abgekommen von der Selbstbezogenheit.«
»Vielleicht ist das der Sinn der Beziehung zu sich selbst.«

Der Autor

Wilhelm Schmid, freier Philosoph, geboren 1953 in Billenhausen (Bayerisch-Schwaben), lebt in Berlin. Er studierte Philosophie und Geschichte in Berlin, Paris und Tübingen und lehrt Philosophie als außerplanmäßiger Professor an der Universität Erfurt sowie als Gastdozent an der Staatlichen Universität Tiflis (Georgien). Regelmäßige Tätigkeit als »philosophischer Seelsorger« am Spital Affoltern am Albis bei Zürich. Monatliche Kolumne »Lebenskunst« im *Filosofie Magazine*, Amsterdam. Homepage: www.lebenskunstphilosophie.de

Buchpublikationen:

Schönes Leben? Einführung in die Lebenskunst, 2000 (Bibliothek der Lebenskunst).

Philosophie der Lebenskunst – Eine Grundlegung, 1998 (stw 1385).

Was geht uns Deutschland an? Ein Essay, 1993 (es 1882)

Auf der Suche nach einer neuen Lebenskunst, 1991 (stw 1487).

Die Geburt der Philosophie im Garten der Lüste, 1987 (st 3215).

Reinhold Messners Philosophie: Sinn machen in einer Welt ohne Sinn, herausgegeben gemeinsam mit Volker Caysa, 2002 (es 2242).